Klaus Lohrmann

DIE PÄPSTE und DIE JUDEN

2000 Jahre
zwischen Verfolgung
und Versöhnung

W0085122

Patmos

Meiner Frau Jungwon in Liebe

Bibliografische Information der Deutschen Nationalbibliothek
Die Deutsche Nationalbibliothek verzeichnet diese Publikation
in der Deutschen Nationabibliografie; detaillierte bibliografische
Daten sind im Internet über http://dnb.d-nb.de abrufbar.

ISBN 978-3-491-35014-4
www.patmos.de

Klaus Lohrmann
Die Päpste und die Juden

INHALT

VORWORT

Dieses Buch verdankt seine Entstehung der einfachen Tatsache, dass ich während meiner langjährigen Forschungen zur Geschichte der Juden des Mittelalters immer wieder auf die Frage gestoßen bin, in welcher Weise die Behandlung der Juden durch Fürsten, Adelige, führende Bürger, die eigentlich einen Teil des Adels bildeten, und die Geistlichkeit, sei sie nun mehr oder weniger gelehrt, von den Lehren und vom Verhalten der Päpste gegenüber den Juden beeinflusst waren.

Da ich zugleich als Vizepräsident der Aktion gegen den Antisemitismus in Österreich in Vorträgen und Diskussionen mich immer wieder mit der Vorgeschichte des Judenmordes des 20. Jahrhunderts auseinanderzusetzen hatte, in der es auch um kirchliche Einflüsse ging, ergab sich ein grob umrissenes Bild von der Rolle der Päpste gegenüber den Juden und – wie es das späte 19. Jahrhundert nannte – der Judenfrage.

Während ich ein wenig zögerlich und vorsichtig den monumentalen Stoff umkreiste, wie er denn überhaupt in lesbarer Weise dargestellt werden könnte, erschienen drei Bücher. David I. Kertzer schrieb ein Buch mit dem klar Stellung beziehenden Titel »Die Päpste gegen die Juden«, das vor allem den Nachweis bringen sollte, dass die Päpste sehr wohl an der Ausbildung jenes Klimas beteiligt waren, in dem die Judenfeindschaft im 20. Jahrhundert ihre mörderische Sprengkraft entfaltete. Dabei beschränkt sich Kertzer auf die Darstellung des 19. und frühen 20. Jahrhunderts, was für die Beweisführung im Rahmen seines Anliegens durchaus ausreicht. Kertzers Darstellung ist engagiert, im Detail in manchen Fällen zu hinterfragen, aber für die Erfassung der Bedeutung längerfristiger Entwicklungen durchaus den historischen Abläufen angemessen.

Dann kamen zwei Bücher des Münchener Privatdozenten Thomas Brechenmacher, die mit großer wissenschaftlicher Akribie die Entwicklung im etwa gleichen Zeitraum darstellten; behandelt wurde aber auch die zweite Hälfte des 18. Jahrhunderts. Brechenmachers Buch »Das Ende der doppelten Schutzherrschaft« und die darauf fußende Darstellung »Der Vatikan und die Juden« sind wissenschaftlich hervorragend gearbeitet, vermitteln eine gewisse Sicht der Entwicklung, bleiben aber in ihrem Hin- und Herspringen zwischen vernünftigen Einsichten und einer übertrieben vernünftigen Beurteilung von Problemen zugunsten der Päpste und der Kirche irritierend. Es sei zugunsten Brechenmachers ins Treffen geführt, dass diese schizophrene Situation natürlich an der päpstlichen Politik an sich liegt, und zwar mit entschiedener Betonung, dass Politik unter anderem auch die Kunst der propagandistischen Spiegelfechterei ist. Brechenmacher konnte sich nicht dazu durchringen zu entscheiden, wo der Standpunkt der Päpste gegenüber den Juden tatsächlich gelegen ist. Über die wahre Einstellung eines Kirchenfürsten zu rätseln, der behauptete, es gäbe jüdische Sekten, die Ritualmorde begehen, und einige Jahre zuvor eine offizielle Auskunft an Nathaniel Rothschild in London erteilte, die Stellungnahme Papst Innozenz' IV. aus dem Jahre 1247 gegen den Ritualmord sei echt, ist merkwürdig: Kardinal Merry del Val, Staatssekretär Pius' X., handelte im letzteren Fall eben wie es die Formalität gebot, im ersteren enthüllt sich seine tatsächliche Einstellung. Das bloße Aneinanderreihen von Quellen gleichen Gewichts ist nur die halbe Arbeit des Historikers – er muss begründet gewichten!

Die Bücher Kertzers und Brechenmachers weisen einen Mangel auf, den ich als österreichischer Historiker besonders aufmerksam zur Kenntnis genommen habe: das Übersehen oder das bewusste Übergehen eines der wichtigsten Denker, der sich umfassend, mit tiefen Einblicken in die europäische Kultur zum Thema der christlich-jüdischen Tragödie geäußert hat: Friedrich Heer. Heer ist natürlich ein umstrittener Autor, im Detail bisweilen nicht immer zuverlässig, aber aufs Ganze betrachtet ein Historiker, der erfolgreich den Kern von Problemen in weiten Zusammenhängen erfasste.

Ein Beispiel: Heer berichtet in seinem berühmten Buch »Gottes erste Liebe« über ein Gespräch, das der Autor des »Stellvertreters« Rolf Hochhuth mit einem Jesuiten aus dem Rheinland führte. Der Jesuit erklärte, dass Hochhuth mit seinem kritischen Theaterstück recht gehabt hätte, wenn der Humanismus recht hätte. Für Gott sei es jedoch völlig gleichgültig, ob er diese jüdischen Opfer als kleine Kinder, als vierzehnjährige Mädchen, als Erwachsene zu sich nimmt. Und jetzt kommentiert Heer, zunächst konventionell und durchaus kritisierbar: Hinter dieser Erklärung stünden tausendjährige legitime theologische

Traditionen – da kann man nur ambivalent kommentieren: Ja und Nein. Dann aber kommt Heers großer gedanklicher Wurf: Hinter dieser Erklärung steht aber auch »die größte Versuchung, der die Christen erlegen sind: *Gott gegen den Menschen lieben zu wollen.*«[1] Gott als Chiffre für Einbildungen und Ängste des Ichs in einer verwirrenden Welt. Diese Bemerkung geht weit über die Zuständigkeit eines Historikers hinaus, umreißt aber eine der Befindlichkeiten des Christentums derart treffend, dass es sich lohnt, diesen Gedanken zu kennen.

Ein weiterer, allerdings verzeihlicher, Fehler der genannten Bücher liegt in der bloß abstrahierenden Behandlung des Mittelalters als sozusagen überkommener Grundstoff zum jüdisch-christlichen Verhältnis. Eine sorgfältige Analyse der mittelalterlichen Entwicklungen in ihren historischen Zusammenhängen ist gerade bei diesem Thema eine wesentliche Voraussetzung für ein differenziertes Verständnis. Ich habe bei meiner Beschäftigung mit der Judenfeindschaft des 19. Jahrhunderts immer wieder die Erfahrung gemacht, dass eine genaue Kenntnis der mittelalterlichen Argumentation viele ambivalent erscheinende Probleme deutlich und in einer klaren Eindeutigkeit hervortreten lässt. So ist beispielsweise der »wirtschaftlich motivierte Antisemitismus« kein neues Element im gesamten judenfeindlichen Spektrum, sondern ein auf der Tradition der mittelalterlichen Wucher- und Gewinndiskussion beruhendes Thema. Dabei gestehe ich offen ein, dass ich eine Reihe neuzeitlicher Fragen nur oberflächlich kenne oder erst bei Lektüre der Werke Kertzers und Brechenmachers erstmals in ihrer Bedeutung zur Kenntnis genommen habe. Dafür sei beiden Autoren herzlichst gedankt.

Ich vermeide in diesem Buch die belasteten Begriffe Antijudaismus und Antisemitismus. Wenn ich ein Begriffspaar akzeptiere, dann eher »Misstrauen gegenüber Juden« und »Judenfeindschaft«. Wenn ich den Begriff »Antisemitismus« gebrauche, dann nur in seiner eindeutig politischen Bedeutung etwa in der Zeit zwischen 1880 und 1930. Der Hauptgrund für diese Entscheidung liegt darin, dass es für Juden unerheblich ist, ob sie wegen einer bestimmten Interpretation von Bibelstellen, wirtschaftlicher Diffamierung oder komplizierter Rassentheorien, die nur wenige gelesen und verstanden haben, verfolgt und ermordet wurden. Auch ein Buch über das Verhältnis zwischen Juden und Päpsten ist nicht der Platz für eine rein theologische Nabelschau.

Von den vielen zum Teil faszinierenden Menschen, die einen großen

Teil ihrer Kraft in den Dienst der Auseinandersetzung mit der Judenfeindschaft gestellt haben und von denen ich viel gelernt habe, sei hier an erster Stelle der kürzlich verstorbene Gründer der Wiener Judaistik, Kurt Schubert, genannt, der, obwohl tief gläubiger Katholik, auch mit berechtigter Kritik an seiner eigenen Gemeinschaft nicht sparte. Ein Stück gemeinsamen Weges durfte ich auch mit Erika Weinzierl gehen, die in ihren späteren Jahren noch einen bemerkenswerten Schub an kritischer Haltung gegenüber der kirchlichen Judenfeindschaft erlebte und dies auch offen aussprach. Vieles an Verständnis vermittelte mir der seinerzeitige Generalsekretär der Aktion gegen den Antisemitismus und väterliche Freund Ulrich Trinks, der trotz seiner Zugehörigkeit zur und Arbeit in der evangelischen Kirche tief reichende Kenntnisse der katholischen Probleme und Ängste hatte.

Von großem Einfluss, auch auf dieses Buch, war das erstaunliche und von tiefem Verständnis geprägte Wissen meines Kollegen und Freundes Friedrich Lotter. Äußerst hilfreich waren auch die vor Jahren geführten pointierten Diskussionen mit Alexander Patschovsky, der mir erst in großem Umfang die Zusammenhänge zwischen der Behandlung von Juden und Ketzern zugänglich machte.

Prägend waren auch die vielen Gespräche und Begegnungen mit Yakov Guggenheim, der wesentlich zu meiner »jüdischen Bildung«, aber noch weit wichtiger zur Entwicklung kritischer Fähigkeiten und zur Würdigung anderer Standpunkte beigetragen hat. Die Einsicht, dass man Geschichte der Juden nicht bloß auf ihre Rolle im abendländisch-christlichen Umfeld beschränken darf, verdanke ich den engagierten Diskussionsbeiträgen von Michael Toch, der bei einschlägigen Debatten oftmals die befremdete Frage stellte, ob es allen Anwesenden klar sei, dass es eigentlich um Juden und nicht nur um europäische Kultur ginge. Zuletzt danke ich dem dritten Freund aus Jerusalem, Israel Yuval, für seine oftmals genialen Beiträge über kulturelle Parallelen zwischen jüdischer und christlicher Legendenbildung.

Aus allen diesen Begegnungen erwuchs der vorliegende Band, den ich nicht als Handbuch der Beziehungen zwischen den Päpsten und den Juden verstehe, sondern als ein Nachdenken über einen der bedeutsamsten Antagonismen in der abendländischen-lateinischen Geschichte, bei dem es mehr um Verstehen als um das Ausbreiten von Geschehen geht.

EINLEITUNG

Die Behandlung des ausgedehnten Fragenkomplexes, wie die Päpste im Laufe ihrer sich über Jahrhunderte erstreckenden Geschichte die Juden wahrgenommen haben und welche Lebensmöglichkeiten sie ihnen aus ihrer zeitweilig gewaltigen Machtfülle einräumten, ist heute sehr stark von einigen zu kurz greifenden, populären Themen geprägt, die in ihrer Bedeutung richtiger eingeordnet werden müssen.

An der Spitze steht noch immer die Frage nach dem Verhalten Papst Pius' XII. angesichts des millionenfachen Judenmordes, der von den nationalsozialistischen Führern in Deutschland seinen Ausgang nahm. Rolf Hochhuthhs Schauspiel »Der Stellvertreter«, das 1963 in Berlin uraufgeführt wurde, löste eine erbitterte öffentliche Diskussion aus.[2] Eine offenbar notwendige Diskussion vor dem Hintergrund des Zweiten Vatikanischen Konzils, auf dessen Problemliste ein Überdenken des Verhältnisses zwischen Katholiken und Juden zu finden war. In diesen Jahren erschienen die ersten größeren Studien zu Pius XII. und seinem Verhältnis zum Dritten Reich. Eröffnet wurde die Reihe der Publikationen mit Saul Friedländers Dokumentation »Pius XII. und das Dritte Reich«.[3] Unter den Autoren dieser Zeit, die vor allem das Wirken des Papstes im Krieg untersuchten, ragt der damalige Vizepräsident des jüdischen Weltkongresses Gerhard Riegner, der als einer der Ersten die Weltöffentlichkeit über die in Gang befindliche »Endlösung« unterrichtet hatte, mit seinen Memoiren heraus. John Cornwell, ein der katholischen Kirche nahestehender Historiker, sah sich vor die Notwendigkeit gestellt, Pius im Zusammenhang seines gesamten Wirkens seit dem Beginn des 20. Jahrhunderts zu behandeln. Auch sein 1999 deutsch erschienenes Buch »Pius XII. Der Papst, der geschwiegen hat« löste einige Kontroversen aus.

Das Thema Papst und Juden war damit weit aus den akademischen Erörterungen herausgehoben und entwickelte sich zu einem »Reizthema« der Diskussion über Judenfeindschaft. Diskutierte man in den letzten zwanzig Jahren über Rassismus und Völkermord, kam es unfehlbar gegen Ende der Veranstaltung zu der aggressiv vorgetragenen Frage, warum denn niemand während der stundenlangen Diskussion die Verantwortung der Kirche für die Verbrechen an den Juden auch nur mit einem Wort erwähnt habe. Kern solcher Fragen war und ist die propagandistisch vereinfachte Behauptung, dass die römische Kirche und an ihrer Spitze der Papst eine direkte, – mehr aber noch: eine indirekte Verantwortung für den Judenmord, die Schoa, tragen.

Die vorsichtigere Version, nämlich die Frage nach der indirekten Verantwortung, schärfte den Blick für das historische Werden einer jedenfalls problematischen Situation, deren Wurzeln tief in der europäischen Kultur liegen.

Eine bedeutsame, aber auch kritisierte Arbeit für das 19. Jahrhundert legte der amerikanisch-jüdische Historiker David Kertzer vor, der in der Einleitung zu diesem das 19. Jahrhundert behandelnden Buch ausdrücklich die Beziehung zu der genannten Grundfrage herstellt, und zwar anhand einer auf Veranlassung Johannes Pauls II. zwischen 1987 und 1998 durchgeführten Untersuchung, ob die römische Kirche Schuld an den Verfolgungen der Nazizeit treffe.[4]

Die Kommission kam zu dem nicht ganz unerwarteten Schluss, dass es zwischen der »Haltung der Christen gegenüber den Juden in allen Jahrhunderten« und den »Ursachen des Holocausts« keine Beziehung gäbe. Sie räumte zwar ein, dass die Juden jahrhundertelang diskriminiert wurden und bedauerlicherweise sei dies gelegentlich durch irregeleitete Interpretation der christlichen Lehre gefördert worden. Aber diese Zeit liege lange zurück und sei mit dem 18. Jahrhundert zu Ende gegangen. Die Wurzeln der Schoa lägen aber im 19. Jahrhundert. Nationalismus und soziale Probleme hätten zu einer kritischen Haltung gegenüber den Juden geführt und schließlich den von der Kirche stets abgelehnten Rassismus gefördert. Der alte Antijudaismus sei zu bedauern, er habe aber nichts mit dem Hass auf die Juden zu tun, der zum Holocaust geführt habe.

Kertzers Darstellung analysiert mit schneidender Kritik judenfeindliche Tendenzen in katholischen Presseveröffentlichungen gegen Ende des 19. und zu Beginn des 20. Jahrhunderts, die mit päpstlicher Zustimmung gedruckt wurden. Die teilweise umfassende und präzise Schilderung leidet jedoch unter dem Mangel, dass Kertzer den essentiellen Einfluss traditioneller Denkmuster nur oberflächlich erkannte. Demgegenüber ist aber deutlich zu unterstreichen, dass ältere Schichten der Judenfeindschaft in der katholischen Publizistik klar hervortreten. Damit erweist sich die Behauptung, dass die Judenfeindschaft 'des 19. Jahrhunderts einen Neuansatz darstelle, der mit den von der Kirche verharmlost dargestellten älteren Formen nichts zu tun hat, als bloße Schutzbehauptung. Insbesondere in der ökonomischen Kritik an den Juden wird das theologische Modell der Todsünde des Wuchers, wie sie systematisch von Innozenz III. und von spätscholastischen Autoren des 13. und 14. Jahrhunderts geübt wurde, wieder lebendig. Dabei ist zu bemerken, dass die Ausführungen des bedeutendsten mittelalterlichen Papstes vor judenfeindlichen Formulierungen nur so strotzen. Ob Innozenz eine irregeleitete Interpretation der christlichen Lehre vertritt?

Die mittelalterliche Wucherdiskussion bedeutet, dass die wirtschaftlich argumentierende Judenfeindschaft, die zu einem Standardkapitel in den Arbeiten über den neueren Antisemitismus wurde, tief in der theologischen und kirchenrechtlichen Tradition verwurzelt ist. Es stellt eine äußerst problematische Selektion dar, die ökonomischen Vorurteile gegen Juden als »harmlose« Elemente der Judenfeindschaft zu deuten, die nur wenig zur ablehnenden Haltung gegen Juden in späteren Zeiten beigetragen hätten. Die seit dem Spätmittelalter zu beobachtende negative Sicht und schließliche Kriminalisierung jüdischen Wirtschaftens im Sinne von Betrug steht chronologisch nicht *neben* den neueren Formen des biologistisch gedeuteten Gruppen- und Rassenhasses, sondern bildet eines der treibenden, *älteren* Momente der Ausbildung dieses Systems. Die Bedeutung der traditionellen Elemente des Judenhasses bei der Analyse der Verhältnisse im späten 19. und 20. Jahrhundert steht außer Streit.[5] So sollte nicht übersehen werden, dass sich an den Rändern des katholischen Einflusses, z. B. in der Kolping-Bewegung, zumindest in Österreich, mörderische Vorschläge zur Beseitigung der Juden regten.[6]

Eine Fragestellung, die ausschließlich die Entstehung rassistischer

Elemente bei der Ausbildung der modernen Judenfeindschaft behandelt, beschäftigt sich nur mit einem Ausschnitt des gesamten Phänomens und kommt daher zu einer unrealistischen Schilderung der Wirklichkeit. Die Feststellung, dass Päpste des 19. Jahrhunderts durch bestimmte Rechtstraditionen gebunden waren, sollte auch dem Gedanken Raum geben, dass die Entwicklung dieser alten Rechtssätze auf Vorstellungen fußte, die nicht nur von notorischen Liberalen in Zweifel gezogen wurden.

Der Weg der aufgeregten Pius XII.-Diskussion führt damit zurück in fundamentale sozialhistorische Bereiche. Begibt man sich aber auf die Spurensuche in vergangenen Jahrhunderten, wie denn das Verhältnis zwischen den Päpsten und den Juden beschaffen war, stellen sich die bisher aufgeworfenen Fragen beträchtlich komplizierter dar. Das kontinuierliche, nie völlig beseitigte Misstrauen gegen Juden wurde durch den spezifischen Charakter des jüdisch-christlichen Verhältnisses zugespitzt und verstärkt, soweit es in den Beziehungen zum Kaiserkult nicht zwischen der vorchristlichen römischen Gesellschaft und den Juden schon bestand.[7] Dagegen ist einzuwenden, dass Wirkungszusammenhänge, die über Jahrhunderte reichen, Gegenstand intellektueller Spekulationen sein können, denen aber keine Beweiskraft zukommt. Um ein krasses Beispiel zu bringen: Die Neubelebung der augustinischen Theologie im 12. Jahrhundert hat für die Intensivierung der Judenfeindschaft durch die kritische Interpretation zeitgenössischer Zustände im Lichte dieser Vorstellungen durch Papst Innozenz III. große Bedeutung. Kann man aber ohne intellektuellen Übermut von da große Bögen ins 19. Jahrhundert schlagen? Dies wäre nur möglich, wenn man das Studium dieser Texte 700 Jahre später und ihre bewusste Übernahme und ihr angemessenes Verstehen nachweisen könnte. Diese Einwände richten sich gegen eine Tradition kirchenkritischen Denkens, die von dem bedeutenden Holocaustforscher Raul Hilbert in den akademischen Diskurs eingebracht wurde: die Judenpolitik der Nationalsozialisten habe mittelalterliche Konzilsbeschlüsse über Juden nahezu gleichlautend übernommen.[8] Ob es zwischen diesen beiden Punkten der Geschichte lebendige Entwicklungsbögen gibt oder ob die antijüdische Gesetzgebung der Nationalsozialisten nur einen Reflex auf die historische Forschung des 20. Jahrhunderts darstellt, ist eine äußerst heikle Frage, die sich wahrscheinlich nicht mit Entweder-oder beantworten lässt. Immerhin sei in diesem Zusammenhang erwähnt, dass sich Alfred Rosenberg in seinen Artikeln oftmals auf historische Literatur das Judentum betreffend beruft.

Die mittelalterlichen Judenkanones haben ihre eigene unverwechselbare Bedeutung in der Geschichte der Judenfeindschaft; trotz ihres bedauerlichen Inhalts kann man ihren Schöpfern nicht in die Schuhe schieben, sie hätten den Konzentrationslagern im Voraus die Wege geebnet. So primitiv liest sich das natürlich bei Hilbert nicht, wird aber bisweilen so weiterverbreitet. Was aber zu bedenken ist, ist dieses: Die Päpste folgten bei der Erstellung neuer Gesetze und Erlässe, gleich in welcher Form sie dann veröffentlicht wurden, der Methode der Prüfung der älteren Dokumente, die sich mit dem anstehenden Problem befassten und gingen dabei dem Sinn der früheren Gesetzgebung akribisch auf den Grund – allerdings in einer Weise, die oftmals Widersprüche offenließ. Genau in diesen Widersprüchen liegt das Hauptproblem, mit dem sich der Historiker konfrontiert sieht. Inhalt dieser Widersprüche ist das häufig fast gleichzeitige Auftreten von päpstlichen Maßnahmen, die »judenfeindlich« bzw. »judenfreundlich« gedeutet werden.

Diesen Widerspruch versuchte Thomas Brechenmacher in seiner detaillierten Studie »Das Ende der doppelten Schutzherrschaft« zu lösen, vor allem anhand des päpstlichen Editto sopra gli Ebrei, dessen Vorgeschichte er bis 1775, dem Jahr des Erlasses dieses im Kirchenstaat gültigen Gesetzes, genau darstellt. Es ist davon auszugehen, dass die päpstlichen Juristen den Sinngehalt und die aus dem Verfließen der Zeit sich ergebenden Probleme ganz genau kannten, man innerhalb der Kirche also ein Wissen bewahrte, das bezüglich älterer Gesetze für ein Kontinuum seit dem Mittelalter spricht.

Neben dem zentralen Thema der Judenfeindschaft muss aber auch die Schutzpolitik der Päpste in Betracht gezogen werden. Tatsächlich traten einige Päpste mit Überzeugung gegen Unrecht auf, das Juden zugefügt wurde. Betrachtet man das Handeln der Päpste auf der Höhe des Mittelalters, stellt sich zusätzlich ein weiteres Problem von nicht geringem Gewicht: die tatsächliche Verfügungsgewalt des Papstes und ihr Verhältnis zu anderen Gewalten in der Kirche.

Aus diesen Umständen entwickelte Brechenmacher als letzter Autor einer umfassenden Geschichte des Verhältnisses zwischen Päpsten und Juden[9] seinen grundsätzlichen Erklärungsansatz von der doppelten

Schutzherrschaft der Päpste, das bedeutet, dass sie einerseits beanspruchten, die Christen vor den Juden zu schützen, andererseits die Juden vor den Christen. Diese Sicht der päpstlichen Gesetzgebung und »Politik« gegenüber den Juden kann in einigen konkreten Fällen Widersprüche erklären, versteht man sie aber, wie Brechenmacher, als grundsätzliches Modell päpstlichen Verhaltens, gerät die Suche nach der Wirklichkeit in eine gewisse Schieflage. Die doppelte Schutzherrschaft, wie sie Brechenmacher in der Praxis päpstlicher »Politik« versteht, unterstellt, ohne dass er dies ausdrücklich behaupten würde, dass sich Christen und Juden auf gleicher Augenhöhe begegnen. Die Konflikte, die zwischen beiden Gruppen entstehen, werden vom Papst mit Bedachtnahme auf die ältere Rechtsentwicklung und eine gewisse Balance zwischen den Streithähnen geregelt. Bei dieser Betrachtung der Dinge bleibt aber ausgeblendet, dass auch die Päpste – auch sie und nicht nur irregeleitete Scharfmacher – die augustinische Lehre von der dienenden Stellung der Juden akzeptierten und diese so genannte »servitus Iudeorum« spätestens seit Innozenz III. eine dominierende Rolle im Verhältnis zwischen dem Papst und den Juden spielte. Allein die Tatsache, dass seit der Mitte des 13. Jahrhunderts in gewissen Fällen eine päpstliche Jurisdiktion über Juden bestand, die prima vista betrachtet absolut unlogisch ist, geht neben historischen Konstellationen auf diese grundsätzliche Überzeugung zurück. Formal klingt es ja beruhigend, wenn eine Schutzmaßnahme zugunsten der Juden an die Beachtung des gesetzlichen Rahmens gebunden wird, der ihnen gezogen wurde. Man muss aber diesen Rahmen inhaltlich definieren und darf sich nicht mit der Feststellung zufriedengeben, dass der Judenschutz geübt und beschlossen wurde, wie es die kuriale Praxis eben zuließ.

An diesem Beispiel wird eine Schwäche deutlich, an der alle Gesamtdarstellungen zum Thema Päpste und Juden geradezu zwangsläufig leiden müssen, und das wird auch das vorliegende Buch betreffen: Niemand ist im Stande, den Stoff im Detail von Gregor dem Großen bis zum Zweiten Vatikanum zu beherrschen. Und es sind natürlich Detailkenntnisse notwendig, um nicht von einer ideologischen Falle zur nächsten zu taumeln. Die häufig anzutreffende Polemik in der Auseinandersetzung über das Verhältnis von Päpsten und Juden ist natürlich im Sinne von Zuspitzung eigener Sichtweisen sehr beliebt, verstellt aber oft die Sicht darauf, was der so genannte Gegner richtig erkannt hat.

Hinter dieser konkret erwähnten Konstellation des 13. Jahrhunderts wird eine Struktur sichtbar, die das Verhältnis zwischen den Päpsten und den Juden über große Zeiträume der Geschichte beherrscht: Neben geradezu selbstverständlich erscheinenden Schutzbestimmungen für Juden, für die sich auch theologische, in der Tradtion begründete Argumente in der Vergangenheit fanden, erließen die Päpste eine Reihe von Dekreten, die Fragen betrafen, die sich nicht unbedingt aus dem Schutz für die Christen herleiteten, sondern aus dem tiefen Misstrauen gegen das Wirken der Juden in der christlichen Gesellschaft. Die Frage, ob es sich dabei um »christlichen Antisemitismus« oder um einen Ausfluss eines theologisch bestimmten »Antijudaismus« handelt, erweist sich tendenziell als theoretische Haarspalterei, denn gerade in der Wendezeit (dieser Begriff wird im Kapitel über Innozenz III. ausführlich begründet) wird klar, dass theologisches Programm und die Reaktion auf soziale und ökonomische Neuerungen respektive Missstände untrennbar zusammenhängen.

Diese Widersprüche, durch die päpstliches und kirchliches Handeln und die Lehre bis in die Zeit nach der Schoa bestimmt wurden, beginnen sich erst in der Gegenwart langsam aufzulösen. Wieweit die Äußerungen zu den Juden, die in der einschlägigen Erklärung des Zweiten Vatikanums formuliert wurden, bereits den neuen Weg in der Auseinandersetzung mit den Juden weisen, wird zu untersuchen sein. Die Bezeichnung der Juden als »Ältere Brüder« und die in diesem Zusammenhang von Papst Johannes Paul II. vorgeschlagene konsequente Anwendung der historisch-kritischen Bibelexegese sind Marksteine einer beginnenden Wende. Wie Émile Poulat in seiner Einleitung zum Buch »Die unterschlagene Enzyklika« richtig erkannt hat, ist es ein langwieriger intellektueller Prozess und ein großes innerliches Abenteuer, sich von seiner Vergangenheit zu lösen und sie dabei zu bewältigen.[10]

Dieser Prozess begann im Rahmen der Geschichte de Päpste erst mit Johannes XXIII., der neben seinem Anstoß zum Konzil uns ein persönliches Gebet hinsichtlich der Juden hinterlassen hat, das zwar kirchenrechtlich bedeutungslos ist, dafür aber umso entscheidender im Sinne einer geistigen Wende.

»Wir erkennen an, dass viele Jahrhunderte der Blindheit unsere Augen bedeckt haben, dass wir die Schönheit deines auserwählten Vol-

19

kes nicht mehr sehen und in seinem Gesicht nicht mehr die Züge unseres erstgeborenen Bruders wiedererkennen. Wir erkennen, dass das Kainszeichen auf unserer Stirne steht. Vergib uns die Verfluchung, die wir zu Unrecht aussprechen und über dem Namen der Juden. Vergib uns, dass wir dich in ihrem Fluche zum zweiten Male kreuzigten, denn wir wussten nicht, was wir taten.«

Die Betrachtung der älteren Geschichte der Päpste mit Bezug auf die Juden kann sich nicht hinter der Würdigung der Tradition verschanzen, sondern muss davon ausgehen, dass diese Tradition so beschaffen sein könnte (und tatsächlich ist sie so beschaffen), dass eine Abkehr von ihr notwendig ist, wie dies Johannes XXIII. in seinem Gebet deutlich ausgedrückt hat. Vermutlich liegt in dieser Einstellung der Beginn der Wende von der Einschätzung der Juden als »Feinde Christi« zu den »Älteren Brüdern«.

Dass diese notwendige Entwicklung ein schweres Dilemma schafft, weil es Hand an die ältesten Wurzeln dieser Tradition legt, sei nicht verschwiegen. Abgesehen von der Doppelgesichtigkeit der Äußerungen des Paulus zu den Juden sind auch führende Vertreter des christlich-jüdischen Dialogs zu dem Schluss gekommen, dass man eigentlich die Passionsberichte nicht unkommentiert lassen könne. Das wirkliche Problem unserer Darstellung ist die kritische Sicht auf das Zustandekommen der Tradition und nicht einfach deren Hinnahme als »gottgegeben«.

Erstes Kapitel

DIE TRADITION
Die nie veröffentlichte Enzyklika Pius' XI.

Pius XI.

Einen hochinteressanten Einblick, wie diese katholisch-päpstliche Tradition das Verhältnis zu den Juden darstellte, gewährt ein 1938 enstandener Textentwurf für eine Enzyklika. Zu diesem, vom chronologischen Ansatz her betrachtet, besonders bedeutsamen Zeitpunkt beauftragte Papst Pius XI. unter dem Eindruck der Hochflut menschenverachtender politischer Systeme den jungen Jesuiten John LaFarge aus den Vereinigten Staaten mit der Ausarbeitung einer Enzyklika, die zum bzw. gegen den Rassismus Stellung beziehen sollte. Mit dem rassischen Antisemitismus und der Stellung der Juden in der Gesellschaft sollte sich der deutsche Jesuit Gustav Gundlach beschäftigen, der für die 1930 erschienene Auflage des Lexikons für Theologie und Kirche den Artikel Juden geschrieben hatte.

Obwohl der Text inzwischen bekannt geworden und herausgegeben ist, setzte sich in Kreisen des christlich-jüdischen Dialogs die Vorstellung durch, dass Pius XI. einen entschieden gegen den Antisemitismus gerichteten Text hätte ausarbeiten lassen, der von seinem Nachfolger Pius XII. unterdrückt wurde. Es erhebt sich daher die Frage, ob dieser Entwurf einen Beweis liefert, dass Pius XI. tatsächlich entschlossener als sein Nachfolger war, die zwischen Juden und Kirche bestehenden Fragen anzupacken.

ENTWURF FÜR EINE ENZYKLIKA

Gundlachs Text ist in der Tat ein Lehrstück für die vielgestaltige Beschäftigung der Kirche und ihres obersten katholischen Vertreters mit den Juden (Artikel 131–152 des Entwurfs).[11]

Einleitend konstatiert der Autor, dass im Rahmen rassistischer Theorien Verfolgungen gegen Juden losbrechen, und erkennt, dass den Juden dabei eklatant elementare Rechte verweigert werden (Artikel 132). Von dieser ungerechten, erbarmungslosen Kampagne behauptet Gundlach dann, sie würde unter dem Deckmäntelchen des Christentums geführt, und leitet daraus den Vorteil ab, dass dadurch die wahre Natur, die eigentliche Grundlage der Sonderstellung der Juden gegenüber der übrigen Menschheit, in Erinnerung gerufen wird. Diese Sonderstellung sei eine Frage der Religion und seit der Menschwerdung Christi eine Frage des Christentums. Das bedeutet also, dass die angebliche Sonderstellung der Juden in der Menschheit lediglich vor dem Hintergrund des Christentums zu deuten ist. Gundlach ist sich darüber klar, dass das Christentum die Wurzel aller Probleme ist, unter denen die Juden leben, ist aber nicht bereit, weitere Schlüsse daraus zu ziehen. Dabei sollten wir uns nochmals deutlich ins Gedächtnis rufen, dass Gundlach diese Darstellung der Dinge für eine päpstliche Enzyklika vorbereitete.

Um diesen Ausgangspunkt möglichst konkret deuten zu können und keine falschen Verdächtigungen auszusprechen, muss man eine spätere Bemerkung Gundlachs im Zusammenhang mit den Vorbehalten der Kirche gegenüber den Juden heranziehen. So heißt es im Artikel 142: »Solange der Unglaube des jüdischen Volkes andauert und seine Feindschaft gegenüber dem Christentum fortbesteht, muss die Kirche in ihren Bemühungen die Gefahren unterbinden, die dieser Unglauben und diese Feindschaft für den Glauben und die Moral ihrer Gläubigen darstellen könnten.« Gundlach unterstellt – auf alten Traditionen beruhend –, dass das »jüdische Volk« Feindschaft gegen das Christentum hege. Auf den Gedanken, dass dem durchschnittlichen Juden das Christentum möglicherweise ziemlich gleichgültig war, konnte und durfte er wohl nicht kommen. Gundlach meint also, wenn wir die Sache im Zusammenhang deuten, dass die Auseinandersetzung zwischen Christen und Juden der ausschlaggebende Faktor für die Sonderstellung der Juden sei. Wenn dies so ist, so war dies auch den Initiatoren von Judenverfolgungen im 20. Jahrhundert klar, und man kann daher von den Verfolgungen nicht behaupten, dass sie unter dem Deckmäntelchen des Christentums stattfanden, sondern dass ihre Initiatoren sich mit einiger Logik darauf berufen konnten, dass die feindliche Auseinandersetzung mit den Juden sich aus einigen Elementen der kirchlichen Lehre ableiten ließ.

Gundlach beginnt mit der für die christlich-katholische Tradition grundlegenden Darstellung der Theologie nach dem Römerbrief des Paulus. Diese paulinische Theologie entwickelt den Heilsplan, dass auch die Juden trotz ihrer Verstocktheit, d. h. trotz ihres Unglaubens hinsichtlich des Wirkens Jesu, sich in der Zukunft in ihrer Gesamtheit bekehren würden. Aus dieser Theologie folgte der Schluss, dass man die Juden nicht morden dürfe und sie auch gegen ungerechte Verfolgung schützen solle. Die jüngste diesbezügliche Äußerung, auf die sich Gundlach stützte, war ein Dekret des Heiligen Offiziums aus dem Jahre 1928. Man hielt fest, dass man trotz bzw. wegen der Verblendung des jüdischen Volkes für jenes stets gebetet habe. »In dieser Liebe hat der Apostolische Stuhl dieses Volk gegen ungerechte Verfolgung beschützt, und wie er allen Hass und Feindschaft unter den Völkern verwirft, so verurteilt er ganz besonders den Hass gegen das einst auserwählte Volk Gottes, nämlich jenen Hass, den man Antisemitismus nennt.«[12]

Wie unschwer zu erkennen ist, lässt schon der paulinische Ansatz eine problematische Situation entstehen. Trotz aller Beteuerungen, die Juden seien nicht verworfen, wird auch der Vorwurf des Unglaubens und des halsstarrigen Verharrens in diesem Unglauben erhoben, der schließlich sogar als Verbrechen der Juden gedeutet wird. Die lehrende Theologie hat es nie unternommen, die Haltung des Paulus im Rahmen von historischen Konstellationen zu erklären, obwohl der Kirchengeschichte dieser Sachverhalt mit der Zeit klar wurde. Gerade die allgemein bekannte Biografie des Paulus macht es möglich, die Abhängigkeit seines Denkens von den historischen Gegebenheiten zu erkennen. Daher haben Kirchenhistoriker versucht, die unterschiedlichen Stellungnahmen des Paulus zu den Juden im Rahmen seiner persönlichen Entwicklung, also im biografisch-historischen Zusammenhang, zu deuten. Es hängst mit dem eigenartigen und im Grunde unzulänglichen Traditionsbegriff des Papsttums zusammen, dass in seinem Rahmen eine dynamische und daher rational begreifliche Interpretation des Paulus nicht möglich ist.

Es macht einen sehr wesentlichen Unterschied, ob man die Lehren des Paulus als von seinen historischen Grundlagen abgelöstes Phänomen für sich oder als Ergebnis eines historischen Ablaufs betrachtet. Im zweiten Fall ist es möglich, auf zeitbedingte Veränderungen zu reagieren, im ersten Fall kann man nur versuchen, den ewig zitierten Stellen ein besseres Verständnis abzuringen. Dieses »bessere Verständnis« ist natürlich trotz aller Traditionsideologie auch zeitgebunden, unterscheidet sich aber in seiner Effizienz und seiner Qualität grundsätzlich von einem Neuerungsansatz, der auf veränderte Verhältnisse bewusst reagiert.

Gundlach räumt im Artikel 141 ein, dass der »Fall Israels«, über den er vorher eigentlich gar nicht berichtet hat, historische Folgen gehabt habe. Und zwar: »Nach der Verstoßung des Messias durch sein eigenes Volk und der Annahme der christlichen Botschaft durch die Heidenwelt, die an den göttlichen Verheißungen keinen Anteil hatte, bemerken wir beim jüdischen Volk eine beständige Feindschaft gegenüber dem Christentum.« Im Grunde ersetzt Gundlach angeblich unwandelbare rassische Eigenschaften der Juden durch ihre angeblich ebenso unwandelbare religiöse Feindschaft.

Dabei ist die geradezu lobende Erwähnung, dass die Päpste gegenüber den Juden auf Mord und Verfolgung verzichteten,[13] ja an und für sich lächerlich, denn wie soll gegenüber solchem Verhalten der oberste Hüter der Nächstenliebe urteilen? Bei alledem aber übersieht sie aber bewusst die Lehre von der »beständigen Feindschaft« zwischen Juden und Christen, die immer wieder auch politisch-historisch aktuell gedeutet werden konnte. Wenn es nämlich passte, wechselte man rasch vom traditionell unwandelbaren Gebäude des Kanons in die Besorgnis über die gegenwärtigen Weltläufe.

So meint Gundlach im Artikel 142, dass die Kirche zwar den brennenden Wunsch habe, die Juden zu bekehren, trotzdem aber die Gefahr erkenne, der die Seelen (der Christen) durch den Kontakt mit Juden ausgesetzt seien. So weit die traditionsbedingte Feststellung. Dann aber folgt die Wendung ins aktuell politische Geschehen: »Wenn die Kirche darüber hinaus entdeckt, dass der Hass gegen die christliche Religion – sei er nun jüdischen Ursprungs oder nicht – vom rechten Wege abgekommene Unglückliche dazu bringt, revolutionäre Bewegungen zu unterstützen und zu propagieren, die auf nichts anderes abzielen, als die gesellschaftliche Ordnung umzustürzen und den Seelen die Kenntnis, den Respekt und die Liebe Gottes entreißen, so ist es ihre Pflicht, ihre Kinder vor diesen Bewegungen zu warnen, die Tücken und Lügen ihrer Anführer zu entlarven und die von ihr als notwendig erachteten Maßnahmen zu ergreifen, um die Ihrigen zu schützen.« Gundlach berührt in diesem Punkt die in seiner Zeit häufig festgestellte, angeblich ursächliche Verbindung von Judentum und Revolution, die vor allem den deutschen Zeitgenossen als jüdisch-bolschewistische Gefahr bekannt war. Gundlachs vorsichtige Formulierung, ob der Hass auf die Christen tatsächlich jüdischen Ursprungs ist, ist wohl so zu verstehen, dass er in Rechnung stellte, dass dieser Hass nicht *nur* jüdischen Ursprungs sei. Die Kirche hat also ihre Gläubigen vor diesen Entwicklungen zu schützen. Schutz der Christen vor allen (bösen) Fehlentwicklungen. Und genau in diesem Gedankenzusammenhang setzt er fort: »Die Geschichte zeigt uns, dass die Kirche diese Aufgabe (!), ihre Gläubigen vor den jüdischen Lehren zu warnen, wenn die darin enthaltenen Punkte den Glauben bedrohen, niemals vernachlässigt hat. Sie hat niemals die unglaubliche Heftigkeit der Vorwürfe unterschätzt, die der heilige Stephanus, der erste Märtyrer, den eigensinnigen Juden machte, die sich wissentlich dem Anruf der Gnade verweigerten ...« Liest man dann von einer Verurteilung des Antisemitismus im Artikel 144, kann man sich des Gedankens nicht erwehren, dass der Brandstifter den Löschmeister spielt.

Die Warnung und der Schutz der Gläubigen waren auch schon in älteren Epochen der auslösende Faktor für Lehren und Maßnahmen, die weit über die theologischen Betreffe hinaus andere Bereiche berührten. Damit entstand aber eine Interaktion, die an einigen Beispielen zu zeigen sein wird. Wie wir sehen werden, verband sich die Auseinandersetzung über die Todsünde des Wuchers mit der Entstehung eines moralisch negativ gezeichneten Judenbildes. Dieses griff durchaus über die »antijudaistischen« Grundlagen hinaus und entwickelte eine christliche Judenfeindschaft, die man auch als christlichen Antisemitismus bezeichnen könnte. Ein solches Judenbild wurde zur Wurzel des so genannten ökonomischen Antisemitismus, der daher keineswegs als säkular, von der Kirche getrennter Bereich zu betrachten ist. Ganz im Gegenteil: Wir werden im Kapitel über Innozenz III. zu berichten haben, welche zentrale Rolle das Thema für diesen Papst hatte und mit welcher Verachtung er die Juden hierbei behandelte.

ERLAUBTER ANTISEMITISMUS?

Klarer formulierte Gundlach in dem bereits erwähnten Artikel für das »Lexikon für Theologie und Kirche«. Hier unterscheidet er zwischen einer völkisch und rassenpolitisch ausgerichteten Form des Antisemitismus und einer staatspolitisch orientierten Richtung. Die zweite Form umfasst nach seiner Definition den übersteigerten und schädlichen Einfluss der Juden innerhalb desselben Staatsvolks. Diese Richtung, die er als den Christen erlaubt bezeichnet, umfasst den jüdischen Einfluss auf die Wirtschaft, das Parteiwesen, Theater, Kino, Presse, Wissenschaft und Kunst. Es geht also nicht um antijudaistische Themen, die zum Bereich jüdisch-christlicher Antagonismus im theologischen Umfeld gehören, sondern um handfeste soziale Themen, die im Sinne einer modernen Modifikation der alten Vorurteile betrachtet werden. Gundlach selbst entgeht in seinem Artikel nicht einmal der Rassismusfalle. Er stimmt mit einem Autor darin überein, dass die Berufe der Advokaten, Ärzte und Journalisten mit Juden überfüllt seien, und übernimmt auch den Einschub »die getauften immer noch gar nicht mitgezählt«. Es gehört wohl zu den primitivsten Grundregeln der christlich-katholischen Lehre, dass ein Jude nach der Taufe aufgehört hat, Jude zu sein. Wäre er das nicht, fiele ja jener Teil der Heilsgeschichte, in dem von der endzeitlichen Bekehrung der Juden die Rede ist, unter den Tisch. Ferner tischt Gundlach in seinem Lexikonbeitrag eine geradezu groteske Behauptung auf. Er erklärte nämlich, die Kirche habe von jeher die Juden gegenüber einem praktischen Antisemitismus geschützt. Das trifft natürlich dann zu, wenn es um das Leben und speziell definierte Besitzrechte der Juden ging, im letzteren Fall allerdings nur mit Einschränkungen. Das Urteil geht aber in die Irre, wenn man an die päpstlichen Reaktionen auf neue Formen des Wirtschaftens denkt, an denen Juden beteiligt waren. Ein Großteil der päpstlichen und kirchlichen Politik gegen die Juden des 13. Jahrhunderts war ein geradezu »antimodernistischer« Kampf gegen diese neuen Formen.

Dazu erfahren wir auch im Zusammenhang mit der geplanten Enzyklika mehr, denn der Jesuitengeneral schaltete den ehemaligen Chefredakteur der »Civiltà Cattolica«, des Sprachrohrs der Jesuiten, ein, um den Entwurf zu bewerten. Enrico Rosa, von 1915 bis 1931 Chefredakteur der Zeitschrift und nachher noch immer einflussreiches Mitglied des Herausgeberkollegiums, griff dabei auf Überlegungen der Zeit um 1890 zurück, die uns zusätzlich Gundlachs geistigen Hintergrund ausleuchten. Im Wesentlichen teilte Rosa Gundlachs Ansichten über den erlaubten Antisemitismus und diese Ansicht bettet sich zwanglos in seine antimodernistische publizistische Tätigkeit ein.

Rosas Artikel vom 22. September 1938 beschäftigt sich kritisch mit einem Artikel, der am 30. August 1938 in der faschistischen Zeitschrift »Regime fascista« erschienen war und der eigenen Bewegung eine zu weiche Haltung gegenüber den Juden vorwarf und einen in der »Civiltà Cattolica« 1890 erschienenen Artikel in seiner rigorosen Haltung als vorbildlich anpries. Die deutschen und italienischen Faschisten könnten von den Jesuiten hinsichtlich der Juden noch eine Menge lernen. Rosa betrachtete dies wohl als Verleumdung der Jesuiten und versuchte nun, das wahre Denken des Autors von 1890 herauszuarbeiten.

Doch die Einleitung zeigt bereits, dass von den traditionellen Überlieferungen her gesehen es unmöglich war, den spöttischen Bemerkungen des faschistischen Gegenübers zu begegnen. »Ebenso wie unseren Vorgängern«, schrieb Rosa, »liegt uns daran, auch den Juden gegenüber Gerechtigkeit und Nächstenliebe zu üben, obwohl wir davon überzeugt sind, dass sie diese uns nicht erweisen, wie sie es ganz sicher bei der Verfolgung der Kirche nicht getan haben, die sie in der Vergangenheit ausgelöst oder gefördert haben, im Einvernehmen mit den Freimaurern, denen sie umfassende Unterstützung zukommen ließen ...« Bei aller Gerechtigkeit und Nächstenliebe wird ein Feindbild »Jude« aufgebaut, das eben mit dieser Gerechtigkeit und Nächstenliebe nichts zu tun hat.

Dies berührt einen ganz wesentlichen Punkt: So wie in diesem Fall versicherten Päpste und andere Gesetzgeber den Juden häufig, dass sie gewisse Rechte besäßen (z. B. das Recht, Besitz zu erwerben). Solchen Grundsätzen standen aber oft andere Prinzipien gegenüber, die entwertend und neutralisierend wirkten. Da die Feindesliebe an moralischem Wert die Nächstenliebe im Christentum noch überstrahlt, könnte man zynischerweise fast das Konstrukt eines Feindbildes vermuten! Die kürzlich formulierte These von der doppelten Schutzherrschaft der Päpste erweist sich im Lichte solcher Betrachtungen als recht problematisch.

Man kann bezüglich der nicht veröffentlichten Enzyklika zusammenfassen: Was die Verurteilung des Rassismus betrifft, hat der Entwurf seine unbestreitbaren Verdienste, an der Frage der Judenfeindschaft und an der Aufgabe, aus einer Neuinterpretation des jüdisch-christlichen Verhältnisses zu einer offeneren und freieren Behandlung des Beziehungen zu gelangen, scheiterten Gundlach und seine Gesinnungsfreunde.

Ergänzend ist zu sagen, dass auch die berühmte Enzyklika Pius' XI.

»Mit brennender Sorge« den antisemitischen Aspekt der politischen Verhältnisse in Deutschland nur bezüglich der Bedeutung und Gültigkeit des Alten Bundes berührte und die aktuelle Situation der Juden nicht berücksichtigte. Damit erreichte sie nicht einmal das Niveau der Erklärung des Sacrum Officium von 1928.

Émile Poulat hat gemeint, dass die Anregung zum Entwurf ein erster Schritt der Veränderung war. Denkbar ist das, obwohl es nur durch Vergleiche gestützt werden kann mit dem, was der Papst z. B. in Audienzen und Reden in diesen Tagen ausgeführt hat. In den Text ist davon aber nur sehr wenig und das äußerst vorsichtig eingedrungen. Die Zeit für Veränderungen war trotz aller Grausamkeit der Gegenwart um 1938 noch nicht gekommen.

Zweites Kapitel

EINE LEHRE DER VERACHTUNG
Die Wende im Judenbild

Juden als gewalttätige Widersacher des Christentums.
Jude, der den heiligen Stephanus steinigt. Halberstadt, Dom, um 1208.

Jules Isaac prägte 1962 den Begriff »Lehre der Verachtung«, der eine Doktrin umfasst, die ein ganzes Volk mit Schande bedeckt und es zu Feinden erklärt. Griffige Formulierungen dieser Art müssen auf ihre Stichhaltigkeit geprüft werden.[14] Im Zeitraum von der Mitte des 12. bis etwa zur Mitte des 13. Jahrhunderts entwickelte sich diese angebliche Lehre der Verachtung. Zweifellos handelte es sich dabei um Vorstellungen über Juden und das christlich-jüdische Verhältnis, die trotz ihrer älteren Grundlagen im Zusammenhang betrachtet etwas Neues ergaben.

Eine wesentliche Entwicklung erfuhr der Feindgedanke hinsichtlich der Juden, der sich natürlich auf eine Fülle von Äußerungen der Kirchenväter stützen konnte, von denen die Konzilien, aber auch die Päpste in den vergangenen Jahrhunderten Gebrauch gemacht hatten. Wir werden auf diese älteren Überlegungen und Interpretationen im Zusammenhang mit Gregor dem Großen und mit der Kritik an den Juden in der Karolingerzeit zurückkommen.

DIE WIEGE EINER TRADITION – DAS JUDENBILD INNOZENZ' III.

Dieser Feindgedanke, dessen nachhaltige Wirkung wir ja bereits in den Äußerungen von Gundlach beobachten konnten, wurde mehrfach von Papst Innozenz III. in einer neuen Schärfe ausformuliert. Dass es sich dabei um Innozenz III. handelt, ist von Bedeutung. Durch sein bestimmendes politisches Wirken, seinen Einfluss auf die Bischöfe und Fürsten, die Klarheit seiner Ausführungen und die oftmalige Aufnahme seiner schriftlich (meist brieflich) niedergelegten Stellungnahmen in die späteren kanonischen Sammlungen wirkte er als angesehene Autorität auf die Zukunft ein. In den heute gültigen Zusammenfassungen zur Persönlichkeit dieses Papstes wird er als bedeutender Theologe gewürdigt, als Jurist, so meint man, solle man ihn nicht überschätzen, wenn auch eingeräumt werden muss, dass er bei seinen Zeitgenossen auch als Kenner des Kirchenrechts galt. Doch dies allein hätte ihn noch nicht zum bedeutendsten Papst des Mittelalters gemacht. Der Mann, der den deutschen Thronstreit 1198 entschied und auch in den folgenden Jahren immer wieder darauf Einfluss nahm, wer die prestigeträchtigste weltliche Würde im Abendland ausüben sollte, erfreute sich natürlich eines hohen persönlichen Ansehens, das über den Rang seines päpstlichen Amtes noch hinausging.

Bald nach seiner Wahl zum Papst stellte er jenes Privileg für die Juden aus, das nach seinen Anfangsworten »Sicut iudeis« genannt wird und in dem einige grundsätzliche Rechte der Juden und ihr Schutz festgehalten sind. Erstmals war die Urkunde von Papst Calixt II. ausgestellt worden, wie wir aus der Fassung Innozenz' III. wissen.

Der ursprüngliche Beginn der Urkunde geht auf eine Formulierung Gregors des Großen zurück, in der es heißt, dass die Juden in ihren Synagogen nicht über die ihnen gewährten Rechte hinausgehen, die ihnen zustehenden Rechte aber nicht verkürzt werden sollten. Dieser Satz bestätigte die Gültigkeit und den Geltungsumfang des römischen Rechts hinsichtlich der Juden. Der theologisch-argumentative Neuansatz Innozenz' III. wird deutlich, indem er dieser allgemeinen Erklärung eine weitere Erklärung voranstellte.

»Obwohl die *perfidia* der Juden in jeder Weise zu verwerfen ist, aber weil durch sie die Wahrheit unseres eigenen Glaubens bewiesen wird, dürfen sie von den Gläubigen nicht schwer bedrückt werden; denn der Prophet sagt: Erwürge sie nicht, dass es mein Volk nicht vergesse, oder um es klarer auszudrücken: Du sollst die Juden nicht vollständig vernichten, damit die Christen nicht in die Lage kommen, ihr Gesetz zu vergessen. Jenes Gesetz, das sie zwar selbst nicht verstehen, es aber denen, die verstehen, verdeutlichen.«[15]

Die *perfidia* der Juden ist nicht Unglaube, sondern eine Entartung des Glaubens, die sich in der Leugnung Jesu als Messias ausdrückt. Innozenz scheint darauf anzuspielen, dass die Juden die Zeugen ihrer eigenen Untaten sind, wie sich aus dem nicht ganz einfach zu verstehenden Prophetenzitat ergibt. Es handelt sich dabei um den Psalm 59.12, ein Gebet des David, als er von den von Saul ausgeschickten Mördern bedroht wurde. Offenbar wollte David, dass seine Verfolger die Sache überlebten, um als Zeugen für das an ihm verübte Unrecht zu dienen. Gott sollte sie zwar nicht vernichten:»zerstreue sie aber mit deiner Macht, Herr, unser Schild, und stoße sie hinunter.«[16] Es ist klar, dass Innozenz diesen Psalm zitierte, weil man nicht nur den Beginn des Verses 12 auf die Juden beziehen konnte, sondern auch die Fortsetzung, in der auf die Zerstreuung angespielt wird, der wir bei Innozenz gleich noch einmal begegnen werden. Und es ist wohl nicht überinterpretiert, wenn es im Gebet heißt, Gott möge die Mörder hinunterstoßen, dass sich dies auf die untergeordnete Stellung der Juden beziehen konnte, die gerade durch Innozenz auf der Basis der Lehren des Augustinus aktualisiert wurde und in der Vorstellung von der *servitus Iudeorum* ihre Ausprägung fand.

Die Stelle»ne deleveris omnino Iudeos« kann man übersetzen»du sollst die Juden nicht vollständig vernichten«, woraus sich über den päpstlichen Judenschutz verheerende Urteile ergeben könnten. Die glaubhaftere Variante wäre dann doch»du sollst die Juden keineswegs vernichten«. Fasst man die Quintessenz dieser Formulierungen umgangssprachlich zusammen, ergibt sich die Vorstellung:»Die Juden verdienen es zwar nicht, aber man soll sie trotzdem nicht vernichten.« Die ursprüngliche Klage über die Hartnäckigkeit der Juden, von der wir nicht wissen, ab wann sie in die Urkunde Aufnahme fand, ruhte direkter auf dem augustinischen Vorbild und vermeidet z. B. den Begriff der *perfidia*, an dessen Stelle *duritia* verwendet wird. Die neue Arenga (die ideologisch fundierte Eingangserklärung), die Innozenz hinzufügte, macht zumindest aufmerksam, dass Veränderungen vor sich gingen. Liest man einige Briefe des Papstes, bestätigt sich der einmal gefasste Verdacht.

DAS ÜBEL DES WUCHERS

Im Winter 1208 sandte Innozenz dem Grafen Heriveus von Nevers einen langen Brief, in dem er eine Reihe von Überständen beklagt.»Da Kain als ein flüchtiger Wanderer über die Erde irrte, habe ihm Gott als Zeichen ein dauerndes Schütteln des Kopfes als Zeichen gegeben, damit er nicht von jemandem, der ihm zufällig begegnete, getötet werde.«[17] Deswegen müssen die Juden als Wanderer auf der Erde verbleiben, bis ihr

Antlitz von Schande erfüllt sei und sie den Herrn Jesus Christus suchten. In einem Einschub heißt es dabei von den Juden, dass das Blut Christi gegen sie Anklage erhebe, dass man sie aber trotzdem nicht töten dürfe, damit die Christen nicht das göttliche Gesetz vegäßen. Die Gleichsetzung der Juden mit Kain findet sich bereits bei Petrus Venerabilis, dem Abt von Cluny, in einem Brief an König Ludwig VII. aus dem Jahre 1146[18], es lässt sich allerdings nicht mit Sicherheit feststellen, ob er der Erste war, der diesen Vergleich zog. Das Bild der heimatlos auf der Erde umherirrenden Juden ist ein Topos, der sich im Hochmittelalter in einem Brief Alexanders II. an spanische Bischöfe aus dem Jahre 1063 ebenso findet[19] wie in der Diskussion zwischen einem Juden und Christen, die Abälard fiktiv niederschrieb[20].

Darüber hinaus ist die gedankliche Verwandtschaft mit »Licet perfidia Iudeorum« evident und die Forderung, die Juden in einem Zustand der Beschämung zu halten, ist der quellenmäßige Nachweis, dass Jules Isaac mit seiner Kennzeichnung dieser Aussagen über Juden mit »Lehre der Verachtung« nicht nur den richtigen Sachverhalt beschreibt, sondern geradezu den Brief von 1208 zitiert. Trotzdem muss man zwischen einer modernen Begrifflichkeit und der Quellensprache unterscheiden. Denn auch die Juden im Mittelalter wünschten den Christen alle möglichen Formen von Schande an den Hals.

Der Papst zog nun weit über theologische, antijudaistische Grundlagen hinaus politische Konsequenzen: Die Leugner des Namens Christi dürfen daher von den christlichen Fürsten nicht unterstützt werden, wenn sie das christliche Volk bedrücken. Sie müssen vielmehr in die Knechtschaft gezwungen werden, die sie selbst verursacht haben, indem sie ihre ruchlosen Hände gegen ihn erhoben haben, der gekommen war, ihnen wahre Freiheit zu schenken, indem sie sein Blut über sich und ihre Kinder kommen ließen. Der politische Schluss aus den theologischen Voraussetzungen ist nicht unlogisch. Daraus folgt, dass man nicht zwischen korrekten theologischen Grundlagen und überzogenen Schlussfolgerungen im Bereiche der praktischen Verhaltensweisen gegen Juden unterscheiden darf. Aus dieser Theologie, die sich historisch aus Streitigkeiten zwischen jüdischen Gruppen erklärt, wurden durch Kirche und Papst universale Traditionen, deren historische Bedingtheit außer Kraft gesetzt wird zugunsten einer Dogmatik und Auslegung, die wir heute als nicht angemessen beurteilen müssen.

Die beiden Beispiele legen nahe, dass sich nun wirklich so etwas wie eine päpstliche »Politik« gegenüber den Juden entwickelte, die vermutlich äußeren Veränderungen und Entwicklungen ihre Entstehung verdankte. Bleiben wir zunächst bei wichtigen Äußerungen von Innozenz selbst, die diese Zusammenhänge deutlich machen.

Nach der längeren Einleitung kommt der Papst in seinem Brief an den Grafen von Nevers auf die konkreten Probleme zu sprechen, die allerdings noch immer in einer allgemeinen, anklagenden Weise formuliert werden. Es sei ihm zu Ohren gekommen, dass gewisse Fürsten, die ihre Augen nicht zu Gott erheben, sich zwar schämen, selbst Wucherzinsen einzutreiben, zu diesem Zweck aber Juden in Dörfern und Städten als Agenten für diesen Zweck zu ernennen. Sie schrecken nicht davor zurück, die Kirchen zu bedrängen und die Armen zu unterdrücken. Dem Empfänger des Briefes war klar, dass der Papst auch ihn zu diesen »gewissen Fürsten« rechnete und ihm damit Gefahr für sein eigenes Seelenheil vor Augen stellte. Die Schilderung der Zustände nahm im Folgenden den Zug einer Schreckensherrschaft an. Es kam nämlich vor, dass nach der Rückzahlung eines Geldbetrags durch den Schuldner die jüdischen Agenten und ihre Diener dem Schuldner die Pfänder vorenthielten, ihn ins Gefängnis steckten und exorbitante Zinsen von ihm erpressten (ipsos compellunt ad solutionem gravissimam usurarum). Die Folgen wusste Innozenz pointiert zusammenzufassen: Leidtragende seien die Kirchen, Witwen und Waisen, also alle im Schutz des Papstes und der Mächtigen stehenden Institutionen und Menschen. Umtriebe dieser Art richteten sich daher gegen die »Friedensbewegung«, die, von Frankreich seit der Mitte des 11. Jahrunderts ausgehend, nun ganz Europa erfasst hatte.

In diesem Brief wird die Praxis oder angebliche Praxis des Kreditwesens im Zusammenwirken zwischen Fürsten und Juden sichtbar. Missstände traten auf, die prinzipielle Probleme verstärkt aufwarfen. Die moralische Beurteilung von finanziellen Gewinnen war ein seit der Spätantike heftig umkämpftes Thema. Zunächst diskutierten die Väter auf den Konzilien die Frage, ob es den Geistlichen erlaubt sei, aus Kaufmannstätigkeit Gewinne zu schöpfen, woraus sich später eine Erweiterung der Diskussion auf alle Christen ergab (das Problem des schändlichen Gewinns), bzw. eine Verengung auf Gewinne aus Geldgeschäften. Nachdem im Frühmittelalter wegen der fehlenden Bedeutung des Geldverkehrs in der westlichen Welt diese Themen niemanden sehr interessierte, entstand im 11. Jahrhundert ein neuer Ansatz zur Entwicklung des Kreditwesens.[21]

Zu Beginn des 11. Jahrhunderts wurde an einen Rabbiner der Fall herangetragen, dass ein Graf einem Juden Geld gegeben habe, damit er es durch Kredittätigkeit an Christen zu vermehren suchte; brauchte ein Jude Geld, sollte er sich zum Abschluss des Geschäftes eines christlichen Strohmanns bedienen.[22] Weder der Graf noch der Jude wollten die Gewinne von einem Glaubensgenossen kassieren. Nur wenige Jahrzehnte später tauchte das Thema in zunehmender Dichte in der theologischen Diskussion auf bzw. in Bereichen, die wir heute als Wirtschaftsethik und sozialpolitische Steuerungen bezeichnen würden. Zweifellos standen Papst und Kirche vor einem sich ausweitenden Problem, nämlich der Geldbeschaffung gegen Zinsen, das sie – vor allem hinsichtlich der Finanzierung der Kreuzzüge – nicht nur als moralisches, sondern auch als praktisches Problem betraf.

Was die moralische Seite betraf, mahnten Theologen und Volksprediger zunächst Christen, sich von solchen Geschäften fernzuhalten, wobei sie den von Juden betriebenen Geldhandel vergleichsweise heranzogen, oftmals mit einer scharfen Verurteilung der Christen, die es angeblich schlimmer trieben als die Juden.[23] Entscheidend war der Gedanke, dass es sich bei dem von Christen betriebenen Wucher um eine Todsünde handelte. Damit war der Geldhandel als etwas extrem Böses konnotiert. Dazu ist grundsätzlich zu bemerken, dass sich diese Auffassung in dieser zugespitzten Form weder aus dem römischen Recht noch aus der Diskussion über zweifelhafte Gewinne im 4. Jahrhundert herleiten ließ.

In Frankreich entwickelten Theologen um Petrus Cantor nicht nur eine Kampagne gegen christliche Wucherer, sondern lasteten auch den Fürsten eine Mitverantwortung für das Wirken jüdischer und lombardischer Kreditgeber an, da sie ja deren Gewinne besteuerten.[24] Das ist genau der Gedanke, den Innozenz gegenüber Heriveus von Nevers aussprach. Mit der Überlegung, dass die Fürsten für die Missstände, die sich aus dem Kreditwesen ergaben, mitverantwortlich waren und es daher möglich wurde, auf sie als Christen Druck auszuüben, wurde auch das Tor zu einer neuen Sicht der Tätigkeit des Papstes als Richter geöffnet: Aus dem mittelbaren Druck auf die Juden (die Fürsten sollten ihre Tätigkeit nicht dulden) entwickelte sich eine direkte Kontrolle über die Juden durch geistliche Gerichte, die allerdings erst durch die Verketzerung des Talmuds und damit der Juden der Gegenwart möglich wurde. Wir werden später auf diese wichtige Frage genauer zurückkommen.

Die Bedeutung der Frage des Geldhandels spiegelt sich auch in ihrer Behandlung auf dem Vierten Laterankonzil 1215. Unter den Bestimmungen, von denen die Juden betroffen waren, steht der Geldhandel an erster Stelle. Der Text lässt auch die bisher beschriebene Entwicklung zusammenfassend erkennen:»Je mehr sich die christliche Religion von der Einhebung von Zinsen zurückhält, umso mehr bedient sich die jüdische *perfidia* dieser Praxis, sodass die Juden in kurzer Zeit die finanzielle Kraft der Christen erschöpfen. In unserem Bestreben, die Christen in diesen Belangen zu schützen, dass sie nicht von den Juden furchtbar bedrückt werden, ordnen wir durch ein Dekret dieser Synode Folgendes an: Wenn künftig ein Jude unter irgendeinem Vorwand von einem Christen schwere und übermäßige Zinsen herauspresst, soll ihm jeglicher Umgang mit Christen untersagt werden, bis er ausreichende Entschädigung für die exorbitanten Zinsen (!!) geleistet hat. Wenn es notwendig ist, sollen auch die Christen durch Kirchenstrafen gezwungen werden, solche Geschäfte zu vermeiden. Wir verpflichten dazu auch die Fürsten, dass sie sich den Christen gegenüber darüber nicht ärgerlich zeigen, sondern die Juden von solcher Praxis fernhalten.«

Es steht außer Zweifel, dass die»Dekrete des Konzils« das Werk des Papstes und jener Theologen waren, die das Konzil vorbereiteten.[25] In den drei Plenarsitzungen des Novembers 1215 war über diese Dekrete nicht diskutiert worden, und ein Augenzeuge berichtet, dass erst am Schluss die»constitutiones domini pape«, also die Bestimmungen des Papstes, vorgelesen wurden. Unter den Kardinälen, die das Konzil vorbereiteten, befand sich Kardinal Robert de Courçon, der von dem bereits genannten Petrus Cantor beeinflusst war und sich ebenfalls gründlich mit der Frage des Schadenersatzes bei Wuchergewinnen beschäftigte.

So wie fast alle anderen Konstitutionen gelangten auch jene über die Juden in die Sammlungen des kanonischen Rechts und entfalteten einen nachhaltigen Einfluss. Die negativen Urteile über Juden sollten sich an diesem kreditkritischen Punkt bestätigen und eine neue Entwicklung in Gang setzen, die schließlich das gesamte wirtschaftliche

Handeln der Juden zunehmend moralisch verurteilte und schließlich kriminalisierte.

Die Geldleihe war eines der großen Themen und Probleme des 13. und 14. Jahrhunderts, die ganz wesentlichen Einfluss auf das Urteil der Christen über Juden hatte und bekanntlich eine Langzeitwirkung, man könnte beinahe sagen, bis heute entfaltete. Doch um die Bedeutung der Wendezeit bezüglich der Juden zu erfassen, müssen wir weitere Probleme ins Auge fassen, die mit einer Diskriminierung der Juden zu tun haben.

TALMUDSCHELTE UND TALMUDVERBRENNUNG

Die Kritik bzw. die Beschimpfung des Talmuds von christlicher Seite seit der Mitte des 12. Jahrhunderts hat keinen Vorläufer in der älteren Zeit. Sie beginnt mit einer Kette von Missverständnissen, die sich bis ins 19. Jahrhundert fortgepflanzt haben. Dabei ging es um den Versuch, die Verworfenheit der Juden zu erweisen, indem man sich mit dem Talmud beschäftigte, auf eine Art freilich, die sich tendenziös und sachlich als unzulänglich erwies. Der hochangesehene Abt von Cluny Petrus Venerabilis ist wesentlich an der Auslösung dieser Entwicklung beteiligt.

Alexander Patschovsky hat mit einem kühnen, doch überzeugenden Bogenschlag den Zusammenhang zwischen Petrus Venerabilis und dem 1871 von August Rohling verfassten Buch »Der Talmudjude« hergestellt und dabei wichtige Zwischenglieder genannt.[26] Es handelt sich bei diesem Buch um den Versuch, aus dem Talmud nachzuweisen, dass den Juden von ihrem Gesetz vorgeschrieben sei, Christen zu schädigen und zu verfolgen. Der große Verkaufserfolg des Buches (22 Auflagen, Übersetzungen ins Französische und Spanische) und der berühmte Prozess, den der Wiener Rabbiner Josef Samuel Bloch gegen den Autor im Grunde wegen sachlicher Inkompetenz im Rahmen eines Ehrenbeleidigungsverfahrens anstrengte, verschafften dem Machwerk großen Einfluss.[27] Wie sich dieser Einfluss konkret entfaltete, ist allerdings im Gegensatz zur Auseinandersetzung Bloch–Rohling noch zu wenig deutlich. Oberflächlich betrachtet findet sich manches Thema des Buches auch in den Leitartikeln des »Stürmers«, doch bleibt wie bei so vielen anderen Schriften des 19. und frühen 20. Jahrhunderts letztlich ungeklärt, wie hoch ihr Einfluss auf das antisemitische Denken des National-sozialismus war (wofern es ein systematisches Denken in diesem Zu-sammenhang überhaupt gegeben hat).

Bei Rohlings Zusammenstellung und seinem Vorbild, dem 1700 gedruckten Buch »Entdecktes Judentum« des Johann Andreas Eisen-menger, handelt es sich bereits um teilweise groteske Entstellungen des talmudkritischen bzw. talmudfeindlichen Schrifttums des 13. Jahrhun-derts. Auch diese Schriften enthalten völlig unhaltbare, teilweise auf judenfeindlich-emotionale Ausbrüche zurückzuführende Vorstellungen über das Judentum, das als ein »Monstrum« (Patschovsky) erscheint. Trotzdem ging die wichtigste Tendenz dieser Auseinandersetzungen dahin, dass der Talmud sich als eine häretisch einzustufende Parallel-tradition zur christlichen entwickelt habe. Am gemeinsamen »Alten Bund«, der von Paulus auch für die Christen als verbindlich betrachtet wurde, konnten die Christen keine Kritik üben, daher bot sich die Kri-tik an der Auslegung der Schriften an. Dazu gesellte sich die Behaup-tung, dass die zeitgenössischen Juden eigentlich den Talmud zur Grund-lage ihres Glaubens gemacht hätten.

An der Entstehung dieser »monströsen« Sicht des Talmuds waren die Päpste zunächst nicht beteiligt. Petrus Venerabilis, dessen Haltung auch durch den bereits erwähnten Brief an König Ludwig VII. von Frankreich deutlich wird, der bis heute in den Forschungen zur Geschichte der Judenfeindschaft eine markante Rolle spielt, stieß auf die Schriften eines spanischen Konvertiten, Petrus Alfonsi, der an Teilen des Talmuds vor allem Einfältigkeit und ein anthropomorphes Gottesbild bemängelte.[28] Daraus braute der Abt von Cluny eine wüste Beschimpfung der Juden, deren Merkmal vor allem eine »Kriminalisierung« jüdischen Verhaltens war. Abgesehen von der Talmudschelte, die in die Tradition einging, zeichnete sich in den Schriften des Petrus Venerabilis erstmals die Ten-denz ab, gegenüber den Juden einen feindlich moralisierenden Ton an-zuschlagen, der Schule machen sollte. Im Brief an den König gedieh dies zum Hehlereivorwurf, im 18. Jahrhundert hielten Herrscher wie Maria Theresia die Juden zum Schmuggel und Betrug geneigt. Laut Eisenmen-ger und Rohling folgten die Juden damit Vorschriften des Talmuds.

Die Büchse der Pandora war geöffnet: Seit den dreißiger Jahren des 13. Jahrhunderts beschäftigten sich auch die Päpste mit dem Problem. Es scheint so – chronologische Informationen können fehlen –, dass auch in diesem Fall der Papst auf eine Beschwerde reagierte. 1239 wandte sich der entweder konvertierte Jude oder von den Juden für einen Ketzer gehaltene Nikolaus Donin aus La Rochelle an Papst Gregor IX. und forderte ihn auf, nicht länger gegenüber dem Talmud nachsichtig zu sein.[29] Diese Schrift stecke voller Blasphemien, die sich auch auf Jesus und Maria bezögen, und habe bei den Juden längst die Bibel verdrängt. Der Papst verfasste daraufhin ein Rundschreiben an alle Fürsten der Christenheit und forderte sie auf, in ihren Gebieten sämtliche Talmudexemplare zu beschlagnahmen. Ludwig IX. folgte am 3. März 1240 dieser Aufforderung, und im Juni fand ein Streitgespräch über den Talmud in Paris zwischen dem Rabbiner Yehiel von Paris und Nikolaus von Donin statt. Obwohl der Rabbiner den Talmud geschickt und nicht ohne Ironie verteidigte, wurde als Urteil eine Verbrennung aller Talmudexemplare angeordnet. Der König ließ allerdings erst nach geraumer Zeit (1242) 22 Wagenladungen Bücher verbrennen, wozu ihn Papst Innozenz IV. beglückwünschte und ihn gleichzeitig aufforderte, auch die noch übrigen Exemplare verbrennen zu lassen. 1247 lenkte der Papst ein und wollte den Juden die übriggebliebenen Talmudexemplare zurückgeben lassen. Jacques Le Goff beurteilte das Verhalten des Papstes malitiös als die übliche Schaukelpolitik der Päpste zwischen Anstiftung zur Verfolgung und Aufrufen zum Schutz der Juden.[30]

Die Absicht des Papstes bestand darin, dass er als der von Christus eingesetzte Inhaber der Herrschaft über die Welt auch darüber zu wachen habe, dass die Juden weg vom Talmud und wieder zum Alten Testament zurückgeführt werden sollten. Die Juden gerieten auch im Rahmen dieser Argumentation unter die Gerichtsbarkeit des Papstes, ein Phänomen, das noch in anderem Zusammenhang genau zu beleuchten sein wird.

Mit der Verketzerung des Talmuds änderten sich einige Voraussetzungen für die Position der Juden in der Gesellschaft entscheidend. Die theologisch unterfütterte Grundposition, man habe sich in jüdische Glaubensdinge nicht einzumischen, geriet ins Wanken und setzte die Juden seit damals in wachsendem Maße Ein- und Angriffen von christlicher Seite aus. Es wäre verfehlt, diesen Punkt übertreibend als die entscheidende Wende im Verhalten gegen die Juden zu sehen; um ein wichtiges Element in der Entwicklung der Judenfeindschaft handelt es sich allerdings.

Noch ein Wort zum König, das in den Zusammenhang unseres Kapitels sehr gut hineinpasst: Ludwigs Ablehnung aller Formen von Ketzerei ist bekannt, und diesbezüglich empfahl er auch seinem Sohn, die Ketzer zu vernichten und zu erniedrigen. Ludwigs Beichtvater Gottfried von Beaulieu veränderte diese Empfehlung dahingehend, dass er diese Leute und die Juden in großer Verachtung halten solle.[31]

DIE LEGENDE VOM RITUALMORD

Als drittes Element, das das Misstrauen und die Feindschaft gegen die Juden anheizte, trat seit der Mitte des 12. Jahrhunderts, die sich rasch ausbreitende Beschuldigung auf, dass die Juden religiös motivierte Morde begingen. Wie auch im Falle der Verketzerung des Talmuds beschäftigten sich die Päpste erst im 13. Jahrhundert mit der Mordlegende. So frappierend das zeitliche Zusammentreffen der Entstehung dieser drei Vorwürfe gegen die Juden – hemmungsloser Wucher, christenfeindliche Natur des Talmuds und grausame Ritualmorde – auch anmutet, eine logische Verbindung kann zwischen ihnen nur in einer sehr allgemeinen Weise hergestellt werden; etwa so, dass wir in der Haltung gegenüber den Juden ein übersensibles, zu überzogenem Misstrauen neigendes Klima konstatieren können. Natürlich verbindet auch der Grundgedanke, den Juden alles zuzutrauen, was den Christen schadete und gegen die christliche Ordnung gerichtet war, zumal dessen Ausformulierung durch das Kirchenrecht gerade im Entstehen war.

Wurden Juden eines Ritualmordes bezichtigt, so ging es in den meisten Fällen um die angebliche Tötung eines christlichen Knaben. Erstmals wurde dieser Vorwurf gegen vor Ort lebende Juden in Norwich in England 1144 erhoben, worüber der Benediktinermönch Thomas von Monmouth einen Bericht geschrieben hat. Ihm ging es um die Heiligung des Knaben William: Die hagiografische Beschreibung seines Lebens und der Wunder, die sich am Grabe des Kindes ereignet haben sollen, lässt alle Stationen des dortigen Wegs der Entstehung eines Kultes erkennen.[32] Neben dem allgemeinen Charakteristikum eines Kindermordes hat diese Geschichte spezifisch englische Hintergründe, wie z. B. die Tatsache, dass mit dem ermordeten Knaben William bewusst ein Heiliger kreiert werden sollte, da die neu gegründete Diözese Norwich eines Heiligen bedurfte und in England insgesamt Heilige rar waren, so rar, dass man selbst auf Könige zurückgreifen musste. Ferner lässt sich an der Art, wie die Geschichte Williams und des Vorgehens gegen die Juden erzählt wird, erkennen, dass der Bürgerkrieg in der Zeit König Stephans I. von Blois (1135–1154) und letztlich der Konflikt zwischen den Nordfranzosen (überwiegend Normannen), die von Thomas von Monmouth als »allophili«, die Fremdstämmigen, bezeichnet werden und »unseren Engländern« (nostri Angli) sichtbar wird.

Die Verbreitung der Geschichte hatte verheerende Folgen, wenn auch der Erfolg des heiligen William schon ein Jahrhundert nach den Anstrengungen des Thomas verblasst war. Von England sprang der Typus der Legende nach Frankreich und nach Deutschland über. Die Umstände gestalteten sich verschieden, doch trat immer stärker das Motiv in den Vordergrund, durch die Aburteilung von Juden ihr Vermögen zu beschlagnahmen. Die Gefahr für die Juden nahm beständig zu. Als es 1235 zu einer Ritualmordbeschuldigung in Fulda kam, wandten sich die Juden hilfesuchend an Kaiser Friedrich II., der sich damals gerade in Deutschland aufhielt. Die Beratung mit den geistlichen und weltlichen Fürsten verlief ergebnislos, doch beschlossen die versammelten Fürsten ein Gutachten bei Konvertiten einzuholen, das gewissermaßen »europäisch« besetzt sein sollte. Ein Schreiben König Heinrichs III. von England hat sich erhalten, in dem er die Entsendung zweier ehemaliger Juden in die Kommission in Aussicht stellte.[33] Das Gutachten war klar: Juden verwendeten kein Christenblut zu rituellen Zwecken und der Kaiser bestätigte dies urkundlich und nahm die Juden des Reiches, wohl auf ihre Bitte, in seinen Schutz. Dies ist das berühmte Privileg Friedrichs aus dem Jahre 1236, das als Begründung des Verhältnisses zwischen dem Kaiser und den Juden als »Kammerknechtschaft« gilt.

Der Papst trat erst später in diesen Zusammenhängen auf, als es um eine ähnliche Angelegenheit im damals noch zum Reich gehörigen Gebiet von Vienne ging und Kaiser Friedrichs Stern bereits im Sinken war. In der Karwoche 1247 wurde in Valréas ein zweijähriges Mädchen vermisst, worauf sich in der Bevölkerung der Verdacht erhob, dass Juden für das Verschwinden des Mädchens verantwortlich seien. Es erhob sich nämlich das Gerücht, sie sei zuletzt in der Judengasse gesehen worden. Am nächsten Tag fand man die Leiche im Burggraben, angeblich mit

Wundmalen an Händen und Füßen und an der Stirn. Trotz der Stimmung in der Bevölkerung schritt der Stadtherr Dragonet von Montauban zunächst nicht ein. Zwei Franziskaner versuchten von einigen Juden unter der Folter Geständnisse zu erpressen, dass sie das Mädchen gekreuzigt hätten. Dieses Geständnis enthielt nun alle christlichen Fantasien über den so genannten Ritualmord. Er werde im Rahmen einer jüdischen Verschwörung jedes Jahr geplant, ein Kind zur Verspottung der Passion zu opfern und das so gewonnene Christenblut zu rituellen Zwecken am (christlichen) Karsamstag zu verwenden. Trotz dieses Geständnisses gingen nun auf Geheiß des Stadtherrn die Folterungen und Beschlagnahmungen jüdischen Besitzes weiter, sie gipfelten in der Hinrichtung einiger geständiger Juden.[34]

Nun wandten sich aber einige der Überlebenden an Papst Innozenz IV., der zunächst in diesem konkreten Fall einschritt. Zwei Briefe des Papstes an den Erzbischof von Vienne sind erhalten.[35] Innozenz stellte zunächst das theologische Grundprogramm vor, dass die Juden gerettet werden sollen und dass es ihnen erlaubt sei, unter Christen zu leben. Dem Papst war berichtet worden, dass die ganze Anklage nur aus dem Grund erhoben worden sei, um eine berechtigte Entrüstung über die Juden unter den Christen hervorzurufen. Neben den bereits erwähnten Drangsalen, denen die Juden ausgesetzt waren, erwähnte Innozenz auch die Tatsache, dass jüdische Kinder zwangsgetauft worden waren, was der Gewohnheit widerspreche, wie in Freiheit von einer freien Mutter geborene Kinder zu behandeln wären. An dieser Stelle sei dazu nur nebenbei bemerkt, dass Innozenz damit Zeuge für eine nur sehr eingeschränkte Bedeutung der *servitus Iudeorum* wird. Im Gegensatz zu der in der Forschung grundsätzlich hoch eingeschätzten Wirkung der Knechtschaft der Juden im augustinischen Sinn, die von Innozenz III. theologisch neu belebt wurde, scheint es sich tatsächlich um eine rein theologische und keine soziale Angelegenheit gehandelt zu haben. Es mag sein, dass mit der Verinnerlichung dieser theologischen Vorstellung soziale Konsequenzen im Sinne auch einer sozialen Unfreiheit gezogen wurden, doch diese Stelle des Papstbriefes an den Erzbischof von Vienne sagt etwas anderes aus.

Fazit des Papstbriefes: Der Erzbischof solle dafür sorgen, dass gegenüber den Juden das Recht angewendet werde und ein ordentliches Gerichtsverfahren sichergestellt sei, und gegen Übertreter des Gesetzes mit Kirchenstrafen vorgehen. Ein gelungener Auftakt zu der Urkunde, die am 5. Juli 1247 die päpstliche Kanzlei verlassen sollte und mit den berühmten Worten begann: »Lacrymabilem Judeorum Alemannie«.

Nur vier Tage später erließ Innozenz im Rahmen von »Sicut iudeis« das bekannte Generalverbot der Blutbeschuldigung, die dann in Deutschland in der zweiten Hälfte des 13. Jahrhunderts allgemeine und regionale Verbreitung fand.[36]

Die Bulle vom 5. Juli richtete sich an die Erzbischöfe und Bischöfe in Deutschland. Innozenz beauftragte sie, in ihren Gebieten wieder gerechte Zustände für die Juden herzustellen und gegen ihre Bedrückung durch Prälaten, Adelige und Herrscher einzuschreiten. Auslöser war eine bittere Beschwerde der in Deutschland lebenden Juden, dass man fadenscheinige Beschuldigungen gegen sie erhob, unter deren Deckmantel sie ihrer Habe beraubt worden seien. Ferner seien sie von Mächtigen unterdrückt worden, man liefere sie der Gefangennahme, Bestrafung und einem schändlichen Tod aus, sodass sie unter diesen Herren schlechter als unter dem Pharao in Ägypten lebten. Oft würden sie auch in ein armseliges Exil vertrieben. In diesem Zusammenhang wies der Papst darauf hin, dass es den Juden verboten sei, zu Pesach eine Leiche auch nur zu berühren und trotzdem die – widersinnige – Behauptung aufgestellt werde, sie teilten sich am Pesachfest das Herz eines ermordeten Kindes. Der Papst berief sich also nicht nur auf die notwendige Zeugenschaft der Juden für die Wahrheit des Christentums, sondern erklärte auch die Unvereinbarkeit der Ritualmordbeschuldigung mit dem jüdischen Gesetz.

An alle gläubigen Christen richtete sich dann das generelle Verbot der Blutbeschuldigung. Niemand durfte Anklage erheben, dass die Juden zu religiösen Zwecken Blut verwendeten. Übertreter sollten ihre soziale Stellung und Ämter verlieren oder exkommuniziert werden. Es sollten durch diese Bestimmung aber nur solche Juden geschützt werden, die nichts gegen den christlichen Glauben unternahmen. Trotz dieser merkwürdigen Schlussbemerkung – denn was hatte der Schutz vor einer ungerechtfertigten Beschuldigung mit dem Wohlverhalten des Beschuldigten zu tun – handelt es sich um bemerkenswerte Stellungnahmen des Papstes. Unsicher bleibt, ob schon sein Vorgänger Gregor IX. sich mit dieser Frage im Jahre 1235 beschäftigt hat.[37]

In diesem Punkt kollidierten Volksreligiosität und theologisch begründete Ansichten ganz offen. Doch sollte sich der Volksglaube durchsetzen, und es gibt gewisse Zweifel, dass das von Innozenz verfügte Verbot wirklich traditionsbildend war. Vielleicht am bekanntesten ist in diesem Zusammenhang der einschlägige Prozess gegen Trienter Juden im Jahre 1475, denen vorgeworfen wurde, den Gerberssohn Simon umgebracht zu haben. Einige Juden wurden aufgrund eines Urteils enthauptet bzw. verbrannt. Obwohl Papst Sixtus IV. versuchte, diesen Prozess zu verhindern, erklärte er nach der Hinrichtung der angeblichen Täter, dass das Verfahren ordnungsgemäß abgelaufen sei.[38] Erst 500 Jahre später wurde der Prozess von Theologen im päpstlichen Auftrag noch einmal aufgerollt und das frühere Urteil als falsch aufgehoben.

Bis ins 18. Jahrhundert reagierten die Päpste häufig im Sinne Innozenz' IV., wenn Juden Beschwerden wegen der Ritualmordbeschuldigung vorbrachten. Berühmt wurde ein Gutachten des gelehrten Franziskanerpaters Lorenzo Ganganelli, des späteren Papstes Clemens XIV., aus den Jahren 1758/59.[39] In Polen war es in den Jahren davor zur Drangsalierung von Juden auf verschiedenen Gebieten gekommen, darunter wurde gegen sie auch wieder die Blutbeschuldigung erhoben. Schließlich übergab ein polnischer Jude namens Jakob Selek dem Papst Benedikt XIV. eine Beschwerdeschrift, die nach dessen baldigem Tode an Ganganelli wegen Erstellung eines Gutachtens weitergeleitet wurde.

Das Gutachten beschäftigt sich einerseits mit der päpstlichen Lehrtradition, die mit Ausnahme der Simon-Affäre in Trient und der Tiroler Geschichte des Anderl von Rinn widerspruchsfrei war. Diesen Vorwürfen billigte Ganganelli einen gewissen Wahrheitsgehalt zu, da er sich sicher schwertat, die Bestätigung des Prozesses durch den damaligen Papst Sixtus IV. zu verwerfen bzw. Stellung gegen die Anerkennung des Kultes um Anderl in Rinn zu nehmen, die der gerade verstorbene Benedikt XIV. 1754 vorgenommen hatte. Andererseits kritisierte Ganganelli jene Autoren, die als Zeugen des angeblichen Christenhasses der Juden und ihrer Neigung zum Ritualmord galten. Er kam zu dem Ergebnis, dass der Ritualmord kein theoretischer oder praktischer Grundsatz der jüdischen Nation sei und entsprechende Vorwürfe wohl einer juristischen Einzelprüfung zu unterziehen wären, doch nicht auf der Basis von Vorurteilen und Vorstellungen von Kollektivschuld. Damit sagte Ganganelli ungefähr das, was Karl V. bereits über 200 Jahre vorher den Juden in solchen Fällen zugesichert hatte.

Trotzdem ereignete sich in den letzten Regierungsjahren Leos XIII., nämlich 1899/1900, hinsichtlich der Ritualmordbeschuldigung ein Ereignis, das nicht ohne Vorläufer war und eine merkwürdige Konstellation signalisiert. Aus England kam die Bitte an den Papst, zur Blutbeschuldigung Stellung zu nehmen, da es vor allem in Österreich-Ungarn zu einer Reihe von Gerichtsfällen gekommen war, die eine angeheizte Stimmung zwischen den Antisemiten und ihren Gegnern erzeugte.[40] Wer diese Zeilen gerade gelesen hat, wird sich vermutlich an den Kopf greifen, wieso am Ende des 19. Jahrhunderts angebliche Fälle von Ritualmord vor Gericht verhandelt wurden. Tatsächlich war es so. Im Schatten dieser Prozesse tobte ein »Medienkrieg« zwischen katholisch-konservativen und liberalen Zeitungen um Sudelschriften wie etwa um das in Wien von dem Pfarrer Joseph Deckert verfasste Buch »Ein Ritualmord – aktenmäßig nachgewiesen«.

Bei der bekannten Vorgeschichte würde man annehmen, dass eine Verurteilung der Ritualmordbeschuldigung aus Rom unschwer zu erlangen war. Dieser Auffassung waren wohl auch die drei Männer, die eine entsprechende Erklärung vom Papst erbaten, der Herzog von Norfolk, Lord Russell of Killowen und der Erzbischof von Westminster. Sie führten darüber Klage, dass katholische Priester und Journale gegen die Juden agitierten, und man wünschte sich eine Erklärung des Papstes im Sinne Innozenz' IV. Die Bitte landete bei der Inquisition, dem heiligen Offizium. Und diese entschied unerwartet und äußerst peinlich: Nach reiflicher Diskussion könne die geforderte formale Erklärung über den Verleumdungscharakter des Ritualmordvorwurfs nicht gegeben werden. Politische Rücksichten oder doch eine bedenkliche Entwicklung, die gleichzeitig in den antisemitischen (und nicht antijudaistischen!) Artikeln der römischen Jesuitenzeitschrift »Civiltà Cattolica« fassbar wird?

Der Mann, der in den Archiven Ganganellis Gutachten angeblich nicht fand, war Merry del Val, bekannt auch als Förderer des jungen Eugenio Pacelli. Als Staatssekretär agierte er 13 Jahre später zumindest geschickter: Bezüglich eines Ritualmordprozesses in Kiew wandte sich der englische Rothschild, Nathaniel, an den Papst wegen einer Erklärung zur Blutbeschuldigung.[41] Merry del Val bestätigte das seinerzeitige Gutachten Ganganellis als zutreffend und die Urkunde Innozenz' IV. als echt. Trotzdem erreichte die Erklärung nicht ihren Zweck. Das Gericht in Kiew wollte eine direkte Antwort des Staatssekretärs, die dieser nur gegenüber Rothschild zu geben bereit war. Es scheint schon zu stimmen, dass Merry del Vals Engagement beschränkt war, denn 1928 äußerte er sich als Leiter des heiligen Offiziums sehr negativ, gespickt mit antisemitischen Ausfällen über Vorschläge zu einer Neuordnung des christlich-jüdischen Verhältnisses, die von den Amici Israel eingebracht wurden.

Die Peinlichkeit von 1899/1900, die verweigerte Stellungnahme zur Ritualmordbeschuldigung, ist trotz der positiven Vorgeschichte der älteren Zeit doch nicht so überaschend: Auch als der Ritualmord 1840 durch die so genannte Damaskus-Äffäre in den öffentlichen Diskurs zurückkehrte (Ermordung eines Bruders Thomas in Damaskus), hielt man in Rom die Vorwürfe gegen die Juden für berechtigt[42] und stellte sich damit gegen den Großteil der europäischen Presse und des Empfindens in einer fortschrittlichen, modernen Zeit zu leben.

Unsere Ausflüge weit über die mittelalterlichen Anfänge hinaus sollten zeigen, dass die angeschnittenen Probleme wie die Geldleihe, die Kritik am und Verteufelung des Talmuds und schließlich die Ritualmordbeschuldigung zu Kernthemen des Misstrauens gegen Juden wurden, die bis in die Zeit des so genannten modernen Antisemitismus reichen. Damit kommen neue dominierende Themen in die prekäre christlich-jüdische Beziehung. Die Geldfrage erwies sich als wohl entscheidendste, denn die Vorstellung vom »raffenden Juden« heizte den Antisemitismus seit dem 19. Jahrhundert weit mehr an als die lediglich von Intellektuellen geschätzten, rassentheoretischen Folgerungen, die man hinsichtlich der Juden zog. Auch Leo XIII. konnte sich in seinem bekannten Interview mit Séverine für den Figaro 1892 entsprechender Anspielungen auf »das Goldene Kalb« nicht enthalten.[43] Im Falle der Verbrennung des Talmuds ist der Eindruck nicht von der Hand zu weisen, dass Gregor IX. wie ein »Anstifter« agierte und damit jenseits aller Traditionstheorie der Papst ein »zeitgeistiges« Thema, nämlich die Talmudkritik, aufgriff und ihm einen Platz in der Landschaft der Ketzerbekämpfung zuwies. Der Vorwurf der Blasphemie gegen Jesus und Maria entwickelte sich zum Topos und zum Dauervorwurf, insbesondere als ein entscheidendes Argument, wenn es um Judenvertreibungen ging. Es handelte sich dabei um keine Unterstellungen von christlicher Seite: Tatsächlich wird in jüdischen Schriften gegen christliche Glaubensinhalte polemisiert und manches auch verspottet.

Aus der zunehmenden Bedeutung dieser Themen in der Auseinandersetzung zwischen Juden und Christen wird klar, dass die älteren Fragen des jüdisch-christlichen Verhältnisses wie ihre grundsätzliche Stellung in der Gesellschaft, die Sklavenfrage und anderes, was zum Grundbestand des Kirchrechts hinsichtlich der Juden gehörte, in seiner Bedeutung zurücktrat. Daraus ergibt sich eine Reihe von Feststellungen und Fragen. Für das Verständnis der Gesamtentwicklung des Verhältnisses zwischen Päpsten und Juden erweist es sich als entscheidend, dass die kuriale Tradition bezüglich der Juden eben nicht nur aus jenen Themen bestand, die schon von Gregor dem Großen angeschnitten wurden, sondern dass, neben ihnen und sie an Bedeutung bald überflügelnd, im 12. Jahrhundert neue Vorwürfe entstanden, die sich für dieses Verhältnis als dauerhaft belastend erwiesen. Die Frage nach dem päpstlichen Judenschutz ist natürlich ernst zu nehmen, sie ist aber, sollte sie auch die zentrale sein, nicht die einzige, die das Handeln der Päpste bestimmte.

Zu berücksichtigen ist auch die Tatsache, dass auf der Grundlage dieser neuen Vorwürfe Entscheidungen über Juden getroffen wurden, an denen die Päpste direkt gar nicht mehr beteiligt waren, bei denen ihr Wirken im Hintergrund aber durchaus wahrnehmbar bleibt. Es ist letztlich auf das Kesseltreiben gegen den Talmud zurückzuführen, dass bei den Wiener Judenvertreibungen von 1420/21 und 1669/70 in der Vorfelddiskussion darauf hingewiesen wurde, die Juden besäßen gräuliche Bücher, in denen Jesus und Maria geschmäht würden. Kaiser Leopold I. wies die Ausweisungskommission sogar an, diesen Aspekt vorrangig zu behandeln.

Eine weitere Frage betrifft den wichtigen Umstand, wie es eigentlich zu dem enormen Einfluss der Päpste auf die Gestaltung jüdischer Existenz im westlich-lateinischen Abendland gekommen ist. Die Beantwortung dieser Frage kann nur im Rahmen der Grundzüge der Papstgeschichte des 11. und 12. Jahrhunderts dargestellt werden. Bevor wir uns aber dieser wesentlichen Entwicklung zuwenden, sollen die alten Traditionen der christlich-jüdischen Beziehungen dargestellt und ihre Bedeutung für spätere Zeiten gewürdigt werden.

Drittes Kapitel

DIE VORAUSSETZUNGEN

Die römische Gesetzgebung, Gregor der Große
und die mittelalterliche Tradition

Gregor der Große, Lehrer der Christenheit, inspiriert vom Heiligen Geist.
Antiphonar des Hartker, Stiftsbibliothek St. Gallen, um 1000.

Will man die Grundlagen theologischer, rechtlicher und politischer Natur des Verhaltens der Päpste gegenüber den Juden beschreiben, müssen vor allem zwei Bereiche berücksichtigt werden. Erstens ist dem Ursprung des christlich-jüdischen Antagonismus nachzugehen, der bereits in einigen Paulus-Briefen und den Evangelien sichtbar wird und danach in den Schriften der Kirchenväter in einer spezifischen historischen Konfliktsituation, die zwischen rivalisierenden noch jüdischen und nicht mehr jüdischen Gruppen bestand, weiterentwickelt wurde. Zweitens mündete dieser Vorgang zur Zeit Kaiser Konstantins in eine kaiserliche Gesetzgebung für die Juden, die von seinen Nachfolgern erheblich erweitert wurde. Man tut weder der Entwicklung der kirchlichen Lehre noch der römischen Gesetzgebung Gewalt an, wenn man zumindest Misstrauen, das bis zur massiven Gegnerschaft reichen konnte, gegen die Juden in beiden Bereichen erkennt.[44]

Bereits die Evangelien von Lukas und Matthäus, die Apostelgeschichte und viele Äußerungen des Paulus in seinen Briefen lassen eine Entfremdung zwischen den Pharisäern und Schriftgelehrten bzw. in ausgeprägtem Maße den Tempelpriestern auf der einen Seite und der Jesusgefolgschaft auf der anderen Seite erkennen. Dazu treten auch die Konflikte zwischen den Judenchristen, die in der Würdigung Jesu als Messias eine rein jüdische Angelegenheit sahen, und jenen, die der Politik des Paulus anhingen, sich auf die Heidenmission zu konzentrieren. Es handelt sich dabei um einen Ausschnitt einer Fülle von Versuchen einer gesellschaftspolitischen Erneuerung des jüdischen Volkes und nicht nur um eine »religiöse« Auseinandersetzung, wie dies in einer nachaufklärerischen Sichtweise verengend verstanden werden konnte. Denn alle diese Varianten, die um das jüdische Gesetzeserbe entstanden, zielten auf den Gesamtmenschen mit eschatologischer Sinngebung. Daher wäre ein bloß gesellschaftspolitisch ausgerichtetes Verständnis dieser Vorgänge unzureichend. Diese Ganzheit zu verstehen, bedeutet auch den späteren christlich-jüdischen Konflikt zu begreifen.

Jesu Umgang mit der Tora, der spirituellen und gesetzlichen Grundlage jüdischen Lebens, war gelinde gesagt eigenwillig, wozu die Tatsache trat, dass er sich als eigene Autorität den pharisäischen und schriftgelehrten Ansichten gegenüberstellte, wenn auch manche seiner Vorstellungen auf den Traditionen bedeutender pharisäischer Gelehrter, wie z. B. Hillel, beruhten. Diese Eigenwilligkeit setzte sich nach seinem Tod fort, sei es, dass Leute wie Stephanus oder Paulus diese Seite der »Herrenworte« besonders zuspitzten und herausstrichen, sei es, das sie tatsächlich von Jesus so gemeint waren. In der Apostelgeschichte werden die Aufregung unter den Juden und die Angriffe auf Stephanus und Paulus ausführlich geschildert. Zweifellos – der Graben zwischen dem pharisäischen Judentum, das sich später zum rabbinischen Judentum entwickeln sollte, und den Christen, wie sie bereits von Tacitus genannt werden, begann sich schon in den Anfängen aufzutun. Beiden ging es um die Rettung Israels, und auch Paulus bezeichnete die neue Gruppierung als das wahre Israel.

DIE RÖMISCHE JUDENGESETZGEBUNG SEIT KONSTANTIN

Die römische Gesetzgebung wurde wie im Allgemeinen – und speziell bezüglich der Juden – für das Kirchenrecht und die Haltung der Päpste von entscheidender Bedeutung. Dabei erhebt sich die Frage, welche Tendenzen die Gesetze aufwiesen und welche Rolle man den Juden in der Gesellschaft einräumte.

Es geht dabei um die Gesetzgebung nach der so genannten konstantinischen Wende des Jahres 313, als der Kaiser die Christenverfolgungen einstellen ließ und ihnen die Religionsausübung nicht nur gestattete, sondern sich der besonderen Bedeutung des Christentums bewusst war. Für die Juden, die eine *religio licita*, also eine erlaubte Religionsgemeinschaft, im Römischen Reich bildeten, bedeutete dies ein Ende ihrer Exklusivität. Die dem Judentum gegenüberstehende Religion war ja nicht irgendeine, sondern eine aus ihm abgeleitete, die sich in heftiger Diskussion mit dem Judentum befand. Das apologetische Schrifttum der Kirchenväter etwa seit Tertullian im 2. und 3. Jahrhundert reagierte ja teilweise auf tatsächliche oder potenzielle Vorwürfe von Seiten der

Juden, dass die Gesetze nicht beachtet würden. Dank Paulus hatten die christlichen Apologeten ein gewisses Arsenal wenig stichhaltiger Argumente dagegen. Infolge dieser Streitigkeiten und der Konkurrenz bei der Missionstätigkeit verschlechterte sich das Klima zwischen Christen und Juden in zunehmendem Maße. Die Folgen in der Gesetzgebung sollten nicht lange ausbleiben, denn Christen befanden sich sehr bald in wichtigen Positionen und das Ansehen der Bischöfe war im Wachsen. Unter Konstantin selbst lassen sich noch keine Gesetze nachweisen, die sich gegen die Juden richteten. Erst einige Jahrzehnte später, gegen Ende des Jahrhunderts, werden jene Gesetze erlassen, die es geraten erscheinen ließen, über eine Konversion zum Christentum nachzudenken.[45] So wurde es den Juden verboten, als Beamte tätig zu sein. Wir wissen, dass Juden noch in der Zeit um 400 höchst angesehene Ehrenämter, aber auch tatsächliche Machtpositionen innehatten. Der Verlust konkreter Ämter auf der einen Seite und die Aberkennung bzw. Rückstufung von Rang- und Ehrenpositionen, wie sie z. B. den jüdischen Patriarchen in Tiberias traf, gingen Hand in Hand. Bald begannen auch die Maßnahmen gegen den Besitz christlicher Sklaven durch Juden. Ob dieses sich in vielen Nuancen niederschlagende »Maßnahmenpaket« mehr auf wirtschaftlichen Druck abzielte oder bereits einer Idee von der dienenden Stellung der Juden folgte, lässt sich nicht entscheiden. Wahrscheinlicher ist es, dass man wirtschaftlichen und sozialen Druck auf die Juden ausüben wollte, möglicherweise, um die Position der Christen im »Missionswettbewerb« zu verbessern. Schon Konstantin verbot 336 im Unterschied zur bisher üblichen Praxis den Juden, ihre Sklaven zu beschneiden. Nur drei Jahre später bedrohte Kaiser Constantius Juden, die ihre heidnischen Sklaven beschnitten, mit der Todesstrafe. Theodosius verbot den Ankauf von christlichen Sklaven. Die Gesetzgebung entwickelte sich nicht einheitlich, wobei bei grober Betrachtung (Einzelfälle passen nicht in dieses Schema) das Problem im Westen weniger streng als im Osten gehandhabt wurde.

Der Hintergrund dieser Entwicklung ist dadurch zu charakterisieren, dass die römischen Herrscher nach Konstantin (mit Ausnahme von Julian Apostata) das Christentum begünstigten und sie in einer Zeit der religiösen Gärungen gegen alle Strömungen einschritten, die ihnen von der »Orthodoxie« abzuweichen schienen. In dieses Schema fielen auch die Juden. Viele Gesetze richteten sich nicht nur gegen die

Juden, sondern auch gegen die Himmelsverehrer und vergleichbare Gruppen.

Einige dieser Gesetze sind in ihrem Stil bemerkenswert, indem bereits von einer anrüchigen Sekte der Juden die Rede ist.[46] Solche negativen Formulierungen sind deswegen von Bedeutung, denn klassische Unbestechlichkeit ist keineswegs der hervorstechende Charakterzug der im Codes Theodosianus gesammelten Gesetze. Walter Pakter kennzeichnet das Ergebnis der römischen Gesetzgebung bezüglich der Juden, es sei eine Gruppe zweitklassiger römischer Bürger entstanden. Und es ist natürlich von größter Bedeutung, dass diese römische Gesetzgebung den Kern der Tradition bildete, die sich seit Gregor dem Großen entwickelte.[47]

Wenn auch der jüdische Kultus an sich nicht angetastet wurde, ging er in seinem Ansehen zurück. Das Verbot des Neubaus von Synagogen und die Rückstufung der Ehrenstellung des Patriarchen sprechen in diesem Sinne eine deutliche Sprache. Entscheidende Grundlage dieser Gesetzgebung war die Tatsache, dass ein Teil der römischen Führungsschicht sich oberflächlich christianisierte und diese Gruppe im Wachsen war.

In dieser Situation versuchten sich nun die so genannten Kirchenväter theologisch-historisch zu orientieren. Man kann ihre Schriften nicht losgelöst von der Gesetzgebung betrachten, da es zwischen Bischöfen und Spitzenbeamten bzw. den Kaisern selbst enge Verbindungen und wechselseitige Wirkungen gab. Die Mahnungen des Mailänder Bischofs und Kirchenvaters Ambrosius an Kaiser Theodosius I. waren von größter Bedeutung. So vehinderte er z. B. eine Entschädigungszahlung an die Juden, als Christen die Synagoge in Callinicum zerstört hatten.[48]

Im Grunde ging es in der patristischen Literatur um die Klärung der Frage, wie die Ereignisse des Alten Bundes hinsichtlich des Christentums zu deuten seien, und es galt zugleich klarzustellen, dass die bevorzugte Stellung der Juden auf die Jesusgruppe, also die Christen, übergegangen sei. Für die westliche Entwicklung sollten Hieronymus und letztlich Augustinus die entscheidende Rolle spielen. Hieronymus kam, was die Behandlung der Juden betrifft, zu keinen eindeutigen Schlüssen. Er schwankte zwischen einer totalen Verwerfung der Juden bzw. der

Vorstellung, »ein Rest würde gerettet werden«, und der Lehre, dass alle Juden am Ende der Zeiten sich zum Heil bekehren würden. Im negativen Sinn verantwortlich war Hieronymus für eine scharfe und herabsetzende Wortwahl gegenüber den Juden, die in späteren Jahrhunderten unter Kennern seiner Schriften entsprechende Nachahmung fand. Bei der Kritik an Juden, auch wenn sich diese Kritik auf einzelne oder manche Juden bezog, war meist die Rede von »die Juden«. Diese Kollektivierung von Verhaltensweisen hatte katastrophale Auswirkungen, vor allem im Lichte der Tatsache, dass die Juden zum Teil als unmenschlich, böse und monströs geschildert wurden.

Kaum zurückhaltender schrieb Augustinus, dessen Lehren von entscheidendem Einfluss auf spätere Zeiten werden sollten. Mit ihm beginnt das, was wir als Lehre der Verachtung bereits diskutiert haben. So setzte er sich mit der Auserwählung Israels auseinander. Er stellte mit Zitierung einer ziemlich unklaren Stelle aus dem 1. Korintherbrief (10.18) die Behauptung auf, dass die zeitgenössischen Juden nur das fleischliche Israel repräsentierten. Sie lebten nun also zerstreut im Osten und Westen. Da ihnen damit das verheißene Land entrissen wurde, stellt Augustinus zur Diskussion, ob diese Juden nicht zu den Feinden Davids gehörten, die im Auftrage Sauls sein Haus umstellt hatten. Und da fällt der im Mittelalter viele Male, insbesondere von Innozenz III. zitierte Satz:»Töte sie nicht (die Feinde), damit sie nicht dein Gesetz vergessen; zerstreue sie in deiner Macht.« Und dann kommt die zur Lehre hochstilisierte Boshaftigkeit des nordafrikanischen Intellektuellen zum Vorschein:»Deshalb vergesst ihr nicht die Gesetze Gottes, sondern tragt sie überall hin, den Völkern zum Zeugnis, euch zur Schmach, und ohne es zu verstehen, reicht ihr es dem Volke, das von Sonnenaufgang bis Sonnenuntergang berufen ist.«[49] Und an anderer Stelle beruft sich Augustinus darauf, dass bereits ein Kaiser (nämlich Hadrian) ihnen verboten habe, Jerusalem zu betreten. So sind sie die *custodes*, die Aufbewahrer der Bücher der Christen geworden. So wie die Sklaven, wenn ihre Herren in die Gerichtshalle gehen, ihnen die Rechtsbücher nachtragen – und dann draußen sitzen bleiben. Diese Vergleiche mit der römischen Ordnung lassen nach Friedrich Heer tief blicken, der im Vergleich zu anderen Kirchenvätern und theologischen Streitern der Zeit in Augustinus den»römischesten« unter ihnen erblickt.[50]

»Gehet nun, ihr Israeliten, dem Fleische nach, nicht dem Geiste nach, geht nun und wagt noch dieser offenkundigen Wahrheit zu widersprechen. Und wenn ihr die Worte hört: Kommt, lasst uns auf den Berg des Herrn steigen und zum Haus des Gottes Jakobs, sagt da auch noch: Wir sind es, damit ihr wie Blinde gegen den Berg anstoßt und euer Antlitz zerschmettert und noch erbärmlicher eure Stirne gebrochen werde. Wenn ihr mit Recht sagen wollt: ›Wir sind es‹, so sagt es dort, wo ihr hört: ›Für die Sünden meines Volkes ist er zum Tode geführt worden.‹ Über Christus ist dies nämlich gesagt, den ihr in euren Eltern zum Tode geführt habt; wie ein Lamm wurde er zur Opferung geführt, damit ihr das Passah, das ihr ohne Einsicht feiert, ohne Einsicht durch euer Wüten erfüllt.« Nach Jesaias zitiert er die verstockten Herzen der Juden, die verhärteten Ohren und die geblendeten Augen und aus Psalm 69.24, dass ihre Augen umdüstert sein mögen und ihr Rücken stets gebeugt. Der Wiener Bürgermeister Karl Lueger sollte noch Jesaias zitieren, um den schlechten Charakter der Juden aus einer jüdischen Quelle zu beweisen.

Aus den Zeilen des Augustinus spürt man etwas, wie einen mühsam zurückgehaltenen Grimm, der sich hie und da nicht unterdrückbar seinen Weg an die Oberfläche bahnt. Mit zerschmettertem Gesicht und zerbrochener Stirn möchte er die blinden und trotzdem anmaßenden Juden sehen. Das sind also die Grundlagen einer noch im 20. Jahrhundert verteidigten Theologie?

Es war Augustinus, der schließlich die Lehre ausformulierte, dass die Juden in der Erfüllung der Zeit gerettet werden. Er formulierte aber auch die für spätere Zeiten so wichtige Vorstellung, dass die Juden zwar die Verwalter der alten Schriften seien, sie aber in ihrer Blindheit nicht verstünden und sie den Christen als Diener hinterhertragen. Zugleich wurden sie dadurch, ohne es zu wissen, zu Zeugen der Wahrheit des Christentums.

Augustinus war zehn Jahre tot, als 440 Leo I., den man später den Großen nannte, Bischof von Rom wurde. Schwer verstrickt in die christologischen Streitigkeiten seiner Zeit und in die damit verbundenen Häresiekämpfe gelangte er durch Zeitumstände zu vorübergehenden Erfolgen, die ihn in der Geschichtsschreibung zu einer Heroengestalt der frühen Geschichte der Päpste machten. In seinen Aussagen über Juden ist er ein Kind seiner Zeit, allerdings schon früh mit Gedankengängen des Augustinus vertraut oder, was denkbar ist, dass Augustinus hinsichtlich der Juden gar nicht so originell im Denken war. Denn auch

Leo erklärte, dass die Juden sämtliche Vorhersagen auf Jesus besitzen, sie aber nicht verstehen, und so selbst nicht sehen, was sie den anderen zeigen. Die Kirche sei aus den Heiden als das wahre Israel berufen worden, da die Juden in ihrer Blindheit verharrten.

Als römischer Bischof, der politisch und administrativ mit der Reichsregierung verbunden war, konnte er natürlich nicht die Schuld am Tode Jesus ausschließlich der römischen Gerichtsbarkeit anlasten. Daher stellte er den Sachverhalt in einer Predigt so dar: »Nunmehr, nach einer Nacht voll von wiederholten Verspottungen, haben sie Jesum gebunden dem Statthalter Pilatus überliefert. Denn die Hohepriester und die Volksältesten haben mit der Absicht gehandelt, am Vollzug des Verbrechens unschuldig zu erscheinen; sie haben es vermieden, mit ihren eigenen Händen vorzugehen, aber sie haben ihre pfeilspitzen Zungen handeln lassen; sie haben es vermieden, selbst zu töten, aber sie haben gerufen: ›Kreuzige, Kreuzige‹. Was ist ungerechter als diese Art Skrupel, was grausamer als diese vorgebliche Milde! Welches Gesetz erlaubt euch Juden zu wollen, was euch verboten ist, selbst zu tun? Wie ist es möglich, das was die Körper befleckt, die Herzen unversehrt lässt? Ihr fürchtet, durch die Tötung dessen schuldig zu werden, dessen Blut ihr über euch und eure Nachkommen gerufen habt. Wenn ihr in eurer Bosheit nicht selbst diese unsagbare Missetat vollbringt, so lasset den Staathalter nach seinem Erwägen richten. Aber auch ihm gegenüber seid ihr hart und grimmig; da wo ihr lügnerisch vorgebt, euch zu enthalten, da lasst ihr ihn nicht Gnade üben. Pilatus hat gesündigt, indem er tat, was er nicht wollte; aber all das, was euer Grimm erpresst hat, lastet auf eurem Gewissen.« Rom muss sich mit dem Kaiser des Westens einig sein, die enge Verbindung zwischen Staat und Glauben Italiens inmitten der christologischen Streitigkeiten, die wie eine Flut aus dem Osten in den Westen strömen, wird zur Notwendigkeit.[51]

Für die Zwecke einer Geschichte der Beziehungen zwischen den Päpsten und den Juden mögen diese knappen Ausführungen zur römischen Gesetzgebung und den wichtigsten Fragen, die von den Kirchenvätern angeschnitten wurden, genügen. Auf Details werden wir dort, wo es notwendig ist, bei der Schilderung späterer Probleme noch einmal zurückkommen.

Das Arsenal der Argumente und Verhaltensrichtlinien war gefüllt und es bedurfte nun des Anstoßes, dass sich die Päpste in dieses Getriebe einschalteten. Und dieser Anstoß kam eher ungewollt und für uns heute Beobachtenden durch eine spezifische Überlieferungslage wohl in der Regierungszeit Gregors des Großen um das Jahr 600.

GREGOR DER GROSSE

Die Bedeutung Gregors des Großen für das Verhältnis der Päpste zu den Juden liegt darin, dass dieser Papst in einer ganz spezifischen politischen Situation die administrative Gewalt in Rom ausübte, was ihn zu Entscheidungen zwang. Dadurch wurde er für spätere Zeiten der Vermittler mancher Bestimmungen des römischen Rechts, von denen auch die Juden betroffen waren. Ebenso stützte er sich auf die Lehren der Kirchenväter. In einer Zeit, da der päpstlichen Richter- und Amtsgewalt die größte Bedeutung zugemessen wurde, vor allem im 11. und 12. Jahrhundert, entfaltete sich Gregors Einfluss nachhaltig, nachdem bereits im 9. und 10. Jahrhundert seine Entscheidungen hie und da als Richtschnur gegolten hatten.

Gregors Pontifikat in den Jahren 590 bis 604 tritt markant hervor gegenüber den schemenhaften Nebeln, in welche die Regierungszeiten seiner direkten Vorgänger und Nachfolger gehüllt sind. Verantwortlich für dieses teilweise überscharfe Bild im Detail sind mehr als 800 überlieferte Briefe, die sich überwiegend mit der Lösung von Verwaltungsproblemen befassen und von denen sich etwa 30 mit Juden und ihren Angelegenheiten beschäftigen. Ob er sich mit dieser Tätigkeit von anderen Päpsten dieser Zeit unterschied, muss eine unbeantwortete Frage bleiben: Wir besitzen nur Gregors Entscheidungen und können nur mit Berufung auf eine gewisse Plausibilität meinen, dass er nicht der Einzige gewesen sein wird, der in dieser Weise tätig war.

Gregors Rechtsvorstellungen bezüglich der Juden zeigen noch kein »päpstliches« Profil, noch ist gegenüber der römischen Gesetzgebung und auch beim Vergleich mit Texten der Kirchenväter kaum etwas Eigenständiges zu erkennen. Trotzdem wurden viele seiner schriftlich niedergelegten Meinungen und Entscheidungen zu einer der Grundlagen mittelalterlicher Rechts- und Traditionsentwicklungen, und das betraf nicht nur die Juden.

Auffallend ist Gregors Anwendung der kaiserlichen Gesetze gegenüber den Juden, wobei er sich mehr auf den Codex Theodosianus als auf das aktuellere Gesetzeswerk Justinians stützte, wofür ein bereits bemerkbares Auseinanderdriften von West und Ost verantwortlich sein könnte. Diese Tätigkeit zeigt Gregor in jener Funktion, die Jeffrey Richards in der ironischen, aber treffenden Charakterisierung des Papstes als »Konsul Gottes« zusammenfasste.[52] Die Formel ist insofern treffend und prägnant, als Gregor die kaiserliche Gewalt in Rom vertrat. Basis dieser Vertretung war die nach der Eroberung Italiens durch Kaiser Justinians Feldherrn Narses erlassene Pragmatische Sanktion, womit er die kaiserliche Herrschaft über Italien wiederherstellte. Der römische Bischof hatte bei der Gestaltung dieser Ordnung für Italien eine bedeutsame Mitwirkung der italischen Bischöfe in den Verwaltungsangelegenheiten sichergestellt. Das änderte sich hinsichtlich Roms auch nicht, als die Langobarden seit 568 ihre Herrschaft in Italien errichteten. Da sie Rom nicht zu einem ihrer Fürstentümer gemacht hatten, tritt nun der Papst als kaiserlicher Stellvertreter und italischer Fürst hervor.[53] Diese Stellung erklärt Gregors Anwendung des römischen Kaiserrechts. Daraus folgt die strukturell fundamentale Tatsache, dass das mittelalterliche Kirchenrecht für die Juden auch auf den Kaisergesetzen seit konstantinischer Zeit fußt.

Zugleich war er aber auch oberster Verwalter der Güter der römischen Kirche, die sich massiert im Süden der Stadt befanden, und Metropolit über die Bischöfe in Sizilien und einen Teil des italienischen Festlandes. Als Patriarch erhob der römische Bischof einen Führungsanspruch, der nicht immer leicht durchzusetzen war, vor allem gegenüber dem von ambrosianischer Tradition geprägten Mailand bzw. Aquileia. Als Patriarch des Westens trat er auch in unserem Zusammenhang mit Ermahnungen gegenüber den fränkischen Königen auf.

Neben den aus der Verwaltung hervorgegangenen Schriften haben sich einige theoretische Abhandlungen erhalten, deren Niveau von Johannes Haller mit einigem Spott bedacht wurde.[54] James Parkes' Beispiel für Gregors Art der allegorischen Schriftauslegung, das sich mit dem Raub von Hiobs Kamelen beschäftigt und die Räuber als Sadduzäer (Tempeldiener), Pharisäer und Schriftgelehrte deutet, zeigt ziemlich klar, dass Hallers Urteil nicht zu hart ist. Daneben warf Parkes am Beispiel Gregors ein prinzipielles Problem auf: Wie sind die pragmatisch und ruhig abgefassten »Verwaltungsakte« mit den übrigen in den judenfeindlichen Traditionen einiger Kirchenväter verharrenden Kommentaren in Einklang zu bringen?[55] Gregor war überzeugt, dass die Juden mit Liebe und Barmherzigkeit behandelt werden müssten, denn sie waren ja nach den Vorstellungen des Paulus zur endzeitlichen Rettung bestimmt. Auch wenn sie zunächst die Konversion ablehnten, seien die Juden im Rahmen der bestehenden Gesetze zu behandeln. Paulinische Theologie und römische Gesetze bildeten den Rahmen seines Verhaltens, der aber Gregor nicht hinderte, gegen die Juden der Geschichte und Gegenwart zu polemisieren. Diese beiden Bereiche sollten immer zusammen betrachtet werden, denn die Bevorzugung des einen macht es unmöglich, zu einem klaren Gesamtbild zu gelangen. Gregors allegorische Abstrusitäten in mancher kirchenväterlichen Tradition dürfen während des Studiums seiner Verwaltungsentscheidungen nicht völlig aus den Augen verloren werden.[56]

In Gregors Briefen werden bezüglich der Juden besonders drei Themen behandelt. Erstens Fragen, die mit der Judenmisssion, also mit der Taufe von Juden, zu tun haben, zweitens Probleme, die sich aus dem Besitz christlicher Sklaven und dem Sklavenhandel ergaben, und schließlich drittens Maßnahmen zum Schutz von jüdischem Besitz, insbesondere von Synagogen.

Zur wesentlichsten Frage künftiger Entwicklungen wurde das Problem der Judentaufen, zu dem Gregor einen fundamentalen Beitrag leistete, der allerdings durch judenfeindliche Sophistereien des 13. Jahrhunderts wesenhaft unterlaufen wurde.

Im Rahmen des weit gespannten Themas der Judenmission ging es um die Schaffung günstiger Voraussetzungen für die Konversion zum Christentum und die Festlegung der Missionsmethoden auf gutes Zureden und überzeugende Predigten bzw. die vice versa damit verbundene Ablehnung der Zwangstaufe. Später trat auf der Basis dieser grundsätzlichen Regelungen die Frage der Behandlung jüdischer Kinder nach einer Taufe auf, da ja Kinder sich nicht aus freien Stücken für das Christentum entscheiden konnten, und schließlich stellte sich die Frage nach einer Rückkehr zum Judentum nach einer erwiesenen Zwangstaufe.

Die überlieferten Schriftstücke des Papstes beziehen sich vornehmlich auf Sizilien, Italien und Sardinien und lassen erkennen, dass dem Papst an einer Konversion der Juden gelegen war, er aber gewaltsame

Methoden der Bekehrung ablehnte. Der Papst versuchte Voraussetzungen zu schaffen, um die Taufe attraktiv zu machen – dies betraf sowohl Heiden als auch Juden. So wies er den Subdiakon Petrus, Rektor der kirchlichen Güter in Sizilien, 592 an, jenen Juden, die Christen werden wollten, Abgaben, insbesondere die Erbschaftssteuer, teilweise zu erlassen, damit sich auch andere Juden unter dem Eindruck dieser Vergünstigung zu einer Konversion entschließen würden. Es handelte sich dabei um Juden, die diese Güter teils als Pächter, teils nach anderen Rechtsformen bewirtschafteten.[57]

Wesentlich genauer ist eine entsprechende Anweisung, die ebenfalls nach Sizilien ging. »Ich habe vernommen«, beginnt das Schreiben des Papstes aus dem Jahre 594, »dass sich auf unseren Besitzungen Hebräer befinden, die sich auf keinen Fall zu Gott bekehren wollen.« Dagegen hatte er folgende Maßnahme ersonnen: »Es scheint mir aber gut, dass du in alle Besitzungen, von denen man weiß, dass diese Hebräer sich dort befinden, Briefe senden sollst, in denen du ihnen in meinem besonderen Auftrag versprichst, dass jedem, der sich von ihnen zu unserem wahren Gott und Herrn Jesus Christus bekehrt, ein gewisser Nachlass der Pachtleistung gewährt werden soll. Im Falle einer Bekehrung soll in folgender Weise verfahren werden: Hat er einen Solidus zu zahlen, so soll ihm ein Drittel, wenn drei oder vier Solidi, ein ganzer Solidus nachgelassen werden.« Es war Gregor klar, dass durch solche Vergünstigungen Scheintaufen gefördert wurden, denn er erklärte den Sinn dieser Maßnahme: »Wenn auch sie selbst nicht zu echtem Glauben kommen, empfangen doch wenigstens ihre Kinder schon mit größerem Nutzen die Taufe.«[58]

Arme, getaufte Juden ließ er mit einer Geldspende unterstützen. Gregors Wortwahl, um die Taufwilligkeit zu beschreiben, sollte doch genau beachtet werden: »Den Juden, die unser Erlöser aus ihrer Verworfenheit zu sich bekehren will, müssen wir mit vernünftigen Maßnahmen zu Hilfe kommen, damit sie auf keinen Fall an mangelndem Lebensunterhalt zu leiden haben.«[59] Juden ohne Vermögen, die sich zur Taufe entschlossen, hatten kein leichtes Leben, da die Bindungen zu ihren ehemaligen Glaubensgenossen verloren gingen, die wohl auch für ihre materielle Existenz von Bedeutung waren. Im 12. Jahrhundert wandte sich noch Alexander III. dieser Frage recht besorgt und mit einer gewissen Polemik zu. Die ruhige Betrachtungsweise Gregors wandelte sich zur Forderung, dass es Leuten, die sich zum wahren Glauben bekehrten, besser als vorher gehen müsse.[60] Um Taufen zu beschleunigen, gestattete Gregor, die Zeremonien auch zu anderen Terminen als zu Ostern durchzuführen, bestand allerdings auf der vorangehenden Buß- und Fastenzeit von 40 Tagen. Arme Juden sollten zu diesem Zweck ein Taufkleid als Geschenk erhalten.

Alle diese Maßnahmen waren und wurden natürlich nicht Bestandteil künftiger kirchlicher Gesetzgebung, da die Schaffung günstiger Bedingungen für die Bekehrung nicht Gegenstand gesetzlicher Regeln sein kann. Trotzdem unterstützte z. B. Innozenz III. Konvertiten darin, eine Pfründe oder andere regelmäßige Zuwendungen zu erlangen.[61]

Anders verhielt sich die Sache bezüglich erzwungener Taufen, die aber abseits der oberflächlichen Behandlung, dass nämlich entsprechender Zwang auf Juden aus vernünftigen Gründen verboten war, erhebliche Fragen im Detail aufwarfen.

Ein interessanter Fall ergab sich am Beginn von Gregors Pontifikat. Der Bischof von Terracina in Latium hatte die dort ansässigen Juden zweimal zu einer Verlegung ihrer Synagoge gezwungen, weil sie zu nahe bei einer christlichen Kirche lag, wodurch angeblich der christliche Gottesdienst gestört wurde. Gregors mahnendes Schreiben an den Bischof lässt erkennen, dass im Hintergrund dieser Vorgänge heftige Bemühungen standen, die Juden zu missionieren. Der Papst schrieb nämlich: »... denn die Nichtchristen müssen mit Sanftmut, Güte, Ermahnung und belehrendem Rat zur Einheit des Glaubens geführt werden, damit nicht diejenigen, die man durch eine freundliche Predigt und die Furcht vor dem künftigen Richter zum Glauben einladen könnte, durch Drohungen und Einschüchterungen zurückgestoßen werden. Sie sollen sich also bereitwillig versammeln, um von euch Gottes Wort zu hören, nicht aber, um sich vor übertriebener Strenge zu fürchten.«[62] Es ging weniger, wenn sogar überhaupt nicht um das Problem der Störung des christlichen Gottesdienstes als um die Verlegung von Synagogen als einer Schikane des Ortsbischofs, die der Papst als ein Zwangsmittel auffasste, um die Taufe herbeizuführen.

Das merowingische fränkische Gallien betraf eine umfassende Beschwerde. Italische, vielleicht sogar römische Juden (Gregor spricht von hiesigen Juden), die oft in Marseille zu tun hatten, berichteten Gregor, dass dort ansässige Juden mehr mit Gewalt als durch Predigten zum

»Quell der Taufe gebracht wurden«. Gregor nahm in seinem Schreiben an die Bischöfe von Arles und Marseille klar gegen die Anwendung von Gewalt Stellung und begründete: »Wofern jemand nämlich nicht durch eine sanftmütige Predigt, sondern zwangsweise zum Taufquell kommt, kehrt er zu seinem Aberglauben zurück, und gerade der Ort seiner Wiedergeburt führt ihn zu einem schlimmeren Tod.«[63] Hier taucht ein zweites schwerwiegendes Problem auf: Abfall vom Christentum! Was Gregor etwas euphemistisch den schlimmeren Tod nennt, meint wohl die Verdammnis des Apostaten. Taufe und möglicher Rückfall in den alten Glauben sind zwar verschiedene Probleme, die aber in der Praxis öfter miteinander verknüpft auftauchten, vor allem wenn es darum ging, eine Zwangstaufe ungültig zu erklären, d. h. einem Juden zu gestatten, unter diesen erzwungenen Voraussetzungen zum Judentum zurückzukehren. Als springender Punkt erwies sich im Laufe der Entwicklung die Definition von Zwang. Dabei sollte die Todesdrohung die entscheidende Rolle spielen.

DAS PROBLEM DER ZWANGSTAUFE IN DER ZEIT NACH GREGOR DEM GROSSEN

Durch die Vorstellung, dass die Taufe nicht mehr rückgängig gemacht werden könne, ergab sich gegenüber zwangsweise getauften Juden ein kaum lösbares Problem. Dass mit der Zwangstaufe ein Gebot verletzt worden war, änderte nichts an der Situation, dass die Taufe nicht zu widerrufen war. Immerhin tauchte auch das Argument auf, dass bei einer Taufe durch Zwang nicht sichergestellt war, dass der Getaufte sich wirklich bekehrt hatte. Die in diesem Fall logisch zu erwartende Rückkehr des Neuchristen zum Judentum hatte ja schon Gregor fast als gegeben angesehen. Diesen Gedanken drückt unter bereits geänderten Umständen Thomas von Aquin im 13. Jahrhundert aus, indem er in der Freiwilligkeit, dem freien Entschluss zur Taufe, ihr wesentliches Element sieht.[64]

Die Frage erhob sich immer wieder, häufig unter dramatischen Umständen, und nicht immer war der Papst an der Auslegung beteiligt. Berufungen auf Gregor fanden in diesem Punkt nicht statt (im Gegensatz zur freundlichen Predigt), da seine Andeutungen, wie sie sich in dem genannten Brief finden, offenbar übersehen wurden. Auf eine Anfrage des Mainzer Erzbischofs Friedrich aus dem Jahre 937, die er an einen Geistlichen namens Gerhart und später an Papst Leo VII. richtete, werden wir noch ausführlich zurückkommen. Für den Augenblick genügt die Benennung des Problems: Friedrich wollte wissen, ob er die Juden in seinem Herrschaftsbereich zwangsweise taufen oder vertreiben sollte. Die Antwort war hinsichtlich des Verbots, Zwang auf die Juden auszuüben, klar – und zwar mit intensiver Berufung auf Gregor –, auf den Gedanken, dass eine drohende Vertreibung als Alternative zur Taufe auch einen Zwang darstellte, kamen die Beteiligten offenbar nicht, obwohl Gregor selbst die Schikanen hinsichtlich der Synagogen als Zwang betrachtete. Allerdings kennen wir das genaue Vorgehen des Bischofs von Terracina und der gegen die Juden ausgestoßenen Drohungen nicht in genügendem Umfang, um beurteilen zu können, ob sich die dortigen Juden in Lebensgefahr befanden. Wir sehen schon an diesen wenigen Beispielen, dass es für uns fast unmöglich ist, den Verzicht auf eine Zwangstaufe detailliert und im Umfang ihrer Bedeutung wirklich zu erfassen.

Stellt man sich die Frage nach der Herkunft von Gregors Haltung gegen eine Zwangstaufe, könnte über den Punkt vielleicht etwas mehr Klarheit erzielt werden. Es handelt sich um kein römisch-kaiserliches Gesetz, sondern um eine grundsätzliche theologische Vorstellung, die sich aus den Briefen des Paulus ergibt. Sie wurde insbesondere durch Augustinus verfestigt und sollte letztlich entscheidend werden. Die Feststellung des Paulus, dass die Juden schließlich am Ende der Zeiten gerettet werden sollten, indem sie sich zum Christentum bekannten, warf natürlich die Frage auf, ob man nicht schon vorher nachhelfen könnte, um diesen Zustand früher zu erreichen. Da Augustinus die Juden als nützliche Zeugen für die Wahrheit des Christentums ansah, setzte sich die Vorstellung durch, dass die Juden mit freundlicher Überredung und nicht mit Zwang zur Taufe bewogen werden sollten. Es handelt sich in diesem Punkt um ein aus der kirchlichen Lehre und nicht aus dem römischen Kaiserrecht abzuleitendes Prinzip. Die nützliche Zeugenschaft der Juden macht es wahrscheinlich, dass man bei der Missionierung von Juden überhaupt auf Zwang verzichten wollte. Die späteren Diskussionen sind auf im Laufe der Jahrhunderte deutlich veränderte Umstände zurückzuführen.

Diese Interpretation von Gregors Standpunkt im Sinne eines weitgehenden Verzichtes auf Zwang deckt sich auch mit einer grundsätzlichen Bemerkung des Papstes in einem Schreiben an den langobardischen Fürsten Landulf:»... nirgends ist zu lesen, dass unser Herr Jesus Christus gewaltsam jemanden in seinen Dienst zwang, vielmehr liest man, dass er freundliches Zureden anwendete und einem jeden Entscheidungsfreiheit belieβ...«

Für das Verbot, vom Christentum abzufallen, bildeten nicht die Entscheidungen Papst Gregors die Grundlage, sondern einige Canones des IV. Konzils von Toledo aus dem Jahre 633. Der Zwang, trotz unfreiwilliger Taufe am christlichen Glauben festzuhalten, entwertete allerdings das allgemeine Verbot der Zwangsanwendung bei der Taufe.[65] Die diesbezügliche Bestimmung rückte in den Vordergrund, da im westgotischen Reich eine größere Zahl zwangsgetaufter Juden lebte, die unter König Sisebut (612–621) unter Gewalteinwirkung konvertieren mussten. Beteiligt an diesem Vorgehen war auch der Erzbischof von Sevilla, Isidor. Die Grenzen des päpstlichen Einflusses in dieser Zeit werden sichtbar.

Mit der Behandlung dieser Frage auf dem Konzil von Toledo verschob sich die weitere Entwicklung, zu der sich dann auch die Frage gesellte, ob man in bestimmten Fällen Juden ihre Kinder wegnehmen dürfe, um sie zu Christen zu machen, auf die Ebene der Konzilien. 845/46 auf dem Doppelkonzil von Meaux und Paris wurde die Frage wieder behandelt, die Bestimmungen schließlich, obwohl der westfränkische König Karl der Kahle sie auf dem folgenden Reichstag nicht bestätigte, in kirchlichen Kreisen als Kapitulare Karls des Großen ausgegeben. Ein bemerkenswerter Schritt: Die kirchliche Tradition trat hinter den als bedeutender empfundenen Karls- und damit hinter den Kaisermythos zurück. Wir erkennen mehrere Herrschaftsbereiche, die am Zustandekommen von für kirchlich respektive päpstlich geltenden Traditionen beteiligt waren. Wir können in diesem Zusammenhang kritisch anmerken, dass unser Thema das Papsttum erst wieder zur Zeit Innozenz' III. erreichte.

Dramatisch stellte sich die Sache nach den Verfolgungen während des Ersten Kreuzzugs in den Rheingebieten dar. Heinrich IV. gestattete den Juden, die aus Furcht vor mörderischen Kreuzfahrern und ihren lokalen

Helfern sich hatten taufen lassen, die Rückkehr zum Judentum.[66] Selbst der von Heinrich abhängige Papst Clemens III. erhob gegen diese Vorgangsweise Protest.[67] Es ist nicht nachzuweisen, ob Heinrich wusste, dass er mit dieser Entscheidung einem spätantiken Vorbild folgte, als in ebenfalls politisch schwieriger Zeit der Westkaiser Honorius getauften Juden ebenfalls die Rückkehr zum angestammten Glauben ermöglichte.[68] Immerhin ist aber sicher, dass Heinrich in seinen Privilegien für die Speyrer und Wormser Juden, die 1090 ausgestellt wurden, einige Bestimmungen erließ, nach denen die Existenz der Juden als Gruppe gesichert werden sollte. Darunter befand sich auch das Verbot der Taufe unter Gewaltanwendung. Daher blieb der Einspruch Clemens' III. allem Anschein nach erfolglos.

Die Unlogik der beiden Eckpunkte »Bekehrung durch freundliches Zureden« und »Rückkehrverbot zum Judentum auch bei Zwangstaufe« erzeugte Unruhe, sodass schließlich der Kanonist Huguccio (gest. 1210) zwischen bedingtem und absolutem Zwang unterschied. Diese Unterscheidung löste die Frage aber nur in unzureichender Weise, denn die Interpretation begünstigte die Zwangstaufe. Die entscheidende Stelle formuliert trotz gegenteiliger einleitender Beteuerungen, das Christentum sei eine Sache der Freiwilligkeit, einen entgegengesetzten Standpunkt: »Denn wer durch Todesfurcht und Foltern gewaltsam genötigt wird und, um Schaden zu vermeiden, das Sakrament der Taufe annimmt, dem wird (damit dennoch) das Erkennungszeichen des Christentums eingeprägt. Ein solcher, der es gleichsam bedingt will, auch wenn er es nicht gänzlich will, darf dennoch gezwungen werden, den christlichen Glauben einzuhalten.«[69] Das Rätsel dieser Entscheidung ist nicht gelöst, eine tiefgehende philosophisch-mentalitätgeschichtliche Analyse wäre dafür notwendig. Festzuhalten ist, dass Innozenz III. diesen Gedanken in einer Dekretale festhielt, die 1234 in den Liber Extra, also in das kanonische Recht, aufgenommen wurde.[70]

Zuletzt sei noch auf eine neuerliche Verschärfung der Definition von Zwang hingewiesen, die 1267 von Papst Clemens IV. formuliert wurde und 1298 in den Liber Sextus aufgenommen wurde. Die Ausformulierung der Dekretale fällt mit 1267 genau in jene Zeit, als der Papst auf Privinzialkonzilien die Bestimmungen über Juden umfassend verkünden ließ, wobei er sich auf den Grundbestand des IV. Laterankonzils stützte. Franziskanern und Dominikanern gab er folgenden Auftrag: »Bei Maßnahmen gegen Christen, die zum Ritus der Juden übergetreten oder zurückgekehrt sind – auch wenn die solchermaßen zurückkehrenden als Kinder oder aufgrund von Todesfurcht getauft, aber dennoch nicht uneingeschränkt oder ohne Bedingungen gezwungen wurden –, soll die Rechtslage sein wie gegen Herätiker, wenn sie gestanden haben oder von Christen oder Juden überführt wurden …«[71]

Das waren die Entscheidungen, die eine Tradition begründeten, auf die sich noch Pius IX. 1856 stützen sollte, als es um die Rückkehr des Knaben Edgar Mortara zum Judentum ging, deren Anwendung in dieser fortgeschrittenen Zeit allerdings kritisch zu betrachten sein wird.

JUDEN UND CHRISTLICHE SKLAVEN

Im Gegensatz zu den bisher dargestellten Fragen, die Gregor im Rahmen der Vorstellungen der Kirchenväter und der Bibelkommentare entschied, stützte er sich, wenn es um christliche oder heidnische Sklaven der Juden ging, auf römisches Recht, auf das er sich in einigen Briefen ausdrücklich berief.»Nach Maßgabe der rechtlichen Bestimmungen« oder»Gemäß den gültigen Reichsgesetzen« beginnen die einschlägigen Briefe.

Seit 423 bestand ein Verbot für Juden, christliche Sklaven zu kaufen.[72] Hinter dieser Bestimmung, die sich längere Zeit auf verschiedenen Ebenen vorbereitete, stand die christliche Überlegung, dass Juden nicht Herren über Christen sein sollten. Letztlich bezog sich diese Einschränkung wohl auf die von Bernhard Blumenkranz immer wieder betonte Missionskonkurrenz,[73] denn man konnte eine solche Konstellation auch dadurch auflösen, dass der Besitzer des Sklaven zum Christentum übertrat. Nach dem Codex Iustinianus war der Besitz christlicher Sklaven generell verboten.

Gregors einzelne Entscheidungen zeigen aber eine gewisse Flexibilität gegenüber praktischen Problemen. Eine der interessantesten Entscheidungen fällte er im Mai 594, die eine Fülle von Fragen provoziert: Er schrieb an einen Bischof in der Toskana, dass die jüdischen Grundbesitzer ihre christlichen Sklaven freilassen müssten.[74] Soweit es sich um Sklaven handelte, die in der Landwirtschaft eines Juden tätig waren, durften sie als *coloni* ihre Tätigkeit weiter ausüben. Es gab also am Übergang von der Spätantike ins Frühmittelalter in Italien und wie aus anderen Briefen hervorgeht auch im südlichen Gallien jüdische Grundbesitzer, die nicht nur Haussklaven, sondern auch solche, die Felder bewirtschafteten, besaßen. Ob diese Grundbesitzer einen zahlenmäßig ins Gewicht fallenden Faktor bildeten, können wir aufgrund der wenigen Nachrichten, die uns zur Verfügung stehen, nicht beurteilen. Aufgrund solcher vereinzelt dastehenden Bemerkungen darauf zu schließen, dass Juden noch im 6. Jahrhundert im großen Stil Latifundien durch Sklaven bewirtschaften ließen, wäre ein verfehlter Schluss. Klar ist aber, dass die Freilassung auch einen kleinen wirtschaftlichen Betrieb stören konnte, und so verfiel der Papst darauf, den ehemaligen Sklaven in einer anderen Rechtsform beschäftigen zu können, und zwar in einem Verhältnis, das von der Betrachtungsweise des römischen Rechts her nicht eindeutig als Sklaverei zu identifizieren war. Ob *colonus* in unserem Fall als Pächter oder als abhängiger Bauer zu interpretieren ist, muss offenbleiben. Wir stoßen in diesem Punkt auf die dornenvolle Frage der Entstehung der mittelalterlichen »Feudalgesellschaft« mit ihren abgestuften Formen von Abhängigkeiten, die z. B. von einigen französischen Historikern erst in die Zeit um das Jahr 1000 verlegt wird.[75] Für unsere Fragestellung ist dies insofern von Interesse, als wir die diesbezüglichen Bestimmungen des 12. Jahrhunderts in neuen Zusammenhängen deuten müssen.

Neben den auf Feldern arbeitenden Leuten gab es Haussklaven, die aber, so die überwiegende Meinung in der Forschung, soweit sie nicht von Hause aus Juden waren, zum Judentum konvertieren sollten, da sie als Nichtjuden im Haushalt nur beschränkt verwendet werden konnten, abgesehen davon, dass jüdische Haushaltsvorstände auch ganz allgemein danach trachteten, nur Juden im Haushalt zu beschäftigen. Es bestand von Seiten der Christen die Besorgnis, dass christliche Haussklaven mehr oder weniger gezwungen wurden, zum Judentum überzutreten. In diesem Fall allerdings kamen andere rigorose Gesetze zur Anwendung, wie z. B. das Verbot, Nichtjuden zu beschneiden. Dies fiel bei Mägden weg, und so kam Michael Toch zu dem plausiblen Schluss, dass es sich bei den Haussklaven vor allem um Mägde gehandelt hat.[76] Dieser Sachverhalt widerspiegelt sich vielleicht in einem Sprachbild Gregors, als er wieder einmal für christliche Sklaven die Freiheit verlangte und dies begründete,»damit auf keinen Fall die christliche Religion als Judenmagd besudelt wird«.

Christliche Sklaven flüchteten manchmal in Kirchen, gleich ob ihre Taufe längere oder kürzere Zeit zurücklag. Der Sklave erlangte dann die Freiheit, ohne dass sein ehemaliger Besitzer eine Entschädigung erhielt. Offenbar galt das nur dann, wenn der Besitzer den Sklaven an einen Christen nicht weiterverkaufen wollte. Um dies festzustellen, galt eine Frist von drei Monaten, während der auch die Willensäußerung des Sklaven erfolgen musste, Christ zu werden. Fand sich kein Käufer, erhielt der Sklave die Freiheit, fand sich ein christlicher Käufer, hatte dieser den Preis für den Sklaven zu entrichten.

Wieweit solche Erwerbungen und Verkäufe geradezu in Sklavenhandel münden konnten, ist umstritten. Einen solchen Grenzfall kennen wir aus Neapel. Ein Jude namens Basilius (Schreckenberg bezeichnet ihn als Sklavenhändler) hatte heidnische Sklaven in Gallien gekauft, unter denen sich einige Christen befanden. Gregor räumte nun dem Basilius eine Frist von 40 Tagen ein, um diese Christen zu verkaufen. Mit der Aufsicht über diese Abläufe war der Bischof von Neapel, Fortunatus, beauftragt, der noch eine weitere Möglichkeit im Auge behalten sollte: Der Sohn des Basilius war Christ geworden und konnte daher auch christliche Sklaven bzw. solche, die Christen geworden waren, besitzen. Der Bischof sollte daher darauf achten, dass die christlichen Sklaven nun tatsächlich für den Sohn und nicht etwa für den Vater arbeiteten.[77]

Die von Gregor recht häufig angeschnittene Sklavenfrage mündete später in geänderte soziale und wirtschaftliche Verhältnisse, als es spätestens in der Karolingerzeit um Lohndiener, christliche Ammen und in Einzelfällen auch um Grunduntertanen ging. Besonders im letzteren Fall musste die Situation mit den Vorstellungen des Augustinus kollidieren, da ein jüdischer Grundherr keineswegs der Vorstellung von der dienenden Stellung der Juden entsprach. In welchem Maße diese Fragen mit den Gesetzen über christliche Sklaven in jüdischen Diensten zusammenhängen, ist nur unter Berücksichtigung des Eindringens sozialer Elemente in theologische Betrachtungen zu klären (dies trifft besonders auf Innozenz III. und seine Zeit zu) bzw. der Tatsache, dass das Verständnis für die spätantike Sklavengesetzgebung durch die sozial gewandelten Verhältnisse verloren ging. Wir werden auf diese Fragen zurückkommen.

Die Sklavenfrage an sich ist heute aus begreiflichen Gründen ein Thema, das ohne moralische Entrüstung kaum abzuhandeln ist. Der in der Spätantike und lange darüber hinaus vergleichsweise selbstverständliche Umgang mit der Tatsache, dass ein Teil der Menschheit als Sklaven diente, führt zu manchmal konstruierten Versuchen, Sklavenhändler und Sklavenhalter von ihrer vermeintlichen Schuld zu entlasten, wie dies hinsichtlich der Juden latent und offen immer wieder Michael Toch versuchte.

Aus Gregors Briefen ist festzuhalten, dass auch die Annahme des Christentums nicht vor Sklaverei schützte, solange auch der Sklavenhalter Christ war. Die gegen die Juden gerichteten Einschränkungen, Gebote und Verbote haben ihre Gründe in der vermuteten Proselytenmacherei und in einem gewissen sozialen Druck. Letzterer verfing auch, wie wir am Beispiel des alten Juden Basilius und seines bereits zum Christentum übergetretenen Sohnes sehen konnten.

Auch eine Reihe anderer Entscheidungen Gregors sollten später bedeutsamen Einfluss ausüben. Im August 591 schrieb er an den Verwalter des päpstlichen Kirchenbesitzes in Campanien, dass ein Jude wertvolle, geweihte Gegenstände von Klerikern gekauft hatte. Da er bei diesem Kauf nicht an die geltenden (römischen) Gesetze gedacht hatte, sollte er diese zurückgeben.[78] Seit dem Beginn des 13. Jahrhunderts, insbesondere seit der Abfassung des Sachsenspiegels (vor 1235), findet sich das Verbot, kirchlichen Besitz zu kaufen oder darauf Pfandkredite zu geben, in Judenordnungen und Rechtssammlungen. Von diesem Verbot waren nicht nur Juden, sondern auch Gastwirte betroffen.

Hinsichtlich der Juden handelt es sich nach der Erklärung Papst Gregors um ein römisches Gesetz, dessen Wortlaut sich nicht erhalten hat.[79] Obwohl wir es nicht kennen, ist zu vermuten, dass es über bischöfliche Anregung entstanden ist und wohl in den Gesamtzusammenhang gehört, dass Kirchengut überhaupt nicht veräußert werden darf. Im 12. Jahrhundert vermutete dann Petrus Venerabilis ganz im Sinne seiner judenfeindlichen Formulierungen, dass die Juden, die in den Besitz solcher Geräte kämen, allerlei Unfug damit anstellen würden. Es scheint sich dabei aber um eine neue Begründung des Verbots gegenüber den

Juden zu handeln, das sich nicht aus der spätantik-päpstlichen Tradition herleitet.

Aus dem September 602 stammt ein Brief, in dem sich der Papst an Bürger der Stadt Rom wandte und ihnen vorwarf, dass einige unter ihnen die Meinung verbreiteten, man solle am Samstag nicht arbeiten, sondern Sabbat halten.[80] Es handelt sich um ein Thema aus der Frühzeit des jüdisch-christlichen Antagonismus: Christen emanzipierten sich bewusst mit zum Teil provokanten Begründungen vom jüdischen Festkalender und daher auch vom Wochenfeiertag, dem Sabbat. Die näheren Umstände der Festlegung auf den Sonntag, die durch Kaiser Konstantin mit Rücksicht auf militärische Gewohnheiten erfolgte, scheinen Gregor nicht mehr bekannt gewesen zu sein, da er das Problem im Rahmen der Ablehnung des mosaischen Gesetzes erklärte, das nach dem Erscheinen der Gnade durch Christus seinen Sinn verloren habe. Wie gering der Papst den Wert des Gesetzes einschätzte, ist auch daran zu erkennen, dass er in demselben Brief, sozusagen in einem Aufwaschen, eine andere Behauptung »abartiger Leute« verwarf, die verbieten wollten, sich am Sonntag zu waschen. Die Verbindung der Sabbatfrage mit dieser abstrusen Lehre mag aus praktischen Gründen erklärbar sein, zeigt aber auch, auf welch niedrigem Niveau sich die Auseinandersetzung inzwischen abspielte.

EIN FALL ZUM PROBLEM DER TRADITIONSBILDUNG

Im Jahre 598 ließ Bischof Viktor von Palermo Synagogen und jüdische Spitäler beschlagnahmen und die Synagogen zu Kirchen weihen. Beschwerden römischer Juden veranlassten Gregor, sich zu diesen Missständen zunächst mit allgemeinen Anweisungen zu äußern. Zur allgemeinen Rechtssituation schrieb er Folgendes: »Einerseits dürfen die Juden nicht die Freiheit haben, in den Dingen, die ihre Synagogen betreffen, die gesetzlich gesetzten Grenzen zu überschreiten, andererseits dürfen sie innerhalb ihres Freiraums keinen Rechtsnachteil hinnehmen.«[81] Die beiden Eingangsworte »Sicut iudeis« gaben dann jener berühmten Papsturkunde des 12. Jahrhunderts den Namen, in der Grundsätzliches über die Stellung der Juden in der christlichen Gesellschaft festgelegt wurde. Erstmals stellte sie vermutlich Calixt II. aus, denn auf ihn bezieht sich Papst Alexander III. (1159–1181) in seiner Fassung des Privilegs als frühesten Aussteller, wenn er erklärt, mit der Ausstellung dieser Urkunde den Spuren seiner Vorgänger Kalixt und Eugen zu folgen.[82] Der einleitende Satz der Urkunde entspricht bis ins Detail der Formulierung Gregors, ohne völlig ident zu sein. Gregors Vorbild wird vor allem darin deutlich, dass in der Urkunde des 12. Jahrhunderts auch der allgemeine Rechtssatz über die Beachtung der Bestimmungen die Synagogen betreffend mit einbezogen wird, obwohl von der Sache her dazu kein Anlass bestünde. Bei der Prominenz der Briefe Gregors des Großen ist ein Rückgriff der päpstlichen Kanzlei im 12. Jahrhundert auf ein passendes Schriftstück aus seiner Feder nicht erstaunlich.

Die abwägende Einerseits-Andererseits-Formulierung, die sich ja ganz eindeutig auf die Synagogenfrage bezieht, sollte nicht generell gedeutet werden, etwa in dem Sinne, dass darin die ambivalente Haltung der Päpste gegenüber den Juden aus diesem Geiste zu deuten wäre. Bedeutsam ist aber die Tatsache, dass sich dieser Satz auf das römische Recht bezieht. Grenzen und Freiräume für die Juden werden durch dieses bestimmt und sind daher auch vom Vertreter des Kaisers in Rom anzuerkennen. Ein kirchenrechtliches Prinzip im Sinne der erwähnten ambivalenten Haltung der Päpste zwischen Judenschutz und Bedrückung der Juden ist hier nicht zu erkennen. Die mittelalterliche Übernahme des Textes, um das am weitesten verbreitete päpstliche Judenprivileg einzuleiten, fußt auf dem pseudologischen Bedürfnis, Tradition und Kontinuität herzustellen. Der Urkundentext des 12. Jahrhunderts muss aus den zeitgnössischen Gegebenheiten interpretiert werden. Es ist zu bemerken, dass Innozenz III., der seine »Sicut iudeis«-Urkunde 1199 ausstellte, ihr eine zusätzliche Arenga voranstellte, da die alte Formulierung Gregors zu schwach und zu wenig grundsätzlich erschien.

Wie schon festgestellt, bezieht sich die Frage nach Verbotenem und Erlaubtem auf das römische Recht. Es handelt sich also um ein vor allem formales Argument, das uns zu den wirklich wichtigen inhaltlichen Fragen nur beschränkt Zugang erlaubt. Das Verhalten Gregors in der Synagogenfrage ist aber auch nach dem von ihm angerufenen römischen Recht problematisch: Er behauptete einfach, dass geweihte Kirchen den Juden nicht zurückgegeben werden können, und befiehlt daher, die Juden mit Geld und der Rückgabe der beschlagnahmten Bücher und des Inventars zu entschädigen. Die logische Frage stellte

71

sich nach einem Neubau als Ersatz für die beschlagnahmte Synagoge. Der Neubau einer Synagoge war aber nach dem Codex Theodosianus nicht erlaubt. Hier stellt sich eine interpretatorische Frage, deren Beantwortung leider unmöglich scheint. Waren dem Papst die tatsächlichen Voraussetzungen unbekannt, auf die das Verbot, eine Synagoge neu zu erbauen, zurückging? Dieses Gesetz sollte ja die weitere Verbreitung des Judentums verhindern. Ein Ersatzbau für eine beschlagnahmte oder zugrunde gegangene Synagoge stellte ja einen völlig anderen Fall dar. Interpretierte er nicht im geistig-politischen Zusammenhang? Wenn es so wäre und wir die weiteren inhaltlichen Verkürzungen solcher Entscheidungen im Laufe des Mittelalters zur Kenntnis nehmen, was müssen wir über das Zustandekommen der immer wieder apologetisch ins Treffen geführten Tradition heute denken? Man kann wohl nicht recht umhin, intellektuelles und letzlich moralisches Versagen bei der Traditionbildung zu konstatieren. Denn schon Gregor übersah (bewusst?), dass es auch nach dem Codex Theodosianus möglich war, Juden ein Ersatzgrundstück für verlorene Synagogen zur Verfügung zu stellen.

Wir sehen schon bei diesen ersten Überlegungen zu dieser Grundfrage des christlich-jüdischen Verhältnisses, dass ein bloßes Hinnehmen des traditionellen Rechtsbestandes zu einem bestimmten Zeitpunkt keine Antwort auf Probleme darstellt, sondern der Verzicht auf weitere detaillierte Nachfragen einseitige, verharmlosende Erklärungen provoziert, die natürlich nicht einmal schlüssig sein können.

Die eindrucksvolle Palette von Themen, die Gregor berührte, wurde für lange Zeit nicht weiterentwickelt. In karolingischer Zeit kannten offenbar einige Spezialisten Ausschnitte aus der Überlieferung, doch die Übernahme der einzelnen Sätze erfolgte schematisch. Es waren westgotische und fränkische Synoden der Merowingerzeit, deren Bestimmungen sich auf die Juden bezogen und modifizierte Inhalte präsentierten. Die Päpste spielten für lange Zeit keine Rolle.

Viertes Kapitel

JUDENFEINDSCHAFT IN DER KAROLINGERZEIT

Agobard von Lyon – ein politisierender Erzbischof

Gelehrte und streitbare Kleriker am Karolingerhof. Hrabanus Maurus,
begleitet von seinem Mentor Alkuin, übergibt dem Erzbischof
Otger von Mainz sein Werk. Handschrift aus der Abtei Fulda, um 839.
Wien, Österr. Nationalbibliothek.

Besonders im 9. Jahrhundert schweigen die Quellen über das Verhältnis zwischen den Juden und den Päpsten. Trotzdem bahnen sich in diesem Zeitalter, das hinsichtlich des christlich-jüdischen Verhältnisses meist positiv beurteilt wird, neue Entwicklungen an, die auf eine konfliktreiche Zukunft deuten.

Eine besondere Rolle spielt dabei eine vorübergehende Auseinandersetzung zwischen politisch führenden Kreisen am Hofe Ludwigs des Frommen (813–840) und dem Erzbischof Agobard von Lyon (816–835, 837–840) über die Stellung der Juden in der Gesellschaft. Abgesehen von den vordergründigen Argumenten des Erzbischofs gegen die Juden ist der theologische Hintergrund von Interesse, da er nachhaltig auf die spätere Entwicklung einwirken sollte und damit auch in gewissem Umfang die päpstlichen Positionen bestimmte. Trotzdem muss an dieser Stelle bemerkt werden, dass das Thema »Agobard« in der traditionellen Geschichte der Judenfeindschaft vermutlich ein wenig überschätzt wird. Es handelt sich aber um eine so prominente Wissenschaftstradition, dass wir sie nicht mit Stillschweigen übergehen dürfen.

AGOBARD VON LYON – EIN JUDENFEIND
MIT DEM RÜCKEN ZUR WAND

Agobard von Lyon gilt in der Geschichte des »Antisemitismus« als die Drehscheibe zwischen den Kirchenvätern bzw. den frühen Konzilien und der in der Mitte des 12. Jahrhunderts anschwellenden Zahl judenfeindlichen Schrifttums. Dieses Urteil zeigt die gesamte Problematik von themenbezogener Geschichtsschreibung, die allzu oft mit einer großzügigen Geste über eine Einzelperson oder ein bestimmtes Ereignis hinweggeht und nur die übergeordnete Fragestellung im Auge behält. Dadurch können falsche Gewichte entstehen. Wie die letzte einschlägige Studie zu diesem Thema von Johannes Heil[83] zeigt, bediente sich Agobard einige Jahre seines Lebens während einer politischen Krisensituation, in der sein Einfluss auf dem Spiel stand, einer Nebenfront, nämlich Fragen des christlich-jüdischen Zusammenlebens, das er zugespitzt und polemisch darstellte, um seine politischen Gegner zu kritisieren und ins Unrecht zu setzen. Ob gerade seine Darstellung später Schule gemacht hat, ist im Lichte der spärlichen Überlieferung seiner Schriften zweifelhaft. Jedenfalls schufen Historiker des 19. und 20. Jahrhunderts am Schreibtisch den großen Antisemiten der Karolingerzeit, Agobard. Damit ist der Erzbischof von Lyon nicht entlastet und noch weniger seine Zeit, denn immerhin ist die Instrumentalisierung der Juden in einer wesentlichen politischen Auseinandersetzung ein tiefe Einsichten bietendes Phänomen, aus dem letztlich unangenehme Schlüsse zu ziehen sind, zumal Agobards Schüler und Nachfolger in Lyon, Amulo, eine Sammlung judenfeindlicher Konzilsbestimmungen anfertigte. Von der allgemeinen Entwicklung wird noch die Rede sein, die letztlich Agobards Wirken verständlich macht. Sehen wir uns aber zunächst Agobards politische Auseinandersetzung in der dramatischen Zeit Ludwigs des Frommen näher an:

Agobards Kontroverse mit dem Karolingerhof hinsichtlich der Juden fällt in die Jahre 822–828. Agobard hatte 822 in der Pfalz Attigny eine Audienz bei Kaiser Ludwig, bei der er mit seinem Anliegen scheiterte. Vermutlich ging es bei der Unterredung mit dem Kaiser um Kirchengut. Von Agobard wurde auch ein zweites Thema angerissen: Worin dieses bestand, ist einem Brief Agobards an die wichtigsten Berater des Kaisers von 823 zu entnehmen. Er bat um einen Befehl an den *magister Iudeorum*, bekehrungswilligen Sklaven der Juden die Taufe zu ermöglichen. Es ging also um heidnische Sklaven, die sowohl von jüdischer wie christlicher Seite Bekehrungsversuchen ausgesetzt waren. Eine Taufe hätte allerdings zur Folge gehabt, dass die nun christlichen Sklaven aus den jüdischen Diensten befreit werden mussten. Mit seiner Bitte oder Forderung setzte sich Agobard in direkten Gegensatz zur Politik Karls des Großen und seines Sohnes Ludwig. Seine Darstellung enthielt auch einige indirekte Drohungen gegen Ludwig, indem Agobard auf Gerüchte in Lyon hinwies, dass der Kaiser die Juden wegen der (biblischen) Patriarchen achte; im Grunde warf er Ludwig eine Abweichung von christlichen Herrschaftsgrundsätzen und Lebensweisen vor.

Agobard hatte schon bei seiner Audienz in der Pfalz des Kaisers vor sich hingebrummt und seinem Ärger über jene Leute, die Beschwerden der Juden unterstützten, freien Lauf gelassen. Bei diesen Beschwerden ging es wohl um die Taufe heidnischer Sklaven in jüdischen Diensten. In seinem ersten Brief rückte er mit der Sache noch nicht heraus, die Empfänger wussten wohl, worum es sich handelte. Im zweiten Brief wurde er schon deutlicher: Er fragte an, wie er sich in Bezug auf die Taufe von heidnischen Sklaven der Juden verhalten solle. Von diesen Sklaven berichtete er, dass die Juden sie kauften, in ihren Häusern hielten, wo sie »unsere Sprache« lernten. Diese Nebenbemerkung informiert uns über zwei wichtige Sachverhalte: *Mancipia* der Juden arbeiteten in dieser Zeit fast ausschließlich als Haussklaven, und die Juden sprachen die Landessprache, in der Gegend von Lyon wird dies wohl Romanisch gewesen sein. Im Folgenden personalisierte der Erzbischof die Probleme. Die Schuld an den Querelen trage der Judenmeister, der sich nicht an seine Befehle hielte. Die Lage Agobards wurde ungemütlich. In seinem dritten Schreiben nahm er, wie schon erwähnt, gegen den kaiserlichen Erlass Stellung, dass die Taufe von Sklaven in jüdischen Diensten der Zustimmung des Besitzers bedürfe. Er sah sich in einer schwierigen Situation, die sich in einem Stoßseufzer entlud; folgte er dem Erlass, beleidigte er Gott, im anderen Fall habe er den Zorn des Kaisers zu fürchten. Der Judenmeister drohte ihm, dass er kaiserliche *missi* (Sendboten mit richterlicher Gewalt) herbeiholen werde, die über ihn Gericht halten sollten. Etwas später übergaben die Juden Agobard und dem Grafen von Lyon ein kaiserliches Schreiben, in dem der Graf angewiesen wird, den Juden Beistand zu leisten. Agobard blieb nichts anderes mehr übrig, als die Echtheit des kaiserlichen Erlasses anzuzweifeln. Wenig später erschienen, der Judenmeister – jetzt erfahren wir seinen Namen – Evrardus und zwei *missi*. Nun seien die Juden so übermütig geworden, dass sie den Christen predigten und sich in Schmähungen gegen Gott und den Heiland ergingen. Darin seien die Juden bestärkt worden, weil die Sendboten gemeint hätten, die Juden seien dem Kaiser nicht zuwider, sondern ihm lieb und wert. Offenbar floh Agobard nach diesen Ereignissen aus Lyon, angeblich schlichtete er einen Streit der Mönche in Nantua.

Es wird Zeit, sich mit dem Hintergrund des Konfliktes zu beschäftigen. Evrardus hatte der Kirche in Lyon mit Entfremdung von Kirchengut übel mitgespielt. Sein Sohn Bertmund, der erwähnte Graf von Lyon, ging gegen den Vater nicht vor. Offenbar hatten Vater und Sohn Verbindungen zu einem der mächtigsten Männer der Zeit, nämlich dem Grafen Mattfried von Orleans. Es ist auffällig, dass Agobard seine Polemik gegen die Juden im Jahre 828 abbrach, als Mattfried gestürzt wurde. Diese mächtige politische Gruppe des führenden Adels hatte nach dem Tode des Benedikt von Aniane an Einfluss gewonnen. Benedikts Tod markierte das Ende der ersten Phase der Politik Ludwigs des Frommen, die auf die Errichtung eines einheitlichen Reiches nach römischem Vorbild strebte.

Agobard hatte zu Benedikts Parteigängern gehört, und diese Gruppe prägte die Politik von Ludwigs frühen Regierungsjahren entscheidend. Das Ziel dieser Gruppierung war die Reichseinheit, die in der »Ordinatio imperii« des Jahres 817 ihren sinnfälligen Ausdruck fand. Negativ formuliert ging es um die Zurückdrängung regionaler Einflüsse und des Teilungsprinzips. Diese Gruppe konnte jedoch ihren Einfluss nur für eine begrenzte Zeit behaupten, und aus diesem Machtverlust ist die politische Krise Agobards zu erklären. Hinter der schärfer werdenden Auseinandersetzung um die Sklaven der Juden stand zu einem gewichtigen Teil das Ringen um die gesamtfränkische Politik.

Agobard benutzte aber diesen Streit, um immer schärfere Ausfälle gegen die Juden zu richten und das christlich-jüdische Verhältnis prinzipiell zu kritisieren. Während seines Aufenthalts in Nantua entstand ein Schreiben, in dem er sich über seine Verfolgung durch die Gönner der Juden beklagte. Er sei wegen seiner Predigten verfolgt worden, in denen er Folgendes zur Sprache gebracht habe: Man solle den Juden keine christlichen Sklaven verkaufen und nicht dulden, dass sie Christen auf die Sklavenmärkte Spaniens verschleppten oder sie als Lohndiener in ihrem Haus hätten. Agobard erweiterte seine Angriffe, denn schon Karl der Große hatte die Beschäftigung von Lohndienern außer an Sonn- und Feiertagen erlaubt. Agobard verlangte, dass Christen ihre religiösen und gesellschaftlichen Kontakte mit den Juden abbrächen; es müsse aufhören, dass christliche Frauen mit Juden den Sabbat feierten. Die Juden erbauten neue Synagogen und stünden in engem Verkehr mit der Hofgesellschaft, und dadurch sei es so weit gekommen, dass törichte Christen meinten, die Juden predigten ihnen besser als die christlichen Priester. Er schnitt auch eine Frage an, die sich als eines der immer wieder diskutierten Themen im Mittelalter erweisen sollte: der Kauf von

Fleisch bei Juden und der Genuß ihres Weins. Er unterstellte den Juden, dass sie den für die Christen bestimmten Wein übel behandeln und verunreinigen. Zum Fleisch meinte er, dass es Sitte der Juden sei, den Christen dasjenige Fleisch zu verkaufen, das sie selbst als unrein verschmähten und Christenvieh nannten. Die Argumentation, dass es sich bei diesem Fleischverkauf um eine Demütigung der Christen handelte, begegnet auch später immer wieder. In diesem Punkt kam auch Papst Innozenz III. vier Jahrhunderte später zu den gleichen, nur polemischer vorgetragenen Schlüssen.

Im Grunde liefen Agobards Forderungen auf möglichst eingeschränkte Kontakte zwischen Christen und Juden hinaus, selbst Begrüßungen sollte man nach dem Beispiel des Hilarius von Poitiers vermeiden. Agobard schritt im Laufe seiner Klagen und Angriffe von der konkreten Ausgangsposition immer weiter ins Allgemeine voran, wobei er ältere Quellen studierte. In welchem Maße ihm sein Diakon Florus dabei behilflich war, ist umstritten.

Alle diese Themen, die auf den ersten Blick ein wenig willkürlich gewählt erscheinen, sind von Bedeutung, da sie später auch die Päpste beschäftigten und letzlich auf eines der gesellschaftspolitischen Generalthemen hinausliefen, nämlich die Einschränkung der sozialen Kontakte zwischen Christen und Juden.

AMULO VON LYON – WARNUNG VOR DER JUDENGEFAHR

Die Forderung nach einer antijüdischen Gesetzgebung, die den Vorstellungen der Kirche gemäß war, wurde von Agobards Nachfolger, Erzbischof Amulo, in einem umfangreichen Sammelwerk erhoben. 846 vollendete er seinen »Liber Contra Iudeos«, der sich in Auswahl mit den Themen des christlich-jüdischen Disputes befasste und vor allem die Gefährlichkeit der Juden und ihre Gotteslästerungen herausstrich. Ferner legte er zu einzelnen Fragen eine Sammlung älterer Konzilsbeschlüsse und der weltlichen Gesetzgebung seit Theodosius II. vor. Der Zweck der Schrift lässt sich nur sehr allgemein umschreiben, Johannes Heil spricht von einem gesteigerten Maß an Unruhe, die vielleicht am Übertritt des Pfalzdiakons Bodo zum Judentum abzulesen sei. Obwohl dieser Übertritt Aufsehen erregte und einen Widerhall bis in die Annales Bertiniani (ihrem Charakter nach Reichsannalen) fand, war er doch nicht das auslösende Moment für Amulos Schrift. Sie ist nach ihrer Überschrift an König Karl den Kahlen gerichtet. Heil denkt eher an Bischöfe als Adressaten, wofür er auch plausible politische Gründe anführt. Aus dem Text scheint eine Kompilation für die Synode in Meaux und Paris, die in den Jahren 845 und 846 stattfand, hergestellt worden zu sein. Die daraus gewonnenen Judenkanones wurden 846 auf dem Hoftag von Epernay vom König und den weltlichen Großen des westfränkischen Reiches verworfen. Der 843 durch den Vertrag von Verdun entstandene Reichsteil Karls des Kahlen befand sich erst in Formation, und kurz nach dem Vertrag wurde in Coulaines auf einer Versammlung des weltlichen Adels und der Geistlichkeit, der schließlich auch der König beitrat, eine Art Grundvertrag über die Beteiligung an der Herrschaft vereinbart. Die Geistlichkeit konnte aber in den folgenden Jahren ihre Anliegen nur sehr schwer zur Geltung bringen, und im Zuge dieser Bemühungen ist auch das Konzil von Meaux/Paris zu sehen.

Der Kanon 75 der Konzilsbeschlüsse ist besonders interessant, da er einen in seiner Schärfe noch nie dagewesenen Anschlag auf die jüdische Identität darstellt. Jüdische Kinder sollten von ihren Eltern getrennt und in Klöstern oder von christlichen Familien aufgezogen werden. Ein Vorläufer dazu findet sich als Kanon 60 des IV. Toletanischen Konzils, wo sich die Bestimmung aber nur auf *getaufte* Kinder von Juden bezieht. Die Idee zu dieser radikalen Bestimmung könnte aus Lyon stammen. Von dort stammt nämlich ein Brieffragment, das von einer erfolgreichen Taufe vieler jüdischer Kinder im Raum Lyon, Vienne, Mâcon und Chalon-sur-Saône berichtet. Jene Kinder, die der Taufe entgangen waren, wurden von ihren Eltern nach Arles geschickt. Der Brief ist von einem unbekannten Bischof an einen ebenso unbekannten Regenten geschickt worden. Bisher versuchte man, die Geschichte auf die Lyoner Erzbischöfe Agobard, Amulo oder Remigius zu beziehen. Heil betrachtet diesen Brief als eines der Ergebnisse, die Florus von Lyon im Zuge ganz anderer Forschungen ans Licht gebracht hatte und deren Inhalt in eine viel frühere Zeit gehört.

Der Kanon 75 bewirkte beträchtliche Verwirrung, Burchard von Worms hat in seinem am Beginn des 11. Jahrhunderts entstandenen Dekret wieder die alte Fassung niedergeschrieben, doch scheint es immer wieder zu Anschlägen auf jüdische Kinder gekommen zu sein, denn 1090 wandte sich Heinrich IV. in seinen Privilegien für die Juden in Speyer und Worms gegen diesen Missstand und verfügte die gewaltige Buße von 12 Pfund Gold.[84]

Es ist hier einzufügen, dass die Päpste diese Bestimmung nie übernahmen – die Rechtsgrundlage der Verfügung Pius' IX. über Edgar Mortara, dass er nicht zu seinen Eltern zurückkehren durfte, bezog sich ja auf den getauften Edgar, auch wenn diese Taufe auf geradezu skandalöse Weise zustande gekommen war.

Wie wir sehen werden, gelangten die Beschlüsse von Meaux/Paris einige Jahrzehnte später noch einmal zu kurzen Ehren, als sie nach Mainz kamen, doch entfalteten sie ihre Wirkung zusammen mit der Schrift des Amulo in mittelbarer Weise, indem ihre Gedanken fortwirkten, ohne eine direkte Zitation. Für die Karolingerzeit selbst bedeuten diese Vorgänge, dass neben einer den Juden nicht ungünstigen weltlichen Gesetzgebung eine Polemik einiger Bischöfe entfacht wurde, die wohl im Rahmen des Strebens nach erhöhtem Einfluss der Geistlichkeit gedeutet werden können. Als rein auf das westfränkische Reich beschränkten Vorgang kann man diese Aktivitäten nicht verstehen, da ja Amulo von Lyon ein Kirchenfürst des Mittelreiches Lothars I. war. Wenn in dieser Phase der Geschichte auch judenfeindliche Vorstellungen aus der Spätantike und dem frühen Mittelalter für die Zukunft bewahrt wurden, bemerke ich jetzt schon vorausgreifend, dass in der Mitte des 12. Jahrhunderts ein neuer Ansatz in der Frage der Judenfeindschaft zu bemerken ist, der trotz traditioneller Rückgriffe in der Argumentation in einer Gesellschaft stattfand, die sich von jener der Karolingerzeit wesentlich unterschied.

Wir verdanken es einer Studie des schon mehrfach zitierten Johannes Heil, den allgemeinen Hintergrund der Vorstellungen über Juden in der Karolingerzeit besser zu verstehen.[85] Wie aufgrund der bisherigen Beobachtungen zusammenzufassen ist, gewinnen wir den Eindruck, dass das alltägliche Zusammenleben von Juden und Christen keinen auffälligen Belastungen ausgesetzt war. Dazu stehen die negativen Urteile über Juden in den theologischen Schriften der Zeit in krassem Gegensatz. Dies betrifft die Allgegenwärtigkeit der Auseinandersetzung mit dem Judentum als auch die Schärfe. Die Bedeutung und Verbreitung des

Themas veranlasste Heil zu dem Schluss, dass Agobards Briefe, so konkret politisch sie erscheinen, ohne diesen Hintergrund nicht verständlich seien. Mit der Herrschaft der Karolinger ist der Versuch verbunden, das Christentum in möglichst weiten Kreisen als identitätsstiftendes Grundelement der Gesellschaft zu verankern. Neben den organisatorischen Neuerungen, wie sie sich im Wirken des Winfried-Bonifatius äußerten, ging es auch um eine bessere Verständlichkeit der christlichen Lehre und eine Intensivierung der Seelsorge und pastoralen Tätigkeit der Geistlichen. Ein fleißiger Exeget wie Hrabanus Maurus prunkte dabei nicht mit theologischer Wissenschaft, sondern legte Wert darauf, dass seine Schriften vorgelesen wurden und damit den Predigten der auf diese Weise belehrten Geistlichen zugutekamen. Besondere Bedeutung gewannen die Kommentare zu den Paulusbriefen, die wie fast alle Schriften der Theologen der Zeit auf den Schriften der Kirchenväter fußten, deren Texte sie aber zuspitzten und vereinfachten. Diese Feststellung beschreibt eine Tendenz und gilt nicht automatisch für jeden Kommentar; so hütete sich Florus von Lyon z. B. vor einer solchen Arbeitsweise. Beim Studium der Kommentare der Kirchenväter stolperte man gewissermaßen häufig über kritische bis verächtliche Bemerkungen zu den Juden, die im 4. und 5. Jahrhundert noch im Rahmen einer tatsächlichen christlich-jüdischen Kontroverse zu beurteilen sind. Die Theologen des 9. Jahrhunderts hingegen begegneten Juden wohl sehr selten; hier und da einem Kaufmann am Hof und im Übrigen der im südlichen Gallien lebenden jüdischen Bevölkerung. Mit den Juden fand man aber in den spätantiken theologischen Schriften ein Gegenüber, an dem man sich messen konnte. Sie wurden zum ersten Mal zum Gegenbild einer ideal gedachten christlichen Gesellschaft und verwirkten in den extremsten Interpretationen sogar ihren Zugang zum Heil. Diese Auffassung setzte sich zwar nicht als große Linie in der endzeitlichen Betrachtung der Juden durch, doch ist die Verschärfung judenfeindlicher Vorstellungen sicher eines der markantesten Ergebnisse der Karolingerzeit, die später, als sich auch nördlich der Alpen die jüdischen Siedlungen auszubreiten begannen, auf die nun unter Christen lebenden Juden übertragen wurden. Auch die Päpste gerieten, wenn auch vermutlich nur marginal, unter diese Einflüsse.

Beim Überdenken dieser Entwicklungen gewinnt man den Eindruck, dass sich in den Jahren des Wirkens der Erzbischöfe Agobard und

Amulo und schon in den Jahrzehnten davor eine kulturell einflussreiche Basis künftigen Misstrauens gegen Juden neu bildete oder verfestigte.

PÄPSTE UND JUDEN IN DER KAROLINGERZEIT

Diesen Eindruck bestätigen auch die wenigen Äußerungen der Päpste jener Epoche, die Juden betreffen. Der Schriftverkehr zwischen Karl dem Großen und Papst Hadrian I. betraf grundsätzliche Fragen der fränkischen Reichspolitik. So befanden sich in den Konzilsakten, die der Papst an König Karl schickte, auch Bestimmungen, welche die Juden betrafen. Man muss zugeben: Fast scheint es sich um einen Zufall zu handeln, dass Karl Kenntnis von diesen Bestimmungen erlangte. Es ging um die Frage des Osterfestes, das Christen nicht zum gleichen Termin wie die Juden feiern sollten, um das Verbot für Christen, den Wochenruhetag am Sabbat zu halten, die Annahme von Geschenken anlässlich jüdischer Feste und das Verbot jüdischer Zeugenschaft gegen Geistliche vor Gericht.[86] Die Datums- und Feiertagsfrage betrifft einen Lebensbereich, der die Verfestigung kultureller Grundpfeiler ordnet. Die Tatsache der Übersendung von Konzilsakten gibt uns keine Aufklärung darüber, ob die Klärung des Osterdatums in Auseinandersetzung mit dem Pesachdatum der Juden überhaupt noch ein Problem darstellte. Die Frage des Sabbats scheint zumindest polemisch, wie erwähnt, in den Schriften Agobards noch einen Reflex zu finden. Zumindest unterstellte der Erzbischof, dass Christen Synagogen besuchten.

Die Zeugenaussage von Juden gegen Geistliche sollte als Rechtsproblem erst im 12. Jahrhundert eine Rolle spielen. Hadrians Akten beweisen lediglich, dass das Problem schriftlich niedergelegt war. Was die Geschenke betrifft, handelt es sich um den Themenkomplex, die Kontakte zwischen Juden und Christen so weit als möglich einzuschränken.

Verbindungen zwischen Christen und Juden untersagte Hadrian in einem Schreiben an den Bischof von Elvira und den Presbyter Johannes und in einem zweiten, das er an alle spanischen Bischöfe richtete.[87] Hadrians Vorgänger Stephan III. (768–772) äußerte sich in überraschend harschen Worten gegenüber dem Erzbischof von Narbonne und anderen Machthabern in Septimanien (dem späteren Languedoc) und Spanien über die Tatsache, dass die Juden mit Unterstützung der fränkischen Könige erbliche Güter besaßen, die sie von Christen bewirtschaften ließen.[88] Diese vereinzelt dastehende Nachricht lässt lediglich den Schluss zu, dass Juden vermutlich kontinuierlich seit der Spätantike im Süden Galliens lebten. Es ist anzunehmen, dass die Päpste diese Gebiete, die stets in einem besonderen Verhältnis zur römischen Kirche gestanden hatten, nie aus den Augen verloren hatten.

Fünftes Kapitel

DER PAPST ALS RATGEBER

Juden im 10. Jahrhundert

*Der Apostel Petrus mit dem Himmelsschlüssel, nach kirchlicher Lehre
Begründer der höchsten Autorität der Päpste, die ihren Einfluss zunehmend
auch auf die Juden ausdehnen. Trier, Bischöfliches Museum.*

Die sich im Mittelalter herausbildenden Grundlagen der Verantwortlichkeit des Papstes gegenüber den Juden lassen sich an einem wenig bekannten Beispiel herausarbeiten, das in das Jahr 937 fällt. Wir haben an der bisherigen Entwicklung gesehen, dass, soweit ein Papst sich überhaupt um Angelegenheiten der Juden kümmerte, er wohl nur durch Hinweise von Betroffenen zu einer Reaktion veranlasst wurde. Universale Vorstellungen über die Stellung der Juden, sei es, dass sie ihre Rechte, sei es, dass sie die Grenzen ihrer Handlungsfähigkeit betrafen, wurden von den Päpsten des Frühmittelalters nicht entwickelt. In Streitfällen, wenn sie auch grundsätzlicher Natur waren, orientierten sich lokale geistliche Gewalten, aber auch weltliche Herrscher, nach wie vor an den spätantiken Rechtsgrundlagen und den darauf aufbauenden Beschlüssen der Synoden. An den Papst wandte man sich offenbar nur dann, wenn man in der eigenen Entscheidung unsicher war, vielleicht auch, wenn man für die Regelung neu entstandener Probleme Rückendeckung suchte.

DIE ANFRAGE EINES DEUTSCHEN ERZBISCHOFS AN DEN PAPST UND IHRE HINTERGRÜNDE

Um einen solchen Fall könnte es sich gehandelt haben, als der neu gewählte Erzbischof vom Mainz, Friedrich, im Rahmen seiner Wahlanzeige, der Abgabe seines Glaubensbekenntnisses und der Bitte um die Einsetzung zum päpstlichen Vikar erstmals die Frage zur Sprache brachte, ob er Juden, die sich nicht zur Taufe bewegen ließen, vertreiben dürfe. Das überraschende, durch keine Rechtsvorstellung gedeckte Ansinnen bedarf einer Erklärung. Tatsächlich kamen in diesen Jahren im ostfränkischen Reich König Heinrichs I. Fragen zur Sprache, die Juden betrafen. Im Jahre 932 erreichten auf einer Synode zu Erfurt König Heinrich, den Vater Ottos des Großen, über Rom Nachrichten aus Konstantinopel bzw. Jerusalem. Das Schreiben, in dem die Nachrichten enthalten waren, wurde in den Akten der Synode protokolliert. Der Patriarch von Konstantinopel berichtete von einem Religionsstreit zwischen Christen und Juden in Jerusalem. Die Juden hätten die in Jerusalem herrschenden Sarazenen bestochen, ihnen den Vorzug vor den Christen zu geben. Christen und Juden verschlossen daraufhin ihre Heiligtümer und beide Parteien fasteten drei Tage und dann geschah ein Wunder: Es öffnete sich nämlich der Tempel Gottes von selbst, und der Gekreuzigte erschien leibhaftig. Die Juden konnten sich der Erscheinung nicht einmal nähern und bekehrten sich voll Schrecken über dieses Wunder. Der Absender schloss mit der bemerkenswerten Alternative, alle Juden, die unter Christen lebten, sollten entweder getauft oder vertrieben werden. Es scheint so, als sei mit diesem Schreiben erstmals die Alternative Taufe oder Vertreibung im Westen in dieser Weise angesprochen worden. Fritz Lotter zog aus dem umsichtigen Gesamtstudium der einschlägigen Texte den Schluss, dass sie verständlich machen, wie zu jener Zeit der Gedanke der Zwangstaufe der Juden im Abendland aufkommen konnte.[89]

Mit derselben Angelegenheit befasste sich ein Brief des venezianischen Dogen Pietro II. Candiano und des Patriarchen von Grado an König Heinrich und alle Bischöfe des ostfränkischen Reichs. Hier wird berichtet, dass sich nicht nur die Juden in Jerusalem, sondern Massen von Juden im gesamten Byzantinischen Reich hatten taufen lassen. Die Absender meinten, dass man auch den Juden in Heinrichs Reich diese Ereignisse kundtun und sie anschließend taufen sollte. Offenbar hielten sie von vornherein die Aussichten auf ein erfolgreiches Durchsetzen ihrer Vorstellungen für schlecht. Und zwar deshalb: Verschiedene Indizien sprechen dafür, dass der König an einer Beteiligung der Juden am Handel östlich des Rheins sehr wohl interessiert war, obwohl die Ansiedlung von Juden z. B. in Magdeburg erst einige Jahrzehnte später nachzuweisen ist. So agierte der Doge vorsichtig und wich der Alternative Taufe oder Vertreibung aus und meinte, der König möge im Falle, dass die Juden die Taufe ablehnten, mit Handelsrestriktionen antworten. Der Doge schlug vor, den Juden zu verbieten, Kreuzeszeichen auf Stoff und Metall zu berühren. Damit machte man den Juden zunächst den Handel mit Luxuswaren und liturgischen Geräten und Gewändern unmöglich, die zwischen dem Byzantinischen Reich und dem Westen verschifft wurden. Da in diesem »Wirtschaftsraum« alle Münzen Kreuze aufgeprägt hatten, kam dieser Vorschlag aber einem völligen Handelsverbot gleich. Tatsächlich verboten die Venezianer wenig später die Beförderung von Juden und anderer fremder Kaufleute auf ihren Schiffen.

So fein die Geschichte von Venedig aus gesponnen war – im ostfränkischen Reich verfing sie beim König und vermutlich dem Großteil der Bischöfe überhaupt nicht. Eine Ausnahme bildete der neu gewählte Erzbischof von Mainz, der im Rufe eines engstirnigen Eiferers stand. Offenbar fand er im Archiv Schriftstücke über den in Erfurt präsentierten Brief und fasste anscheinend den Beschluss, die Sache weiterzuverfolgen.

Zunächst legte er die Sache einem wohl in Lothringen wirkenden Priester namens Gerhard vor, der ihm unter aufwändiger Zitation altehrwürdiger Autoritäten nahelegte, auf jeden Taufzwang zu verzichten. Unter diesen Autoritäten nimmt Gregor der Große den bedeutendsten Rang ein. Gerhard bezog sich nicht nur auf Gregors Lehre, dass die Juden nur mit geduldigem Zureden zur Taufe veranlasst werden sollten, sondern stellte diesen Lehrsatz in einen wohl ausgewogenen Zusammenhang mit anderen Briefen Gregors, die sich mit Rechtsfragen bezüglich der Juden befassten. Offenbar wollte er damit beweisen, dass Gregor in den Fragen, die mit Sklaven in jüdischem Besitz in Zusammenhang standen, sehr streng dachte. Vielleicht enthielt Friedrichs Anfrage auch einschlägige Bezüge; wir kennen ja nur Gerhards Antwort. Damit ist, wenn nicht die erste, so doch eine sehr frühe Bindung zwischen der Entwicklung kirchlicher Rechtsvorstellungen hinsichtlich der Juden und dem Wirken Gregors um 600 hergestellt. Antikes Recht wird über kirchliche Vermittlung dem mittelalterlichen Europa nördlich der Alpen weitergereicht.

Die Tradition betraf auch den damaligen Papst Leo VII., an den sich der Erzbischof vielleicht in der Hoffnung auf eine günstigere Antwort wandte. Der Papst geriet durch Friedrichs Schreiben in beträchtliche Verlegenheit. Er konnte nur im Sinne Gerhards antworten, musste aber vermeiden, einen Bischof, der ganz im Sinne der Stärkung der geistlichen Gewalt zu wirken beabsichtigte, vor den Kopf zu stoßen. Der Papst begann fast übervorsichtig: Er trug Friedrich auf, den Juden über die Dreifaltigkeit und das Geheimnis der Fleischwerdung des Herrn mit aller Klugheit und Ehrfurcht zu predigen. Und wenn dann einige von ihnen aus vollem Herzen den christlichen Glauben bejahen und sich taufen ließen, müsse man Gott Dank sagen. Dann setzt er allerdings schärfer werdend fort: Wenn die betreffenden Juden aber nicht wollen, dann soll Friedrich sie mit der Ermächtigung des Papstes aus seinen Städten vertreiben, denn man darf mit den Feinden Gottes keine Gemeinschaft haben. Es ist zu erinnern, dass an dieser Stelle Gedanken Hadrians aus dem späten 8. Jahrhundert anklingen. Offenbar gehören die Bemühungen, die sozialen Kontakte zwischen Christen und Juden weitgehend zu unterbinden, zu den ältesten Elementen der christlich-jüdischen Auseinandersetzung. Vielleicht war es die Angst der Christen vor der »Bibelfestigkeit« vieler Juden, die zur Vorstellung von den feindlichen Juden beitrug. Zu unterstreichen ist aber auch, dass der Papst dem Erzbischof die Erlaubnis gab, die Juden zu vertreiben.[90]

Von diesen Vorgängen sind zwei Erkenntnisse als die eigentliche Essenz festzuhalten: Die Entscheidungen Gregors des Großen, die in seinen Briefen überliefert wurden, hatten für spätere Jahrhunderte ihre praktische, rechtlich prägende Bedeutung. Die Anfrage an den Papst ist zugleich ein erster Hinweis, dass er in solchen Angelegenheiten um eine Art Entscheidung gebeten wurde. Diese Beobachtung stimmt mit der allgemeinen Erkenntnis zusammen, dass die sich langsam entwickelnde Vorrangstellung der Papstes von den Ersuchen um die Beurteilung ungeklärter Probleme gefördert wurde.

BEKEHRUNG ODER TOD DER JUDEN – EIN EREIGNIS DES JAHRES 1007?

Ob der nun folgende Fall auch in die Zeitspanne vor dem Schritt des Papsttums zu universaler Geltung liegt, ist umstritten. Da die hebräische Quelle, die über die Vorfälle in Frankreich berichtet, die Datierung zum Jahre 1007 enthält, sei der Bericht an dieser Stelle eingefügt.[91] Es handelt sich um ein Schriftstück eines jüdischen Autors und damit um eine Wahrnehmung des Papstes und seiner Kompetenzen von jüdischer Seite. Um eine Sensation handelt es sich dabei nicht, da es eine größere Zahl jüdischer Quellen gibt, die über den Papst Aussagen machen.

Die gegenständliche Quelle ist in der Fachliteratur als »1007 Anonymus« bekannt, der Autor ist also unbekannt. Der westfränkisch-französische König Robert II. der Fromme (996–1031) soll mit seinen Beratern den Entschluss gefasst haben, die Juden vollständig in seinen Untertanenverband zu integrieren (»ein Volk«), indem er sie aufforderte, ihren Glauben aufzugeben. Wer diesem Befehl nicht folgte, sollte dem Tod verfallen sein. Da sich die Juden weigerten, kam es zu Massakern, die auch im normannischen Bereich stattfanden. Hier wandte sich ein Jude – Jakob von Rouen – an Richard II. von der Normandie (996–1026) und bestritt das Recht des Fürsten, die Juden zu bekehren bzw. sie zu verfolgen. Dies sei nur erlaubt, wenn der Papst zustimmte. Richard II. wurde dann durch ein Wunder bewogen, die Verfolgung einzustellen und Jakob nach Rom zu schicken. Dieser verlangte vom Papst eine schriftliche Erklärung, dass niemand einen Juden töten oder verletzen bzw. zur Aufgabe seines Glaubens zwingen dürfe. Der Papst erklärte in der Tat die Verfolgung als nicht dem Recht entsprechend und schickte einen Legaten, der die sofortige Einstellung der Verfolgung durchsetzte.

Es drängt sich die Frage auf, ob es sich um einen authentischen und in die Zeit passenden Bericht handelt: Zwar regierten König Robert und Herzog Richard tatsächlich in dem genannten Jahr 1007; andererseits aber bezieht sich der Bericht auf rechtliche Voraussetzungen, die im Jahre 1007 offensichtlich noch nicht existierten. Dabei handelt es sich um folgende Aussagen des Textes: Der König lässt die »Natur des jüdischen Wissens« überprüfen. Der Papst fasst seine Verwerfung der Verfolgung in Worte, die aus dem 100 Jahre jüngeren Privileg »Sicut Iudeis« stammen, und letztlich passt die angesprochene Gesamtproblematik zu den Verhältnissen in die Mitte des 13. Jahrhunderts, vor allem die Beschäftigung mit der »Natur des jüdischen Wissens«.

Der Bezug auf 1007 ist zwar durch die genannten Personen plausibel und es ist daher anzunehmen, dass damals solche oder ähnlich ablaufende Ereignisse in Frankreich stattfanden. Eine Rückfrage beim Papst ist auch nicht auszuschließen, die aber sicher nicht in dieser Form stattfand. Wie schon erwähnt kann man diesen Text nur unter den Voraussetzungen der Talmuddiskussion des 13. Jahrhunderts und den Maßnahmen Ludwigs des Heiligen (1226–1270) auf dem Gebiet des jüdischen Kreditwesens verstehen. Ein besonders klares Beispiel für diese Datierung ist die Rede Jakobs an den Papst: »Ich kenne niemand, der über dir als Herrscher in den Ländern und Staaten steht; deshalb bist du aber das

Haupt aller Nationen.« Eine solche Sicht der Dinge vernachlässigt vollkommen die kaiserliche Gewalt, was zu Beginn des 11. Jahrhunderts auch in Frankreich vollkommen undenkbar war. Die päpstliche Jurisdiktion über Juden entwickelte sich erst gegen Ende des 12. Jahrhunderts und erreicht konkrete Erfolge erst in den 1230er Jahren. Wenn eine Nachfrage beim Papst auch in das Jahr 1007 passen mag, so beweisen die Details, die uns berichtet werden, dass dies nicht in dieser Form geschehen sein kann.[92]

Der Unterschied zur Anfrage an Leo VII. ist klar zu erkennen: 937 war von Problemen die Rede, zu denen sich schon Bemerkungen bei Gregor dem Großen finden, die angebliche Reaktion des Papstes 1007 beinhaltet aber viel spätere Methoden der Bearbeitung eines solchen Falls.

Damit geraten wir mitten in eine seit Jahrzehnten intensiv geführte Diskussion, wer denn in der Zeit um 1000 in effizienter Weise den Juden ihren Platz in der Gesellschaft anwies. Kenneth Stow plädiert in allgemeiner Weise für Könige und Fürsten. Bischöfe, wie etwa Burchard von Worms, beschäftigten sich kirchenrechtlich mit dieser Frage, Bedeutung hatte aber sein Dekret nur dann, wenn der König darauf Rücksicht nahm. Im späteren 11. Jahrhundert spielten zumindest in Deutschland die Bischöfe eine gewisse Rolle, wenn die politischen Umstände günstig lagen, wie im Falle des berühmten Rüdiger von Speyer. Doch obwohl er im ausbrechenden Investiturstreit zu den engsten Parteigängern Heinrichs IV. gehörte, gab er zwar den nach Speyer zugewanderten Juden 1084 ein Privileg, doch wandten sich die Vornehmsten der Gemeinde 1090 mit der Bitte um ein weiteres Privileg an den Kaiser, der ihnen dieses gewährte, dabei aber dem Bischof beachtliche Vorteile an den Juden einräumte. Für uns ist wichtig, dass damals der Papst nicht in Erscheinung trat. Selbst in Worms, wo zeitweise ein dem Kaiser unfreundlich gesinnter Bischof saß, wandte sich dieser bezüglich der Juden nicht an den Papst. Rüdiger wäre mit Clemens III. sogar ein politisch genehmer Papst zur Verfügung gestanden. Die Zeitgenossen erkannten noch nicht oder wollten nicht erkennen, dass der Papst sich im Rahmen seiner zunehmend universalen Rolle anschickte, hinsichtlich der Stellung der Juden aktiv zu werden. Dies geschah aber außerordentlich vorsichtig und im Rahmen der Tradition.

Sechstes Kapitel

NEUER JUDENSCHUTZ DURCH
PAPST UND KAISER

Juden in der kirchlichen und weltlichen Gesetzgebung
des 11. und 12. Jahrhunderts

*Heinrich IV. bittet Gregor VII. in Canossa fußfällig
um die Aufhebung der Exkommunikation.*

Seit der 2. Hälfte des 11. Jahrhunderts befand sich das Papsttum auf dem Weg zur führenden Macht in Europa. Im Zuge dieses Machtzuwachses erhielten die Juden vom Papst eine Art Grundgesetz, das Privileg »Sicut iudeis«.

ERSTE ANSÄTZE UNTER ALEXANDER II.

Als Schlüsselquelle für das neue Verständnis von der päpstlichen Schutzherrschaft gelten oft drei Briefe Papst Alexanders II. (1061–1073), des direkten Vorgängers Gregors VII., wobei der berühmteste dieser drei Briefe einen Vergleich zwischen Sarazenen und Juden enthält. Dieser Vergleich – nicht der Brief – beginnt mit den Worten »Dispar nimirum est« und fand in die Dekrete des Ivo von Chartres und des Gratian Eingang und wirkte daher traditionsbildend.[93] Anlass für die Schreiben war ein Kriegszug gegen die maurische Feste Barbastro, die sich im Besitze der Banu Hud von Zaragoza befand. Es ist für das Verhältnis zwischen Papst und Juden nur unter einem ganz bestimmten Betrachtungswinkel erheblich, ob man diesen so genannten Barbastro-Feldzug des Jahres 1063 als eine Art Kreuzzug einschätzt oder nicht. Der Papst schrieb Briefe an den Erzbischof von Narbonne, den dortigen Vizegrafen und alle spanischen Bischöfe (letzterer ist der erwähnte Brief), in denen er die Empfänger lobte, Judenverfolgungen im Rahmen des Feldzugs gegen die Sarazenen unterbunden zu haben. Und da fallen dann die bekannten Worte. Zweifellos ungleich sind die Verhältnisse der Sarazenen und der Juden; während nämlich gegen jene (die Sarazenen), die Christen verfolgen und aus ihren Wohnsitzen vertreiben, ein gerechter Krieg geführt wird, sind diese (die Juden) überall bereit, zu dienen. Dem Papst war berichtet worden, dass einige der Leute, die sich nach Barbastro aufmachten, aus törichter Unwissenheit und blinder Habgier Juden erschlagen wollten. Um diese Unwissenden aufzuklären, bezog er sich auf ältere Schriften, die er fälschlich Gregor dem Großen zuschrieb. Mit der Erklärung, dass Gott die Juden aus Mitleid gerettet habe, bezeichnete er es als gottlos, die Juden vernichten zu wollen.

Ob nun diese Äußerungen Alexanders II. tatsächlich ein Neubeginn jener Entwicklung sind, in der die Päpste versuchten, den Juden in der christlichen Gesellschaft eine zunehmend deutliche Rolle zuzuweisen, muss dahingestellt bleiben. Möglicherweise werden die zitierten Briefe von den Fachleuten in ihrer Bedeutung ein wenig überschätzt. Immerhin handelt es sich aber um die erste Äußerung eines Papstes zum Thema nach einem Schweigen von 130 Jahren. Dazu ist auch in Erwägung zu ziehen, dass die Wortmeldung Alexanders in eine Zeit fällt, in der sich die Stellung und das Ansehen des Papstes seit etwa 20 Jahren gefestigt hatten. Das war nicht mehr der Bischof der Stadt Rom mit seinem Ehrenvorrang, sondern der Patriarch des Westens, der seine universale Geltung in diesem Rahmen entwickelte. Der Papst war auf dem Weg, zur führenden Macht in Europa zu werden. Noch aber waren Kräfte innerhalb und außerhalb der Kirche hinsichtlich der Juden wesentlich einflussreicher als der Papst. In der Reformbewegung spielte ein möglicherweise verändertes Verhältnis der Juden zu den Christen, so weit ich sehe, überhaupt keine Rolle. Trotzdem ist es eine zumindest Aufmerksamkeit erregende Tatsache, dass im Dekret des Bischofs Burchard von Worms erstmals eine Sammlung kirchenrechtlicher Bestimmungen über Juden enthalten ist. Und dieses Dekret gilt unter anderem als Vorbote der kommenden Reformbewegung.

JUDEN IM KIRCHENRECHT

Um die Entwicklung konkreter ins Auge zu fassen, ist es notwendig, sich mit dem Stand der Entwicklung auf dem Gebiet des werdenden Kirchenrechts hinsichtlich der Juden zu befassen, und auf diesem Gebiet spielen die Dekrete Burchards und des Ivo von Chartres eine wichtige Rolle. Letztlich bedeuten aber auch diese Dekrete keinen Neuansatz, sondern referieren nur den traditionellen Rechtsbestand, wenn dieser sich auch manchmal durch Missverständnisse oder Verwechslungen veränderte.

Im Wesentlichen fußen die Bestimmungen der Dekrete auf einigen Briefen Gregors des Großen, den Kanones frühmittelalterlicher Konzilien und einigen Grundsätzen der spätrömischen Gesetzgebung. An Themen werden der Judenschutz, die Judenmission, das Problem der Proselyten und Einschränkungen der Rechtsstellung der Juden behandelt – bei Ivo immerhin schon 44 Lehrsätze.

Der Judenschutz als grundlegendes Thema, das in der Neuzeit nur mehr verkürzt auf die notwendige Zeugenschaft der Juden für die Wahrheit des Christentums beschränkt referiert wurde, zeigt in seiner Begründung schon bei Burchard eine weitere Facette. Direkt aus Reginos von Prüm »De synodalibus causis« übernahm er die Buße für einen Mord an einem Juden oder Heiden (40 Tage Wasser und Brot). Ursprünglich hatte sich die Strafe auf den Mord an einem Heiden allein bezogen, die Regino auch auf einen Juden ausgedehnt hatte. Die Erklärung für die ursprüngliche Strafe für Mord, die auf der Wormser Synode 868 gegeben wurde, trennte nach der biblischen Erklärung in Deuteronomium 20,10 den Mord von der Kriegsführung gegen fremde Völker. Diese Bestimmung förderte zwar »amtswegige« Gerichtsverfahren bei Judenmord, schwächte aber insgesamt durch ein geringes Strafmaß den Judenschutz. An dieser Stelle ist bereits zu bemerken, dass die weltliche Gesetzgebung gegen Judenmörder wesentlich rigoroser vorging, nämlich mit einer Geldbuße von 12 Pfund Gold, die auch für einen einflussreichen Mann einen empfindlichen Eingriff in seine Vermögensverhältnisse darstellte. Aus der Regino-Stelle ist gewissermaßen nebenbei zu entnehmen, dass die Juden im Rahmen der Berufung auf Deuteronomium als Fremde betrachtet wurden. Das Verbot, Juden zu töten, hat also mehrere Wurzeln, eine bloße Berufung auf Paulus-Augustinus-Gregor vereinfacht die Entwicklung angeblich päpstlicher Traditionsbildung im Mittelalter. Der diskutierte Rechtssatz war Teil des Ringens um Rechts- und Gerichtsordnungen in der Karolingerzeit, an dem die Bischöfe besonderen Anteil hatten. Zur Zeit Ivos in den neunziger Jahren des 11. Jahrhunderts hatte Alexander II. den Judenmord bereits verurteilt, und so nahm der französische Bischof diese Grundsätze samt ihrer Erklärung in seine Sammlung auf und bot so erstmals neben den ehrwürdigen Briefen Gregors des Großen ein »modernes« Zeugnis gegen die Tötung von Juden an. Kenneth Stow hielt es für möglich, dass diese Stelle in Ivos Dekret die französischen

Bischöfe veranlasste, in ihren Sprengeln Judenverfolgungen durch die Kreuzfahrer zu verhindern. Folgt man der von Lotter gegebenen Datierung, dass das Dekret zwischen 1092 und 1095 publiziert wurde, wäre ein derartiger Einfluss möglich, doch scheint es mir eine zu optimistische Einschätzung hinsichtlich der Verbreitung von Texten im Mittelalter zu sein, wenn Stow das Dekret bereits 1096 für wirksam hält.[94]

Wir wollen an dieser Stelle die Ausführungen Burchards und Ivos verlassen, um uns auf den Hauptstrom des Judenschutzes zu konzentrieren, wie er uns wiederum eine Generation nach Ivo entgegentritt. Allerdings hatten sich die Umstände dramatisch geändert, unter denen das Leben der Juden zu schützen war.

Schon Alexander II. hatte, wie erwähnt, anlässlich des Zuges gegen Barbastro auf die törichte Unwissenheit und Habgier einiger Teilnehmer hingewiesen – dieses Problem sollte in den Rheinlanden wieder auftauchen, als 1096 Kreuzfahrer aus dem Westen erschienen und offenbar gemeinsam mit einheimischen Machthabern, wie etwa dem berüchtigten Grafen Emicho, gemeinsame Sache bei Judenverfolgungen machten. Die Stellung des Papstes und des Kaisers zu solchen Übergriffen war klar. Jene des Papstes haben wir kennen gelernt und darüber hinaus die Akzeptanz dieser Grundsätze durch Ivo. Heinrich IV. hatte hingegen 1090 den Judenschutz in den Privilegien für Worms und Speyer ausgesprochen. Es ist von der Forschung wahrscheinlich gemacht worden, dass diese Urkunden mittelbar auf karolingische Vorbilder zurückgehen, wieweit sie eine Antwort auf das »Judenrecht« kirchlicher Herkunft sind, ist umstritten und bedürfte noch ausführlicher Vergleiche. Klar ist immerhin, dass die kaiserlichen Privilegien in mehreren Punkten den Standpunkten der Kirche zuwiderliefen. Der Kaiser verbot sogar an einer Stelle den Bischöfen oder einem Kleriker, in solche Angelegenheiten einzugreifen, und behielt sich Entscheidungen selbst vor.[95]

Trotz dieser an sich günstigen Lage für die Juden setzte sie sich in der Praxis keineswegs durch. Offenbar bestanden neben den Bemühungen, die Existenz der Juden unter den Christen zu sichern, andere Strömungen, die für die Juden gefährlich waren. Auch Ivos Dekret enthält im ersten Buch einen Satz, der diesen negativen Ansatz wiedergibt: Neben den Heiden seien auch alle Juden, Ketzer und Schismatiker, die als solche sterben, dem ewigen Feuer verfallen.[96] Die Schwäche solcher Beobachtungen liegt natürlich darin, dass wir nur Vermutungen dazu äußern können, ob solche Gedanken etwa durch Predigten unter die Leute gekommen waren. Neben solchen Erwägungen, die erst durch systematische Forschungen fruchtbar gemacht werden könnten, bleibt es aber Tatsache, dass eine Reihe theologischer bzw. kirchenrechtlicher Positionen die Grundlage bieten konnten, Menschen zum Judenmord anzustiften. Die Katastrophe der Juden in den rheinischen Gemeinden stellt die Forschung vor eine unlösbare Aufgabe, nämlich eine Motivforschung jenseits des religiösen Antagonismus. Wie wir gesehen haben, treten erst im 12. Jahrhundert religiös und moralisch argumentierende Äußerungen auf, die wirtschaftliche und zunehmend »kriminelle« Machenschaften der Juden betreffen. Wenn es auch möglich wäre, dass solche Vorstellungen schon zur Zeit des Ersten Kreuzzugs vorhanden waren, lassen die spärlich überlieferten judenfeindlichen Äußerungen von Kreuzfahrern nur religiös gefärbte Argumente erkennen.

Der Papst, der in dieser Zeit bereits den Anspruch erhob, Entscheidungen für die gesamte Kirche zu treffen und als Lenker des Abendlands in Konkurrenz zum Kaiser trat, hatte sich zuletzt 30 Jahre vor der Katastrophe für den Judenschutz ausgesprochen; trifft aber die kirchliche Lehre bezüglich der Juden nicht insgesamt Verantwortung? Jene kirchliche Lehre, die sich im Wesentlichen aus den Schriften der Kirchenväter, Konzilsbeschlüssen seit der Spätantike und der Übernahme kaiserlichen Rechts zusammensetzte. Im direkten Zusammenhang mit den Verfolgungen der Jahre 1096 und 1097 fehlen Äußerungen des Papstes bzw. der Päpste (es gab ja deren zwei, nämlich den Kreuzzugsprediger Urban und den kaiserlichen Papst Clemens III.) zum Schutz der Juden. Dies hat offenbar auch unter dem Eindruck der Diskussion über Pius XII. zu einer ebenfalls merkwürdig substanzlosen Auseinandersetzung über das »Schweigen« Urbans geführt.[97] Clemens hingegen bestand darauf, dass jene bei den Verfolgungen zwangsgetauften Juden, die mit Erlaubnis des Kaisers wieder zum Judentum zurückgekehrt waren, als Apostaten zu betrachten seien und gegen sie nach Kirchenrecht und dem Beispiel der Väter vorzugehen sei.[98] Die Sache hatte den »kaiserlichen« Papst prinzipiell, aber auch anlassbezogen, in Verlegenheit gebracht.

Das befremdete oder sogar negative Urteil moderner Historiker über das Verhalten Urbans II. könnte seine Wurzeln in einer Äußerung eines jüdischen Chronisten der Verfolgungen haben, nämlich des Schlomo b.

Simson, der im Rahmen der Vorgeschichte auf »den Satan, den Papst des bösen Rom« zu sprechen kam. Wann diese Erzählung niedergeschrieben wurde, ist umstritten, am ehesten im Vorfeld des 2. Kreuzzugs, also etwa 50 Jahre später.[99] Dem Papst wurde also von jüdischer Seite zu einem Zeitpunkt Schuld zugewiesen, als die allgemeine Schutzerklärung des Papstes für die Juden bereits existierte.

»SICUT IUDEIS« – KERNSTÜCK DER TRADITION

Als Papst Innozenz III. wenige Monate nach seiner Wahl am 15. September 1199 für die Juden im Oboedienzbereich des Papstes ein Privileg ausstellte, das mit den Worten »Licet perfidia Iudeorum« begann, nannte er Vorgänger, nach deren Vorbild er die Urkunde formulieren ließ. Das erste dieser Privilegien, das mit den Worten »Sicut iudeis« begann, schrieb man Papst Calixt II. zu, jenem Papst, der 1122 den Waffenstillstand im Investiturstreit mit Kaiser Heinrich V. geschlossen hatte. Wie wir gesehen haben, brachen während der frühen Phase des Ersten Kreuzzugs schwere Konflikte zwischen Juden und Christen aus. Die Verhandlungen über eine Urkunde, in der grundsätzliche Rechte der Juden zusammengefasst wären, könnten daher in die Regierungszeit Calixts II. recht gut passen.

Über die Vorgeschichte dieses Privilegs sind wir gar nicht informiert. Es wurde etwa ein Vierteljahrhundert nach den Judenmorden am Rhein ausgestellt, seit dem Reichslandfrieden Heinrichs IV. im Jahre 1103, der die Juden als schützenswerte Personen erwähnt, waren ebenfalls mehr als zwei Jahrzehnte verflossen.

Ein Anlass, warum Calixt II. die Juden – so allgemein formuliert die Urkunde – in den päpstlichen Schutz nahm, ist für uns während seiner Regierungszeit 1119–1124 nicht erkennbar. Es ist zwar anzunehmen, dass schon Calixt die Urkunde auf Bitten der Juden ausstellte, doch der Genauigkeit halber ist anzumerken, dass Alexander III., aus dessen Kanzlei der älteste überlieferte Text stammt, mit der Ausstellung der Urkunde zunächst den Spuren seiner Vorgänger Calixt und Eugen zu folgen gedachte, dann aber auch Bitten der Juden erhörte. Fraglich ist, welcher Juden? Römischer, wie Stow meint?

Folgt man dieser Frage konsequent, ist zunächst festzustellen, dass auch die Ausfertigungen Alexanders III. und Innozenz' III. keine Adressen aufweisen; eine Erklärung dafür könnte darin liegen, dass die Urkunden des Papstes mit einem Segensgruß für den Empfänger enden.[100] Allerdings ist diese Erklärung nicht überzeugend, denn es ist doch auffällig, dass seit Honorius III. (1216–1227) die Urkunde an die gläubigen Christen gerichtet ist. Die Wahrscheinlichkeit, dass die Urkunde von Anfang an christliche Adressaten hatte, wird auch dadurch unterstrichen, dass in der Einleitung das Verhalten der Juden gegenüber der Botschaft des christlichen Glaubens kritisiert wird. Offenbar haben wir ein Schriftstück vor uns, das inhaltlich Elemente eines Privilegs enthält, aber zugleich den christlichen Empfängern einschärfen soll, wie man sich den Juden gegenüber zu verhalten habe. Trotzdem stellte der Papst bei aller Kritik an den Juden am Ende seiner geradezu entschuldigenden Ausführungen fest, dass er die Juden in seinen Schutz nähme. Es ist schon an dieser Stelle zu bemerken, dass diese Erklärung im 13. Jahrhundert bei vielen anderen Gelegenheiten wesentlich schärfer und unduldsamer formuliert wurde. Grundsätzlich ist nochmals zu unterstreichen, dass der Papst auf Bitten der Juden den christlichen Zeitgenossen befahl, was sie den Juden gegenüber zu unterlassen hätten.

Was war nun neu und bahnbrechend an Calixts Privileg? Wir wissen bereits, dass Gregors Briefe meist das geistige Unterfutter für Äußerungen des Papstes zu den Juden bildeten, und prompt benützte auch Calixt einen Gregorbrief, und zwar jenen, in dem den Juden ihre Rechte zugestanden, aber die Einhaltung der ihnen auferlegten Beschränkungen eingeschärft wurden. Dass schon Calixt mit dieser Übernahme eine Wendung zu einem allgemeinen Rechtssatz andachte, ist bei der schematischen Übernahme des Gregortextes, der sich ja konkret auf Synagogen bezog, nicht wahrscheinlich.

Die Bestimmungen selbst beziehen sich auf entscheidende Kernpunkte des Judenschutzes. Es fällt nicht schwer, die päpstlichen Anordnungen als Reaktion auf die Übergriffe während des Ersten Kreuzzugs zu begreifen, doch scheint dieser Einfluss nur indirekt gewesen zu sein.

Die erste Bestimmung betrifft das Verbot der Zwangstaufe, betont aber zugleich, dass ein Jude, der des Glaubens halber zu Christen geflüchtet sei und hinlänglich klargemacht habe, dass er Christ werden wolle, ohne irgendeinen betrügerischen Vorwand zum Christen gemacht werden solle. Die Begründung für die Freiwilligkeit war die Überzeugung, dass niemand den wahren Glauben besitzen könnte, der nicht aus eigenem Willen die Taufe verlangt habe. Die Frage, was zu geschehen hätte, wenn ein Neuchrist wieder zum Judentum zurückkehre, wird nicht behandelt, was den Privilegiencharakter der Urkunde zugunsten der Juden unterstreicht.

Im nächsten Satz verbot der Papst, Juden ohne Urteil der weltlichen Gewalt zu verletzen, zu töten, ihnen Geld wegzunehmen und die Rechte, die sie in den einzelnen Regionen und Ländern gewohnheitsmäßig innehatten, zu verändern. Juden unterstanden natürlich der weltlichen Gewalt, eine Tatsache, die der Papst hier bestätigte. Dies ist mit Sicht auf die künftige Entwicklung hervorzuheben, da es ja unter geänderten kirchenrechtlichen Vorstellungen auch bezüglich der Juden zu einer Konkurrenzstellung von geistlicher und weltlicher Gewalt kommen sollte.

Ferner sollte sie niemand bei der Ausübung ihrer religiösen Feste stören, indem man sie mit Stöcken oder Steinen belästigte. Auch sollte niemand von ihnen zwangsweise Dienste von ihnen fordern, außer jenen, die sie gewohnheitsmäßig seit früheren Zeiten leisteten. Am ehesten ist dabei zu vermuten, dass es sich um die Leistung steuerähnlicher Zahlungen gehandelt hat, denn andere Dienste der Juden sind aus den damals geltenden Privilegien nicht nachweisbar. Eventuell können damit auch Geldleistungen gemeint sein, die sich aus kaufmännischer Tätigkeit ergaben.

Schließlich verbot der Papst die Schändung jüdischer Friedhöfe bzw. ihre Verkleinerung und das Ausgraben von Leichen aus Habgier. Böse und geldgierige Leute hatten sich solche Freveltaten zuschulden kommen lassen. Um die jüdischen Friedhöfe war es nämlich folgendermaßen bestellt: Die Tatsache, dass die Gräber ja den Toten gehörten, verlangte eine besondere Rücksicht auf diese Einrichtungen der jüdischen Gemeinden. So war und ist die Beseitigung eines Friedhofs nach jüdischem Recht nicht erlaubt. Offenbar waren trickreiche Leute auf erfolgreiche Erpressungsversuche verfallen.

Damit sind alle Betreffe dieser umfassenden Urkunde zugunsten der Juden aufgezählt. Folgt man den einzelnen Bestimmungen mit einiger Fantasie bis in die alltäglichen Verästelungen, ließ sich auf der Basis dieser lapidaren Bestimmungen vieles positiv zugunsten von Juden regeln, doch würde man sich auf den ersten Blick vielleicht doch mehr erwartet haben. Ist eine solche Erwartungshaltung berechtigt?

Nein – denn ein kurzer Blick auf die »Judenkapitel« im Dekret Ivos von Chartres zeigt deutlich: mehr Privilegien für Juden als die in »Sicut iudeis« genannten gab es zur Zeit Calixts nicht. Bei Ivo fehlt sogar der explizite Hinweis auf den Schutz der Friedhöfe, wenn man ihn nicht im allgemeinen Schutz des jüdischen Kultus vermutet. Alle anderen Betreffe, die sich bei Ivo finden, stellen Einschränkungen und Verbote dar.

EIN NOTWENDIGER VERGLEICH – DIE JUDENPRIVILEGIEN KAISER HEINRICHS IV.

Um die päpstlichen Vorstellungen, die sich aus »Sicut iudeis« ergeben, beurteilen zu können, muss man aber doch die Privilegien Heinrichs IV. prüfen, ob sie nicht vergleichsweise wesentlich mehr Vorteile für die Juden enthalten. Erst aus einem solchen Vergleich können Schlussfolgerungen hinsichtlich der Position des Papstes und der Theologen wie Ivo gezogen werden.

Was den Schutz des Lebens und des Eigentums der Juden betrifft, enthalten die Privilegien Heinrichs IV. im Vergleich konkretere Angaben und Strafgelder für jene, welche die Bestimmungen übertraten. Bezüglich des Handels unterlagen die Juden keinen Einschränkungen und waren von Zöllen und anderen Abgaben befreit. Dass der Papst auf der Erfüllung älterer Dienstleistungen der Juden bestand, bildet in diesem Zusammenhang keinen Widerspruch. Die Befreiung von der Verpflichtung, Quartier zu geben bzw. Pferde für Reisende zum König, Bischof oder Herzog zur Verfügung zu stellen, haben nichts mit den päpstlichen Betreffen zu tun. Eine gewaltsame Taufe und damit verbundener Kinderraub wurde schwer bestraft und stand daher in einem sensiblen, kritischen Verhältnis zu den kirchlichen Satzungen, die in ihren extremsten Ausformungen die Wegnahme von jüdischen Kindern erlaubten. Im Gegensatz zur päpstlichen Auffassung hinsichtlich der freiwilligen Taufe lagen die Besorgnisse des Kaisers etwas anders: Es war nicht auszuschließen, dass sich ein Jude aufgrund einer Kränkung, d. h. eines geheim ausgeübten Zwangs, zur Taufe entschloss; daher sollte man drei

Tage mit der Taufe warten, um eventuelle Machenschaften erkennen zu können. Der Kaiser trachtete sogar Übertritte unattraktiv zu machen, indem er dem Konvertiten verbot, sein Eigentum in seine neue Existenz mitzunehmen. Es blieb in jüdischem Besitz – dass es der Kaiser beschlagnahmte, wäre wohl möglich, doch würde man in diesem Fall doch eine ausdrückliche Regelung erwarten. Wahrscheinlich fiel das Vermögen des Konvertiten an seine Verwandten. Wir werden sehen, dass die Päpste gegen derartige Bestimmungen Sturm liefen.

Ebenfalls nicht völlig mit den kirchlichen Bestimmungen in Einklang zu bringen sind die Verfügungen Heinrichs bezüglich der Sklaven in jüdischem Besitz. Zumindest verschieben sich durch die Formulierungen der kaiserlichen Kanzlei die Akzente: So heißt es von den heidnischen Sklaven, dass man sie den Juden nicht durch die Taufe entfremden solle. Ein gewisser Vorwurf ist aus dieser Formulierung herauszuhören. Wer dagegen handelte, hatte eine Strafe zu zahlen, und der Sklave war dem jüdischen Herrn zurückzugeben und musste ihm, unbeschadet seines Christentums, gehorsam sein. Letztere Bestimmung steht nun tatsächlich den kirchlichen Vorstellungen und Lehren diametral entgegen. Ivo hatte teils aus den Briefen Gregors des Großen, teils aus anderen Quellen mehrfach den Juden verboten, christliche Sklaven zu halten, insbesondere auch im Falle einer späteren Bekehrung. Und an einer anderen Stelle heißt es, dass Christen den Juden nicht untergeben sein dürfen. Letztere Bestimmung konnte natürlich auch hinsichtlich christlicher Lohndiener Probleme bringen. Außer an Sonn- und Feiertagen gestattete Heinrich den Juden, Christen für Arbeiten zu mieten.

Das Leben der Juden wurde im kaiserlichen Privileg für Worms mit einer hohen Strafsumme geschützt: 12 Pfund Gold, ein Betrag, der einen Mörder wirtschaftlich vernichtete. Dies bedeutete zumindest theoretisch einen wesentlich stärkeren Schutz als Burchards und Ivos Bestimmungen hinsichtlich der Ermordung eines Juden oder Heiden. Dazu traten allerlei prozesstechnische Vergünstigungen, wie z. B. die Anordnung, dass Juden nur mit dem Zeugnis von Juden *und* Christen überführt werden konnten. Dadurch entstand zwar kein Gegensatz zum Kirchenrecht, doch konnte sich bei der Beurteilung dieser Vergünstigung leicht Verwirrung ergeben, denn nach Ivo (fußend auf dem IV. Konzil von Toledo) war es verboten, Juden gegen Christen als Zeugen aufzubieten.

Ohne auf weitere Verfügungen Heinrichs IV. einzugehen, haben wir aus dem bisher Erwähnten den klaren Eindruck gewonnen, dass der Kaiser und wohl auch andere weltliche Fürsten am Erhalt der Juden als eigener Gruppe, und dies sicher aus wirtschaftlichen Gründen, stärker interessiert waren als die Theoretiker des Kirchenrechts. Calixt II. beschränkte sich in seiner Urkunde auf fundamentale Regelungen, die so allgemein waren, dass sich kaum Unvereinbarkeiten mit dem kaiserlichen Judenschutz und der Regelung der alltäglichen Rechtsangelegenheiten ergeben konnten. Differenzen und sich daraus ergebende etwaige Konflikte blieben einer späteren Zeit vorbehalten.

Immerhin war aber mit der päpstlichen Urkunde ein Themenkreis angeschlagen, der nun der Zuständigkeit, oder besser gesagt der Obsorge der Päpste nicht mehr entgleiten sollte. Mit Papst Alexander III. (1159–1181) sollte nun eine Entwicklung beginnen, die sich detailliert mit der Stellung der Juden in der christlich-abendländischen Gesellschaft beschäftigte und dabei primär versuchte, Missstände zu beseitigen. Wie bereits in einem früheren Kapitel behandelt, veränderten sich die klimatischen Verhältnisse bezüglich der Juden vor Alexanders Regierungsantritt auffällig, insbesondere in den Jahren um den Zweiten Kreuzzug.

Siebtes Kapitel

SPIELARTEN DER JUDENFEINDSCHAFT

Bernhard von Clairvaux und Petrus Venerabilis

*Bernhard von Clairvaux, wortgewaltiger Ordensmann und vehementer
Gegner des »jüdischen Papstes« Anaklet II. Die Buchmalerei von Jean Colombe
(15. Jahrhundert) zeigt den heiligen Bernhard, der den französischen
König Ludwig VII. und seine Ritter für den Zweiten Kreuzzug gewinnt.*

Seit Calixt besaßen also die Juden des lateinischen Europa einen Schutzbrief, der ihnen nach den schockierenden Ereignissen zu Beginn des Ersten Kreuzzugs eine gewisse Sicherheit zu garantieren schien. Es ist merkwürdig, dass gerade in dieser Situation, in den Jahren vor dem Zweiten Kreuzzug, der Judenhass sich in intensiver Steigerung in verschiedenen Formen Bahn gebrochen hat. Der Zeitpunkt der sprachlich brutalen judenfeindlichen Ausbrüche des Petrus Venerabilis und einiger seiner Zeitgenossen, die sich mit theologisch begründeten, judenkritischen Positionen früherer Zeiten nicht vergleichen lassen, stimmt zeitlich genau mit der Formierung der Ritualmordlegende zusammen.

Wir haben diese grundsätzlichen neuen Entwicklungen bereits beleuchtet: die Diffamierung des Talmuds durch den Abt von Cluny, die wachsende Bedeutung des Misstrauens gegen die Geldgeschäfte der Juden und schließlich die nachhaltig wirksame Waffe der Ritualmordbeschuldigung.

ANAKLET II. – DER »JÜDISCHE PAPST« UND SEINE GEGNER

Dieses sich nun nicht neu, aber verdichtet ausbildende judenfeindliche Klima wird in den Streitschriften zur päpstlichen Doppelwahl des Jahres 1130 deutlich. Einer der beiden einander befehdenden Päpste, Anaklet II., war der Urenkel eines Juden, der anlässlich seiner Heirat mit einer vornehmen Dame aus dem Geschlecht der Frangipani zum Christentum übergetreten war. Dieser Baruch/Benedict, wie er sich nach seinem Übertritt nannte, wurde zum Ahnvater einer der bedeutenden römischen Familien, nämlich der Pierleoni. Das jeweilige Haupt der Familie unterstützte seit der Mitte des 11. Jahrhunderts die Kirchenreform. Geld der Pierleonis ermöglichte manche Papstwahl, und insbesondere Gregor VII. wusste sich dieser Mittel zu bedienen.[101]

Wie selbstverständlich solche Vorgänge im gesellschaftlich-geistigen Klima Süditaliens waren, ist hinsichtlich seines Gewichts und seiner Bedeutung schwer zu beurteilen, die Forschung neigt jedenfalls dazu, ein entspanntes Verhältnis zwischen Christen und Juden in diesem Raum zu konstatieren – und hebt das sehr bewusst von den Verhältnissen in Frankreich und Deutschland ab.

In der propagandistischen Auseinandersetzung um die beiden Päpste fiel Anaklets Abstammung von einer einstmals jüdischen Familie negativ ins Gewicht. Die Argumente, die gegen ihn ins Feld geführt wurden, haben sehr wenig bis gar nichts mit den eigentlichen Wurzeln der Doppelwahl zu tun – die im Übrigen bis heute nicht klar zu erkennen sind –, bleiben aber trotzdem ein eindrucksvolles Zeugnis der damaligen Verhältnisse.

Anaklets Abstammung war sicher nicht der Auslöser der Doppelwahl. Unwahrscheinlich ist auch, dass sie ausschlaggebend für die Entscheidung zugunsten seines Gegners Innozenz II. wurde. Aufmerksamkeit ist hingegen der Tatsache zu schenken, in welcher Intensität und ungewöhnlichen Aggressivität seine Gegner judenfeindliche Argumente vorbrachten.

Die jüdische Herkunft der Pierleoni war allgemein bekannt und führte unter französischen Bischöfen zu sonderbaren Beobachtungen bezüglich Gratians, des Bruders des späteren Papstes. Sie meinten, mit seiner dunklen Blässe erscheine er mehr als Jude oder Sarazene denn als Christ. Wie immer man dies beurteilen mag, sei dahingestellt, fest steht, dass in der Zeit vor Anaklets Wahl keine judenfeindlichen Angriffe auf ihn stattfanden. Erst in der Auseinandersetzung mit ihm bedienten sich die Anhänger Innozenz' solcher Argumente. Über das Maß jeder sachlichen Kritik hinaus schrieben Bischof Manfred von Mantua und Archidiakon Arnulf von Séez gegen Anaklet. Den Höhepunkt der Anschuldigungen bilden die Behauptungen, er hätte sexuelle Kontakte zu Nonnen, verheirateten Frauen und zur eigenen Schwester gepflegt.

Prima vista würden wir meinen, dass dies die üblichen Mittel sind, um den politischen Gegner zu diffamieren; es ist aber die Frage zu stellen, ob dies auch in der Zeit um 1130 üblich war. Vergleicht man diese Anschuldigungen mit den vernichtenden moralischen Angriffen auf den jungen Heinrich IV., stellt man fest, dass ganz ähnliche Themen berührt wurden, wobei Heinrich neben außergewöhnlichem sexuellem

Verhalten damit kombinierte Mordkomplotte vorgeworfen wurden. Seit zwei Generationen hatte sich offenbar eine beträchtliche Unkultur des Streitens entwickelt. Allerdings ist festzuhalten, dass über die Art und Weise, wie Auseinandersetzungen im so genannten Investiturstreit geführt wurden, eine Studie von Hanna Vollrath vorliegt, während bisher nicht versucht wurde, die adversus-Iudeos-Literatur der Mitte des 12. Jahrhunderts in Zusammenhang mit anderen Streitschriften zu beurteilen. Vorläufig bleibt lediglich die plausible Überlegung, dass der Stil im Streit mit Feinden und politischen Gegnern, möglicherweise unter dem Einfluss der »Pamphlete« des großen Streits zwischen Kaiser und Papst, an Schärfe zugenommen hatte.

PETRUS VENERABILIS UND BERNHARD VON CLAIRVAUX

Die Frage ist deswegen von großer Bedeutung, weil sich unter den Persönlichkeiten, die Innozenz II. gegen Anaklet unterstützten, auch Petrus Venerabilis, der Abt von Cluny, befand. Und dieser gilt, wie bereits dargelegt, schon seit längerer Zeit in den Forschungen zur Judenfeindschaft als eigentlicher Urheber für die Entstehung eines judenfeindlichen Schrifttums, das in seiner Schroffheit etwas Neues darstellt. Was die Härte der Angriffe auf die Juden anlangt, haben wir gerade Beispiele kennen gelernt, die auf eine größere Verbreitung dieses Stils schließen lassen. Über die Bedeutung der Talmudschelte war bereits ausführlich die Rede. Die weitere Entwicklung wird uns in anderen Zusammenhängen noch beschäftigen.

Für Innozenz II. trat auch Bernhard von Clairvaux ein. Bernhard war der bedeutendste Kirchenmann und vielleicht sogar Kirchenpolitiker seiner Zeit. Es ist wohl dem für ihn typischen ausgewogenen politischen Verhalten zuzuschreiben, dass er sich auch gegenüber den Juden einer wohl überlegten Sprache befleißigte.

Für Bernhard spricht ferner eine Geschichte, die der aus der Familie der Babenberger stammende bedeutendste Historiograph des 12. Jahrhunderts, Bischof Otto von Freising, in seinen »Gesta Friderici« berichtet: 1146 habe ein Mönch Radulf am Rhein das Kreuz gepredigt. Radulf war zunächst Mönch in Clairvaux und lebte dann als Einsiedler. Otto bezeichnete ihn als fromm, aber wenig gebildet und meint, dass er unvorsichtigerweise in seine Predigten einen Aufruf zur Tötung der Juden in Städten und an anderen Orten einfließen ließ. Der hochgebildete Kirchenfürst und Halbbruder des Königs distanzierte sich von einem solchen Prediger mit einer diplomatischen Wendung. Er fährt fort, dass in Frankreich und Deutschland viele Juden bei den folgenden Unruhen getötet worden waren, sodass sie sich in den Schutz des Königs begaben. Die bekannten Erzählungen über die Verfolgungen, besonders jene des Ephraim von Bonn, und christliche Annalen bestätigen aber diese Darstellung nicht. Im gleichen Jahr kam es offenbar nur im Raum Köln zu einer größeren Aktion, als sich, wie Ephraim berichtet, die Kreuzfahrer von allen Seiten gegen die Juden erhoben. Die Juden baten ihnen bekannte Christen, die einen Turm oder ein festes Haus besaßen, sie bei sich aufzunehmen. Der größte Teil der Gemeinde Köln veranlasste den Erzbischof, ihnen die stärkste Festung in Lothringen, die Wolkenburg, zu übergeben. Die erfolgreiche Maßnahme führte zum Ende der Bedrohung.

Vor dem Hintergrund des hasserfüllten Briefes des Petrus Venerabilis bekommt aber Radulfs Wirken ein gewisses Gewicht. Der bedeutendste und angesehenste Theologe der Zeit, Bernhard von Clairvaux, der zugleich der erfolgreiche Förderer des Kreuzzugs war, trat aber Radulf entgegen. Wie der Erzbischof von Köln, der für die Rettung der Juden einiges getan hatte, war auch sein Mainzer Kollege besorgt und beklagte sich in einem Brief an Bernhard über das Auftreten Radulfs. Bernhard schrieb zurück, tadelte Radulf heftig, zunächst aber vor allem deshalb, weil er sich das Recht zu predigen anmaßte und den Bischöfen den Gehorsam verweigerte, fügte aber dann hinzu, dass die Billigung der Ermordung der Juden der Lehre der Kirche widerspreche. Er charakterisierte Radulf als einen eitlen und anmaßenden Menschen, der gern eine Rolle spielen möchte, ohne doch die Fähigkeiten dazu zu haben. An dieser Stelle sei der Einwurf gestattet, dass solche Äußerungen von Forschern des 19. und 20. Jahrhunderts gerne als Beweis angesehen wurden, dass Judenfeindschaft eine Sache der Halbgebildeten war, und dabei übersahen, dass auch die Position manches Kirchenfürsten gefährlich unklar war und ein Papst wie Innozenz III. eine nachhaltige Wirkung erzielte, wenn er häufig die Tätigkeit der Juden als Gegenbild zu moralischem Verhalten zeichnete. Doch davon später. Bernhards Schreiben änderte an Radulfs Treiben nichts; erst als er persönlich in Deutschland erschien, um mit König Konrad über den Kreuzzug zu verhandeln, bewog er in Mainz den Mönch durch Ermahnungen, seine Tätigkeit einzustellen und in sein Kloster zurückzukehren. Der *populus* war indigniert und Bernhard wurde nur durch sein außerordentlich hohes Ansehen vor Angriffen geschützt. Die daraufhin abschwellenden Verfolgungen sollen nach Ephraim aber auch deswegen aufgehört haben, weil die Juden ihr Vermögen den Gegnern überließen.

Für unsere Fragestellung bedeutsam ist Bernhards Schreiben an die Geistlichkeit und das Volk Ostfrankens und Bayerns, in dem er sie zum Kreuzzug aufforderte, zugleich aber ermahnte, die Juden weder zu töten, zu verfolgen oder zu vertreiben.[102] Die Erklärung ist erhellend: Denn, wo die Juden nicht wären, trieben es die christlichen Wucherer noch schlimmer, wenn diese überhaupt Christen und nicht vielmehr getaufte Juden zu nennen wären. Der Sprachgebrauch ist insofern verräterisch, als der »Wucher der Juden« für Bernhard bereits ziemlich selbstverständlich war. Abgesehen von den Schwierigkeiten, die mit der konkreten Einordnung dieses Schreibens verbunden sind (Datierung und Adressat), ist auch mit dem Wucherbegriff vorsichtig umzugehen. Der Begriff des Wuchers war damals noch nicht auf das Zinsgeschäft eingeschränkt, sondern meinte ungerechtfertigte Gewinne im Allgemeinen. Da es sich bei diesem Schreiben aber um keine theologische Abhandlung handelte, sondern um eine Ermahnung, die möglichst von allen Empfängern verstanden werden sollte, tut man vielleicht dem Text mit der Diskussion solcher begrifflichen Feinheiten Gewalt an. Diese berühmte Äußerung Bernhards kann also mit einiger Sicherheit auf eine zunehmende Verbreitung des Darlehensgeschäftes gegen Zinsen bezogen werden.

Dass er das Verhalten von Christen, die Kreditgeschäfte betrieben, als *iudaizare* (judaisieren) bezeichnete, klingt für uns heute wie ein abgegriffenes judenfeindliches Vorurteil, kann aber auch ein nach seinem Verständnis neutraler Reflex auf die Wirklichkeit gewesen sein.

Achtes Kapitel

PAPSTTUM UND JUDEN UNTER ALEXANDER III. UND INNOZENZ III.

Das IV. Laterankonzil – ein Wendepunkt

Innozenz III., dessen höchst folgenreiches Wirken einen
verhängnisvollen Wendepunkt im Verhältnis zu den Juden markiert.
Mosaikporträt aus Alt-St. Peter, Rom.

Die Regierungszeit Alexanders III. (1159–1181) leitet eine charakteristische Epoche ein, in der sich die Päpste intensiv auf gelehrter Basis mit rechtlichen Fragen befassten und daher auch zur Rolle der Juden in der christlichen Gesellschaft häufiger Stellung bezogen. Im Allgemeinen handelt es sich um Schreiben von Ortsbischöfen, vor allem aus Spanien, England und auch Frankreich, auf die der Papst antwortete. Die Verschiedenartigkeit der Anfragen erweiterten den Umfang der sich nun herausbildenden Tradition beträchtlich. Es ging dabei nicht um die prinzipielle Haltung zu den Juden, sondern um eine Fülle alltäglicher Fragen, deren Beantwortung zusammengenommen eine dritte Ebene der Tradition bildete, die sich zwar nicht in den lapidaren Begründungen päpstlichen Handelns späterer Zeit durch genaues Zitieren widerspiegelte, aber als negative Belastung durchaus spürbar blieb.

Manche dieser Briefe fanden Aufnahme in die Dekretalensammlungen und wurden damit Bestandteil des kanonischen Rechts. Besonders geschichtsmächtig wurden die von Innozenz III. in seinen Briefen vorgetragenen Ansichten. Doch viele der Themen, die wir bei Innozenz III. finden, beschäftigten bereits Alexander.

Die große Bedeutung der rechtsgelehrten Päpste von der zweiten Hälfte des 12. bis zum Beginn des 14. Jahrhunderts hat verschiedene Ursachen, die hier nur angedeutet werden können. Der Investiturstreit hatte dem Papst und den Bischöfen ebenso viele Probleme hinterlassen wie den weltlichen Machthabern. Die dialektische Erkenntnis des Ivo von Chartres, dass dem Bischofsamt in seinen politischen und sozialen Verflechtungen eine spirituelle und eine temporale Seite innewohne, von denen die eine der Kontrolle des Papstes und die andere der Kontrolle des Kaisers oder eines »kaisergleichen« Königs unterliege, förderte nicht gerade die Ziele, die Gregor VII. in seinem »Dictatus papae« angesteuert hatte. Sie reichte gerade aus, um den oberflächlichen Kompromiss von 1122 zu ermöglichen. Das Wormser Konkordat beendete formal für die Lebenszeit von Kalixt II. und Heinrich V. (also nur für wenige Jahre, Calixt starb 1124, der Kaiser 1125) die Auseinandersetzung um die Investitur der Bischöfe, trug aber zur Lösung der grundlegenden Probleme nichts bei. Prestigestreitigkeiten zwischen Kaiser Lothar und Papst Honorius II., hinter denen die grundsätzlichen Probleme wieder sichtbar wurden, reflektierten wenige Jahre später die Tiefe des Zerwürfnisses zwischen Imperium und Sacerdotium. Der Besitzstand der Kirche geriet in Gefahr, wenn sie den Rückzug auf die Spiritualia tatsächlich ernst nahm. Schon zur Zeit Papst Paschalis' II. hatten die Reichsbischöfe auf einen derartigen Vorschlag des Papstes ablehnend reagiert.

Und dann bestieg 1152 mit Friedrich I. ein König den deutschen Thron, der offenbar von Anfang an entschlossen war, Weltpolitik zu machen bzw. in solchen Dimensionen denken und planen musste, der aber auch die Begabung dafür hatte, diese Herausforderung anzunehmen. Schon 1157 traf er unter dramatischen Umständen mit dem Kardinallegaten Rolando in Besançon zusammen. Der kaiserliche Kanzler Rainald von Dassel übersetzte einen Text zum päpstlich-kaiserlichen Verhältnis offenbar bewusst tendenziös und missverständlich und beschwor damit einen Tumult herauf. Nur das Eingreifen Friedrichs verhinderte, dass sich Otto von Wittelsbach mit offenem Schwert auf den Legaten, den späteren Papst Alexander III., stürzte. In der wenig später ausbrechenden Auseinandersetzung hatte der Papst wegen seiner prekären politischen Position zunächst vor allem rechtliche Argumente. Die ältere Forschung sah in Roland Bandinelli einen in Bologna lehrenden und schreibenden Kanonisten, ihm wurde eine Summa (ein Handbuch des Kirchenrechts) zugeschrieben, für deren Autor man heute einen anderen Roland hält, der gleichzeitig mit dem späteren Papst in Bologna gewirkt hatte. Diese neueren Forschungsergebnisse wirken sich auf das Urteil Alexanders III. als Kanoniker und Juristen insofern aus, also man die einstige hohe Einschätzung etwas zurücknehmen muss. Seine Bedeutung als Jurist reduziert sich auf seine Ausgabe von Dekretalen.[103]

Schon das Decretum des Gratian enthält ältere Bestimmungen, die sich auf die Juden bezogen, und so scheint es kein Zufall zu sein, dass Alexander seit etwa 1165 bis zum Ende seiner Regierungszeit 1181 eine Fülle von Problemen zu entscheiden versuchte, die zum Großteil schon bekannte Fragen betrafen, die aber auch in einer neu zu bewertenden Schärfe auftraten.

Ein Beispiel dafür, wie Probleme, die Juden betrafen, im Rahmen allgemeiner Entwicklungen zu verstehen sind, zeigt ein Schreiben, das auf die Zeit vor 1179 (also vor dem III. Laterankonzil) zu datieren ist und dessen Empfänger vielleicht englische Bischöfe waren.

Dem Papst war berichtet worden, dass Kleriker und auch Bischöfe bei Rechtsstreitigkeiten mit Juden von diesen vor weltliche Gerichte gezogen wurden. Dagegen sprach sich der Papst klar und deutlich aus: »Indes ist das, was keinem Christen erlaubt ist, noch viel weniger den Feinden des Kreuzes Christi gestattet, dass sie nämlich Kleriker vor einen weltlichen Richter ziehen…« Der Papst zog selbst die Parallele zur prinzipiellen Dimension des Problems, die ihm in der Zeit der Auseinandersetzung des englischen Königs Heinrich II. mit dem Erzbischof von Canterbury, Thomas Becket, eindrucksvoll vor Augen geführt worden war. Ausgangspunkt dieses Streites war im besonderen Maße die Gerichtsbarkeit über Geistliche gewesen. In den Konstitutionen von Clarendon ließ der englische König 1164 festhalten, dass in so genannten Kronfällen (Hochverrat, Kapitalverbrechen, Forstdelikte und Angriffe auf königliche Amtsträger) ein geistliches Gericht zwar die Schuld des angeklagten Geistlichen feststellen konnte, ihm aber in diesem Fall den Schutz entziehen und ihn einem weltlichen Gericht überstellen musste.

In dieser Auseinandersetzung setzte sich der König durch, wenn auch durch die Ermordung Beckets sein moralisches Ansehen für einen kurzen Zeitraum einen Tiefpunkt erreichte. Im Prinzip hielt aber der Papst, der aufgrund seiner prekären Situation (Wahl zweier Päpste – Auseinandersetzung mit Friedrich Barbarossa) in der englischen Auseinandersetzung vorsichtig agierte, an seinen Vorstellungen fest. Dies zeigte sich in dem vorher zitierten Fall von Prozessen mit Juden.

Doch beschäftigte er sich bei dieser Gelegenheit gleich mit anderen Problemen der Prozessführung. Da ging es z. B. um die Art der Beweisführung: Alexander kritisierte, dass Juden mit »simplen Dokumenten« und nicht mit Zeugen einen Prozess führten und noch dazu erfolgreich. Wenn aber doch Zeugen auftraten, boten die Juden manchmal nur einen einzigen Christen oder Juden auf, mit dem sie gegen alle Vernunft und Gerechtigkeit ihren Rechtsstandpunkt beweisen wollten. Das Zeugnis hochgestellter, tugendhafter Männer erkannten die Juden hingegen nicht an. Solche Prozesse durften nur vor geistlichen Gerichten stattfinden, wobei zwei oder drei Zeugen aussagen sollten.[104] Diese Vorstellung spiegelt sich dann in einer Bestimmung des Kanon 26 des III. Lateran-konzils wider, wo verfügt wird, dass das Zeugnis von Christen vor Gericht von der jüdischen Prozesspartei anerkannt werden muss, denn auch die Juden präsentierten jüdische Zeugen gegen Christen.[105]

Die Frage der Zeugen in Prozessen zwischen Christen und Juden war ja schon in karolingischer Zeit mit dem gemischten Zeugenbeweis gere-gelt worden, doch war es seither in der Praxis offenbar zu Veränderun-gen zugunsten der jüdischen Seite gekommen, sodass dieses Problem neu aufgerollt werden musste. Das Ergebnis ist bekannt: Der gemischte Zeugenbeweis wurde nur wenige Jahrzehnte später wieder zum festen Bestandteil aller Privilegien für die Juden.

Es ist sehr schwer zu beurteilen, ob die Schilderung der Umstände, unter denen Prozesse zwischen Christen und Juden stattfanden, nicht eine gehörige Portion Polemik enthält. Schon bei Alexander ist ein Schema erkennbar, das sich in virtuoser Anwendung in den Briefen Innozenz' III. später wiederfinden sollte. Ein Missstand bzw. etwas, was in den Augen eines Ortsbischofs und des Papstes als ein solcher emp-funden wurde, bildete den Ausgangspunkt für eine Entscheidung, die in rechtlich prinzipielle Überlegungen eingefügt wurde, wobei da und dort sich auch die Frage nach der Position der Juden in der Gesellschaft stellte. In der Darstellung zeigt sich dann oft eine gehörige Portion Misstrauen gegen die Juden, die sich zunehmend mit Kritik an den weltlichen Gewalten verband; politisch nur allzu verständlich, da auf allen Ebenen des Lebens Verwirrung und Streit über das Verhältnis von spirituellen und temporalen Einflüssen auf wichtige Entscheidungen bestand. Jedenfalls gipfelte die Argumentation des Papstes oft in der Behauptung, dass weltliche Machthaber die Juden begünstigten. Völlig aus der Luft gegriffen waren die Vorstellungen gewiss nicht, der Unter-ton, dass gerade die Förderung von Juden tadelnswert sei, stellte doch eine gewisse Bedrohung der Juden dar.

Es mag an dieser Stelle nützlich sein, einen Blick auf die Arenga Friedrich Barbarossas zu werfen, die er 1182 in das Privileg für die Juden in Regensburg schrieb: Es gehöre zu den kaiserlichen Pflichten, auch für das Wohl jener zu sorgen, die dem väterlichen Glauben anhingen, also für die Juden. Aus der Fülle seiner Gewalt, als Nachfolger der römischen Kaiser, leitete er eine Ausdehnung seiner Herrschaft auch über nicht-christliche Personen und Bereiche aus. Daraus ergibt sich eine Reihe von Frontstellungen, die kaum lösbar waren. Noch war das Papsttum nicht so weit, dass es kontrollierende Herrschaft über die Juden verlangte. Der geradezu weltherrschaftliche Anspruch des Kaisers forderte in diesem Punkt eine Reaktion des Papstes heraus.[106] Vorläufig beschränkte sich Alexander aber auf die Beseitigung von Missständen, die den Besitz der Kirche bedrohten.

Zum zweiten Mal in der Geschichte taucht in seiner Zeit das Problem des Grundbesitzes der Juden und die Zahlung des Kirchenzehnts von diesem Landbesitz auf. Schon 1068 auf der Synode von Gerona war diese Frage kurz behandelt worden. Nun trafen Meldungen aus England ein, die recht dramatisch klangen, wenn sie auch übertrieben sein mochten. Hören wir die Darstellung des Papstes, was ihm zu Ohren gekommen war:

Juden beherrschten Pfarrbezirke, da sie dort durch Kauf, Pacht oder als Pfandtitel Grundstücke erworben hatten und für diese Liegenschaften nicht die entsprechenden Gelder entrichteten. Alexander charakterisierte diesen Zustand als Verachtung Gottes und des christlichen Glaubens. Dies war zu bereinigen, denn, wie der Papst meinte, passte dieser Missstand nicht zu den Institutionen des christlichen Glaubens. Der Ortsbischof sollte die Juden künftig dazu anhalten, dass sie von ihren Grundstücken den Kirchen die entsprechenden Abgaben entrichteten. Dazu war aber auch die Zustimmung König Heinrichs II. einzuholen.

Die Herrschaft des Königs über die Juden in England war so klar und eindeutig ausgeprägt, dass er eine Regelung über seinen Kopf hinweg sicher nicht akzeptieren und als Eingriff in seine Herrschaftsrechte interpretieren würde. Ferner war der Text nicht präzise. Aus der Zeit Innozenz' III. wissen wir, dass es um den Zehnt und um die Stolgebühren (die Gebühren für seelsorgerische Handlungen) ging, wobei es sich hinsichtlich letzterer nur um eine Ersatzzahlung handeln konnte, denn der Pfarrer leistete ja auch keine Tauf,- Trauungs- und Begräbnisbetreuung, wenn es um Juden ging.

Durch die Ansiedlung der Juden in England, deren soziale und wirtschaftliche Folgen im 12. Jahrhundert spürbar wurden, waren ökonomische Probleme für die Kirche entstanden, einfach aus dem Grund, dass Juden nicht automatisch verpflichtet sein konnten, Zahlungen an kirchliche Einrichtungen zu leisten. Wir würden heute von ökonomischen Folgen von Multikulturalität sprechen.

Der Papst befahl, die Juden mit aller Schärfe zu diesen Zahlungen zu zwingen. Wie dies in die Praxis umzusetzen war, war zunächst unklar. Wenn es um christlich-jüdische Beziehungen ging, konnte man Missstände unterbinden, indem der christliche Partner mit Exkommunikation bedroht wurde. Im vorliegenden Fall war das aber unmöglich. Die Erfolgsaussichten waren also nicht besonders groß, dieses Gebot durchzusetzen.

Ein weiteres Thema von einer gewissen Brisanz war die Behandlung von Neuchristen, ehemaliger Juden. Wie bereits erwähnt, strebten die weltlichen Herrscher danach, die Juden als Gruppe zu erhalten, und dabei ging es weniger um das theologische Problem der Zeugenschaft der Juden für die Wahrheit des Christentums, sondern um die Erhaltung der finanziellen Kraft der jüdischen Gemeinden zugunsten der fürstlichen Steuereinnahmen. Alexander III. war der erste Papst, der gegen eine finanzielle Benachteiligung getaufter Juden im Detail und im Prinzip vorging.

Eine generelle Äußerung zu dieser Frage findet sich in den Bestimmungen des Dritten Laterankonzils: »Wenn jemand (aus dem Zusammenhang ergibt sich, dass es sich um einen Juden handelt) auf Gottes Eingebung sich zum christlichen Glauben bekennt, soll er unter keinen Umständen von seinen Besitzungen ferngehalten werden. Denn die Konvertiten sollen unter besseren Umständen leben, als vor ihrer Bekehrung zum Glauben.«[107] Finanzielle Einbußen konnten natürlich hinsichtlich einer Konversion abschreckend wirken, was ja offenbar von Heinrich IV. mit seiner einschlägigen Bestimmung von 1090 auch beabsichtigt war. Materielle Förderungen gewährte ja schon Gregor der Große einigen Konvertiten. Alexander versuchte die Sache effizient zu regeln, indem er die Fürsten unter Druck setzte: »Wenn aber irgendjemand gegen diese Anordnung handelt, sollen die Fürsten in ihren Gebieten unter der Androhung der Exkommunikation dafür sorgen, dass diesen Konvertiten ihr Erbe und ihre Güter vollständig zurückgegeben werden.« Eine derartige begleitende Maßnahme bei der Bekehrung zum Christentum lief natürlich den Interessen der jüdischen Gemeinden und einer gewissen Stabilität der jüdischen Identität zuwider. Zu gleicher Zeit versuchte der Papst mit indirektem Druck der Exkommunikation, seine Vorstellungen in die Praxis umzusetzen. Ein künftig wichtiges Mittel, das bis zur Mitte des 13. Jahrhunderts die Hauptwaffe der Päpste bei der Durchsetzung ihrer Dekrete war.

Alexander griff nicht nur bezüglich des Besitzes ehemaliger Juden ein, sondern sorgte auch dafür, dass Versprechungen eingehalten wurden, die den Taufwilligen vor ihrem Übertritt gemacht wurden. Dabei handelte es sich z. B. um regelmäßige Geldeinnahmen, die, wenn sie verweigert wurden, vom Papst eingemahnt wurden. Dem Domkapitel von Tournai schrieb er einen mahnenden Brief, als dieses sich weigerte, den getauften Juden Milo, wie versprochen, in das Domkapitel aufzunehmen.[108]

Aus dieser Vorgangsweise der Päpste konnten sich Probleme ergeben. In einem 25 Jahre währenden Streit, der in der Zeit Innozenz' III. begann und sich bis zur Herrschaft Gregors IX. hinzog, beharrte eine konvertierte Familie auf der Gewährung entsprechender Förderungen, die sie letztlich auch durchsetzte. Allerdings ergab sich dieser Erfolg aus der Übernahme geistlicher Funktionen.[109]

Die einschlägigen Bestimmungen des III. Laterankonzils fassten dann jene Punkte zusammen, die Alexander III. für wesentlich hielt. Abgesehen von der zuletzt genannten Frage der Konvertiten verbot er den Christen, Sarazenen und Juden in Dienst zu nehmen. Dabei sind Ammen bzw. Knechte und Mägde, die in Haushalt dienten, besonders genannt. Diese Bestimmung schnitt in das Leben einiger Juden, die offenbar über einen gewissen Einfluss verfügten, spürbar ein, denn König Ludwig VII. von Frankreich bemühte sich um eine Lockerung der Bestimmung und bat zugleich auch um die Erlaubnis für einen neuen Synagogenbau. Beides lehnte der Papst ab.[110] Auf dieses Problem wird im folgenden Abschnitt noch genauer eingegangen. In allgemeiner Form wurde auf dem Konzil beschlossen, dass Juden das Zeugnis eines Christen annehmen mussten, da ja auch sie jüdische Zeugen in einem Prozess aufbieten durften.

Wiederum stellen wir fest, dass sich die Palette der Bestimmungen, die Juden betrafen, erweiterte. Die Briefe, die Themen behandelten, die auch auf dem Konzil geregelt wurden, enthüllen, dass der moderate Ton der allgemeinen Beschlüsse des Konzils nicht unbedingt einer moderaten Haltung Alexanders entsprach, der in den konkreten Fällen sich nicht scheute, von Missständen zu sprechen. Hier zeigt sich schon deutlich, wie genau man die so genannten mittelalterlichen Traditionen der

Päpste hinterfragen muss, um nicht schiefe, d. h. zu neutrale Bilder über die Stellung des Kirchenoberhauptes zu den Juden zu rekonstruieren.

DAS PROBLEM DER SKLAVEN UND UNFREIEN

Jahrhundertelang beschäftigte sich die »Gesetzgebung« im weitesten Sinn mit der Frage christlicher Sklaven und Unfreier in jüdischen Diensten bzw. in jüdischem Besitz. Dieser Dienst konnte rechtlich verschieden charakterisiert sein. Zunächst handelte es sich ausschließlich um Sklaven im römisch-rechtlichen Sinn, später zunehmend um ein Phänomen, das mit dem Begriff Lohndiener recht gut umschrieben ist, und schließlich auch um Untertanen im Sinne des mittelalterlichen, grundherrschaftlichen Sozialgefüges. Was Alexander III. in seinen Briefen unter »mancipia« verstand, ist im Einzelfall nur durch eine sorgfältige Interpretation zu klären, soweit dies überhaupt möglich ist.

Schärfe erhielt das Thema insofern, als es mit der Auflösung der antiken ökonomischen und sozialen Ordnung im christlich-abendländischen Kontext immer widersinniger, ja skandalös erschien, dass Juden über Christen irgendeine Art von Herrschaft ausübten.[111]

Ausgangspunkt war die kaiserliche Gesetzgebung, wie sie uns im Codex Theodosianus bzw. im Codex Justinianus überliefert ist, die aber in sich widersprüchlich war und einen zunehmenden Einfluss christlicher Vorstellungen bzw. christlicher Interessen erkennen lässt.

Mit guten Gründen hat Bernhard Blumenkranz in der Spätantike, vereinzelt sogar bis in die Karolingerzeit, eine Konkurrenz zwischen Christen und Juden bei der Missionierung festgestellt, die für ihn ein wichtiges Erklärungsmodell für die konkrete Ausbildung mancher Antagonismen zwischen Christen und Juden darstellt.[112]

Dieses Modell lässt sich im Falle der Bestimmungen über Sklaven recht plausibel anwenden, denn Sklaven in jüdischen Haushalten (also die Haussklaven) hatten nach jüdischen Vorstellungen im Haushalt auch Aufgaben zu erledigen, die nur Juden erlaubt waren. Daher traten pagane Haussklaven oder sogar Christen häufig zum Judentum über. Letzterer Fall verstieß gegen das Verbot, Christen zu beschneiden, das schwer geahndet wurde.

Man versuchte das Problem der Haussklaven praktisch zu lösen, indem Juden aufgetragen wurde, ihre christlichen Sklaven zu einem gerechten Preis zu verkaufen bzw. sie der Kirche zu übergeben. Letztere Lösung schien zunächst nur für die christlichen Sklaven des jüdischen Patriarchen in Tiberias zu gelten, durch einen erweiternden Einschub, dessen Datierung unklar ist, scheint es allgemeine Geltung bekommen zu haben. Es ist für die gesamte Beurteilung der Sklavenproblematik von gewisser Bedeutung, dass das Verbot, christliche Haussklaven zu besitzen, im Rahmen der Unterminierung der Ehrenstellung des Patriarchen erfolgte.

Die weniger rigorose »westliche« Lösung ermöglichte weiterhin den Besitz christlicher Sklaven, die »östliche« verlangte die Freilassung ohne Entschädigung.

Obwohl Papst Gregor I. auf dem justinianischen Standpunkt der ersatzlosen Befreiung christlicher Sklaven bestand, waren davon, wie schon erwähnt, christliche Kolonen nicht betroffen. Es drängt sich zwar der Gedanke auf, dass diese Kolonen sozial eine andere Gruppe bildeten als Menschen, die man als Sklaven hielt, doch ist die Frage nicht geklärt, ob man die Kolonen bereits als Grundtypus für den abhängigen Bauern im Mittelalter betrachten darf.

Der Lohndiener, die Hausmagd oder die Amme sind ja in ihrer Arbeitsfunktion hinlänglich genau definiert, wie es allerdings um den Grad ihrer Freiheit bestellt war, entzieht sich unserer Kenntnis. Vermutlich stand das soziale Modell »Sklave« in seiner römisch-antiken Bedeutung im 12. Jahrhundert gedanklich gar nicht mehr zur Verfügung. Im rechtlichen und theologischen Verständnis des Papsttums ging es wohl mehr um die dienende Stellung des Christen als um eine Definition seiner sozialen Stellung außerhalb des jüdischen Haushalts. Abhängigkeiten im Sinne von Dienstbarkeit konnten durch Lohn, sklavenähnliche Position oder durch grundherrschaftliche Abhängigkeit entstehen, und alle diese Verhältnisse widersprachen dem Grundsatz, dass sich die Juden und nicht die Christen in dienender Stellung befinden sollten.

Gerade in der Zeit um 1200 und noch etwas darüber hinaus kennen wir Juden, die ein ritterliches Leben führten, zu dem auch grundherrschaftliche Funktionen gehörten. Der von Leopold V. als Münzmeister nach Österreich gerufene Schlom besaß einen Weinberg als Grundherr und bezeichnete einen christlichen Wiener Bürger als seinen Amtmann (officialis).[113] Als das baierische Kloster Formbach in den neunziger Jahren des 12. Jahrhunderts einen Prozess gegen Schlom führte, weil der Amtmann den Weinberg dem Kloster angeblich überlassen hätte, erhielt der Jude zwar eine Entschädigung, musste seine grundherrlichen Rechte aber aufgeben.

INNOZENZ III. – DER AUFBAU EINES FEINDBILDES

Papst Innozenz III. erlebte wenige Monate vor seinem Tode den Höhepunkt seines Wirkens, als er 1215 der stattlichen Versammlung von 300 Bischöfen im Lateranpalast präsidierte. Er konfrontierte die Teilnehmer an diesem 4. Laterankonzil mit der Essenz seiner theologischen und gesellschaftspolitischen Vorstellungen, die er in den Jahren davor in Hunderten von Briefen entwickelt und dargelegt hatte. Ausführlich beschäftigte sich Innozenz auf diesem Konzil auch mit den Juden. Wie wir bereits gesehen haben, dominierte der Papst dieses Konzil, und die Rolle der versammelten Bischöfe beschränkte sich weitgehend darauf, die Formulierungen Innozenz' III. zustimmend »abzunicken«.

Dem Konzil gingen also zahlreiche Äußerungen zu Einzelproblemen voraus, die wie zur Zeit Alexanders III. in Briefen formuliert wurden. Diese Briefe ließen in ihrer Schärfe gegenüber den Juden ein sich verschlechterndes Klima entstehen. In den Briefen Alexanders III. finden sich, trotz der Kritik an bestimmten Missständen, keine wirklich antijüdischen Angriffe; sie wurden erst von Innozenz III. in massiver Weise geführt. Dies zeigt sich schon bei der Ausstellung seiner Fassung von »Sicut iudeis«, die zunächst einmal die schon erwähnte theologische Grundhaltung des Papstes zu den Juden enthält: Der Mord an einem Juden war verboten, parallel dazu betonte aber der Papst allerdings, dass die Hartnäckigkeit der Juden vielfach nachgewiesen sei. Darüber hinaus fügte Innozenz einen Satz an, der sich in der Fassung Alexanders III. nicht findet: Der Papst wünschte, dass der Schutzbrief nur auf solche Juden Anwendung finden würde, die sich keiner hinterlistigen Machenschaften gegen den christlichen Glauben schuldig machten.

Vom Brief des Papstes an den Grafen von Nevers aus dem Jahre 1208 war schon die Rede: Seine Einleitung und die negative Beurteilung des

Kreditgeschäftes der Juden zeigt bereits den scharfen Ton, den der Papst gegenüber den Juden fast durchgängig anschlug. Der weitere Text lässt auch an anderen Stellen deutlich die feindselige Haltung des Papstes erkennen. Er bezeichnete es als einen nie dagewesenen Skandal, den die Juden gegen die christliche Kirche entfachten, dass sie das von Christen geschlachtete Vieh als unrein verachteten und von dem Vieh, das nach ihren Gesetzen rituell geschlachtet wurde, die ihnen nicht erlaubten Stücke an Christen weiterverkauften und dafür von den Fürsten noch Privilegien erhalten hatten. An sich handelte es sich um eine Maßnahme zur »Verwertung« von nicht gebrauchtem Fleisch, das für die Christen günstig zu kaufen war. Das Eingreifen der Fürsten zugunsten dieses Fleischverkaufs bzw. die Festlegung der Preise erfolgte wohl auf Intervention der zünftischen Fleischhauer, die der Konkurrenz misstrauten. Mit Innozenz beginnt eine Skandalisierung dieser Praxis, in der sich ein wenig noch der Streit über die Beachtung des Gesetzes widerspiegelt. Tatsächlich ist aber etwas anderes gemeint: Der Skandal besteht für den Papst darin, dass die Juden den Christen etwas verkaufen, das sie zu essen verschmähen. In der Folge wurde diese Sicht der Dinge immer wieder auch von Bischöfen vertreten, was sich natürlich auf das judenfeindliche Klima in einzelnen Regionen verstärkend auswirkte. Der Papst blieb gleich bei der Ernährung und wies auf einen zweiten Skandal hin, dass nämlich jüdische Frauen ihre Milch an Christinnen öffentlich verkauften.

Noch schmählicher und religiös betrachtet sogar gefährlich beurteilte der Papst die Praxis der Juden, dass sie ihren Wein nach rituellen Gesetzen herstellten, den sorgfältiger gekelterten für sich nahmen und den, der ihnen schändlich erschien, an die Christen verkauften: Damit verformten sie das Sakrament vom Blut Christi.

Als nun der Bischof von Auxerre gegen solche Dinge vorging und auf einer Versammlung die Geistlichkeit aufforderte, gegen diese schändlichen Dinge einzuschreiten, begünstigten die Fürsten weiterhin die Juden und nahmen sogar Leute gefangen, die sich an die Vorschriften der Geistlichkeit halten wollten. Den Juden unterstellte Innozenz, sie hätten die Fürsten durch Bestechung zu dieser Hilfestellung veranlasst. Angeblich ließen die Fürsten nur dann die Gefangenen frei, wenn es den Juden gefalle. Die Juden trugen durch ihr Verhalten zur Schande und zum Niedergang der Kirche bei. Der Graf von Nevers sollte sich vom

Aberglauben der Juden fernhalten und gegen sie vorgehen, damit sich nicht die Feinde des Kreuzes über seine Diener erhoben.

In diesem Brief, dessen Gedankengängen man eine Reihe anderer an die Seite stellen kann, ist alles enthalten, was sich von nun an im Verhältnis der Päpste zu den Juden ändern sollte. Von einer dem Charakter nach rein religiösen Judenfeindschaft kann keine Rede mehr sein. Hier wird systematisch ein Feindbild aufgebaut. Das alltägliche Verhalten der Juden wird diffamiert und als den Christen gefährlich dargestellt; ja das jüdische Wirken bringt die Christen und ihre schwächsten Glieder, nämlich die Witwen und Waisen, an den Rand des Ruins. Zweifellos geht es dabei um die Beseitigung sozialer Missstände. Fraglich bleibt nur, wie einflussreich die Mitwirkung der Juden an diesen Vorgängen tatsächlich war. Dass sie in den Diensten einflussreicher Adeliger, darunter auch von Fürsten und Königen, standen, ist richtig. Es ist nur hinzuzufügen, dass die Juden wohl keine andere Wahl hatten, als sich in den Dienst der Absichten der Mächtigen zu stellen.

DIE RESTRIKTIVEN JUDENBESTIMMUNGEN DES IV. LATERANKONZILS

Um diese Entwicklung in größerem Zusammenhang zu verstehen, müssen wir uns den Bestimmungen des IV. Laterankonzils zuwenden; diese wurden in hohem Maße traditionsbildend für die Behandlung der Juden.[114]

Wie bedeutsam die Frage des Kreditwesens und seiner für manche Bevölkerungsteile tatsächlich verheerenden Folgen war, erhellt die Tatsache, dass die Geldangelegenheiten an der Spitze derjenigen Bestimmungen stehen, von denen die Juden betroffen waren. Wir haben diese Bestimmung im Kapitel über die Traditionsbildung bereits ausführlich zitiert. Der Papst stellte fest, dass sich die Christen mehr und mehr von Geldgeschäften zurückzogen, die Juden hingegen (wörtlich spricht der Papst von der »perfidia Iudeorum«, der personifizierten »Niedertracht der Juden«) sich dieser Praxis immer intensiver widmeten und in kurzer Zeit die finanzielle Kraft der Christen aussaugten. Da geht es um Ökonomie, verantwortlich gemacht wird aber die Hartnäckigkeit des Unglaubens der Juden. Wo bleibt hier der Sinn einer sorgfältigen Trennung von Antijudaismus und Judenfeindschaft aus anderen Wurzeln? Der Papst meinte, dass die Christen dem päpstlichen Wunsch, Darlehen gegen Zinsennahme möglichst einzuschränken, Folge leisteten. Es ist wohl ziemlich einleuchtend, dass es sich dabei um eine bloße Behauptung handelte. Vorausgreifend muss man sagen, dass diese Versuche des Papstes und der Kirche fehlschlugen. Erstens konnten die Päpste die Geschäfte der Lombarden, privilegierter, christlicher Geldverleiher, nicht verhindern, und zweitens wurde es seit dem Ende des 14. Jahrhunderts den Bürgern vieler Städte gestattet, Geld gegen Zinsen zu verleihen. In seinem Bestreben, die Christen vor exzessiver Unterdrückung durch die Juden zu schützen, ließ der Papst durch die Synode folgende Bestimmung festsetzen: Wenn ein Jude unter irgendeinem Vorwand von einem Christen schwere und übermäßige Zinsen verlange, solle ihm der weitere Kontakt mit Christen verweigert werden, und er habe Entschädigung zu leisten. In der einschränkenden Wortwahl zeigt sich allerdings die begrenzte Macht des Papstes auf diesem Gebiet bzw. sein Sinn für Realität. Es ging nur um die *übermäßigen* Zinsen. Innozenz wusste selbst, dass in einer Zeit von Planungen für einen neuen Kreuzzug das Kreditwesen intakt bleiben musste. Das Kontaktverbot wurde durch die Drohung mit der Exkommunikation verstärkt und effizient. Ein Christ, der mit einem solchen »Wucherer« verkehrte, verfiel dem Kirchenausschluss. Diese Vorgangsweise, die Innozenz nicht erfunden hatte, aber konsequent und eindeutig anwendete, kann als indirekte Herrschaft über Juden gedeutet werden. Auch die Fürsten wurden ermahnt, die Juden in ihrem Tun nicht zu unterstützen, sondern sie davon abzuhalten. Als Anhängsel zu dieser fundamentalen »finanzpolitischen« Maßnahme kamen gleich die kirchlichen Einnahmen zu Sprache: Mit gleichen Mitteln (Kontaktverbot) sollten die Juden dazu gezwungen werden, Ersatz- und Zehntzahlungen von Grundstücken und Häusern zu leisten, die, weil sie ihnen gehörten, nicht (mehr) von Christen bewohnt werden konnten. Diese Maßnahme sollte – und das unterstrich Innozenz ganz offen – das Kirchenvermögen erhalten.

Sieht man von dieser kircheninternen Maßnahme ab, handelt es sich bei der einschneidenden Einschränkung des Geldgeschäftes der Juden um eine sehr weitreichende Entscheidung. Jacques Le Goff hat in seiner Biografie über Ludwig den Heiligen von Frankreich darauf hingewiesen, dass es eine Aufgabe der Kirchenpolitik des 13. Jahrhunderts war, den dominierend werdenden Einfluss der Geldgeschäfte abzuschwächen bzw. den damit verbundenen moralischen Problemen zu begegnen.[115] Die Folgen für die künftige Geschäftätigkeit der Juden waren unterschiedlich. In Westeuropa ging das Kreditgeschäft der Juden deutlich zurück, insbesondere während der Regierungszeit Ludwigs des Heiligen in Frankreich. In Mitteleuropa hingegen, wo sich die Städte im 13. Jahrhundert rasch entwickelten, konnten die Fürsten auf die Kredite der Juden noch lange nicht verzichten. Bei aller Schärfe und auch Judenfeindlichkeit hatte Innozenz aber immerhin das Augenmaß, nicht das gesamte Kreditgeschäft zu untersagen, sondern nur gegen »exorbitante« Zinsen einzuschreiten. Trotzdem hatten die von päpstlicher Seite erhobenen Vorwürfe gewichtige Folgen für die moralische Beurteilung der Juden. Die überhöhte Zinsennahme wurde zu einem Standardvorwurf gegen sie, weit über das Mittelalter hinaus, erhoben. Noch Leo XIII. unterstellte den Juden Materialismus und leitete davon schwere Gefahren für die Christenheit ab. Eine zweite Entwicklung, die damit angestoßen wurde, betrifft die mit der moralischen Kritik an den Juden einhergehende Kriminalisierung ihrer Geschäfte, die nun über die theologische Wucherkritik hinaus eine judenfeindliche Konstante darstellt, die für die Juden immer wieder eine Existenzgefährdung darstellen sollte. Es blieb also nicht die bloße kirchenrechtliche Bestimmung in ihrer teilweise ausgewogenen Formulierung für die Tradition bestimmend, sondern es war den bestimmenden Personen, ob Päpsten oder anderen geistlichen oder weltlichen Entscheidungsträgern, bewusst, aus welchen Motiven das Geldgeschäft der Juden kritisiert und schließlich verteufelt wurde. Die Motive und ihre Interpretation standen auf einer festen Grundlage, dem Misstrauen gegen die Juden bei ihrem Agieren in der christlichen Gesellschaft, deren Feinde sie waren.

Dieses Misstrauen gegen das Geldgeschäft und Geschäfte im Allgemeinen reichte aber weiter. Seinen Ausgangspunkt hatte es wohl in der schon im 4. Jahrhundert auftauchenden Empfehlung, dass sich Geistliche nicht mit Handel beschäftigen sollten. Zwar legten die lateinischen Übersetzer des ursprünglich griechisch verfassten Verbotes den Sinn der Bestimmung unterschiedlich aus, doch verbreitete sich die Vorstellung, dass Gewinn aus Handelstätigkeit anrüchig sei. Zwischen dem ausgehenden 11. und dem 13. Jahrhundert nahm die Kirche gegenüber diesen Geschäften eine immer härtere Haltung ein. So heißt es in der

Lebensbeschreibung eines ehemaligen Händlers, der Bauer geworden war, Guidos von Anderlecht: »Es gibt gewisse Tätigkeiten, die man nur schwierig oder überhaupt nicht ausüben kann, ohne schwere Sünde zu begehen…« Noch bedeutsamer ist, dass es im Decretum Gratiani heißt: »Der Händler kann nur schwer oder sogar nie Gott gefallen.« 1179, zur Zeit des III. Laterankonzils, als sich das Kreditgeschäft bereits ausgebreitet hatte, erhob der Papst im Kanon 25 Klage gegen den Wucher: »Überall oder fast überall hat sich der Frevel des Wuchers eingeschlichen, so sehr, dass viele die anderen Geschäfte vernachlässigen, um sich ganz den Wuchergeschäften zu widmen, als wären sie erlaubt… Folglich bestimmen wir, dass die notorischen Wucherer nicht zum Altarsakrament zugelassen werden können, und wenn sie in dieser Sünde sterben, wird ihnen das christliche Begräbnis verweigert.« So ist das Verhalten der älter gewordenen Lombarden, der italienischen Geldverleiher zu erklären, dass sie in ihre Heimat zurückkehrten und mit Stiftungen an Kirchen Schadenersatz leisteten und damit ihr Seelenheil zurückgewannen. Trotzdem blieb die Haltung der Theologen nicht einheitlich. Gerade auf dem III. Laterankonzil, bei dem gegen den Wucher Maßnahmen durchgesetzt werden sollten, nahm der Papst auch die Händler in den Gottesfrieden auf.

Gegenüber der Geldwirtschaft entstanden in der Kirche Widersprüche. Das Streben nach evangelischer Vollkommenheit verlangte die Orientierung am Armutsideal, die Aufrechterhaltung von Machtpositionen nach einer Beteiligung an den Geldgeschäften. Daraus entstand ein vorübergehender zorniger Widerstand gegen die Geldwirtschaft, eine Furcht vor dem verderblichen Einfluss des Geldes. Insbesondere der Kredit gegen Zinsen wurde als Diebstahl, als Wucher betrachtet. Diese Art des Darlehens wurde auch abgelehnt, als die Kanonisten in Italien und Paris im Bereiche des Seehandels Darlehen erlaubten, wenn ein Risiko mit dem Geschäft verbunden war. Die Beurteilung dieser Frage wurde bereits um 1160 zunehmend differenziert behandelt, etwas später begannen sich einige Theologen auch mit der Frage der Verzinsung zu beschäftigen. Aus der Schule des Petrus Cantor, der ja in einem engen Verhältnis zu Papst Innozenz III. stand, stammte auch Robert von Courçon, der in seiner Untersuchung »De usura« über die Zinsen erklärte, dass zwischen dem als Darlehen ausgezahlten Betrag und der Rückzahlung ein kleiner Unterschied bestehen dürfe. Dies schlug sich dann in der Formulierung des Papstes »moderate Zinsen« nieder.

Für die Juden bedeutete diese Entwicklung, dass sie in der christlichen Gesellschaft das Darlehensgeschäft ausüben konnten, soweit dies auf den moralischen Grundlagen der Religion möglich war (von rabbinischer und gelehrter Seite gab es gerade im 13. Jahrhundert daran grundsätzliche Kritik). Trotzdem blieb das Misstrauen gegen diese Art der Beschäftigung erhalten bzw. verstärkte sich, indem man Juden die Berechnung zu hoher Zinsen und überhaupt betrügerische Machenschaften im Zuge derartiger Geschäfte vorwarf. Das bezog sich z. B. auf die Fälschung von Schuldurkunden und der Siegel. Es blieb der weltlichen Gewalt vorbehalten, gegen diese angeblichen Betrügereien, die in Einzelfällen wohl ihren realen Hintergrund hatten, Methoden der Kontrolle zu entwickeln. Eine dieser Methoden bestand in der Anlage von so genannten Judenbüchern, in denen jede Kreditvergabe durch einen Juden verzeichnet werden sollte. Dieses System funktionierte mehr schlecht als recht und wenn überhaupt nur in kleineren Herrschaftsbereichen oder kleinen Städten. Die Bestimmungen über die jüdischen Darlehen, die auf dem IV. Laterankonzil verkündet wurden, hängen ganz eindeutig von diesen jüngsten Entwicklungen auf dem Gebiete der »Wirtschaftsethik« ab, waren aber auch von dem grundsätzlichen Misstrauen gegen die Juden geprägt, wie es sich in den früheren Briefen des Papstes viel deutlicher zeigt.[116]

Die weiteren Bestimmungen des IV. Lateranums bestätigen diesen Eindruck. Der Papst stellte fest, dass sich Juden und Sarazenen in einigen Ländern durch ihre Kleidung von den Christen unterschieden, in anderen sei dies nicht der Fall. In diesen Ländern käme es deshalb irrtümlich zu sexuellem Verkehr von Christen mit jüdischen bzw. muslimischen Frauen oder umgekehrt. Damit der Irrtum nicht als Entschuldigung für eine solche Sünde dienen konnte, bestimmte der Papst, dass Juden und Sarazenen sich durch ihre Kleidung von der übrigen Bevölkerung abheben sollen, sodass man sie deutlich erkenne. Bezüglich der Juden wies er darauf hin, dass ihnen dies durch Moses Gesetz ohnehin vorgeschrieben sei. Diese Bestimmung war zweischneidig. Für die Juden war es bei Verfolgungen lebensgefährlich, als Juden erkannt zu werden, und daher hatten einzelne Rabbiner gestattet, auf etwaige Bekleidungsvorschriften nicht zu achten. Die Einführung eines jüdischen Zeichens

125

stieß zu allen Zeiten auf Probleme. So führte die Verpflichtung, den Gelben Ring zu tragen, wie sie z. B. Ferdinand I. 1555 wieder oder neu einführte, zu Überfällen auf Juden, denn der Anzeiger sollte das Gewand des Juden erhalten. So regte sich auch von Seiten der christlichen Behörden oft Kritik an dieser Maßnahme. Dass die Kleidervorschriften bzw. das Tragen eines Judenzeichens in der heutigen Betrachtung einen besonders diffamierenden Beigeschmack haben, liegt an der überwältigenden symbolischen Bedeutung und der Verurteilung des Gelben Sterns. Das Judenzeichen, wie es Innozenz gebot, scheint eines der konkretesten Beispiele dafür zu sein, wie die Geschichtsschreibung des 19. und 20. Jahrhunderts nationalsozialistische Politiker zu atavistischen Maßnahmen bringen konnte.

Zur Passionszeit und am Ostersonntag sollten die Juden sich nicht in der Öffentlichkeit zeigen. Der Papst wollte gehört haben, dass Juden an solchen Tagen besonders geschmückt ausgingen und sich über die trauernden Christen lustig machten. Diese alte, schon auf Konzilien der Merowingerzeit gefasste Bestimmung taucht noch in der weltlichen Gesetzgebung des 18. Jahrhunderts in der Form auf, dass neben dem Ausgehverbot am Karfreitag auch die Fenster in den jüdischen Häusern verschlossen werden mussten. Dabei ist zu beachten, dass das christliche Oster- und das jüdische Pessachfest auf den gleichen Termin fallen konnten und sich die aufgestauten Konflikte leicht entladen konnten.

Eine zunächst wenig beachtete Bestimmung des Konzils bezieht sich auf die Bestrafung von Lästerungen, die sich gegen den Erlöser richteten. Das Verfahren gegen solche Vergehen sollten die weltlichen Herrscher führen. Zusammen mit der wenige Jahrzehnte später erfolgten Verdammung des Talmuds, nicht zuletzt aus dem Grund, dass er angeblich Schmähungen gegen Jesus und Maria enthielt, bekam diese Bestimmung einige Brisanz. Manche jüdische Schriften, wie etwa die Geschichten Jesu, die berühmten Toldot Jeschu, machten sich recht handfest über Inhalte der Synopse lustig und boten dadurch eine Handhabe, auf der Basis des Blasphemievorwurfs, Vertreibungen und sogar Verfolgungen zu begründen. Die frevelhaften Bücher der Juden, die solche Schmähungen enthielten, wurden zum Topos im Rahmen von Vorwürfen gegen die Juden.

Doch damit des Sprengstoffs gegen die Juden nicht genug. Die Schmähungen wurden bereits von Innozenz als Tatsache genommen, als er im § 69 der Konzilsbestimmungen mit den berühmten Worten »Cum sit nimis absurdum« über das Ämterverbot zu sprechen begann. »Weil es völlig lächerlich ist, dass jemand, der Christus schmäht, Macht über Christen ausübt, erneuern wir mit Rücksicht auf die Dreistigkeit der Übertreter, was das Konzil von Toledo dazu bestimmt hat. Wir verbieten, den Juden die höhere Stellung eines öffentlichen Amtes zu geben, weil ihnen das einen Vorwand geben kann, ihren Zorn gegen Christen zu richten.«

Gegen einen Fürsten – und nur dieser konnte solche Ämter vergeben –, der diese Bestimmung übertrat, sollte das zuständige Provinzialkonzil vorgehen, das jedes Jahr zusammentreten sollte. Auf diesem Konzil sollte eine geeignete Vorgangsweise festgelegt werden, um solche Ernennungen zu verhindern. Die Absetzung des jüdischen Amtsträgers hatte unter beschämenden Begleitumständen zu erfolgen, die vom Papst ausdrücklich eingefordert wurden. Ferner setzte es voraus, dass sich der betreffende Jude bei Ausübung seines Amtes ungerechtfertigt an armen Christen bereichert hätte, und verlangte die Rückzahlung der Einnahmen auf Druck des zuständigen Bischofs. Eine wesentliche Rolle spielte wieder das Verbot, mit dem noch nicht abgesetzten Amtmann wirtschaftlichen oder sonstigen Kontakt zu pflegen.

Aus den überlieferten Dokumenten lässt sich nicht erkennen, wie groß die Zahl der jüdischen Amtsträger im lateinischen Westen war. Die Zeugnisse liegen chronologisch weit auseinander; die ältesten Hinweise stammen noch aus dem 12. Jahrhundert und im Laufe des 13. Jahrhunderts nehmen die diesbezüglichen Nachrichten zu. In Frankreich sollen in der Zeit Ludwigs VII. (1137–1180) Juden als Prévots tätig gewesen sein, und dies würde bedeuten, dass sie Anteil an der Ausbildung der Fundamente der französischen Verwaltung hatten. Die Prévots waren die entscheidenden Beauftragten des Königs in den Regionen, verfügten über Gerichts- und Polizeigewalt und zogen verschiedene königliche Abgaben ein. Aus dem Reichsgebiet kennen wir seit dem ausgehenden 12. Jahrhundert Juden, die als Münzmeister gewisse Herrschaftsrechte ausübten, Zolleinheber mit ihrer Mischung aus ökonomischer und politischer Macht stellten und schließlich wiederum bei der Abgabeneinhebung für Fürsten tätig waren. Selbst die Kirche bediente sich einiger Juden bei der Erhebung des Kreuzzugzehnt – wenn es günstige Aussichten nahelegten, verstießen auch die Kirche und der Papst gegen die eigenen Anordnungen. Der Grund für die Übergabe von Ämtern und Juden lag an deren Finanzkraft und ökonomischer Kompetenz. Der jüdische Amtsträger, der sein Amt meist im Rahmen eines Pachtvertrags übernahm, schoss dem Empfänger der jeweiligen Abgabe das Geld vor und holte es sich bei denen, die zur Abgabe verpflichtet waren, möglichst mit Gewinn zurück. Dieses Pachtsystem erstreckte sich auf alle Funktionen, bei denen es auch um Einnahmen ging, wie z. B. das Amt des Stadtrichters, von dem Juden natürlich ausgeschlossen waren. Die wirtschaftliche Seite des Pachtsystems bot aber auch Argumente, dass es sich eben nicht um eine herrschaftlich zu definierende Tätigkeit handelte. Juden tauchten demnach trotz der Verbote in solchen Funktionen immer wieder auf.

Das hier vorgestellte Ämterverbot gehört in gewisser Weise zum weiten Problemkreis des Geldverkehrs, berührt aber natürlich auch das Problem der Gewaltausübung von Juden über Christen, was ja auch am Beginn des Kanon 69 entsprechend betont wird. Wieder ist deutlich auf die herabsetzende Absicht dieser Bestimmung hinzuweisen: Mit Schmach und Schande sollen sie ihr Amt verlieren. Ist es bei der Häufung solcher Ausfälle gegen die Juden übertrieben, von einer Lehre der Verachtung zu sprechen, die aus jedem Halbsatz herauszulesen ist?

Doch noch nicht genug – die Tür zu weiterem Neuen öffnete sich: Juden, die zum Christentum übergetreten waren, gerieten in Verdacht, Reste ihres alten Glaubens bewahrt zu haben. Durch eine solche Vermischung wurde nach Auffassung des Papstes die Schönheit des Christentums befleckt. Diese fluchwürdige Mischung erklärte Innozenz offenbar den Juden an einem ihnen geläufigen Beispiel: Selbst bei der Kleidung sei die Mischung von Leinen und Wolle verboten. Die Prälaten wurden angewiesen, darauf zu achten, dass die getauften Juden nicht mehr ihre alten Riten beobachteten und sie dazu auch zu zwingen seien. Ein geringeres Übel sei es, den Weg des Herrn nicht zu erkennen, als nach der Erkenntnis rückfällig zu werden. Die Anfänge der Inquisition gegen die Neuchristen werden erkennbar.

Und zuletzt das ungeschminkte Gesicht der Kreuzzugspolitik: Die weltliche Macht sollte die Juden zwingen, den Kreuzfahrern die Zinsen zu erlassen. Jenen, die ihre Schulden im Augenblick nicht zahlen konnten, sollten die Fürsten einen Zahlungsaufschub verschaffen. Die Rückzahlungsbedingungen enthielten rücksichtslose Eingriffe in die Geldgeschäfte der Juden, die zeigen, wie schwach die vermögensrechtliche Position der Juden wurde. Diese Schwächung hatte nicht nur der Papst zu verantworten – aber was war die Bulle »Sicut iudeis« wert, die den Juden die Verfügunggewalt über ihre Habe garantierte, wenn man derart in ihre Geschäfte eingriff?

Selbst nach mittelalterlichen Begriffen: Haltung und Gesetzgebung des mächtigen Innozenz signalisieren im Bereiche der Motive und der Auswirkungen judenfeindliche Kräfte. Auch das floss in die Tradition ein: der feindliche Ton, jeder Satz ein Vorwurf – wo blieb die *clementia*, die Milde gegenüber den Unterworfenen? Man kann es drehen und wenden, wie man will: Der bedeutendste Papst des Mittelalters, der das Papsttum am Höhepunkt seines Einflusses repräsentierte, war ein Judenfeind, der, auch wenn man es vorsichtig formuliert, zumindest von Misstrauen gegen die Juden zerfressen war. Das IV. Laterankonzil und die in seiner Folge stattfindenden Provinzialkonzilien, so z. B. jenes in Wien im Jahre 1267, haben noch in den Köpfen des 20. Jahrhunderts furchtbares Unheil angerichtet, wofür man Innozenz natürlich nicht verantwortlich machen kann. Anders verhält es sich mit der Verantwortung gegenüber Apologeten der Kirche im 20. Jahrhundert. Der päpstlich-kirchliche Einfluss auf den Antisemitismus der neuesten Zeit ist mit Händen zu greifen, auch wenn er nur über historisch-antiquarische Methoden den modernen Politikern bekannt wurde. Die Päpste hatten es längst verabsäumt, sich von dieser Tradition zu lösen und sie zu bekämpfen.

Die Konstruktion solcher Langzeitwirkungen ist natürlich problematisch und soll hier lediglich einen zugegeben etwas polemischen Denkanstoß geben. Wichtiger ist die Wirkung des großen Innozenz auf seine unmittelbaren Nachfolger, die als die Patrone bei der Entwicklung des Kirchenrechts (Kanonistik) und neuer Konstellationen im päpstlich-jüdischen Verhältnis eine gegenüber ihm modifizierte, aber ebenso akzentuierte Rolle spielen sollten.

Neuntes Kapitel

DAS SIEGREICHE PAPSTTUM

Die Entstehung päpstlicher Herrschaft über die Juden

*Die Wernerkapelle in Bacharach am Rhein. Sie erinnert an
einen angeblichen jüdischen Ritualmord, dem am Gründonnerstag 1287
ein junger Christ namems Werner von Oberwesel erlegen sein soll.
Viele Juden an Rhein und Mosel wurden daraufhin erschlagen oder vertrieben;
Werner genoss Verehrung als heiliger Märtyrer.*

DIE UNTERWERFUNG DER JUDEN UNTER DIE PÄPSTLICHE GERICHTSBARKEIT

Die wichtigste Neuerung der folgenden Jahrzehnte bestand in der Etablierung einer direkten Gerichtsbarkeit des Papstes über die Juden. Dieser theologisch und rechtlich komplexe Vorgang hat mehrere Wurzeln, von denen einige bereits erwähnt wurden.

Bis in die Mitte des 12. Jahrhunderts, d. h. bis in die Zeit Gratians, übten kirchliche Gerichte (und damit sind vor allem bischöfliche Gerichte gemeint), nur unter besonderen Umständen Gerichtsbarkeit über Juden aus, nämlich nur dann, wenn es sich um Gegenstände der temporalen (weltlichen) Gerichtsbarkeit handelte. Denn die weltliche Gewalt hatte über die Juden zu richten. Dies leitete sich aus der kaiserlichen Gesetzgebung des Römischen Reichs ab und setzte sich in den Kapitularien und Privilegien der Karolingerzeit fort. Als die Bischöfe an der kaiserlich/königlichen Herrschaft teilnahmen, übten sie in diesem Rahmen auch Gerichtsbarkeit aus. So heißt es bereits 1084 im Privileg, das Bischof Rüdiger von Speyer den Juden erteilte, dass Streitigkeiten unter ihnen zunächst von ihrem Gemeindevorsteher zu entscheiden seien, wenn dieser aber zu keiner Lösung komme, sollte die Sache vor den Bischof oder seinen Kämmerer gebracht werden.[117] Daraus ergibt sich eine wichtige Differenzierung, die bei der Behandlung dieses Problemkomplexes zu beachten ist: Es ist nämlich zwischen einer allgemeinen Gerichtsbarkeit und einer solchen, die sich auf Gegenstände des Kirchenrechts bezogen, zu unterscheiden.

Wenn sich also die Rechtsprechung der Kirche auf einen oder mehrere Juden bezog, war der Anlass eine sachliche Zuständigkeit eines geistlichen Gerichts. Walter Pakter sah den ersten wichtigen Schritt zur Entwicklung direkter Gebote und Verbote, die sich an die Juden richteten, in einer Dekretale Alexanders III. Der Papst gebot einem Bischof, dass die Juden am Karfreitag ihre Türen und Fenster nicht geöffnet, sondern geschlossen halten sollten.[118] Und zwar sollte der Bischof dieses Verbot gestützt auf die päpstliche und auf seine eigene *auctoritas* aussprechen. *Auctoritas* bezeichnet die Amtsgewalt und Machtfülle der Bischöfe bzw. geistlicher Würdenträger. Jedenfalls konnte der Bischof im Namen des Papstes und seiner eigenen Würde, den Juden ein bestimmtes Verhalten gebieten. Die Bestimmung war nicht neu und wurde bislang von Konzilien ausgesprochen, wobei die weltliche Gewalt dafür zu sorgen hatte, dass auch in der Praxis der erforderliche Druck auf die Juden ausgeübt wurde. In der Sache selbst – Verhalten der Juden am Karfreitag – ging es um eine religiös-kirchliche Angelegenheit, von daher ergab sich eine Zuständigkeit der bischöflichen Gewalt. An diesem Punkt ging es vorläufig nur darum, eine Anordnung den Juden direkt kundzutun, noch gab es keine Methode, die Anweisung durchzusetzen. Zur Befehlsgewalt musste die Straf- und Exekutionsgewalt treten. In diesem Punkt war Gratian in Übereinstimmung mit Paulus eindeutig: Eine Strafgewalt gegenüber den »Außenstehenden« existierte nicht. Gratian meinte, dass man den Ungläubigen mit hilfreichen Ermahnungen, aber nicht mit Bestrafung begegnen sollte. Ihre Bestrafung sei nämlich Gott zu überlassen. »Denn wir können keine Aufsicht über sie ausüben, weil sie unseren Gesetzen nicht unterworfen sind und wir ihre uns bekannten Verbrechen nicht eindeutig nachweisen können.«[119] Gratian bewies seine Ansicht mit einer einschlägigen Stelle aus dem 1. Korinther-Brief.

Das traditionelle Rechtsgut, wie es aus den Sitzungen der Konzilien hervorgegangen war, erfuhr eine neue, man muss sagen recht gewagte Interpretation durch den vielleicht einflussreichsten Theologen des späten 12. Jahrhunderts – Huguccio von Pisa. Dieser stand in einem engen Verhältnis zu Innozenz III. und beeinflusste den Papst in juristischen Fragen. Die ältere Forschung hielt ihn sogar für einen Lehrer des späteren Papstes in Bologna.

Huguccio interpretierte frühmittelalterliche Konzilstexte, um zu beweisen, dass die Kirche die Befehls- und Strafgewalt gegenüber Juden innehatte. So war auf dem berühmten und – was die Juden betrifft – berüchtigten IV. Konzil von Toledo auch die Frage zur Sprache gekommen, ob Juden öffentliche Ämter bekleiden dürften. Die versammelten Väter hatten dies verneint und Huguccio zog daraus den Schluss, dass die Kirche einen derartige Anordnung erteilen und überwachen konnte.

Er kümmerte sich nicht weiter darum, dass das westgotische Konzil seinerzeit nur entscheiden konnte, weil es von König Sisebut dazu autorisiert war.[120] War Huguccio ein intellektueller Taschenspieler oder einfach ein Gefangener seines Zeitgeistes? Konnten sich die Zeitgenossen nach dem von der Kirche über den Kaiser davongetragenen Sieg (in der großen Auseinandersetzung zwischen Alexander III. und Kaiser Friedrich Barbarossa musste der Kaiser 1177 im Frieden von Venedig zurückweichen) überhaupt noch vorstellen, dass ein weltlicher Herrscher einem Konzil seine Entscheidungsgewalt übertragen konnte? Das Bild eines den Konzilien vorsitzenden Kaisers passt überhaupt nicht zu den Lateransynoden – offenbar stimmte das alte Bild der Synoden nicht mit dem Vorstellungs- und Motivationshorizont dieser Zeit überein, wenn sich ein Historiker überhaupt in solche mentalitätsgeschichtlichen Vermutungen einlassen darf. Solches Misstrauen lohnt, denn in Frankreich und England fanden Huguccios Interpretationen unter den Kanonisten keine Zustimmung!

Dass trotzdem mit Huguccio auch die kirchenrechtliche und kirchenpolitische Wende in dieser Frage eingeleitet wurde, zeigt sich daran, dass Coelestin III. und Innozenz III. einen bedeutsamen Schritt in der Frage der Jurisdiktion über Juden wagten, wenn es auch zunächst um indirekten Druck auf die Juden ging. Woher die »Königsidee« des indirekten Drucks stammte, ist nicht festzustellen; jedenfalls ordnete Papst Coelestin 1193 an, dass Juden, die ihre Zehnte nicht bezahlten, vom Verkehr mit Christen ausgeschlossen wurden. Liest man dies so abstrakt, wird dem Leser die Tragweite einer solchen Drohung nicht ganz bewusst. Das bedeutete nämlich: Juden durften keine Rückzahlungen für gewährte Kredite entgegennehmen, durften nichts kaufen oder verkaufen und konnten z. B. auch keinen Prozessen in ihren Geschäftsangelegenheiten beiwohnen. Obwohl sich das Kontaktverbot auf die Christen erstreckte, verstanden alle sehr wohl, worum es ging, und bezeichneten diese Vorgangsweise als »iudicium Iudeorum«, was man als Urteil bezüglich der Juden übersetzen könnte.[121]

Innozenz III., dem Neffen und Nachfolger Coelestins, war so wie einer Reihe von kirchlichen Rechtsgelehrten klar, dass mit dem »iudicium Iudeorum« eine wirksame Exekution päpstlicher Beschlüsse verbunden war. Da Innozenz den Fall Jerusalems, das sich seit der Eroberung Saladins (1187) in der Hand der Sarazenen befand, beklagte (»post miserabile Ierusalimitane regionis excidium...«), forderte er einen neuen Kreuzzug (es war der vierte), dessen Durchführung auch mit »kredittechnischen« Regelungen sichergestellt werden sollte. Dass bei einem solchen Unternehmen die Nachfrage nach Darlehen extrem in die Höhe schnellen würde, war dem Papst wohl klar. Eine Erhöhung der Zinsen in die sprichwörtlich gewordenen »exorbitanten« Höhen war zu erwarten. Innozenz setzte daher alle ihm zur Verfügung stehenden Mittel in Bewegung, um diese Folgen zu verhindern. Er schrieb: »Wenn irgendein Geldgeber wucherische Kredite vergibt, sollt ihr ihn mit gleicher Strafe (?) dazu zwingen, Schadenersatz zu leisten, ohne dass sie dagegen Einspruch erheben können. Wir ordnen an, dass die Juden durch euch, die Fürsten, zur Entschädigung gezwungen werden und dass die weltlichen Mächte dafür sorgen, dass bis zu dem Zeitpunkt, da der Schadenersatz geleistet wurde, den Juden der alltägliche Umgang mit gläubigen Christen versagt bleibt.« Innozenz verstand es, auch die politischen Chancen eines solchen Vorgehens bis zum Äußersten auszureizen, indem er auch die Fürsten in ihrer entscheidenden Position geschickt benützte. Zur Effizienz: Schon 1210, als Innozenz dem Höhepunkt seiner Macht zustrebte, fand die anlassbezogen formulierte Anordnung Eingang in das kanonische Recht, in die damals entstehende dritte Sammlung (Compilatio III). Damit entstand einer jener von der Wirklichkeit losgelösten abstrakten Rechtssätze, der natürlich alles andere als weltfremd war, da er ja aus der Praxis erwachsen war. Derartige Regeln aber als zu verehrende Traditionen zu betrachten, bei deren Entstehung sogar der Heilige Geist mitgewirkt hätte, überfordert das Vorstellungsvermögen des 21. Jahrhunderts; auch das eines um Einfühlsamkeit bemühten Historikers.

Dazu kam ein neuer Gedanke, den erstmals der in Italien lebende spanische Kanonist Vincentis Hispanus aussprach. Juden konnten sich der Kirche freiwillig unterwerfen, indem sie deren Schutz erbaten. Aus der Gewährung des Schutzes folgerte er, dass die Kirche ebenso für den Schutz der anderen vor den Juden zu sorgen habe, insbesondere, wenn die Juden ihr eigenes Gesetz brechen. An dieser Stelle ist nun tatsächlich von einer Konstellation die Rede, die es richtig erscheinen lässt, von einer »doppelten Schutzherrschaft« zu sprechen. Das Phänomen ist zweifelsfrei bedeutsam, kann aber nicht generell das Verhältnis von Päpsten und Juden charakterisieren und schon gar nicht erschöpfend.

Die Zuständigkeit der Kirche, wenn Juden eigene Gesetze brechen, scheint befremdlich. Dies führte dann 1239 dazu, dass sich Gregor IX. berechtigt fühlte, den Talmud als häretische Schrift beschlagnahmen zu lassen. Gregor fällte ein klares Urteil über den Talmud: Die Juden seien mit dem »Alten Gesetz«, das ihnen Gott durch Moses gegeben habe, nicht zufrieden und ignorierten es. Sie behaupten, Gott habe Moses mündlich ein anderes Gesetz offenbart, das sie Talmud nennen. Auf dieser Grundlage war es Vertretern der Kirche möglich, in alle Bereiche des jüdischen Rechts, ja bis in das alltägliche Verhalten der Juden korrigierend einzugreifen.

Dazu eine relativ aktuelle Geschichte, die ich in den 1980-er Jahren auf einem Flug nach Israel selbst erlebt habe. Ich saß neben dem inzwischen verstorbenen Bischof einer österreichischen Stadt, und eine jüdische Mutter mit einem Kleinkind im Arm fürchtete sich beim Start der Maschine. Der Bischof nahm sie in seinen Schutz, indem er der Mutter ein kleines Kreuz übergab. Als er wieder neben mir Platz nahm, erklärte er mir seine Zuständigkeit in diesem Fall an einem weiteren Beispiel: In seiner Stadt lebte nach der Schoa eine einzige jüdische Familie. Als er eines Tages am Samstagnachmittag am Haus dieser Familie vorbeikam, bemerkte er, dass die Fensterläden geöffnet waren, obwohl der Sabbat noch nicht zu Ende war. Er eilte in das Haus und erklärte dem etwas erstaunten Hausherrn, er habe als gläubiger und anständiger Jude sofort die Fensterläden zu schließen und erst bei Sonnenuntergang wieder zu öffnen. Als Ortsordinarius habe er sich auch um das spirituelle Wohl der Juden und die Einhaltung ihrer Gesetze zu kümmern.

Ob das Schließen der Fensterläden nun wirklich den Ruhengesetzen am Sabbat entsprach, sei dahingestellt, die sollicitudo (die Besorgnis) als Teil der bischöflichen Verpflichtungen auch hinsichtlich der Juden auf der Basis der Lehren der Zeit um 1200 wird aus dieser charmanten Geschichte hinlänglich klar.

Zurück ins Mittelalter. Wir kennen an sich wenige Fälle, dass sich Juden oder auch einzelne Juden unter den Schutz der Kirche begaben. Papst Honorius III. zögerte lange, ehe er dem bekannten Hofarzt Jakobs I. von Aragón ein Privileg ausstellte. »Sicut iudeis« ist in diesem Zusammenhang, wie wir gesehen haben, äußerst vorsichtig zu beurteilen. Eine ausdrückliche Schutzerklärung, die sich an die Juden richtete, fehlt. Ferner richtete sie sich seit Honorius III. nachweisbar an christliche Empfänger, was bei der gerade damals stattfindenden Durchdringung von direktem und indirektem rechtlichem Umgang mit den Juden vieldeutig sein könnte.

Aus dem Gedanken einer Verantwortlichkeit ergab sich natürlich der naheliegende Schluss, dass der Papst und die Kirche auch zuständig waren, wenn Juden Delikte begingen. 1212 forderte Innozenz III. nach einer Tätlichkeit, die Juden an einem Kleriker begangen hatten, den Bischof von Langres auf, die Juden zu bestrafen, wenn sie unter seiner temporalen Herrschaft standen. Sollte das nicht der Fall sein, konnte der Bischof den Inhaber der Herrschaft über die betreffenden Juden auffordern, gerichtlich tätig zu werden. Verweigerte dieser die Bestrafung der Juden, dann sollte das »iudicium Iudeorum«, also der Boykott, angewendet werden. Der Unterschied zu den bisherigen Fällen liegt darin, dass es sich um ein strafrechtlich zu verfolgendes Vergehen der Juden handelt. Mit diesen Schritten wurde eine Wand durchbrochen und die direkte Gerichtsbarkeit über Juden begann sich rasch auszudehnen. Bald betraf es nicht nur mehr einzelne Juden, sondern auch jüdische Gemeinden. Dieser Entwicklung entspricht es, dass der Papst auch in weltlich-politischen Angelegenheiten in wachsendem Maße Entscheidungen an sich zog. Eine moralisch-religiöse Seite eines Konflikts ließ sich ja in jedem Fall entdecken, wenn man nur wollte. Wenn nun der Papst Kaiser und Könige zur Verantwortung zog, wer sollte ihn daran hindern, dies auch mit den Juden zu tun?

Wir haben bereits gesehen, dass die Überprüfung des Talmuds im Auftrag Gregors IX. und seine Verwerfung als häretische Schrift, weil er angeblich Blasphemien gegen christliche Positionen enthielt, ein wesentlicher Schritt zur geistig-geistlichen Herrschaft über die Juden war. Im Zusammenwirken mit dem französischen König und der Pariser Universität hatte der Papst eine günstige Situation genutzt, um in einen generellen Bereich vorzustoßen, von dem aus es möglich war, die Juden grundsätzlich zu kritisieren, wenn nicht gar zu verdammen. Dieses Recht leitete Gregor aus der Tatsache ab, dass die französischen Juden seinen Schutz gesucht hatten. Eine solche Konstellation konnte sich ändern. Leidenschaftslos wandte sich Gregors Nachfolger Innozenz IV. der Frage zu, auf welcher Grundlage der Papst dauerhaft Herrschaft und Gerichtsbarkeit gegenüber den Juden begründen konnte.

In seinem bekannten Kommentar zur Dekretale Innozenz III. »Quod super his«, in der es um den Wirkungsbereich der päpstlichen Autorität ging, schrieb Innozenz Folgendes:»Wir glauben, dass der Papst als Stellvertreter Christi nicht nur über Christen Gewalt hat, sondern auch über alle Ungläubigen, denn Christus herrschte über alle … Er gab Petrus und seinen Nachfolgern (und als solche sahen sich ja die Päpste und führen bis heute diesen Titel) die Schlüssel für das Himmelreich, die Gewalt zu binden und zu lösen und die Verantwortung für seine Herde. Jedoch alle Ungläubigen und Gläubigen gehören durch die Schöpfung zu Christi Herde, auch wenn sie keine Lämmer der Kirche sind. Und daher wird klar, dass der Papst Gerichtsbarkeit und Gewalt über alle Menschen ›de iure‹ ausübt, aber nicht ›de facto‹. Ich glaube, dass der Papst auch die Völker (gemeint sind die nichtchristlichen Völker) durch diese Macht bestrafen kann, wenn sie das Naturrecht, dem auch sie unterliegen, verletzen. So bestrafte Gott die Leute von Sodom, als sie das Naturrecht verletzten. Die Gerichtsbarkeit Gottes ist Vorbild für uns. Ich verstehe nicht, warum der Papst als Stellvertreter Christi nicht das Gleiche tun kann.

Der Papst kann über Juden sogar urteilen, wenn sie das Gesetz (die Tora) im moralischen Sinne verletzen, wenn ihre Oberen sie nicht bestrafen und ebenso, wenn sie Häresien über Gottes Gesetz verbreiten. Aus diesem Grund haben die Päpste Gregor und Innozenz die Verbrennung des Talmuds angeordnet, in dem eine Menge häretischer Lehren enthalten sind …«

Mit dieser Lehre war das Werk der päpstlichen Jurisdiktion über die Juden vollendet. Der Papst gewann damit Freiheit von »günstigen Gelegenheiten« und konnte hoffen, ohne Störungen die vielen Konfliktstoffe, die sich nun in der Auseinandersetzung mit den Juden angehäuft hatten, in seinem Sinne zu entscheiden.

Der bedeutende Kanonist Heinrich von Susa, auch Hostiensis genannt, gab der Auffassung noch einen anderen Rahmen: Die Juden waren zumindest mittelbar der päpstlichen Gewalt untergeordnet, weil sie Untertanen des Heiligen Römischen Reiches waren, das selbst dem Papst unterstand. Seine Lehre von der mittelbaren Herrschaft des Papstes über die Juden wurde vor 1250 formuliert. Etwas später erklärte er, dass eine Reihe von Bestimmungen des kanonischen Rechts direkt auf die Juden angewendet werden können. Dazwischen lag der Tod Kaiser Friedrichs II. im Jahre 1250, der das Reich zu einer virtuellen Vorstellung machte. Das persönliche Ansehen Ludwigs IX. von Frankreich entwickelte sich zwar rasch, doch beruhten die Grundlagen seines Herrscherverständnisses so stark auf kirchlichen Grundlagen, dass er als Gegenspieler der geistlich-päpstlichen Gewalt keine Statur gewinnen konnte. Diese Abhängigkeit zeigt sich ja gerade auch in der Behandlung der Juden in Frankreich während seiner Regierungszeit; der König erwies sich in Theorie und Praxis als Judenfeind.

Damit sind wir in einem »weltpolitischen« Bereich gelandet. In diesen weit gesteckten Rahmen gehört auch die Beurteilung der Folgen der Talmuddiskussion und Talmudverbrennung. Diese Ereignisse zerstörten die Bedeutung der jüdischen Gelehrsamkeit in Frankreich, insbesondere im Norden des Landes, also dem Kern des Herrschaftsgebiets. Die spätere Vertreibung von 1306 in der Regierungszeit Philipps des Schönen ist auch unter anderen Aspekten zu beurteilen, die Schwäche der französischen Juden, dieser Herausforderung zu begegnen, mag durchaus mit der geistigen Katastrophe der Mitte des 13. Jahrhunderts zusammenhängen.

Obwohl sich das Papsttum durch die Schaffung rechtlich-theologischer Grundlagen mit Innozenz IV. und Hostiensis von zeitgebundenen Gegebenheiten freizuspielen schien und dieser Zustand auch eine Zeitlang erhalten werden konnte, zeigte sich auch recht bald, dass auch diese Konstruktion zeitgebunden war. Die von der Geschichtsschreibung so ausführlich gewürdigte Allmacht des Papsttums war vor dem Hintergrund des Verfließens von Jahrhunderten von kurzer Dauer. Nur 70 Jahre nach der Herrschaft des vierten Innozenz war die Herrlichkeit zu Ende, als französische und inneritalienische Gegner Papst Bonifaz VIII. in Anagni gefangen nahmen und misshandelten: jenen Papst, der sich in unrealistischer Einschätzung der Lage zu maßlosen Forderungen verstiegen hatte und damit die harten Reaktionen des französischen Königs auslöste, die ins »Exil« nach Avignon führten.

Doch die Tradition war zu einer gewissen Vollendung gelangt. Mit den *Quinque compilationes antiquae* und dem *Liber extra* Gregors IX. bzw. den Kommentaren standen Sammlungen zur Verfügung, aus denen argumentiert und entschieden werden konnte. Es ist aber festzuhalten, dass den Päpsten immer ein gewisser Spielraum zur Interpretation zur Verfügung stand, der tatsächlich auch genutzt wurde. Zur Begründung einer geistigen Haltung, die diese Anhäufung von Rechtsvorstellungen als Ausrede gebrauchte, um Zeichen der Veränderung nicht wahrnehmen zu müssen, waren diese oft spitzfindigen Überlegungen, die zu ihrer Zeit oftmals aus der Negierung seinerzeitiger Traditionen entstanden waren, eigentlich nicht geeignet.

Wenn jemand einen derart bedeutenden Schritt wagt, wie dies Innozenz IV. mit dem umfassenden Anspruch der päpstlichen Jurisdiktion über die Juden tat, stellt sich natürlich auch die Frage, wie er sich in konkreten Angelegenheiten gegenüber Juden verhielt. Wir haben die hasserfüllte Sprache Innozenz' III. und auch Gregors IX. gegenüber den Juden kennen gelernt. Soweit solche Urteile überhaupt möglich sind, gewinnt man bezüglich Innozenz IV. den Eindruck, dass seine negativen Aussagen zu den Juden mehr den üblichen Formen der Zeit folgten; darüberhinausgehende Bekundungen einer ausgeprägten Judenfeindschaft sind von diesem Papst nicht überliefert. Von seinen Briefen und Urkunden im Zusammenhang mit Ritualmordbeschuldigungen war schon die Rede. Klar erkannte Innozenz IV. die Absichten der Beschuldiger, den Juden ihr Vermögen zu entreißen oder sich für bereits erfolgte Morde ein Alibi zu verschaffen.

Anders dann 1253, als er dem Erzbischof von Vienne die Erlaubnis erteilte, die Juden aus seiner Kirchenprovinz zu vertreiben.[122] Da durch das Zusammenleben von Christen und Juden beträchtliche Probleme entstanden waren, fürchtete der Erzbischof negative Einflüsse auf die Christen. Da auch der Papst sich um die Seelen der Christen sorgte, gestattete er mit päpstlicher Autorität die Vertreibung.

ZWANGSPREDIGT, ZWANGSDISPUTATION UND ZWANGSTAUFE

An einer wichtigen Neuerung beteiligte sich Papst Innozenz IV. mit einer Bestätigung einer Urkunde des Königs Jakob I. von Aragón.[123] Dieser hatte im Jahre 1242 den bekehrten Juden in seinem Herrschaftsbereich zugesagt, dass sie ihren Besitz behalten könnten und vor allen Schmähungen ihrer ehemaligen Glaubensgenossen geschützt seien. Daran schloss sich der Befehl, dass Juden christliche Predigten hören mussten. Dies war die erste Einrichtung von Zwangspredigten. Jakob verfügte: »Wir wünschen und dekretieren: Wann immer der Erzbischof,

Bischöfe, Dominikaner oder Franziskaner eine Stadt, in der Juden oder Sarazenen wohnen, besuchen und Gottes Wort ihnen predigen wollen, sollen sich diese auf einen öffentlichen Ruf versammeln und geduldig die Predigt anhören. Unsere Amtleute sollen ohne Rücksicht auf Entschuldigungen jene, die nicht kommen wollen, dazu zwingen.«[124] Wie wir aus späteren Korrekturen dieser Urkunde wissen, war die Anwesenheit bei solchen Predigten für die Juden keine ungefährliche Sache. Fanden sie außerhalb des jüdischen Wohnviertels statt, wurden die Juden oft überfallen, und ließ man die Prediger in das Judenviertel, drangen Christen mit ein und stifteten offenbar auch durch Überfälle auf Häuser der Juden noch mehr Unheil. In den sechziger Jahren ordnete Jakob I. daher an, dass die Prediger nur mehr von zehn angesehenen Christen begleitet werden durften.

Die besprochenen Themen zeigen die Entwicklung: »Sicut iudeis« wurde in seiner Bedeutung ausgehöhlt und damit als Quelle, um die päpstliche Tradition zu erfassen, zweitrangig. Die späteren Ausfertigungen der Urkunde zeigen das auch recht deutlich. Clemens VI. stellte 1348 noch zwei Ausfertigungen aus, wobei in der zweiten Fassung verboten wurde, die Juden als Schuldige an der Pest hinzustellen, die durch Brunnenvergiftung die Pest verbreitet hätten. 1365 folgte eine weitere Ausstellung durch Urban V.; den Anlass dafür kennen wir nicht. Martin V. publizierte die Urkunde noch einmal 1422, und 1433 stellte sie zum letzten Mal Eugen IV. aus, der sich allerdings darin mit einer Dämpfung der Judensteuern im Kirchenstaat beschäftigte.[125] Eugen gab ihr inhaltlich also schon einen anderen Charakter, der nicht mehr unbedingt in das alte universal gedachte Umfeld gehört.

Zurück zur Frage der Zwangstaufen: Wenn man sich vergegenwärtigt, dass die zwangsweise Verschleppung des jüdischen Knaben Edgar Mortara im Jahre 1858 zu den größten öffentlichen Skandalen im 19. Jahrhundert gehört (wir werden an geeigneter Stelle die Sache im Detail zu schildern haben), ist die Frage der Judenmission und der mit ihr verbundenen Probleme ein Kernthema in den jüdisch-päpstlichen Beziehungen.

Daher ist es im Lichte der in »Sicut iudeis« gegebenen Garantie, dass die Juden vor einer Zwangstaufe geschützt sind, keine Kleinigkeit, dass Innozenz III. nur zwei Jahre nach der Promulgation seiner Fassung bereits durch eine Verlagerung des Problems relativierend eingriff. Der

Erzbischof von Arles legte ihm eine Reihe von Fragen vor, wie man verfahren sollte, wenn jemand im Schlaf getauft worden sei oder ein Kind ohne Zustimmung der Eltern die Taufe erhalten habe. Und dann ging es auch um die Taufe unter Druck. Die Schriftstücke vermitteln manchmal den Eindruck einer theoretischen Diskussion; offenbar bemühte man sich, die dramatischen Umstände, die solche Anfragen provozierten, beiseitezulassen. Es ist klar, dass die meisten dieser Zwangstaufen im Zuge von Judenverfolgungen stattfanden. Und nun wich der Papst aus: Es käme darauf an, wie stark sich der Jude gegen die Taufe gewehrt hätte; ununterbrochen mit lautem Geschrei oder nur innerlich und zu wenig nachdrücklich. Offenbar war es Innozenz gleichgültig, dass der Konvertit mit dem Messer am Hals zur Taufe gezwungen worden war, wie dies Salomon Grayzel ausdrückte. [126]

Mit diesem Problemkreis hängt natürlich die Taufe von Kindern zusammen. Das Problem ist ja insofern delikat und trifft bis heute ins Herz der Kirche, da ja kein Säugling um seine Meinung gefragt werden kann und daher die Entscheidung der Eltern hinsichtlich der Taufe unumgänglich notwendig ist. Im 13. Jahrhundert stellte sich natürlich für ein christliches Elternpaar diese Entscheidung gar nicht. Bei Unterlassung der Taufe an einem Säugling wäre ein christliches Ehepaar selbst in größte Schwierigkeiten gekommen. An sich konnte man ein Kind seinen jüdischen Eltern nur entreißen, wenn es getauft worden war, und diese Taufe war ja eigentlich nur möglich, wenn die Eltern zugestimmt hatten. Diese Zustimmung war natürlich eine wenig wahrscheinliche Voraussetzung. Das Kind konnte eigentlich nur Opfer irgendeiner Machenschaft sein, gegen die sich die Eltern zur Wehr setzten. Thomas von Aquin erklärte es gegen das Naturrecht und daher auch gegen das göttliche Recht, Eltern ihre Kinder wegzunehmen. Im Grunde bedeutete die Wegnahme des Kindes auch einen Taufdruck auf die Eltern. Eine Generation nach Thomas verstieg sich der Scholastiker Duns Scotus zu dem Satz, dass Gottes Rechte an einem Neugeborenen größer seien als jene der Eltern. [127]

Solche geistigen Entwicklungen lassen eine negative Dynamik erkennen, die sich vorwärtsbewegte. Und man kann fast generalisieren, und das wird zu beweisen sein, dass auf allen strittigen Gebieten für die Juden seit dem beginnenden 13. Jahrhundert härtere, gefährlichere und herabwürdigende Lebensumstände geschaffen wurden.

Kehren wir kurz zum Thema Talmud zurück, um von dieser Ebene aus die Taufproblematik mit einer anderen Facette zu erreichen. Die Pariser Erfolge in Sachen Talmudverbrennung brachten die Dominikaner auf den Gedanken, auch anderwärts gegen den Talmud vorzugehen. Das Königreich Aragón schien ihnen geeignet. Ein zweiter Anschlag auf die in »Sicut iudeis« gewährte Ausübung der jüdischen Religion wurde in Gestalt eines spektakulären Religionsgesprächs vorbereitet. Im Gegensatz zu Frankreich ging einiges schief, da Jakob I. anders als Ludwig der Heilige nicht gewillt war, alles mitzumachen, was die Dominikaner und der Papst von ihm verlangten. Nachdem man einen konvertierten Juden namens Paul aufgetrieben hatte und Nachmanides sich bereiterklärt hatte, für das Judentum zu sprechen, fand vom 20. bis 27. Juli 1263 in Barcelona die anberaumte Disputation statt. Die Dominikaner reklamierten natürlich den Sieg für sich. Jakob reagierte auch mit der Anordnung, dass die Juden anstößige Stellen aus dem Talmud entfernen sollten. Ferner ließ er das Hauptwerk des großen Maimonides, »Mischna Tora«, verbrennen.

Die Juden Aragóns wehrten sich und behielten Recht. Innerhalb weniger Monate wurden die Befehle abgeschwächt, und Nachmanides schrieb ein Buch, in das er seine Sicht der Diskussion vom Juli 1263 darlegte. Die Dominikaner waren empört und schickten Paul Christianus, den Konvertiten, zu Clemens IV. nach Rom, der ein geharnischtes Schreiben an Jakob von Aragón richtete. Der Empfänger, Jakob der Eroberer, war allerdings ein Herrscher, der den Muslimen große Gebiete entrissen hatte und der daher mit Vorsicht zu behandeln war. Trotzdem stellte der Papst unmissverständlich fest – und das ist höchst bedeutsam für unser Verständnis –, es sei Sache des Papstes und nicht des Königs festzulegen, welche Privilegien den Juden zustanden. So konnten die Päpste in der »schrecklichen, kaiserlosen Zeit« mit den Herrschern Europas umspringen. Besonders empört zeigte sich der Papst über die Verbreitung des Buchs des Nachmanides, gegen den er gefährliche Drohungen ausstieß. Nachmanides wurde wahrscheinlich vom König vor der Gefahr gewarnt und wanderte ins Heilige Land aus, wo er bald darauf starb. Trotzdem erreichten die Dominikaner ihr Ziel nicht: Es gab keine Talmudverbrennung und die Juden konnten gegen Anklagen geeignete Mittel ergreifen. Doch das hatten sie ausschließlich dem entschlossenen Eingreifen des Königs zu verdanken.[128]

DIE ANFÄNGE DER INQUISITION GEGEN KONVERTIERTE JUDEN

Die Wortwahl Clemens' IV. bei seinen Drohungen gegen Nachmanides erinnern bereits an Formeln der Inquisitionsgerichte. Diese stellten in dieser Zeit einen Bereich von wachsendem Einfluss im Rahmen der geistlichen Gerichtsbarkeit dar. Als Gerichte, die aus Dominikanern und Franziskanern zusammengesetzt waren, wurden sie von Papst Gregor IX. in den 1230-er Jahren eingerichtet und waren unter seiner Kontrolle tätig bzw. ihm verantwortlich.[129] In der Zeit Clemens' IV. funktionierte ihre Tätigkeit bereits sehr gut.

Von Bedeutung sollte es sein, dass der Zuständigkeitsbereich der Inquisition erweitert wurde. Bald ging es nicht nur um Ketzer, sondern auch um deren Förderer. Bedroht waren ehemalige Juden, die versuchten, zu ihrem ursprünglichen Glauben zurückzukehren oder wenigstens möglichst viel von ihren früheren Gewohnheiten zu bewahren. Auch wenn die Taufe im Umfeld einer Verfolgung stattgefunden hatte, stand die Inquisition auf dem Standpunkt, dass die Taufe nicht wirklich erzwungen und daher gültig war. Die Hintergründe der Taufe kannten der Konvertit, seine Verwandten und Freunde natürlich besser, und bei der allgemeinen Unbeliebtheit der Inquisition versuchten diese, dem getauften Juden zu helfen, indem sie ihn versteckten oder versuchten, ihn außer Landes zu bringen. Bei den Helfern handelte es sich natürlich größtenteils um Juden, die im Verdachtsfall nun ebenfalls vor das Inquisitionsgericht geladen wurden. Anzeigen von christlichen Nachbarn, die teils aus Frömmigkeit teils aus Feindschaft handelten, gaben der Inquisition die Möglichkeit einzuschreiten. Dies betraf nicht nur einzelne Personen, sondern konnte zur Jurisdiktion über ganze jüdische Gemeinden führen. Die Verantwortung von Gemeinden für das Fehlverhalten einzelner Juden setzte sich in auffälliger Weise zu Beginn des 13. Jahrhunderts durch, als die Inhaber der Herrschaft über die Juden dies als Druckmittel gegen die Juden verwendeten, nicht zuletzt, um sich an ihnen zu bereichern. Wenn ein zugewanderter Jude um Aufnahme in eine Gemeinde bat, entschied darüber der zuständige Judenrat erst nach eingehender Prüfung, ob der Kandidat durch irgendeine Verfolgung bedroht war.[130]

Diese massiven Eingriffe der Inquisition waren den weltlichen Fürsten ein Dorn im Auge. Weniger ging es ihnen um die Konvertiten, deren Vermögen entweder vom Fürsten nach der Taufe konfisziert worden oder bei der Verfolgung verlorengegangen war, als um die Juden in ihrem Herrschaftsbereich, die wegen Unterstützung eines getauften Juden vor Gericht gezogen wurden. Die Verfügungsgewalt der Fürsten über deren Eigentum geriet dadurch in Gefahr. Durch diese Streitigkeiten kam es zu einer Diskussion über die Gerichtsgewalt eines kirchlichen Gerichts gegenüber Außenstehenden. Der Standpunkt Innozenz' IV. wurde, wenn es um Geld und Macht ging, nicht einfach akzeptiert. Deswegen wandten sich die Inquisitoren an den Papst, um eine Klärung herbeizuführen.

Das war der Ausgangspunkt für die Bulle »Damnabile«, die Clemens IV. an Jakob von Aragón sandte. Wenig später, am 27. Juli 1267, ging eine Bulle an die Dominikaner und Franziskaner, die mit den Worten »Turbato corde« begann.[131] Höchst beunruhigt habe der Papst zur Kenntnis nehmen müssen, dass böse Christen ihren Glauben verlassen und sich in boshafter Weise dem jüdischen Ritus angeschlossen hatten. Das war tadelnswert und daher müsse der König rasch geeignete Maßnahmen dagegen ergreifen. Der Papst ordnete für die Territorien Jakobs an, dass eine sorgfältige und durchgreifende Untersuchung gegen Häretiker zu führen sei. Gegen die schuldigen Christen sollte man wie gegen Ketzer vorgehen, für die Juden, die Christen beider Geschlechter zu ihrem fluchwürdigen Riten verführt hatten, sollten geeignete Strafen gefunden werden. Jeder Widerstand war mit Kirchenstrafen zu unterdrücken und notfalls die weltliche Gewalt zu Hilfe zu rufen.

»Turbato corde« war jedenfalls ein konkreter Schritt weiter auf dem einmal eingeschlagenen Weg. Von Spanien ausgehend versuchten auch Clemens' IV. Nachfolger, den Einfluss der Inqisitionsgerichte auf die Verfolgung zu stärken und insbesondere zunächst nach Frankreich auszudehnen. Wenn auch, wie bereits erwähnt, die Päpste seit dem Beginn des 14. Jahrhunderts gewisse Einbußen ihrer Macht hinnehmen mussten, galt das nicht für die Lehren, die sie im 13. Jahrhundert verbreitet hatten. Theologen, aber auch zunehmend weltliche Fürsten bzw. deren Ratgeber übernahmen diese Gedanken und erhielten sie am Leben.

Es gehört zu den schwierigen Fragen bei der Schilderung des Verhältnisses zwischen Päpsten und Juden, wieweit die Päpste eine Haltung gegenüber den Juden vorbereiteten, die sich dann im Handeln anderer

Personen niederschlug. Betrachtet man zum Beispiel die oftmals von Päpsten veröffentlichte Aussage, dass alle Arten der sozialen Gemeinschaften mit Juden für die Christen gefährlich seien, muss man gleichlautende Aussagen in städtischen Rechtssammlungen und einzelnen fürstlichen Verordnungen ernst nehmen. Unter diesen Rechtstexten nehmen natürlich die Beschlüsse der Provinzialkonzile, die nach 1215 insgesamt eine gewisse Rolle spielten und insbesondere unter Clemens IV. intensiv gepflegt wurden, eine besondere Rolle ein. So muss man es wohl auch päpstlichem Einfluss zurechnen, wenn auf dem Wiener (eigentlich Salzburger) Provinzialkonzil 1267 den Christen verboten wurde, mit den Juden die Neumondfeste (Monatsbeginn) zu feiern und mit ihnen »zu tanzen und (zu) springen«.[132] Auch das Verbot, gemeinsam zu baden, gehört hierher, zumal es auch noch sexuelle Kontakte fördern konnte. Es ist aber immerhin zu bemerken, dass es in manchen Städten recht lange dauerte, bis sich dieses Verbot durchsetzte. Ein wenig zugespitzt ausgedrückt legten die weltlichen Fürsten an spirituellem Empfinden und Kompetenz das zu, was die Päpste an Ansehen im 14. Jahrhundert verloren. Für die Juden blieb das päpstliche Gedankengut in den Köpfen der Laien trotz aller Zeitverschiebungen ebenso gefährlich. Diese Gedanken haben natürlich auch ihre Gültigkeit für das 19. und 20. Jahrhundert behalten. Wirtschaftlich motivierte Judenfeindschaft fußt eben auf dem mittelalterlichen und frühneuzeitlichen Kampf gegen den Wucher.

EIN NEUE BEDROHUNG – DER VORWURF DER HOSTIENSCHÄNDUNG

Wir sind erstaunt – alle diese unglücklichen Entwicklungen für die Juden West- und Mitteleuropas reichten noch nicht aus; ein weiteres Bedrohungsszenario für die Juden entstand durch die dogmatische Regelung über die grundlegende Bedeutung des Abendmahls, die auf dem III. und IV. Laterankonzil getroffen wurde. Der nun verbindliche Lehrsatz, dass beim Abendmahl eine reale Transsubstantiation stattfinde, erlebte während des 13. Jahrhunderts eine rasante Entwicklung seines Glaubenskultes.

Miri Rubin hat in plastischer Weise geschildert, mit welcher Wucht sich dieser christliche Kult auf Juden, Zauberer und andere angebliche Übeltäter auswirken sollte.[133] Man muss sich die Angst des von Wunderpredigten überschwemmten Gläubigen des 13. Jahrhunderts vorstellen, dass der zerbrechlichen Hostie, dem Leib des Herrn, allein schon durch einen Zufall, eine Ungeschicklichkeit des Priesters, ein Schaden zugefügt wurde. Wie gefährlich war erst das absichtlich boshafte Wirken von Menschen. Hier waren den Fantasien keine Grenzen gesetzt. Päpste und Bischöfe kamen mit diesen Dingen in einer ganz spezifischen Weise in Berührung. Soweit es die Juden betraf, gab es meist nichts mehr zu urteilen, denn die angeblichen Hostienschänder waren von den Nachbarn bereits umgebracht worden. Die kirchlichen Behörden untersuchten gewöhnlich nur, ob die ganze Geschichte von der Schändung der Hostie nicht nur erstunken und erlogen war bzw. die schwierige Frage, ob es sich um eine schon geweihte Hostie gehandelt habe.[134] Diese vorsichtige Vorgangsweise der geistlichen Gerichte hatte natürlich ihre Gründe.

Sehen wir uns zunächst einen durchschnittlichen Fall einer solchen Schändungsgeschichte an und versuchen einige Schlüsse daraus zu ziehen.[135] Die Hostie wurde nach dieser Erzählung aus einer Pfarrkirche entwendet. Meist wusste man bei der Aufzeichnung bereits, dass die Juden einen Messner bestochen hatten, um an die Hostie zu kommen. Die Juden zerteilten häufig die Hostie, um die Stücke in die einzelnen Häuser zu schicken. Möglicherweise hatten Christen beobachtet, dass die Juden anlässlich des Laubhüttenfestes, wenn aus dem Süden nur wenige Früchte (Paradiesäpfel) geliefert wurden, diese zerteilten und an die einzelnen Haushalte schickten, und übertrugen diese Beobachtung auf die Behandlung der Hostie. Dann begann ein Marterritus, der manchmal zu unglaublichen Geschichten führte, dass die Hostie erst mit einem Lanzenstoß verletzt werden konnte. Die Passionsgeschichte wird in diesen Details lebendig, zumal sich solche Ereignisse meist in der Osterzeit zugetragen haben sollen. Nun begann die Hostie zu bluten – die Legende gehört ja auch in den Kreis der Blutwunder – und die Juden versuchten sich ihrer zu entledigen. Entweder warfen sie sie auf den Misthaufen im Hof oder in einen Schweinestall, der sich wohl nicht im Haus der Juden befand. Zur Entdeckung der Hostie kam es entweder durch einen Lichtschein, der den Ort anzeigte, an dem sich die geschändete Hostie befand, oder die Schweine fraßen sie und begannen daraufhin zu sprechen – natürlich lateinisch. Die Kunde von der Schandtat breitete sich rasch aus, und es war nicht schwer zu schließen, dass sie von Juden begangen worden war. Die Nachbarn zogen vor die Judenhäuser und brachten die Juden um.

Die Fürsten sahen natürlich Grund, hier einzuschreiten – es ging ja um ihre Geldverleiher. Weiteres Morden wurde meist schnell verhindert, und nun war der Fall zu untersuchen. Fehlte eine durchschlagskräftige weltliche Gewalt, konnten sich die Verfolgungen zu Flächenbränden ausweiten, wie dies bei den Armlederverfolgungen 1336–1338 in Süddeutschland der Fall war.

Als die angebliche Hostienschändung im Jahre 1305 im österreichischen Korneuburg durch einen gelehrten Mönch des Klosters Heiligenkreuz im Auftrag des Bischofs von Passau untersucht wurde, stellte sich entweder bei dieser Untersuchung oder später heraus, dass ein Messner, möglicherweise mit Wissen des Pfarrers, die Hostie entwendet und den Juden untergeschoben hatte. So wurde über das Hauptergebnis ungefähr 20 Jahre später berichtet, als eine neue Beschuldigung untersucht wurde. Da eine Hostie, die solche Wunder gewirkt hatte, eine Sensation darstellte, zog sie Menschen aus nah und fern an, die vor allem die Spuren des Blutaustritts mit eigenen Augen sehen wollten. In der Kirche wurde diese Hostie ausgestellt, und auf diese Weise entstand bei entsprechender Propaganda ein Wallfahrtsort. Genau dies aber war der Grund, warum Bischöfe solchen Wundern misstrauten und eine Untersuchung des Ereignisses anordneten. Schließlich ging man in einigen Fällen sogar den Papst um Rat an, der dann weitere Untersuchungen veranlassen konnte.[136]

Abgesehen von solchen Versuchen, einer Pfarrkirche zusätzliche Einnahmen zu verschaffen, passten solche Berichte recht gut in die Bemühungen, durch Wunderpredigten und Aufzeichnungen über solche Ereignisse Propaganda für den noch jungen Kult der eucharistischen Feier zu machen. Miri Rubin widmete der Verbreitung des Kultes durch Predigt und Literatur ein eigenes Kapitel.[137] Auch in diesem Fall begannen die geistlichen Gerichte zu Beginn des 14. Jahrhunderts, eine gewisse Jurisdiktion über Juden auszuüben. Zu Beginn der Beschuldigung um 1290 ist dies noch nicht nachzuweisen.

Die Beschuldigung des Hostienfrevels selbst wurde für die Juden im 14. und 15. Jahrhundert höchst gefährlich, da Anschläge auf ihr Leben und ihre Güter oftmals mit diesem Vorwurf gerechtfertigt wurden. Während der Judenverfolgung, die seit Ostern bzw. Sommer 1420 in den habsburgischen Gebieten an der Donau tobte, brachte man auch die Beschuldigung der Hostienschändung auf. 1421, als Juden aus österreichischen Städten auf dem Scheiterhaufen verbrannt werden sollten, bezichtigte man sie dieses Verbrechens.[138]

Handelte es sich in diesem Fall um Auswüchse von Volksfrömmigkeit oder um eine Verantwortlichkeit der Gesamtkirche? Meist erscheinen die Beschuldigung und die Verfolgung regional gesteuert zu sein. Doch sah man sich im Einklang mit jenem Misstrauen, das den Juden auf fast allen Lebensgebieten entgegenschlug. Und dieses war eben auf jene inzwischen nachhaltig wirkende Entwicklung der vergangenen zwei Jahrhunderte zurückzuführen. Wo der Glauben geschmäht und seine Geräte und Symbole geschändet wurden, mussten auch Juden ihre Hand im Spiel haben. Nach dem 15. Jahrhundert spielte diese Beschuldigung kaum mehr eine Rolle. Die neuerliche »Sensation« der Ritualmordbeschuldigung von Trient verdrängte offenbar den Vorwurf des Hostienfrevels.

Zehntes Kapitel

DAS JÜDISCHE LEBEN IN MITTELEUROPA UNTER WACHSENDEM WELTLICHEM EINFLUSS

Die schwindende Bedeutung der Päpste
im späten 13. und 14. Jahrhundert

Grab des Rabbi Meyr von Rothenburg auf dem Jüdischen Friedhof,
dem »Heiligen Sand«, in Worms. Der Gelehrte starb als Gefangener.

DIE MASSNAHMEN DER PÄPSTE GEGEN DIE JUDEN IM WETTSTREIT MIT DENEN DER WELTLICHEN GEWALT

Gegen Ende des 13. Jahrhunderts hatten sich alle jene Elemente herausgebildet, die zur päpstlichen Gesetzgebung bezüglich der Juden gehörten. Die jüngste Anordnung betraf die Predigten, die vor allem Minoriten und Dominikaner den Juden halten sollten. Als eine der Grundlagen für die Einführung der »Zwangspredigten« gilt das Breve, das Papst Nikolaus III. am 4. August 1278 in Viterbo für den Ordensprovinzial der Dominikaner in der Lombardei und den Franziskanerprovinzial in Österreich ausstellte.[139] Sie sollten geeignete Männer auswählen, die den Juden predigen und sie belehren sollten. Die Juden sollten mit Hilfe der christlichen Obrigkeit zu diesen Predigten gebracht werden. Der Papst griff in der langen Einleitung weit in die Geschichte des jüdischen Volkes zurück, schilderte, welche Wohltaten es von Gott erfahren habe, und tadelte die Juden heftig, dass sie trotzdem in ihrer Verblendung verharrten. Um die Bekehrten sollten sich die Geistlichen liebevoll kümmern, die Verstockten sollten dem Papst gemeldet werden. Diese Anordnung ging noch an andere Adressaten, so wissen wir von einem Schreiben nach Colmar, das an den Dominikanerprovinzial für Deutschland gerichtet war. Ende des Jahres schrieb der Papst auch nach Sizilien.

Wir wissen nicht, wie viele solche Aufforderungen Nikolaus III. abgesandt hat. Bedeutsam ist aber das Schreiben nach Österreich, das wohl auch Böhmen betraf, denn in diesen Landschaften zeichnen sich wichtige Veränderungen bezüglich der Siedlungsverteilung der Juden in Europa ab, die auch Veränderungen in der »Privilegienkultur« erkennen lassen. Seit etwa der Mitte des 13. Jahrhunderts erkennt man in Mitteleuropa eine zunehmende herrschaftliche Organisation über die Juden. Das nahezu gleichlautende Privileg für die Juden in Österreich, Böhmen, Ungarn und schließlich Kalisch (Westpolen) entstand 1244 in der

Kanzlei des letzten Babenbergers Friedrichs II. des Streitbaren und stellte inhaltlich eine Mischung aus kaiserlichen und päpstlichen Bestimmungen überwiegend aber aus neuen prozessrechtlichen und »kredittechnischen« Anordnungen dar.[140] Parallel dazu werden Indizien für eine geringfügige Einwanderung von Juden bemerkbar. Zum Teil werden diese Leute wohl aus Bayern gekommen sein, wie das für die wirtschaftliche Entwicklung des böhmischen und des Donauraums auch für Kaufleute nachweisbar ist, später lassen sich auch vereinzelt Juden aus Frankreich bzw. aus deutschen Gebieten feststellen. Durch Wanderungsbewegungen bestanden enge Verbindungen zwischen den Juden in Böhmen, Mähren, Österreich und Ungarn.

Das Privileg von 1244 sollte in seiner Fassung von 1268, die Ottokar II. Přemysl ausstellte, im Verhältnis zur Politik Clemens' IV. Bedeutung gewinnen. Wir haben bereits kurz das Salzburger Provinzialkonzil von 1267, das in Wien stattfand, gestreift. Dieses Konzil steht im Rahmen mehrerer Provinzialkonzile, die auf Betreiben Clemens' IV. die Standards des IV. Laterankonzils von 1215 in Erinnerung rufen sollten. Für einen Herrscher wie Ottokar, der mit weit gespannten Zielen umging, für deren Finanzierung auch Juden herangezogen wurden, waren die Tendenzen der Bestimmungen des Laterankonzils unangenehm: Einschränkungen des Kreditwesens und des sozialen Verkehrs mit Juden. Dies noch dazu in einer Situation, da Ottokar versuchte, durch möglichst günstige Bestimmungen Juden in seine Länder zu ziehen, und dabei auch in Konkurrenz zum König von Ungarn stand. Im Interesse einer gemeinsamen missions- und kirchenpolitischen Kooperation mit dem Papst in Nordosteuropa ließ Ottokar die Veröffentlichung der von tiefem Misstrauen gegen die Juden geprägten Konzilsbestimmungen in Wien dennoch zu. Ottokar hatte allen Grund, dem Papst in diesem Punkt zu misstrauen: Als Guido Fulcodi hatte der Papst einst eine gewichtige Rolle als Ratgeber König Ludwigs IX. von Frankreich gespielt, als es um die Umsetzung des Wucherverbotes ging. Wohl kein Kampf gegen den Wucher war so erfolgreich geführt worden als jener der vierziger und fünfziger Jahre in Frankreich. Als bald nach dem Wiener Konzil die gemeinsame Politik des Böhmenkönigs und des Papstes in Preußen zerbrach, stellte Ottokar das von ihm bereits übernommene Babenberger-Privileg für die Juden in einer eindrucksvollen Weise noch einmal aus. Es ist eine provokante Antwort auf das Konzil von 1267.

Indem er die Juden als Angehörige seiner Kammer bezeichnet und ihnen seinen Schutz garantiert, spricht er viel klarer als in den älteren Fassungen aus, dass er geradezu kaisergleich agiert.[141]

Das neuerliche Gewicht einer Privilegierung der Juden von Seiten der weltlichen Gewalt begann in den dreißiger Jahren des 13. Jahrhunderts mit Kaiser Friedrich II. Seine Privilegien und die berühmte Bezeichnung der Juden als Knechte seiner Kammer hatten nicht unbedingt eine Spitze gegen die päpstliche Judengesetzgebung, bei der gegebenen Konfrontation zwischen dem Kaiser und dem Papst ist aber die Errichtung einer kaiserlichen Gegenposition nicht auszuschließen. Der Kaiser griff mit dem Privileg von 1236 für alle Juden in Deutschland und jenem von 1238 für die Juden in Wien vor allem auf das Privileg Heinrichs IV. für die Wormser Juden von 1090 zurück. Über das Verhältnis dieser textlich fast identischen Urkunden zueinander wäre noch einiges zu diskutieren.[142] Wesentlicher scheint aber die Feststellung, dass dieser Urkundentypus zum Teil schon überholt war und durch einen neueren ersetzt wurde, der im Detail auf das Geldgeschäft einging. Diesen neuen Typus repräsentierte das erwähnte Judenprivileg des Babenbergers Friedrich des Streitbaren aus dem Jahre 1244. Ferner ist zu bedenken, dass das päpstlich-kanonische Judenrecht in den dreißiger Jahren in seiner Entwicklung noch nicht abgeschlossen war.

Als die Entfaltung der päpstlichen Macht bereits ihren Höhepunkt zu überschreiten schien, nämlich in der Regierungszeit Gregors X. (1271–1276), drang nun das Kirchenrecht bezüglich der Juden erstmals in eine Rechtssammlung des weltlichen Rechts ein. Dadurch unterschied sich der vermutlich um 1275 in Augsburg vollendete Schwabenspiegel, an dessen Verfassung Minoriten beteiligt waren, wesentlich von den früheren Rechtssammlungen Sachsen- und Deutschenspiegel.

Dabei ging es nicht nur um die Aufnahme kirchlicher Bestimmungen in den Schwabenspiegel, sondern auch darum, Kritik an einem besonders charakteristischen Punkt, am so genannten Marktschutzrecht der Juden zu üben, das aufgrund der Bevorzugung der Juden bei einer bestimmten Beweislage Hehlerei begünstigen konnte und daher bei christlichen Konkurrenten auf Kritik stieß. Die Juden hatten das Recht, wenn bei ihnen eine gestohlene Ware gefunden wurde, dem Bestohlenen den Gegenstand nur gegen Rückerstattung des Kaufpreises ausfolgen zu müssen. Dabei gaben sie den Preis, den sie dafür bezahlt hatten, unter Eid an. Der Sinn dieser Vergünstigung war die zügige Abwicklung von Geschäften auf dem Markt, die nicht durch langwierige Untersuchungen über den rechtmäßigen Erwerb einer Ware behindert werden sollten. Ferner schützte dieses Privileg den Käufer vor der Behauptung eines Fremden, ihm sei die Ware gestohlen worden, obwohl er sie vielleicht heimlich verkauft hatte und sich auf diesem Wege wiederverschaffen wollte. Zumindest wird im Talmud diese Variante diskutiert. Auch ein öffentlich bekannter Diebstahl musste nicht wirklich stattgefunden haben, da ja der angeblich Bestohlene listig den Verlust vortäuschen konnte.[143] Andererseits riskierte man mit dieser Vergünstigung, dass es tatsächlich zu Hehlerei kommen konnte. Daher erklärten die Autoren des Schwabenspiegels, dass dieses von Kaisern und Königen vergebene Privileg »wider Recht« sei. Erinnert man sich, dass schon Petrus Venerabilis wütend gegen die Hehlerei besonders bei kirchlichen Kleinodien protestiert hatte, ist zu erkennen, dass die Frontalstellung gegen das Marktschutzrecht wohl kirchlicher Herkunft war. Man ging daran, Sicherungen gegen Hehlerei einzubauen, etwa in der Weise, dass den Juden verboten wurde, von Fremden Waren zu kaufen, die in der Stadt, in der das Geschäft stattfand, nicht bekannt waren.

Ebenfalls auf kirchliche Vorstellungen ging es zurück, wenn es im Schwabenspiegel hinsichtlich der Rechtsprechung über Juden heißt, dass der geistliche Richter den weltlichen zwingen müsse, seiner Aufgabe nachzukommen, wenn dieser nicht tätig werde.

Diese Jahre stellen den Höhepunkt des Einflusses der Kirche auf das rechtliche Leben der Juden dar. Der König und die Fürsten waren zwar bemüht, den Einfluss der Kirche und d. h. insbesondere der geistlichen Gerichte zurückzudrängen, was in gewissem Umfang auch gelang. Die Vorstellungen der Kirche brachen sich aber trotzdem weiterhin Bahn, indem sie auch in Stadtrechtsbücher und ähnliche Aufzeichnungen Eingang fanden.

Die Beeinflussung von Königen und Fürsten zeigte sich, wie bereits gezeigt wurde, am stärksten im Frankreich Ludwig des Heiligen, wo sich im Grunde alle Vorstellungen des kirchlichen Judenrechtes, insbesondere bezüglich des Wuchers, durchsetzten und der jüdische Geldhandel für einige Zeit beinahe völlig zum Stillstand kam. Doch nur kurze Zeit später begannen sich die Machtverhältnisse zu verschieben, wie an einem prominenten Beispiel zu erkennen ist.

In den achtziger Jahren des 13. Jahrhunderts hatten sich einige Juden in einem nervösen Klima von Beschuldigungen entschlossen, aus Deutschland nach Palästina auszuwandern. Unter ihnen befand sich der berühmte Rabbiner Meir von Rothenburg, der vielleicht sogar als ihr Anführer fungierte. Bereits auf dem Weg nach Italien wurden sie verraten, und es gelang, sie gefangen zu nehmen. König Rudolf I. beschlagnahmte den Besitz der Geflüchteten und Rabbi Meir kam in eine Art Ehrenhaft auf die Burg Ensisheim direkt im habsburgischen Herrschaftsgebiet. Jüdische Gesandtschaften bemühten sich, den berühmten Rabbiner frei zu bekommen. Rudolf erklärte, dass sein Vorgehen gegen die Geflüchteten berechtigt sei:

»Da alle und die einzelnen Juden als unsere Kammerknechte mit ihren Personen und ihrem Besitz in besonderer Weise uns gehören oder jenen Fürsten, denen diese Juden durch uns und das Reich zu Lehen gegeben worden sind, ist es würdig und gerecht und durchaus vereinbar mit der Vernunft – wenn sich irgendwelche Juden auf diese Weise als Flüchtlinge ohne unsere Erlaubnis oder die besondere Erlaubnis ihres Herrn jenseits des Meeres begeben haben, dass sie sich vom Gebiet ihres Herrn entfernen – dass wir oder die Herren, denen sie gehören, wegen ihres Besitzes, ihrer Habe und aller ihrer beweglichen Güter, wo immer sie gefunden werden, mit Recht einschreiten und diesen Besitz mit vollem Recht unserer Herrschaft zurechnen.«

Die Beschlagnahme von Gütern war ein Problem, das der König in der genannten Weise erklärte; dieses hat aber abgesehen von einem möglichen Erpressungsversuch nichts mit der Gefangennahme des Meir zu tun. Juden aus Deutschland wandten sich in dieser Angelegenheit 1288 an Papst Nikolaus IV., der an seinen teuren Sohn Rudolf, den erlauchten römischen König, ein mahnendes Schreiben schickte, das den päpstlichen Rechtsstandpunkt klarlegte. Obwohl der Magister Meir von Rothenburg sich keiner Verletzung der christlichen Religion noch der königlichen Majestät schuldig gemacht habe oder eines anderen Verbrechens überführt worden war, habe der König befohlen, ihn zu fangen und ihn ohne Begründung in ein Gefängnis zu bringen. Er, der Papst, komme nun den Bitten der Juden nach, für die Befreiung des Meir zu wirken. Er habe dabei bedacht, dass dies eine Frage der Humanität sei, weil unser Herr Jesus Christus dem Fleische nach diesem Volk entstammt. Nun folgt aber der eigentliche Rechtssatz: »und weil es keine

Strafe geben darf, wo nicht ein Delikt verübt wurde«. Die klare Intervention des Papstes, die keinerlei politische Spitze gegen den König enthält, blieb erfolglos.[144] Rudolf verschloss sich der Argumentation des Papstes, und dieser hatte offenbar keine Machtmittel gegen die königliche Gewalt, um seine Vorstellungen durchzusetzen. Meir überlebte in der Gefangenschaft sogar den König und starb als Gefangener. Später wurde seine Leiche freigekauft und auf dem Wormser Judenfriedhof, dem »Heiligen Sand«, beim Eingang an prominenter Stelle begraben, wo er trotz der Schrecken des 20. Jahrhunderts noch heute ruht.

Die Macht der Päpste ging offenbar zurück. Gerade jener Papst – Bonifaz VIII. –, der noch einmal in letzter, übertriebener Form zu den Weltherrschaftsgedanken Papst Innozenz' III. zurückkehrte, scheiterte an einem Mangel realpolitischer Einschätzung. Sein bedeutender Gegner, König Philipp der Schöne von Frankreich, behielt in einem Streit, in dem es zunächst um Besteuerung gegangen war und der sich zu einer prinzipiellen Auseinandersetzung zwischen geistlicher und weltlicher Gewalt ausweitete, die Oberhand und ließ den Papst 1303 in demütigender Weise in Anagni gefangen nehmen. Trotzdem blieb das moralische Ansehen der Päpste und daher ihr Einfluss noch für einige Jahrzehnte erhalten.

Neues war nach den gesetzgeberischen »Kraftakten« des 13. Jahrhunderts nicht zu erwarten, doch zeigt sich, dass die Mahnungen und Aufträge der Päpste an jene Länder Europas gerichtet waren, wo tatsächlich Juden lebten – leerlaufende Traditionen gab es also nicht oder nur selten.

Auf ein prinzipielles Problem kam Gregor X. (1271–1276) in einem wichtigen Zusammenhang zu sprechen. Gleich im ersten Jahr seines Pontifikats, im Oktober 1272, stellte er neuerlich »Sicut iudeis« aus und beschäftigte sich in einer zusätzlichen Bestimmung mit dem Zeugenbeweis, über den es ja gegen Ende des 12. Jahrhunderts zu Diskussionen gekommen war. Offenbar wurde das Prinzip, dass bei Prozessen, an denen Juden beteiligt waren, christliche und jüdische Zeugen herangezogen werden sollten, nach der einen oder anderen Seite immer wieder verletzt. Der Papst setzte nun im Rahmen dieser grundsätzlichen Urkunde fest, dass Christen, um gegen Juden vor Gericht einen Beweis zu führen, sich nicht nur des Zeugnisses von Christen bedienen durften, sondern auch einen jüdischen Belastungszeugen nahmhaft machen mussten. Ebenso verhielt es sich auch, wenn ein Jude gegen einen Christen Prozess führte. Jüdische Zeugen allein waren wertlos. Nicht geklärt ist die Frage, auf welche Gerichte sich die päpstliche Anordnung bezog. Da die weltlichen Auseinandersetzungen, beispielsweise um Schulden und Schuldbriefe, meist vor den Stadtgerichten abgehandelt wurden und diese meist eindeutige Regelungen hinsichtlich der Zeugen hatten, scheint sich Gregors Bestimmung auf die geistlichen Gerichte zu beziehen. Diese konnten, wenn der Verdacht auf »exorbitante« Zinsennahme bestand, auch in Kreditgeschäften tätig werden, weil damit der Tatbestand des Wuchers gegeben war.

Die Zeugenfrage hatte allerdings auch hinsichtlich der Stadt- und anderer weltlicher Gerichte ihre Probleme. Gerade am Ende des 13. Jahrhunderts sind Versuche nachzuweisen, das Prinzip des gemischten Zeugenbeweises auszuhöhlen. So enthält der Schwabenspiegel den Hinweis, dass nach neuem Recht ein christlicher Zeuge einen jüdischen ersetzen könnte, genau diese Variante, die sich auch in Stadtrechten bzw. Forderungskatalogen von Stadtrechten befindet. In den achtziger oder neunziger Jahren des 13. Jahrhunderts produzierten Bürger aus dem südlich von Wien gelegenen Wiener Neustadt einen solchen Forderungskatalog, in dem verschiedene Ausnahmen vom gemischten Zeugenbeweis verlangt wurden. In Fällen, in denen bereits ein Urteil vorlag (also offenbar, wenn ein zweiter Prozess in einer Sache stattfand), konnte der jüdische Zeuge durch einen Christen und zwei Ratsbürger ersetzt werden. Allerdings nur dann, wenn sich kein Jude fand, der vor Gericht aussagen wollte.[145] Solche Regelungsvorschläge lassen weit gespannte Spekulationen zu, was sich im Umfeld von Prozessen bei der Ermittlung und der Nachweise der tatsächlichen Vorgänge abgespielt haben kann.

Bei Klagen eines Juden um Grundstücke konnte der Christ seine Sache mit zwei Nachbarn, deren Religionszugehörigkeit nicht berührt wird, und zwei angesehenen Bürgern beweisen. Da Prozesse um Grundstücke häufig waren, war diese Regelung für Juden sicher ungünstig. Allerdings ging es dabei wohl meistens um den Verfall eines Immobilienpfandes und da stand dem jüdischen Kläger meist die Schuldurkunde zur Verfügung. An diese Bestimmung schloss sich eine scharfe Verurteilung der Ritualmordbeschuldigung an. Wieder wurde auf die Geld- und Besitzgier der Anzeiger verwiesen, Gerichte durften solche

Anklagen nicht entgegennehmen, Juden, die deswegen gefangen waren, sollten sofort in Freiheit gesetzt werden, und kein Jude durfte wegen einer solchen Anklage festgenommen werden, es sei denn, man ertappte ihn auf frischer Tat.

Damit war der Kreis der Themen, um die sich der Papst in Form von Anordnungen bzw. von Entscheidungen bei Anfragen beschäftigte, im Wesentlichen abgeschlossen. Der Kreis der Empfänger, soweit sich die päpstlichen Verlautbarungen nicht an *alle* Christen richteten, blieb im Wesentlichen gleich – Frankreich und England spielten nach den Vertreibungen um 1300 eine geringere Rolle, doch die Juden in Italien, den spanischen Königreichen und in Deutschland beschäftigten den Papst weiterhin, und dies galt natürlich auch für die Zeit nach 1309, als Clemens V. (1305–1314) seine Residenz in Avignon einnahm.

So entfaltete sein Nachfolger Johannes XXII. (1316–1334) eine erstaunlich umfangreiche Tätigkeit auch hinsichtlich der Juden. Der erst mit 72 Jahren gewählte Papst wurde immerhin 90 Jahre und mischte sich überall ein, oftmals in unpassender Weise. Er war der Begründer des bald in die europäische Kritik geratenden Systems »Avignon«, das sich vor allem durch einen außerordentlich teuren »Service« für Bittsteller auszeichnete. Berühmt bzw. berüchtigt wurde er für seine oft peinlichen moralischen Ratschläge an die Könige von England und Frankreich und ganz besonders seinen Streit mit Ludwig dem Bayern über das Verhältnis des deutschen Königs bzw. Kaisers zur päpstlichen Gewalt, die zu einer der entscheidenden Auseinandersetzung zwischen geistlichem und weltlichem Bereich werden sollte. Gerade dies wird uns auch bezüglich der Juden beschäftigen.

DIE BEDRÄNGTE LAGE DER JUDEN ZWISCHEN PASTORELLEN, SCHWARZEM TOD UND HUSSITENKRIEGEN

Im Jahre 1320 erklärte ein junger Hirte in der Normandie, er habe den (göttlichen) Auftrag, einen Kreuzzug gegen die Mauren in Spanien zu organisieren. Sogar der französische König Philipp V. wurde darüber informiert, stieß aber nicht zu den Versammelten, die daraufhin nach dem Süden marschierten und dort Morde, Räubereien und Judenverfolgungen verübten. Der Papst wandte sich an die südfranzösischen Erzbischöfe, gegen diese Übergriffe der so genannten »Pastorellen« einzuschreiten. Ein eigenes, langes Schreiben ging auch an den Erzbischof von Toulouse, in dessen Gebiet die Pastorellen auch gegen den Besitz der Juden vorgingen.[146] Johannes XXII. übte damit den Judenschutz aus und veranlasste, dass auch die weltliche Gewalt sich an der Abstellung dieser Übergriffe beteiligte. Er teilte dem Erzbischof mit, dass er schon Briefe an die königlichen Amtleute und den Adel geschrieben habe, sich für diese Aufgabe zur Verfügung zu stellen.

Die etwas verworrene Lage in Frankreich, die seit der Vertreibung der Juden 1306 entstanden war, nachdem der König schon wenige Jahre später an einigen Orten die Wiederansiedlung gestattet hatte, schlägt sich in mehreren Briefen Johannes' nieder, in denen es um die Umwandlung ehemaliger Synagogen und Kapellen ging – allerdings musste in manchen Fällen wenig später wieder ein Platz für den Neubau einer Synagoge gefunden werden, da die Vertriebenen wieder zurückkehrten.[147]

Für die wirtschaftliche Versorgung der Konvertiten setzte sich auch Johannes ein. Ein besonderer Fall war der Magister Jean Sauvé von Villeneuve-le-Roi aus der Diözese Beauvais, ein ehemaliger Jude, der beabsichtigte, Bücher aus dem Hebräischen und Chaldäischen ins Lateinische zu übersetzen und in Paris diese Sprachen zu unterrichten. Der Bischof von Paris sollte ihn entsprechend fördern. Solche Leute waren damals gesucht. Man war dabei, den Talmud nun tatsächlich zu entdecken, und brauchte daher die Sprachkenntnisse, um den Juden ihre Irrtümer nachweisen zu können. In einer Lebensbeschreibung des Dominikaners Ramon von Peñaforte (nicht der berühmte Kanonist Raimund von Penafort) treten seine Bemühungen in dieser Richtung und ihr Zweck deutlich hervor: »Auf seinen Rat hin und mit seiner Unterstützung wurden einige Ordensleute auch in der hebräischen Sprache so unterrichtet, dass sie die Bosheiten und Irrtümer der Juden kennen. Diese können jetzt nicht, wie sie es bisher zu tun pflegten, vermessenerweise den wahren Text und die Glossen ihrer weisen Vorfahren ableugnen, soweit sie mit unserer Heiligen Schrift in dem übereinstimmen, was den katholischen Glauben anbetrifft. Darüber hinaus werden sie als Fälscher der Wahrheit durch ihre authentischen Schriften kundgemacht, da sie Falschheiten und Verderbnisse in die heiligen Schriften an mehreren Stellen eingefügt hatten, um die Geheimnisse der Passion und der übrigen Sakramente des Glaubens zu verbergen. Dies dient zu ihrer größten Verwirrung und zu Bestätigung des christlichen Glaubens.«[148] Es ging also darum, den Juden nachzuweisen, sie hätten den hebräischen Text verändert, um die Weissagungen, die sich auf Jesus beziehen, zu verdunkeln. Mit solchen Beweisen hoffte man, die Juden von ihren Irrtümern abzubringen. Der berühmte Pariser und später in Wien (seit 1385) wirkende Theologieprofessor, Heinrich von Langenstein, lernte in beiden Städten bei bekehrten Juden Hebräisch und hielt dies für eine absolut notwendige Voraussetzung, um den Unglauben der Juden zu überwinden. 1312 wurde auf dem Konzil von Vienne beschlossen, an den großen Universitäten einen Hebräischunterricht einzurichten. Dass diese Art der »Bibelwissenschaft« dann unerwartete Ergebnisse bringen konnte, sei hier lediglich nachdenklich vermerkt. Jedenfalls passt unser Jean Sauvé recht gut in das Bild dieser Zeit, als die Dominikaner und auch der Papst über Glücksfälle dieser Art hocherfreut waren.

Worum kümmerte sich der Papst hinsichtlich der Juden noch? Sie hatten Schadenersatz zu bezahlen, wenn sie zu hohe Zinsen nahmen, und durften auch in Ungarn keine Ämter in den Diensten des Königs ausüben, wie der Papst dem König Karl Robert aus dem Hause Anjou mitteilte. 58-mal wurde er in Judensachen aktiv; sein Vorgänger Clemens hatte in elf Jahren seines Pontifikats sich nur neunmal mit Juden beschäftigt. Wie viel Geld der von kompetenter Seite (Horst Fuhrmann) als geldgierig geschilderte Papst von den Juden für manche dieser (Schutz)Maßnahmen bezogen hat, ist nicht bekannt.

In die Zeit seines übernächsten Nachfolgers, Clemens VI. (1342–1352), fällt die Pestepidemie in Europa der Jahre 1348 bis 1350. Die Juden waren vor allem am Rhein und im Schwäbischen, aber auch in anderen Gegenden Europas von den Schrecken nicht nur unmittelbar betroffen, da die Seuche auch in den Judenvierteln wütete, sondern auch auf andere Weise: Lokale Konflikte bzw. die Streitigkeiten in einem labilen Herrschaftsgefüge zwischen Städten, Fürsten und dem König führten zur politischen Instrumentalisierung der Frage, wem die Juden unterstanden und wer Anspruch auf ihre Abgaben hatte. Vorübergehend setzten sich oft jene politisch durch, die letztlich das Spiel verlieren sollten. Das kostete aber in diesen kritischen Momenten viele Juden das Leben.

Vordergründig wurden die Juden der Brunnenvergiftung beschuldigt. Gegen Beschuldigungen, die während der Pest gegen Juden erhoben wurden, nahm Clemens VI. mehrfach Stellung. Zunächst wandte er sich am 26. September 1348 in einem Schreiben an alle Inhaber von Kirchenämtern und die Angehörigen der Mönchsorden. Indem er auf »Sicut iudeis« zurückgriff, erklärte er Leben, Leib und Besitz der Juden für unantastbar und kam dann auf die aktuelle Situation der Pest zu sprechen. Er habe erfahren, dass einige Christen behaupteten, die Juden hätten Anteil am Ausbruch der Pest. Dabei komme es zu Übergriffen, wie Beraubung der Juden, obwohl die Juden bereit seien, sich den Anschuldigungen vor Gericht zu stellen. Der Papst forderte alle Adressaten auf, dass sie diesem Treiben ein Ende bereiten sollten und in Zweifelsfällen Prozesse vor den zuständigen Richtern abgewickelt werden sollten. Das Mandat wurde am 1. Oktober noch einmal erlassen, und etwa ein Jahr später stellte Clemens neuerlich ein Mandat aus, in dem nun auch angeordnet wurde, die Geißlerzüge zu unterdrücken. Erfolg hatte der Papst in den meisten Gebieten, in denen es zu Verfolgungen kam, nicht.[149]

Im Zusammenhang mit den Judenverfolgungen zur Zeit des Schwarzen Todes zeigt sich recht deutlich, dass die Macht des Papstes nicht mehr ausreichte, um effizient in die Verhältnisse der deutschen Städte eingreifen zu können. Ob der Judenschutz in dem einen oder anderen Fall mehr oder weniger bzw. gar nicht funktionierte, hing von der jeweiligen örtlichen politischen Konstellation ab, aber nicht mehr von der Frage, ob der Papst gewillt war, sich der Juden anzunehmen. Damit setzt eine Entwicklung ein, die davon geprägt ist, dass die Päpste, mit Ausnahme des Kirchenstaates, in ihren Urkunden, Mandaten und Bullen vor allem auf die grundsätzliche kirchenrechtliche Situation der Juden verwiesen und konkrete Maßnahmen der weltlichen Gewalt überlassen mussten. In Einzelfällen wurden sie auf Anfrage oder Anklage hin auch künftig aktiv, doch ging diese Tätigkeit deutlich zurück. Damit verkümmerte das im späten 12. und 13. Jahrhundert erarbeitete »kirchliche Judenrecht« zu einer oftmals nicht weiter hinterfragten Tradition, die weltlichen Herrschern die Möglichkeit gab, sich bei Vertreibungen und Verfolgungen auf diesen kirchlichen Standpunkt zu berufen.

Ein Genrebildchen päpstlicher Bemühungen um die Freilassung von Gefangenen ist 1347 aus dem Hundertjährigen Krieg überliefert, als Clemens VI. den König Philipp VI. von Frankreich aufforderte, er möge den Bischof von Dax (Aquitanien) samt seiner aus Engländern und Juden bestehenden Gefolgschaft aus der Gefangenschaft entlassen. Sie waren den Franzosen bei einer Seereise als Feinde in die Hände gefallen. Ob der Papst damit Erfolg hatte, wissen wir nicht.[150]

Hauptsächlich betrafen die päpstlichen Äußerungen Fragen der Inquisition hinsichtlich der Anklagen, deren Inhalt (aber auch der Name des Denunzianten) den betroffenen Juden oder ehemals jüdischen Neuchristen mitgeteilt werden sollte. Ferner wurden Bischöfe, aber auch weltliche Fürsten bzw. lokale Machthaber angewiesen, den Inquisitoren zur Seite zu stehen, insbesondere, wenn es um getaufte, rückfällig gewordene Juden ging. Lokale Prozesse wegen überhöhter Zinsen landeten vereinzelt in der päpstlichen Kanzlei, woraus sich manchmal umfangreiche Prozesse entwickeln konnten, deren Aufarbeitung künftiger Forschung vorbehalten werden muss. An sich wurden solche Angelegenheiten, wenn sie die geistlichen Gerichte beschäftigten, aus praktischen Gründen in den Diözesen verhandelt, wie z. B. Papst Innozenz VI. auf Bitten der Juden in Arles, Marseille, und in der Provence festlegte. Prozesse, die finanzielle Angelegenheiten und Dinge betrafen, die gegen die Person eines Juden gerichtet waren, sollten nicht außerhalb der Diözese verhandelt werden.[151]

Auch die Verschleuderung von Kirchenvermögen, das etwa als Pfand für ein Darlehen gesetzt wurde, konnte zum Einschreiten des Papstes führen. Paul Praunspeck hatte als Bischof des Salzburger Eigenbistums Gurk (Kärnten) sogar Inful und Bischofsstab einigen Juden verpfändet und das Darlehen nicht zurückgezahlt. Innozenz beauftragte nun den Patriarchen von Aquileia, Ludwig della Torre, den inzwischen auf den Bischofsstuhl von Freising transferierten Praunspeck zur Auslösung des Kirchengerätes zu zwingen und seinem Nachfolger in Gurk zu übergeben.[152]

Auch das Prinzip, dass die Päpste Konvertiten in ihren wirtschaftlichen Angelegenheiten unterstützten, wurde von den Päpsten des 14. Jahrhunderts beobachtet. Auch dabei kam es manchmal zu sorgfältigen Untersuchungen, ob der dem ehemaligen Juden zustehende Besitz aus Wuchergeschäften oder aus Tätigkeit, die »Fleiß und Arbeit« erforderte, stammte. Um dies einwandfrei feststellen zu können, ließ Urban V. 1363 sogar eine große Zahl von Zeugen vom Bürgermeister bis zu den Zunftmeistern der Heimatstadt des ehemaligen Juden aufmarschieren.[153] Mit diesem Thema verbanden sich weiterhin Anstrengungen, möglichst viele Juden zur Annahme der Taufe zu bewegen bzw. getaufte Juden zu unterstützen. Urban V. erließ beispielsweise einen Ablass für Christen, die Konvertiten unterstützten.[154] Auch konvertierte Juden, die als Prediger in den Synagogen bei ihren ehemaligen Glaubengenossen wirkten, sollten dabei die Hilfe der weltlichen Gewalt in Anspruch nehmen können.

Auffällig ist auch die Tatsache, dass nun zunehmend auch Theologen bzw. Gelehrte des Kirchenrechtes mit Angelegenheiten der Juden im Auftrag des Papstes befasst wurden, insbesondere, wenn es um Wucherangelegenheiten ging. Die immer komplizierter werdende Argumentation in wirtschaftlichen und finanztechnischen Fragen war ja eine allgemeine Erscheinung, sodass in solchen Fragen Gutachten der Universitäten eingeholt wurden.

Nur indirekt wirkten die Päpste an dem sich nun auch in Mitteleuropa verschärfenden judenfeindlichen Klima mit, hatten sie doch die Grundlagen der Kritik an den Juden geschaffen, allerdings in einer nun schon zurückliegenden Zeit. Seit der Großen Pest nahm die Zahl der Verfolgungen zu, oftmals auch in Verbindung mit Zwangstaufen. In den siebziger Jahren des 14. Jahrhunderts berieten sich die Herzöge von Österreich sogar mit »Doktoren«, ob man die Juden taufen bzw. vertreiben könne.

Mandate zur Separierung der Juden ergingen, wenn bei Visitationen »skandalöse Zustände« bekannt und dem Papst berichtet wurden. 1365 erhielt Urban V. die Nachricht, dass die Juden in Arles unter den Christen lebten, weitläufige Paläste besaßen (solche können wir unter den »ampla hospicia« verstehen), die sich noch dazu in direkter Umgebung von Kirchen befanden, wodurch viel Unschickliches und Gefährliches für das Seelenheil der Christen entstünde. Ja sogar der jüdische Friedhof lag dem der Christen benachbart. Ferner unterschieden sich die Juden in keiner Weise von den Christen und trugen kein Judenzeichen. Diese »Missstände« sollten schleunigst, vor allem durch die Einrichtung eines abgetrennten Judenviertels, abgestellt werden.[155]

Mandate wie dieses zuletzt erwähnte zeigen, dass die Päpste nun in wachsendem Maße in ihrem unmittelbaren Herrschaftsgebiet bzw. in den benachbarten Gebieten in Angelegenheiten, die Juden betrafen, tätig wurden. Wenn auch der universale Anspruch erhalten blieb und die Päpste auf Anfrage oder Beschwerde Entscheidungen trafen, verlor dieser an Bedeutung. Die Ursache dafür lag auch darin, dass die Umweltbedingungen für die Juden in den einzelnen Territorien des Reiches und in Ländern außerhalb desselben gestaltet und dabei jene Regeln angewendet wurden, die im 13. Jahrhundert entstanden waren, die zum Teil kirchenrechtlicher Herkunft waren. Über die konkrete Abhängigkeit von kirchlichen Lehrinhalten hinaus spiegelten die Verhältnisse auch die im kirchlichen Bereich zu beoachtende ambivalente Haltung zu den Juden. Die Fürsten sahen sich als Schutzgewalt über die Juden, leiteten daraus allerdings Maßnahmen, vor allem in finanziellen Fragen, ab, die oftmals schwere Eingriffe in die vermögensrechtliche Situation der Juden nach sich zogen. Ferner zeigt die fürstliche Haltung ihnen gegenüber das tiefe Misstrauen, das sich gerade in der zweiten Hälfte des 14. Jahrhunderts verfestigte und schließlich in ein Zeitalter der Verfolgungen und Vertreibungen mündete.

Der Rückgriff auf kirchliche Vorstellungen wird deutlich bei Diskussionen, die den Vertreibungsbeschlüssen vorangingen. Oft ist die Rede von den blasphemischen Büchern der Juden, womit wohl eher der Talmud als die »Geschichten Jesu« gemeint waren. Letztere Geschichten waren im Spätmittelalter unter einigen wenigen Christen bekannt und enthalten eine Art von parodistischer Biografie Jesu. Wenn aber von abscheulichen Büchern der Juden die Rede ist, bezog man sein vorgebliches Wissen darüber wohl aus der talmudfeindlichen Literatur, die ja seit mindestens einem Jahrhundert eine gewisse Verbreitung gefunden hatte. Auch die politische oder geistige Verbindung mit Häretikern und ihrer Lehre konnte in diesem Klima des Misstrauens eine Rolle spielen. Den Verhältnissen etwas vorausgreifend sei hier auf die Frage von Hussiten und Juden eingegangen, die in die Zeit Papst Martins V. fällt.

Als die Theologen an der Universität Wien sich im Jahre 1419 über die Juden berieten, ging es nicht nur um die erwähnten Bücher, sondern auch um ihre Zusammenarbeit mit den Hussiten. Die hussitische Bewegung hatte auch unter Rabbinern und anderen mehr oder weniger gelehrten Juden Reaktionen ausgelöst, die manchmal etwas naiv positiv waren. Die Begünstigung der Hussiten gehörte aber bald zu den Standardvorwürfen, die man gegenüber »Feinden« erhob. Dies fügt sich in die schon beschriebene kirchliche Haltung gegenüber Leuten, die Häretiker begünstigten, die dann ebenfalls in die Zuständigkeit der

Inquisition fielen. Aus dieser von Misstrauen geprägten Situation entstand dann die grausame Judenverfolgung der Jahre 1420/21 in den habsburgischen Kernländern Österreich ob und unter der Enns, die in der jüdischen Tradition durchgängig kommemoriert wurde.[156] In einem jüdisch-deutschen Bericht über diese Ereignisse, in der berühmten »Wiener Gesera«, wird der Zusammenhang mit den Hussitenkriegen ebenfalls hergestellt.

JUDEN AM HOF DES PAPSTES

Unter schwierigen Umständen kehrten die Päpste in zwei Anläufen nach Rom zurück. Urban V. kam am 16. Oktober 1367 in Rom an, wo er, da der Lateran verfallen war, im Vatikan seinen Sitz nahm – eine bis heute wirksame Entscheidung.[157] Erst 1376 nahm sein Nachfolger Gregor XI. wieder seinen Sitz in Rom, nachdem Urban 1370 die Stadt wegen widriger Verhältnisse verlassen hatte. Doch 1378 brach durch die Doppelwahl Urbans VI. und Clemens' VII. das Große Schisma aus, das erst mit der Wahl Martins V. auf dem Konstanzer Konzil 1417 beendet wurde.

Mit Urban und seinem in Rom residierenden Nachfolger Bonifaz IX. wurde nun gewissermaßen eine päpstliche Territorialherrschaft in Rom und im Kirchenstaat organisiert, die sich kaum von anderen Territorien unterschied. Die Betreffe der päpstlichen Entscheidungen änderten sich auch in dieser Zeit wenig, neu war indessen das Auftauchen einiger Juden in der päpstlichen »familia«, d. h. in seinem Haushalt oder Hofstaat.

1391 ernannte Bonifaz den im Gebiet Sant' Angelo wohnenden Juden Benedikt Melis zu einer Art Schätzmeister in der päpstlichen Kammer, machte ihn zum Mitglied des Haushalts des Kämmerers und nahm ihn, seine Kinder und seine ganze Familie in seinen Schutz. Wenige Monate später befreite ihn der Papst vom Tragen des Judenzeichens und nahm ihn als Mitglied seines Haushalts auf.[158]

Auch jüdische Ärzte begannen nun, wie schon vereinzelt in früheren Zeiten, am päpstlichen Hof eine Rolle zu spielen. Schon 1376 hatten der Arzt Manuele und sein Sohn Angelo eine Befreiung von Abgaben vom römischen Senat erhalten, da sie »in ihrer Kunst überaus erfahren, täglich römischen Bürgern Dienste geleistet haben und noch leisten und sich dadurch als besonders nützlich in der Stadt gezeigt hätten«. Offenbar auf Fürsprache der Ärzte reduzierte der Senat einige Jahre später sogar die Abgaben der gesamten jüdischen Gemeinde.

1392 ernannte Bonifaz den Angelo zu seinem Leibarzt und Hausgenossen und verlieh ihm 1399 das römische Bürgerrecht.[159]

1402 war es schließlich so weit, dass der Papst eine umfangreiche Ordnung für die Juden in Rom erließ, die bezeichnenderweise im Rahmen ihrer Neuausstellung durch Martin V. überliefert ist.

Ein Zeitalter, in dem die Päpste auch bezüglich der Juden Grundsätzliches zu regeln suchten, ging mit »technischen« Anweisungen zur Umsetzung dieser Vorstellungen zu Ende. Die Tradition verfestigte sich, in den Einleitungen und Erklärungen, die das Kanzleipersonal und die Empfänger wohl nur mehr flüchtig wahrnahmen, klapperte die »Lehre der Verachtung« schematisch weiter, bis sie bei nächster Gelegenheit wieder zum Leben erwachen sollte.

Elftes Kapitel

ZWISCHEN MILDERUNG UND
VERSCHÄRFTEM DRUCK

Papsttum und Juden in den Zeiten der Konzilien und der Reformation

Päpste zwischen Konzilszeitalter und Renaissance:
Pius II. in Ancona bei dem Versuch, einen Kreuzzug zu organisieren.

DIE LAGE DER RÖMISCHEN JUDEN WÄHREND DES GROSSEN SCHISMAS

Am 15. April 1402 erließ der Kämmerer des Papstes Bonifaz IX., Konrad von Nicosia, ein großes Privileg für die Juden in Rom und im Kirchenstaat, das sich aus älteren Bestimmungen zusammensetzte.[160] Vor allem stützte es sich auf die 1310, nach dem Weggang der Päpste aus Rom, vom Senat erlassenen Rechte der Juden. Dieses Privileg bildet eine Art landesfürstlichen Typus, der auf aktuelle Schwierigkeiten der jüdischen Gemeinde Rücksicht und Bezug nimmt und keine allgemeinen theologischen Anspielungen enthält. Erst in der Bestätigung Martins V. wird die augustinische Lehre von der Zeugenschaft der Juden für die Wahrheit des rechten Glaubens in der Arenga kurz umrissen.

Einer der wesentlichen Gründe für die Ausstellung des Privilegs waren die Folgen der Pest, die in Rom in den siebziger Jahren noch einmal aufgeflackert war, bzw. der jahrzehntelangen Kämpfe, die mit dem Tribunat des Cola die Rienzi verbunden waren. Die finanziellen Mittel der Gemeinden im Kirchenstaat waren erschöpft. Der päpstliche Kämmerer nahm ausdrücklich auf die zurückgehende Leistungsfähigkeit der Gemeinden Bezug, wenn er ihre geringere Zahl und ihre geringeren finanziellen Mittel erwähnte. Auf Bitten der Juden und auf dieser sachlichen Basis gewährte er den Juden Vergünstigungen, deren Einhaltung den städtischen Amtleuten anvertraut wurde.

Als wichtigstes Heilmittel gegen die geschilderten Zustände erkannte man den Verzicht auf Drangsalierung der Juden durch eben diese Amtleute und auf Übergriffe gegen deren Güter. Andererseits waren aber Rückstände an Abgaben entstanden, die von den jüdischen Einnehmern, die auch als Vorstände der Gemeinden wirkten, nicht vorgestreckt werden konnten. Deswegen sollten sie von den einzelnen Gemeindemitgliedern in der Pentapolis (in provinciis Maritime), Campagnien, in der Romagna, im Gebiet der Abtei Farfa, im Sabinerland, in

167

Herzogtum Spoleto und in der Mark die bisher nicht bezahlten Abgaben einziehen.

Auf diese erste Maßnahme folgte die Bestätigung der Bestimmungen von 1310, an deren Beginn die ausführliche topografische Schilderung des Judenviertels steht. Es handelte sich dabei noch nicht um ein Ghetto, sondern einen sich selbstverständlich aus den damaligen Gewohnheiten der gemeinsamen Niederlassung ergebenden Schwerpunkt der Ansiedlung. Das römische Ghetto entstand erst im 16. Jahrhundert als ein geschlossener Bezirk, worauf wir noch kurz zurückkommen werden.

Damals, 1402, war es für Juden noch möglich, ohne Einschränkung die Tiberbrücke zu überqueren und damit sich außerhalb des Viertels Trastevere zu bewegen. Allerdings mussten Juden, die sich auf diesen Weg machten, als Judenzeichen rote Mäntel tragen. Davon ausgenommen waren Gemeindefunktionäre. Innerhalb des Judenviertels entfiel die Kennzeichnungspflicht. Ebenso auch außerhalb Roms, wo sich fremde Juden zehn Tage ohne Kennzeichen aufhalten durften. Auch war es niemandem gestattet, diesbezüglich eine Anzeige gegen einen Juden zu erheben. Am Sabbat sollten die Juden in gerichtlichen Angelegenheiten nicht belästigt werden, ferner durften sie in zivilen und Kriminalsachen nur vor die Kurie des Kapitols geladen werden. Die Juden hingen in dieser Zeit primär von den Institutionen der Stadt und nicht von den päpstlichen Einrichtungen ab. Dies wird besonders deutlich in einem Passus des Privilegs, der die Inquisition betrifft. Aufgrund eines einfachen Befehls des Inquisitors dürfen die Stadtmarschälle und andere Stadtbeamten bei Strafe von 25 Pfund keinen Juden belästigen, wenn nicht gleichzeitig ein Befehl eines Mitglieds der Kurie des Kapitols vorlag, »weil alle Juden und Jüdinnen, die in der Stadt wohnen und sich mit ihren Familien in der Stadt aufhalten, als römische Bürger behandelt werden sollen und müssen, es sind und auch als solche angesehen werden sollen, in allem und von allen als solche gehalten und geachtet werden sollen und die Freiheiten der römischen Bürger genießen und auch genießen können«.[161] Es ist bemerkenswert, dass der päpstliche Kämmerer mit Zustimmung des Papstes diese Vorstellungen aus der Zeit der Adelsherrschaft in Rom übernahm und sogar davon sprach, dass Juden als römische Bürger geachtet wurden. Offenbar beugte sich der Papst den bestehenden Machtverhältnissen in der Stadt.

Auch in diesem Sinne handelt es sich um ein »landesfürstliches« Privileg, dessen Inhalt ganz von den lokalen Verhältnissen bestimmt wurde. Dazu kommt noch die schwierige Lage Bonifaz' IX., der ja – wir befinden uns im Zeitalter der Kirchenspaltung, des »Großen Schismas« – in Benedikt XIII. einen Gegenpapst hatte, dessen Wirken gegenüber den Juden wir noch behandeln werden.

Wenn wir ein wenig bei dem Grundgedanken der Verachtung der Juden verweilen, zeigt dieses Privileg eine gänzlich andere Haltung, es wird ja sogar von Achtung ihnen gegenüber gesprochen. Trotzdem blieben die Gesten der Verachtung erhalten, wie sie z. B. aus dem Zeremoniell nach der Wahl Innozenz' VII. (1404–1406) ersichtlich sind, das sich auch als Tradition wiederholte. Die Juden überreichten dem Papst bei seinem Krönungszug eine Torarolle mit der Bitte um Bestätigung. Der Papst erklärte, dass das Gesetz gut sei, die Juden es aber nicht verstünden, weil alles neu geworden sei. Dann gab er ihnen die Rolle als Zeichen des Tadels oder der Verachtung über die linke Schulter zurück. Die symbolische Handlung enthält zwei eigenartige Momente. Warum verlangten die Juden Roms eine Bestätigung der Tora? Es war doch klar, dass bei der paulinischen Kritik am Gesetz eine solche Bestätigung nicht möglich war. Erwarteten die Juden, dass die Christen ihre »hartnäckige« Kritik am Gesetz irgendwann aufgaben? Der Papst in seiner Antwort hingegen konzentrierte sich nicht auf eine Stellungnahme zum Gesetz, sondern wich auf den Vorwurf aus, die Juden verstünden ihre eigenen Bücher nicht. Zweifellos – Stoff zum Nachdenken!

BENEDIKT XIII. – RESTRIKTIONEN UND BEKEHRUNGSDRUCK

Anders als sein Kollege in Rom beschäftigte sich der avignonesische Papst Benedikt XIII., der als Spross der Adelsfamilie Luna aus dem Königreich Aragón stammte, mit universalen Fragen der Stellung der Juden. In den Jahren 1413/1414 fand das Religionsgespräch von Tortosa statt, das der Taufbewegung in Kastilien und Aragón neuen Schwung geben sollte. Auch Benedikt griff auf *conversos*, Konvertiten, zurück, die ihn in seinem Vorhaben unterstützten. Ein ehemaliger jüdischer Arzt, der sich nun Paulus de S. María nannte und später Bischof von Cartagena und Burgos werden sollte, wirkte in Kastilien, und Hieronymus de S. Fide, ein früherer jüdischer Gelehrter, in Aragón. Letzterer ließ sich unter dem Einfluss des berühmt-berüchtigten Dominikaners Vinzenz Ferrer (etwa 1350–1419) taufen. Wahrscheinlich auf Veranlassung des Hieronymus verfasste der Papst am 26. November 1412 eine Einladung an die führenden Rabbiner Spaniens. Die Rabbiner sollten vier der gelehrtesten Männer namhaft machen, die im nächsten Jahr eine Diskussion über bestimmte Artikel zu führen hatten. Diese Artikel übersandte der Papst den Rabbinern mit der Einladung. Die Zielsetzung hatte Benedikt klar vorgegeben: Die Aktion hatte der Verbreitung des christlichen Glaubens zu dienen, die er mit ganzer Kraft betreibe.[162] In einem der hebräischen Berichte über die am 7. Februar 1413 beginnende Disputation wird eine für die Juden bedrängende Situation geschildert, die eine freie Diskussion von vornherein als unmöglich erscheinen ließ:

»Als wir in das Haus des Papstes eintraten, erblickten wir einen großen mit farbigen Stoffen geschmückten Hof. Dies war der Ort der Disputation. Es standen dort siebzig Sessel für die Kardinäle, Bischöfe und Erzbischöfe, die in goldgestickte Gewänder gekleidet waren ...« Alles war also darauf angelegt, die jüdischen Teilnehmer einzuschüchtern. Etwa 1000 geistliche Würdenträger und Vertreter der weltlichen Obrigkeit waren anwesend. Der Papst ließ keinen Zweifel über die Ausgangsposition:

»Wisset, jüdische Gelehrte, dass ich nicht zu dem Zweck erschienen bin und euch hierher befohlen habe, um darüber zu diskutieren, welche von beiden Religionen die wahre sei, da ich nicht im Geringsten daran zweifle, dass es die meinige ist, während eure Tora wohl einmal wahr gewesen, dann aber aufgehoben worden ist ...« Eine auch von der Theologie des Christentums her zumindest umstrittene Behauptung. Worum ging es bei der Diskussion? Der Papst erklärte dazu: »Wir wollen hier nur die Argumente des Hieronymus (de S. Fide) einer Erörterung unterziehen, der bereit ist, aufgrund des Talmuds eurer alten Meister, die weiser waren als ihr, den Beweis zu erbringen, dass der Messias bereits erschienen sei.«

In zwei Sitzungsperioden, die fast 70 Einzeldisputationen umfassten, lief das Gespräch bis Ende 1414 ab. Das Ergebnis war ja von Anfang an klar gewesen: Die Rabbiner hatten Unrecht.

Abgesehen von ihrer monatelangen Absenz von ihren Heimatgemeinden stellten die während der Dispuation intensiv betriebenen Bekehrungen von Juden eine große Belastung dar. Der Rabbiner Astruc Levy flüchtete sogar für kurze Zeit aus Tortosa und gab eine erhellende Erklärung über sein Verhalten ab: »Der erste Grund (für seine Flucht) ist, dass wir von unseren Wohnungen weg sind, bereits zehn Monate verstrichen sind. Zweitens, weil unser Vermögen verkleinert und fast ganz zugrunde gerichtet ist. Drittens, weil wir unseren Gemeinden und Judenvereinigungen einen großen Verlust verursachen, aus dem großer Schaden folgt. Viertens, dass wir unsere Frauen und Kinder verloren haben. Fünftens, weil für viele von uns hinsichtlich des Geldes für den Unterhalt, sei es für uns hier, sei es für unsere Hausgenossen, unglücklicherweise schlecht vorgesorgt ist, sodass sie Lebensmittel entbehren. Sechstens, weil wir hier außerordentliche Ausgaben haben.« Der Verdacht liegt nahe, dass bewusst Druck auf die jüdischen Diskutanten erzeugt wurde.

Es entspricht genau dem Ergebnis von Tortosa, wenn der Papst in seiner Bulle vom 11. Mai 1415 mit der Verurteilung des Talmuds beginnt.[163] Die in Valencia ausgestellte Urkunde ist keine Neuausstellung der alten Sicut-Iudeis-Bulle, überhaupt hat sie weniger den Charakter einer Schutzurkunde, sondern mehr den einer Judenordnung. Gedankengut aus dem 13. Jahrhundert ist aber deutlich zu erkennen.

Neu begründet der Papst den Gedanken, warum er auch Vorschriften für die Juden erlassen kann. Sie seien das Volk des Erlösers und stünden daher in einer engen Beziehung zur Kirche. Da ihr Unglauben ihre Zugehörigkeit zur Kirche verhindere, sehe er es als seine Aufgabe an, die Juden zu bekehren, indem er ihren Unglauben beseitige; das richtete sich vor allem gegen den Talmud. In der Begründung, warum er den Talmud verwerfe, mischten sich die bekannten Erklärungen aus dem 13. Jahrhundert mit den jüngsten Erfahrungen des Papstes in Tortosa. Der Talmud sei nach dem Zeugnis neu bekehrter Christen von Söhnen des Teufels nach Christi Geburt vollendet worden. Er sei also kein von Moses gegebenes Gesetz, und in ihm seien viele Irrtümer und Ketzereien enthalten. Diese widersprächen dem Alten und Neuen Testament und könnten durch keine Auslegung gerechtfertigt werden, wie verschiedentlich in Anwesenheit der Juden bewiesen worden sei. Der Papst befahl die üblichen Beschlagnahmungen, nur diejenigen Personen, die mit der Bekehrung der Juden beauftragt waren, sollten das Recht haben, einige Exemplare bei sich zu behalten. Genau wurde geregelt, in welchen Zeitabständen die Untersuchungen über vorhandene Talmudexemplare zu wiederholen seien und dass die Besitzer solcher Bücher zu bestrafen seien. Bei diesem Vorgehen gegen den Talmud berief er sich auf Gregor IX. und Innozenz IV. Zugleich scheint damit aber eine modifizierte Tradition begründet worden zu sein, nämlich eine oftmalig vorzunehmende Überprüfung der verschiedensten Quellen, woher Talmudexemplare stammen könnten, die dann in späteren päpstlichen Judenordnungen bis zum »Editto sopra gli Ebrei« Pius' VI. ausführlich abgehandelt wurden.

Ferner wurde ein Buch mit dem Titel »Mace Ihesu« verboten. Hinter diesem offenbar missverstandenen Titel verbergen sich vielleicht die bereits erwähnten »Toledot Jeschu«. Ausgehend von diesem Buch, das Schmähungen gegen Christus und Maria enthält, stellte Benedikt fest, dass die Juden zu bestrafen seien, wenn sie auch in anderer Weise Blasphemien begingen, die sich gegen Heilige, gegen den christlichen Glauben im Allgemeinen, die Sakramente und gegen kirchliche Geräte und Bücher richteten. Daraus zog er dann den Schluss, dass den Juden auch die Anfertigung von kirchlichen Geräten verboten sei.

Mit dem großen Strom der Rechtsvorstellungen der Zeit steht im Einklang, dass die Juden nicht zum Amt eines Richters zugelassen waren, was sich natürlich auch mit der Lehre von der dienenden Stellung der Juden begründen ließ. Innerhalb der Anordnungen zum Inquisitionsverfahren gegen Juden begegnet die von den Päpsten in den letzten Jahrzehnten oft erlassene Vorschrift, dass den Juden auch der Name des Anzeigers bekannt zu geben sei; in der Bulle Benedikts XIII. findet sich die – vermutlich neue – Bestimmung, dass Juden gegen einen Denunzianten keinen Prozess führen durften.

Tief in den Keller der Tradition griff Benedikt, als er anordnete, die Juden dürften keine neuen Synagogen erbauen und bestehende nicht prächtiger ausschmücken. An einem Ort sollten sie nicht mehr als eine Synagoge haben. Aber: »An einem Ort aber, wo es gelingt, alle Synagogen zu schließen, wenn sich dort mehrere befinden, oder eine, wenn der Ort nur eine einzige aufzuweisen hat, sollen die Juden zum Ersatz dafür ein Haus aus dem Besitz des Bischofs oder des Generalvikars erhalten.« Wir stoßen bei dieser Bestimmung wohl auf spanischen Einfluss, wo derartige Fälle, die sowohl das Zusammenleben als auch den Glaubenswechsel betrafen, wegen der lange Zeit durchlässigen Situation zwischen Christen und Juden ohne Krampf geregelt werden konnten.

Der Verkehr zwischen Christen und Juden sollte allerdings möglichst eingeschränkt werden. So war es Juden verboten, für Christen Gelder einzukassieren und dieses Geld zu verwalten. Da spielt natürlich das alte Ämterverbot hinein und auch hier ist wieder der Bezug zu Spanien deutlich, wo dergleichen ja lange Zeit bis zur königlichen Verwaltung üblich war. Daneben waren den Juden viele andere Berufe verboten, darunter der des Arztes, Apothekers oder Färbers. Sie durften auch keine Christen einladen und ihnen von den für die jüdischen Feste vorgesehenen Speisen etwas vorsetzen. Auch der Verkauf von Fleisch, das sie verschmähten, war verboten. Es fehlte in dieser Judenordnung tatsächlich nichts an den überkommenen Einschränkungen: Abgesonderte Wohnbezirke, eigene Kleidertracht und das Verbot des Wuchers wurden ebenfalls eingeschärft. Geschäfte oder Verträge mit Christen durften nicht abgeschlossen werden, wenn sie eine Leistung des Christen beinhalteten, ebenso waren Scheinverträge verboten. Im Fall des Falles konnte ein geistliches Gericht immer noch einen Scheinvertrag nachweisen. Konvertiten sollten erbberechtigt sein. Diese Praxis schien sich langsam durchzusetzen und war bei der zunehmenden Zahl der Konvertiten in Spanien recht aktuell; eine Reihe von Päpsten wurde für ihre Bemühungen um eine möglichst ausgedehnte Konversion bekannt.

Damit hing auch das neuerliche Forcieren der »Religionsgespräche« und der Zwangspredigten zusammen. Sogar die Inhalte der Predigten legte der Papst fest, wobei in der dritten Predigt die Zerstörung des Tempels bzw. die Weissagung Jesu darüber im Mittelpunkt stehen sollte. Damit schwenkte die Praxis der Zwangspredigten auf ein Thema ein, mit dem man die endgültige Niederlage der Juden und ihre verdiente Unterordnung unter die Christen begründete. Schlimmstenfalls konnte man diese Lukas-Stelle auch als das Ende der Erwählung des jüdischen Volkes deuten. Der Topos über die Juden als ein seit der Zerstörung des Tempels zerstreut lebendes Volk wird ja bis heute allgemein akzeptiert. Dass das Lukas-Evangelium nach der Zerstörung des Tempels entstand, Juden auch schon vor diesem Ereignis, z. B. im ägyptischen Alexandrien, eine bedeutende Diaspora-Gemeinde bildeten und noch etwa 50 Jahre nach ihrem angeblichen Verschwinden aus Palästina, zur Zeit

Kaiser Hadrians, sich im Bar-Kochba-Aufstand gegen die römische Herrschaft erhoben, sei an dieser Stelle nur kurz erwähnt, um die Sinnhaftigkeit solchen Allerweltswissens zu hinterfragen.

Hatten die Juden dann begriffen, dass sie in ständiger Gefangenschaft leben mussten, wie ihnen in dieser letzten Predigt vermittelt wurde, las man ihnen noch einmal die gesamte Bulle vor, denn nun musste ihnen natürlich klar sein, dass nur die Gerechtigkeit des Papstes ihnen diese Einschränkungen aufbürdete.

Nach dieser massiven Zusammenfassung aller dem Misstrauen gegen die Juden entspringenden Maßnahmen wirkt der Schluss der Bulle (dieser Teil sollte offenbar den Juden gar nicht vorgelesen werden) wie Hohn. Benedikt empfahl den Christen, die Juden zu schonen, und man müsste ihnen bei Verfolgungen liebevoll zu Hilfe kommen. Unter dem Eindruck dieses doch zynisch anmutenden Schlusses der Urkunde befremdet das von dem angesehenen Fachmann Willehad Paul Eckert gefällte Urteil: Die Beschränkungen gelten den Juden als Bekennern eines den Christen feindlichen Glaubens, aber nicht jedoch den Juden als Menschen.[164]

In der Zeit des »Großen Schismas« schien es, dass die römische Gemeinde kaum unter der Judenfeindschaft zu leiden hatte, hingegen hielt ein Papst wie Benedikt XIII. an der Fülle der überkommenen Verbote und Einschränkungen fest. Gerade seine Judenordnung von 1402 scheint eine Brücke zu den ähnlich gestalteten späteren Verordnungen der Päpste für die römische, jüdische Gemeinschaft zu bilden.

VOM KONSTANZER KONZIL ZUR PÄPSTLICHEN JUDENGESETZGEBUNG AM BEGINN DER RENAISSANCE

Das »Große Schisma« wurde bekanntlich durch das Konzil von Konstanz (1414 –1418) beendet, womit für einige Jahrzehnte die Konzile im Gegensatz zum Papst tagen konnten, wie dies vor allem auf das nachfolgende Basler Konzil (1431–1449) zutrifft. Die päpstliche Macht fand durch den konziliaren Gedanken eine gewisse Beschränkung (Da Jacques Halévy und Eugène Scribe ihre 1835 uraufgeführte Oper »Die Jüdin«, ein Schlüsselwerk für das Verständnis des Verhältnisses von Christen und Juden im bürgerlichen Zeitalter, auf dem Konstanzer Konzil spielen lassen, hat sich beim europäischen Publikum im Übrigen die Vorstellung verbreitet, dass die Konzilien in großem Umfang mit Zwangstaufen und Judenverfolgungen zu assoziieren seien). Betrachtet man die Beschlüsse, vor allem des Basler Konzils, hinsichtlich der Juden, stellt man fest, dass die Auffassungen, die dort formuliert und schriftlich festgehalten wurden, sich von jenen der Päpste in nichts unterschieden. Anders wäre es ja auch ein wenig verwunderlich. Es sind die gleichen Themen und Vorstellungen, die wir bei der Entwicklung des kanonischen Rechts und der Theologie im Umfeld der Päpste kennen gelernt haben. Studiert man z. B. die Protokolle der Verhandlungen, die am 7. September 1434 in Basel aufgezeichnet wurden, fällt wieder auf, mit welcher Energie das Thema der Bekehrung behandelt wurde. Um die Taufe zu erreichen, war man sogar bereit, wiederum über die Verwendung der Wuchergewinne zu diskutieren. Wenn die Geschädigten noch lebten, musste der auf diese Weise entstandene Gewinn zurückgezahlt werden. Waren diese aber nicht bekannt, konnte der getaufte Jude dieses Geld zur Unterstützung anderer Kovertiten verwenden. Man erhoffte sich mit dieser Regelung eine Art »Schneeballeffekt«. Einige zur Konversion bereite Juden, die über Geld verfügten, sollten dazu beitragen, dass die mit der Konversion verbundenen Sorgen anderer Juden gemildert wurden. Die ehemaligen Wuchergewinne standen also einem frommen Gebrauch zur Verfügung.

Im Gegensatz zu der Taufbewegung, die unter den Juden im frühen 19. Jahrhundert bzw. einige Jahrzehnte später stattfand, ist diese Erscheinung im 15. Jahrhundert noch nicht einmal richtig wahrgenommen worden. Gerade die Fülle der päpstlichen Schriftstücke, die sich mit dem Schicksal Konvertierter beschäftigen bzw. Anweisungen für die Erleichterung des Übertritts geben, sind ein Indiz, dass wir es möglicherweise mit einer auffälligen Entwicklung zu tun haben.

Wenn die Beobachtung richtig ist, dass seit der Zeit um 1400 unter den Juden eine erhöhte Neigung zur Konversion bestand, könnte das mit den Diskussionen über die Richtigkeit des gelebten Glaubens vor allem im christlichen, aber auch im jüdischen Bereich zusammenhängen. Die Reformbewegungen im Christentum mit ihrer teils harschen Kritik an den herrschenden Zuständen weckten unter manchen, auch gelehrten Juden Hoffnungen auf eine Annäherung der beiden zerstrittenen und doch verbundenen Partner. Die Spaltungstendenzen im

Christentum führten offenbar auch hier zu verstärkten Bemühungen, Einheit herzustellen, sei es durch Reform oder durch Bekämpfung von Reformbewegungen, die als zu weitgehend und als häretisch betrachtet wurden, wie z. B. der Lollarden und Hussiten.

Während dieser Entwicklungen etablierte sich der Papst nach Überwindung des Schismas wieder auf Dauer in Rom. Martin V. (1417–1431) kümmerte sich auch um Probleme, die außerhalb des Kirchenstaates bestanden, wie z. B. die Ernennung von jüdischen Steuereinnehmern in Schweinfurt oder die Einsetzung eines Richters, der einen Fall wegen Wucherzinsen entscheiden sollte, die christliche und jüdische Geldhändler vom Burggrafen Johann von Nürnberg und seinem Vater gefordert hatten. Bezeichnend scheint aber der Umstand, dass er 1419 die universal gedachte Sicut-Iudeis-Bulle für Juden in Norditalien ausstellte.[165] Dies ist natürlich darauf zurückzuführen, dass sich die Juden aus diesen Gegenden an den Papst um Hilfe wandten, als sie von Christen bedrängt wurden. Erst davon ausgehend erweiterte er in den folgenden Jahren die Schutzurkunden auf andere Territorien. In allgemeiner Form, nämlich unter Einschluss von Venedig, aber vielleicht doch im Zusammenhang mit den Verfolgungen und Zwangstaufen in Wien, erging am 1. Januar 1421 eine Anordnung des Papstes, dass Juden unter 12 Jahren gegen ihren eigenen Willen und den ihrer Eltern nicht getauft werden durften. Eine Überlieferung des Textes enthält in der Datierung Hinweise auf den Dogen von Venedig und den Herzog von Österreich.[166]

»Sicut iudeis« erhielt nun eine neue Funktion. Nicht mehr ging es um eine wortgetreue Wiederholung ihres Textes, sondern sie wurde dem eigentlichen Anlass einer Urkundenausstellung gewissermaßen vorgeschaltet. Im Januar 1422 eröffnete Martin ein Privileg für die Juden in Viterbo mit dem berühmten Text und einen Monat später seine Anordnung, dass christliche Prediger, vor allem Dominikaner und Minoriten, keine Hetzpredigten gegen Juden halten durften.[167]

Aber auch in sehr konkreten Angelegenheiten griff Martin V. bei Gelegenheit weit über den geografischen Schwerpunkt seines Wirkens in Italien, Südfrankreich und Spanien hinaus. 1425 erreichten ihn Nachrichten aus Kaffa auf der Krim, dass sich Juden und Christen, die im Bereiche der genuesischen Niederlassungen lebten, mit Sklavenhandel beschäftigten und die Juden Angehörige von Völkern, die nach griechisch-orthodoxem Ritus lebten, kauften und an Sarazenen und andere

Ungläubige verkauften. Er wies den Bischof von Kaffa an, gegen diese Geschäfte vorzugehen.[168]

1427 erlaubte der Papst, die Synagoge in der mährischen Bergbaustadt Iglau in eine Kirche umzuwandeln, da Herzog Albrecht V. von Österreich, der von seinem Schwiegervater Kaiser Siegmund Mähren als Pfand erhalten hatte, die Juden vertrieben hatte, da er in ihnen eine Stütze der böhmischen Häresie, also der Hussiten, auch in Mähren sah.[169]

Ein Jahr später legte der Papst in einer Schuldsache den Gerichtsstand fest. Zwei Brüder aus dem bedeutenden österreichischen Adelsgeschlecht der Puchheimer waren bei Juden aus Wiener Neustadt verschuldet und versuchten, einen Prozess wegen erhöhter Zinsennahme anzustrengen. Da die Geldhändler nach der Behauptung der Puchheimer einflussreiche Freunde unter den geistlichen und weltlichen Großen hatten, wollten sie ihre Sache einer Instanz außerhalb des Sprengels des Erzbischofs von Salzburg zur Entscheidung überlassen. Der Papst beauftragte nun den Propst von St. Martin in Pressburg mit der Entscheidung dieser Angelegenheit.[170]

Man sieht an diesen wenigen Beispielen: Der Papst bewegte sich innerhalb der nun schon seit längerer Zeit festgelegten Rechtsnormen. Trotz dieser Gebundenheit des Papstes an die überlieferten Einschränkungen betont die Forschung seine milde Haltung gegenüber den Juden. Dies änderte sich 1442, als sein Nachfolger Eugen IV. von Florenz aus eine Bulle an Kastilien und León richtete, in der er alle Vergünstigungen für die dort lebenden Juden und Moslems aufhob und die Erfüllung aller alten Beschränkungen forderte. Darüber hinaus wurde das Verbot, Kontakt mit Christen zu haben, verschärft und seine Übertretung unter schwere Strafe gestellt. 1443 widerrief er sogar Privilegien Martins V., weil sie die Juden übermäßig begünstigten. Die Juden sollten lediglich jene Rechte, die ihnen nach dem »ius commune« und dem kanonischen Recht zustanden, genießen. Unter dem »ius commune« könnte das Kaiserrecht verstanden werden, das allerdings in der Mitte des 15. Jahrhunderts im Detail wohl schwer zu definieren war – möglicherweise soll dieser Begriff die verschiedenen weltlichen Bestimmungen umschreiben, die in den einzelnen Territorien und Ländern galten. Diese Maßnahme Eugens verschafft dem günstigen Urteil der Historiker über Martin V. festen, quellenmäßig belegbaren Boden.

Die Bestimmungen von 1442 dehnte Eugen auch auf Italien aus, wo es allerdings zu einer Abwanderung der Juden in Gebiete außerhalb des päpstlichen Zugriffs kam, vor allem in das von Francesco Gonzaga regierte Herzogtum Mantua. Durch Geldzahlungen erreichten die Juden aber auch die Zurücknahme der Bulle. Für diese Jahre hat Friedrich Battenberg einen Wandel der kirchlichen Ordnungsvorstellungen konstatiert, der vor allem in einem bewussten Rückgriff auf das IV. Laterankonzil bestanden habe.[171] Genauer gesagt bestand diese Politik aus dem Rückgriff auf die gesamte kanonische Gesetzgebung des 13. Jahrhunderts. Der Versuch, den alten Gesetzen in einem möglichst weiten geografischen Rahmen wieder Geltung zu verschaffen, beweist nicht nur die Verordnung Eugens für Kastilien und León, sondern auch die Tätigkeit des Nikolaus von Kues (1404–1464) in Deutschland, die er als päpstlicher Legat im Auftrag Papst Nikolaus' V. (1447–1455) durchführte. Unter anderem wurden die Pflichten der Geistlichkeit umschrieben:

»Unsere Aufgabe ist es, auf die Beobachtung dieser kanonischen Bestimmungen hinzuwirken.« In dieser Äußerung scheint tatsächlich eine programmatische Erklärung vorzuliegen, die mit dem Tadel Eugens an der Judengesetzgebung Martins V. vergleichbar ist. Man habe sozusagen in der jüngsten Vergangenheit »die Zügel schleifen lassen« und müsse nun für die Wiederherstellung geordneter Zustände sorgen. Ein anderer Aspekt, nämlich die besondere Wahrnehmung Roms als Vorbild für die wünschenswerten allgemeinen Zustände, geht aus der Fortsetzung des Textes hervor: »Wir wollen in der Stadt und der Diözese Bamberg den Juden die gleiche menschenfreundliche Rücksicht angedeihen lassen, wie sie in der Stadt der Christenheit (d. h. Rom) den Juden zuteil wird.« Von dieser scheinheiligen Versicherung war in den folgenden Bestimmungen nicht mehr viel die Rede; der Papst ordnete durch seinen Legaten das Tragen des Judenzeichens an, untersagte den Juden das Zinsgeschäft mit Christen und bedrohte die Pfarren, die ungehorsame Juden duldeten mit dem Interdikt. Nicht ganz klar ist, was unter dem »Dulden« zu verstehen ist. Sollte der Pfarrer mit Strafen gegen die Geldhändler oder mit Vertreibung vorgehen? Bei der Häufigkeit großer und kleinerer Vertreibungen, die damals in Deutschland stattfanden, verstand man wohl unter dieser Androhung des Interdikts eine Aufforderung zur Vertreibung.

Nun zeigte sich aber ähnlich wie im Falle des Franz von Gonzaga, dass der Papst nicht mehr in der Lage war, solche Bestimmungen durchzusetzen. Noch als König sah Friedrich III. dem Treiben des Legaten besorgt zu und brachte dann als »frisch gebackener Kaiser« in bewährter Weise seine Rechte zur Geltung. Ein Verbot des für ihn so wichtigen Zinsgeschäftes konnte er selbst nicht hinnehmen, aber auch die christliche Bevölkerung beschwerte sich über diese Regelungen. Nikolaus hob die von seinem Legaten erlassenen Statuten auf. Insbesondere wies er auf die Bitten des Kaisers hin, versäumte aber auch nicht zu bemerken, was alles an Vergünstigungen den Juden zugestanden worden war (der örtliche Inquisitor hatte keine Gerichtsgewalt über sie, die Juden durften unter den Christen leben und mit ihnen Umgang haben). Da zu befürchten stand, dass die Christen durch das Verbot der Geldleihe der Juden großen Schaden erlitten, setzte er die angeordneten Kirchenstrafen auf eine ihm gut erscheinende Zeitspanne aus und hoffte, damit dem Frieden und der Bequemlichkeit der Gläubigen zu dienen.[172]

Wirkte sich in diesem Fall die Schwäche des Papstes für die Verhältnisse der Juden günstig aus, war dieser Mangel an Einfluss von Nachteil, wenn es um die Durchsetzung des päpstlichen Judenschutzes ging. Über die Ritualmordbeschuldigung in Trient 1475 wurde bereits berichtet. Beim Prozess war als Legat des Papstes der Bischof von Ventimiglia zugegen, der Bedenken gegen den Inhalt und Ablauf des Verfahrens erhob. Papst Sixtus IV., der später den korrekten Ablauf des Prozesses bestätigte, musste sich einerseits den Interessen des Trienter Bischofs Johannes von Hinderbach beugen, möglicherweise war aber von noch stärkerem Einfluss, dass sich der verbreitete Aberglaube über Ritualmorde und Hostienschändungen auf breiter Basis durchgesetzt hatte.

Auf Zeitströmungen hatten auch die Päpste einzugehen, und das konnte sich zum Schaden oder zum Nutzen der Juden auswirken. Zu den Erscheinungen, bei denen man die Frage Schaden oder Nutzen kaum beantworten kann, gehört die zwangsweise oder freiwillige Beteiligung der Juden an einem sportlichen Wettbewerb in Rom, der damals in ganz Europa große Verbreitung fand, nämlich an einem Wettrennen. Papst Paul II. (1464–1471) vermehrte die Vergnügungen bei den Faschingsumzügen in Rom, indem er verschiedene Wettrennen stattfinden ließ.[173] Am Montag liefen Knaben um die Wette, am Dienstag Juden und am Mittwoch Greise. Solche Rennen verbreiteten sich im Laufe der Zeit über ganz Italien und auch in Wien gab es das so genannte Scharlachrennen, ein Pferderennen, bei dem es ein Stück Scharlachtuch zu gewinnen gab. Für die einfachen Leute gab es einen »Volkslauf«. In Rom gab es kostbare Decken (pallia) zu gewinnen.

1466 erschienen die Juden zum ersten Mal auf der Rennstrecke und liefen in roten Mänteln, also in der ihnen vorgeschriebenen Kleidertracht, von der allerdings die Ärzte ausgenommen waren. Die Läufer mussten unter 20 Jahre alt sein. Zudem wurden die Juden verpflichtet, eine Rennsteuer zu bezahlen. Zunächt scheinen sich die Juden an diesen Rennen mit Vergnügen beteiligt zu haben, der öffentliche Auftritt gab allerdings bald Anlass zu Übergriffen. Die Gewaltbereitschaft der Bevölkerung gegen die Juden wuchs. Der Karnevalsbrauch nahm zunehmend judenfeindliche Züge an. Es wird zu zeigen sein, dass die grundsätzliche Änderung der Lage der Juden durch die Bulle »Cum nimis absurdum« auch in diesem Punkt zu einem Stimmungsumschwung beitrug. Eine zunächst eher harmlose Vergnügung bekam eine gefährliche Bedeutung. Trotz aller Verbote, die Juden zu belästigen, kam es immer wieder zu Tumulten, die schließlich zu Beschwerden der Juden führten und den Gedanken reifen ließen, diese Rennen abzuschaffen. Clemens IX. befreite 1668 die Juden von der Teilnahme an den Karnevalsläufen. Übrig blieb eine Huldigung der Juden, die ebenfalls bereits eingeführt war, am ersten Tag des Karnevals. Die Juden bezahlten dabei einen Betrag von 300 Scudi in die Kammer des Kapitols zum größeren Nutzen des römischen Volkes.[174] Die Steuerzahlung blieb also erhalten.

In diesem Abschaffungsdekret sind die Umstände, unter denen sich die Juden beteiligten, genau beschrieben. Hier heißt es dann, dass die Vorsteher der Juden in roten Mänteln dem Reiterzug des Karnevals zu Fuß vorangingen und den römischen Konservatoren auf dem Kapitol ihre Ehrerbietung erwiesen.

Selbst in sorgsam abwägenden Untersuchungen kommen Autoren bisweilen zu historisch nicht gerechtfertigten Urteilen über die anfängliche Motivation dieser Spiele. Willehad Paul Eckert meint dazu Folgendes: »Die Missachtung der Juden durch ihre christliche Umwelt fand in Rom seit den Tagen des Papstes Paul II. einen besonders hässlichen Ausdruck in der Verpflichtung, aus ihren Reihen regelmäßig zum Karneval eine Abordnung zu stellen, die zur Belustigung des Volkes ein Wettrennen auf dem Corso veranstalten musste.«[175]

Die präzise Wiederbelebung der kanonischen Gesetze und päpstlichen Anordnungen des 13. Jahrhunderts erwies sich vorläufig als unmöglich. Im Gegenteil, die folgenden Päpste der Zeit um 1500, unter denen sich der umstrittene Alexander VI. und der »Luther-Papst« Leo X. befanden, kehrten im Wesentlichen zur flexiblen Politik Martins V. zurück.

Das Stichwort Luther ist gefallen und es erhebt sich die Frage, ob sich die Reformatoren des 16. Jahrhunderts in ihrer Theologie bezüglich der Juden von der papsttreuen Kirche unterschieden.

MARTIN LUTHER UND DIE JUDEN

Das Thema Martin Luther und die Juden erlebte bei der Vernehmung von Julius Streicher anlässlich des Nürnberger Prozesses eine peinliche und traurige Prominenz. Luther interessiert in unserem Zusammenhang im Vergleich zu der im 13. Jahrhundert von den Päpsten und Gelehrten entwickelten Tradition, der bei der gebotenen Kürze nur oberflächlich ausfallen kann. Wenn man Luthers Theologie hinsichtlich der Juden betrachtet, muss allerdings ein Vergleich mit der Entwicklung in der katholischen Kirche von unserem heutigen Standpunkt aus gezogen werden. Die Evangelischen waren in großen Teilen Europas die Nutznießer der neuen gesellschaftspolitischen Grundlagen Aufklärung, Toleranz und Emanzipation und trennten sich damals auch von manchen Lehren in Luthers Anschauungen, die trotz aller Gegnerschaft zu den spätscholastischen Lehren auch von diesen geprägt waren. Damit hat die Aufklärung in der evangelischen Kirche eine andere Rolle als in der katholischen gespielt. Der dumpfe Widerstand gegen alle Neuerungen fand erst später unter neuen Umständen statt und ist anders geartet als die Haltung der Katholiken in ihrer vielbeschworenen Defensive seit der Mitte des 18. Jahrhunderts.

Eine zweite einleitende Bemerkung betrifft die weit verbreitete Unterscheidung zwischen dem »jungen Luther«, der angeblich eine gewisse Solidarität mit den Juden lehrte, da er von ihrer Bekehrung überzeugt war, und dem alten, der aus Enttäuschung über die fehlgeschlagene Konversion der Judenfeindschaft freien Lauf ließ. Wilhelm Maurer hat schon vor Jahrzehnten diese Vorstellungen eindrucksvoll widerlegt und Konstanten in der theologischen Haltung Luthers gegenüber den Juden herausgearbeitet. Obwohl seine Studie an prominenter Stelle publiziert wurde, hat sie außerhalb der eigentlichen Fachkreise wenig Widerhall gefunden.[176]

Der Beginn der Beschäftigung Luthers mit den christlich-jüdischen Beziehungen fällt in das Jahr 1514, fand also drei Jahre vor dem legendären Anschlag der Thesen in Wittenberg statt. Ausgangspunkt war die Bitte um ein Gutachten zu einer Beschlagnahmung und Verbrennung jüdischer Bücher, die von Kölner Dominikanern durchgeführt wurde, und (zu) der Gegenposition des berühmten Humanisten und Hebraisten Johannes Reuchlin. Man sieht schon im ersten Urteil Luthers, dass er trotz seiner Bildung meilenweit von den Positionen der Humanisten entfernt war, wenn er zu Beginn lapidar feststellt, dass die jüdischen Schriften Lästerungen gegen Christus enthalten. Damit stand er auf dem Boden der Pariser und anderer Talmudgespräche und der von den Päpsten angeordneten Verbote. Es erscheint geradezu als Ironie, dass Luthers erster Gegner auf dem päpstlichen Thron, Leo X. (1513–1521), eine Aufforderung zum Druck des Talmuds ergehen ließ.[177] Ernsthaft ist dazu zu bemerken, dass Luthers Tätigkeit in eine Zeit fiel, da sich das Papsttum für kurze Zeit kaum um die im 13. Jahrhundert entstandene Lehre zu kümmern schien.

Trotz seines schroffen Urteils über den Inhalt der jüdischen Schriften griff Luther aber auch die Dominikaner an, dass sie mit ihrem Vorgehen gegen die Juden einen falschen Schwerpunkt setzten, denn das eigentliche Problem sei das Verhalten der Christen. Sehen wir uns Luthers Formulierungen wortwörtlich an, sie lassen vieles erkennen:

»Von allen Propheten ist geweissagt, dass die Juden Gott und ihren König Jesus schmähen und lästern werden ... Deshalb behaupte ich, die Kölner können die Schrift nicht auslegen; denn so muss es geschehen, die Schrift muss erfüllt werden. Und wenn sie versuchen, die Juden von ihren Lästerungen zu reinigen, werden sie erreichen, dass die Schrift und Gott als Lügner erscheinen ... Wenn die Lästerungen von ihnen (d. h. von Menschen) beseitigt würden, würden sie (d. h. die Juden) schlimmere begehen; denn sie sind durch den Zorn Gottes an ihren verkehrten Sinn dahingegeben, dass sie ... unverbesserlich sind ...«

Luther verurteilt also alle Maßnahmen, die eine »Reinigung« des Judentums zum Ziele haben, weil sie dem zornigen und strafenden Wirken Gottes entgegenstehen. Damit tritt er der schon konstatierten

Taufbewegung entgegen, die er bereits ganz am Anfang seiner Lehr- und Gutachtertätigkeit sehr skeptisch betrachtet, womit er in Gegensatz zu jenen päpstlichen und konziliaren Bestimmungen tritt, die alle mit Strafe bedrohen, die den Bemühungen um die Bekehrung der Juden entgegenwirken.

In der Folge erweiterte Luther seine Gedankengänge bereits im Rahmen seiner Vorlesungen und wies sich als unverwechselbarer Geist durch die Nähe zum biblischen Text, aber auch durch eine geradezu monomanische Herstellung von Bezügen zwischen jedem einzelnen Detail und Jesus aus. Doch auch die traditionell gewordenen Vorstellungen wurden von ihm gepflegt.

Dass der Zorn Gottes über den Juden walte, beweise ihre gegenwärtige Lage: In alle Lande seien sie zerstreut und hätten nirgends einen sicheren Stand. Ein Topos, der aber durch die aktuelle Situation zur Zeit Luthers bestätigt schien. Eine allgemeine Bekehrung der Juden hielt er für nicht möglich; höchstens einzelne Reste könnten gerettet werden.

Ihre Verstocktheit gegenüber der Bedeutung Christi und ihre Lästerungen zeigen sie als Feinde des Christentums. Auch Luther erhebt den Vorwurf des Gottesmordes. Besonders die Schriftauslegung des Talmuds ist ihm ein Dorn im Auge. Er fürchtet, dass eine bloß historische Ausdeutung des Alten Testaments dessen Zeugnis für Christus aufhebe, und das richtet sich gegen Luthers Vorstellung von Christus als zentralem Angelpunkt der Welt- und Heilsgeschichte.

Andererseits gelingt es Luther durch seinen kritischen Angriff auf die bestehende Kirche, eine eigentümliche Solidarität mit den Juden herzustellen. Er vergleicht beständig Juden mit Häretikern (hier deckt sich seine Vorstellung wieder mit der Zeit um 1200), aber auch mit hochmütigen christlichen Sündern. Sie alle sind selbstgerecht in dem Sinne, dass sie ihre eigene Gerechtigkeit aufrichten, die sich immer gegen Christus richten muss. Damit verliert sich bei ihm die Exklusivität der rein judenfeindlichen Argumentation. Die Juden sind nicht die einzigen, die Christus verworfen haben, sondern diese Verwerfung ist ständiger Inhalt der Geschichte. Hier wird ganz klar der reformatorische Zugang Luthers sichtbar, fast möchte man von einer andauernden Reformation sprechen. Der Gedanke ist, wenn auch nicht völlig neu, doch charakteristisch akzentuiert. Aus dieser ungewollten Solidarität mit den Juden ergaben sich keinerlei weitere Konsequenzen, die Luther etwa in die

Nähe Reuchlins gebracht hätte. Neu ist, dass er nicht nur den Talmud, sondern auch die Kirchenväter kritisiert, entscheidend bleibt aber, dass die Rabbiner, aber auch die Glossatoren des Kirchenrechts Verderbliches bewirken. Synagoge und Ecclesia werden dereinst gemeinsam vor dem Gericht Gottes stehen und ihren verdienten Lohn empfangen. Im Lichte dieser Gemeinsamkeiten erscheint die Behandlung der Juden durch diese Art von Christen als Schande für die Christenheit. Durch die Herabsetzung der Juden, ihre Bezeichnung als Kammerknechte des Kaisers, würden sie vom Christentum weggetrieben. Die Lehre von der Knechtschaft der Juden lehnt Luther offensichtlich ab, in der eschatologischen Sicht bleibt auch ihm als bestes Mittel, um das Ziel der Heilsgeschichte zu erreichen, nämlich die gemeinsame Anbetung Christi, nur der Hinweis auf die Fürbitte für die Erleuchtung der Juden. Diese Gedanken wurden bereits nach 1517 formuliert, als sich Luther schon in der zentralen Auseinandersetzung mit den päpstlichen Theologen und dem Kaiser befand.

Die Frage der erzwungenen Solidarität zwischen werksgerechten Christen (das ist Luthers berühmter Angriff auf die Vorstellung, dass der Mensch durch gute Werke der Erlösung durch Christus noch etwas hinzufügen könnte) und Juden veränderte sich natürlich mit seiner Trennung vom Papsttum und der Entstehung eines »evangelischen« Christentums, dessen Bekenner nicht mehr selbstgerecht waren. Die Phalanx der Gegner bestand für Luther aus Juden, Türken (Muslimen) und Papisten. Dementsprechend qualifizierte er auch den Talmud, die Dekretalen und den Koran als teuflisch.

Unter dem Druck der politischen Erfordernisse, die durch Luthers Bündnis mit den deutschen Fürsten immer nachdrücklicher in Erscheinung traten, begann er sich auch mit der Zins- und Wucherfrage zu beschäftigen. Zunächst polemisierte er nur gegen die »Fugger und dergleichen Gesellschaften«, wandte sich aber dann dem jüdischen Geldgeschäft zu. Auch dieses sah er unter dem Einfluss des strafenden und zornigen Gottes, der mit der Erlaubnis für die Juden, von den Heiden Zinsen zu nehmen, ein Strafgericht über diese brachte. So sah er auch die Gegenwart: Es ist Teil dieses Strafgerichts, dass die Juden von den Christen Zinsen nehmen durften, die Juden selbst erlitten aber ihre Strafe, indem die Obrigkeit ihnen dieses Geld wieder wegnahm bzw. ihnen auch das Geldgeschäft verbieten konnte. Damit stellte sich Luther in den Dienst der Fürsten und billigte die rechtlich prekäre Lage der Juden. Aus diesen auf die christliche Obrigkeit bezogenen Gedanken entwickelte sich seine Theologie weiter. 1536 ist ein Umschwung in seinem Denken zu bemerken. Hierbei beeinflusste ihn mit großer Wahrscheinlichkeit die schärfere Judengesetzgebung in Kursachsen. Eine der Zeit um 1200 vergleichbare Wucherhysterie ergriff auch ihn. Er stimmte den Maßnahmen der Obrigkeit zu, indem er fast entschuldigend hinzufügte, dass die Juden von den Türken, d. h. den Muslimen, noch schlimmer behandelt wurden.

Eine kleine Episode in Luthers Leben erklärt nicht nur seine beharrlichen Zweifel an der Bekehrung der Juden, sondern auch den Einfluss einer endzeitlichen Stimmung dieser Epoche. Drei gelehrte Juden besuchten ihn, um mit ihm über einige Stellen des Alten Testaments zu diskutieren, ob sie wohl auf Jesus als Messias zu beziehen seien oder nicht. Aus guten Gründen argumentierten sie aus ihrer Tradition und verbanden offenbar damit auch Missionshoffnungen, da ja Luther des Hebräischen mächtig war, und sie meinten, schon aus diesem Grund wäre er in der Lage und bereit, ihre Argumente zu akzeptieren. Das Gespräch endete wohl ziemlich kühl, aber Luther versah seine scheidenden Gäste mit einer Empfehlung, die kurfürstlichen Beamten möchten »um Christi willen« von ihnen keinen Leibzoll fordern. Diese waren aber nicht bereit, von dieser Art der Empfehlung im Namen des »verfluchten Gehängten« Gebrauch zu machen. Luther schäumte und begriff, dass er einem offensiven Judentum begegnet war. Und das war kein Zufall. Die messianischen Erwartungen im Judentum waren hoch gespannt, in ihren Augen deutete vieles auf seine baldige Ankunft. Ernsthafte Leute und Scharlatane waren mit derartigen Prophezeiungen unterwegs, aber auch mit politisch-militärischen Plänen, um der Sache nachzuhelfen.

Einer der bekanntesten Messianisten, David b. Schlomo Reubeni, warb sogar um die Hilfe Papst Clemens' VII. 1523 tauchte David in Rom auf, erhielt Audienzen bei Kardinälen und beim Papst und bat um Unterstützung seines Bruders, des Königs von Tabor, der über 300 000 Mann gebiete.[178] Um die Araber aber zu bekämpfen, würden sie Geschütze brauchen und müssten in deren Gebrauch ausgebildet werden. Dann könnten sie leicht Mekka erobern. Tatsächlich erhielt David Empfehlungsschreiben an den König von Portugal und an jenen von Äthiopien (der Negus wurde inzwischen in der christlichen Welt unter dem Einfluss der Portugiesen mit dem »Priesterkönig Johannes« gleichgesetzt). 1532 trug er sein Anliegen, nun die Eroberung Jerusalems, Kaiser Karl V. vor. Luther wurde von dieser Bewegung genau zu dem Zeitpunkt ge- und betroffen, als er selbst die Ankunft Christi unmittelbar erwartete. Kein Wunder, dass sein Spätwerk an Schärfe zunahm.

Allerdings beschäftigte er sich mit weit gespannten theologischen Zusammenhängen, insbesondere mit der Frage, wie Altes und Neues Testament miteinander verbunden seien. D. h. seine berüchtigten Vorschläge zur weltlichen Behandlung der Juden gehen daher wahrscheinlich eher auf den Schock der Begegnung mit einem missionarischen Judentum als auf eine verschärfte Weiterentwicklung theologischer Positionen zurück.

In diesen Vorschlägen zeigt sich allerdings Luthers traditionelle Gebundenheit, die in solchen Fragen im Gegensatz zu den theologischen keinen Neuansatz fand. Es ist nicht leicht, den Zusammenhang zwischen den beiden Bereichen herzustellen, wenn ein solcher überhaupt vorhanden war. Luther wollte Angst einflößen – Angst vor einem falschen Verständnis von Christus. Dazu war ihm offenbar jedes Mittel recht – von der universitären Untersuchung bis zum Appell an abergläubische Reflexe, d. h. das Ausnützen der Angst vor Zauberei. Seit dem 14. Jahrhundert gesellte sich die Zauberei zu den Standardvorwürfen gegen die Juden. Attraktiv war die Magie in diesen Zeiten für alle Menschen, also versuchten auch die Juden ihr Glück und entwickelten hinsichtlich der Umdeutung von Buchstaben in Zahlenwerte, die wiederum symbolische Bedeutung besaßen, eine gewisse Kompetenz. Es ist wohl nicht nur eine judenfeindliche Behauptung, dass man bei Visitationen in Pfarrhäusern jüdische Zauberbücher fand.

Die Buchstaben- und Zahlenspielereien aus der mystischen Vorstellungswelt der Kabbala waren, soweit sie den Gottesnamen betrafen, für Luther der Beweis einer teuflischen Gesinnung der Juden, die sie zu Verbrechern machte. Massiv tritt der Gedanke in den Vordergrund, dass es sich um einen Haufen von Zauberern, Betrügern, Dieben und Räubern handelt. Sah die ältere Lehre das einzige und eigentliche Verbrechen der Juden in ihrer hartnäckigen Weigerung, Jesus als Messias anzuerkennen, so folgerte Luther aus ihrer Weigerung, Jesus anzuerkennen, ein »kriminelles« Gesamtbild – den Urtyp des bösen Menschen. Diebe und

Räuber nennt Luther sie wörtlich, da die Juden nichts besitzen, was sie vorher nicht den Christen abgenommen haben. Eine eigentümliche Interpretation von geschäftlichen Vorgängen im Sinne einer überzogen angewendeten Wirtschaftsethik.

Der Hinweis auf die Wohltaten, die den Juden von den Christen erwiesen worden seien, und die daher unverständliche Christenfeindschaft der Juden fehlt auch bei Luther nicht:

»Und es möchte ein Mensch, der den Teufel nicht kennt, sich wohl verwundern, warum sie (die Juden) den Christen vor andern so feind sind, dazu sie doch nicht Ursache haben, denn wir ihnen alles Gute tun. Sie leben bei uns zu Hause, unter unserm Schutz und Schirm, brauchen Land und Straßen, Markt und Gassen, dazu sitzen die Fürsten und Oberkeit, schnarchen und haben das Maul offen, lassen die Juden aus ihren offenen Beutel und Kasten nehmen, stehlen und rauben, was sie wollen, das ist: sie lassen sich selbst und ihre Untertanen durch der Juden Wucher schinden und aussaugen, und mit ihrem eigenen Geld sich zu Bettlern machen ...« Luthers Hinweis auf Schutz und Schirm, den die Juden genießen, fordert allerdings die ironische Frage heraus, vor wem die Juden zu schützen seien, wenn es die Christen so gut mit ihnen meinen? Von diesen Gedanken ausgehend entwickelt Luther Forderungen, die zum Teil weit über die traditionellen Einschränkungen für die Juden hinausgingen.

Er verlangt die Zerstörung der Judenhäuser. Man sollte die Juden »unter ein Dach oder Stall tun, wie die Zigeuner, auf dass sie wissen, sie seien nicht Herren in unserem Lande ...« Der Geleitschutz sollte aufgehoben werden, womit die Wirtschaftstätigkeit zum Erliegen gekommen wäre. Das Wucherverbot schließt sich ganz selbstverständlich an Luthers grundsätzliche Einsichten. Stattdessen sollten sie Feld- und Handwerksarbeit leisten, wobei Luther aber zu bedenken gibt, dass sie dabei einigen Schaden stiften könnten, daher sei es besser, sie überhaupt zu vertreiben. Dafür gab es auch religiöse Gründe, denn die rasenden Juden zogen gegen alles zu Felde, was den Christen heilig war.

Daher empfahl er, die Synagogen mit Feuer anzustecken, denn dies geschehe zu Ehren Gottes und der Christenheit. Nun wisse man ja, dass die Juden in den Synagogen Christus schmähten und schändeten. Aus diesen Überlegungen folgte die Forderung nach der Vernichtung der jüdischen Gebetbücher und des Talmuds, ein Lehrverbot für die Rabbiner und ein Verbot der Ausübung des Gottesdienstes und des öffentlichen religiösen Bekenntnisses.

Luther setzte sich mit seinen Forderungen nicht durch und erntete sogar unter seinen Schülern Kritik. Besonders prominent wurde der lutherische Pfarrer Andreas Osiander (1498–1552), der Luther in vielen Punkten widersprach, wobei er vor allem in Reuchlins humanistischer Gedankenwelt verankert war. Luther stand in der Tradition, instrumentalisierte allerdings zu Beginn seiner Tätigkeit die feindliche Haltung der Juden gegen Christus für reformatorische Zwecke, ehe er wohl unter dem Eindruck jüdische Missionstätigkeit und seiner Abhängigkeit von fürstenpolitischen Positionen extreme Standpunkte gegen die Juden einnahm, mit denen er oftmals die Restriktionen aus dem 13. Jahrhundert überschritt. Ob dieser Radikalismus auf die Restauration dieser Beschränkungen seit der Mitte des 16. Jahrhunderts im Vatikan zurückwirkte, muss offen bleiben. Wenn ja, kann dies nur in einer sehr allgemeinen Weise, etwa mit einem weit verbreiteten geistigen Klima, erklärt werden. Konkrete Zusammenhänge sind trotz gewisser Einflüsse aus dem Norden nicht sehr wahrscheinlich.

Zuletzt noch kurz ein Wort zu Zwingli und Calvin. Beide unterscheiden sich in ihrer Haltung gegenüber den Juden wenig von Luthers theologischen Grundlagen. Zwingli verdammt ebenfalls den Wucher, auch er geht davon aus, dass die Juden Christus gekreuzigt hätten, und führt darauf alles Unglück der Juden zurück. Bei alledem lodert in seinen Schriften nicht Luthers Zorn.

Etwas anders liegen die Dinge bei Calvin, der offenbar durch einige Disputationen mit Juden geprägt war und neben den landläufigen theologischen Vorwürfen die Diskussionsbeiträge seiner jüdischen Gesprächspartner verhöhnt. Sie seien dumm wie das Vieh und eine theologische Beweisführung habe »bei diesen Schweinen kein Gewicht«. Andererseits warf er ihnen aber »frivole Vernünftelei« vor, also jene Diskussionsmethode, die Jahrhunderte später als »zersetzende Betrachtungsweise« diffamiert wurde.

Man kann es, ohne von allzu großen Skrupeln geplagt zu werden, aussprechen: Grundsätzliches in der Haltung zu den Juden änderte keiner der großen Reformatoren. Diese sollte auf protestantischer Seite erst im Zeitalter der Aufklärung eine vorsichtige Modifizierung erfahren. Doch dies ist nicht mehr unser Thema.

Zwölftes Kapitel

GHETTOS, JUDENZEICHEN UND TOLERANZPATENTE

Papsttum und Juden von der Gegenreformation
bis zum Ende des Kirchenstaates

Angeblicher jüdischer Ritualmord an Simon von Trient.
Schedelsche Weltchronik, 1493. Die infame Beschuldigung
des Ritualmordes überdauerte die Jahrhunderte.

PÄPSTLICHE RESTAURATION

Es hängt wohl auch mit der Tätigkeit der im letzten Abschnitt genannten Reformatoren zusammen, dass die Zeiten, da die Päpste bereit waren, überkommene Vorstellungen über die Juden zu modifizieren, zu Ende gingen. Darüber hinaus war auch der päpstlichen Kirche klar, dass sie Reformen nötig hatte, und dies bedeutete auch Rückkehr zu den guten und heilsamen Bestimmungen der alten Zeit. Dabei ist zu betonen, dass die Päpste des ausgehenden 15. und beginnenden 16. Jahrhunderts relativ frei mit der Tradition umgegangen waren und erst beginnend mit dem Pontifikat Pauls IV. (1555–1559) die Rückwendung zum Durchbruch kam.

Der Reformprozess war ein großes Unternehmen der Kirche, das mit dem Konzil in Trient 1545 begonnen wurde und erst 1563 zum Abschluss kam. Auch für unsere Fragestellung ist es insofern von Bedeutung, als erst damals der Begriff der Tradition in kirchenrechtlich relevanter Weise definiert und in das kirchliche Leben eingeführt wurde. So gesehen wären die Päpste der Zeit um 1500 an gar keine »Tradition« gebunden gewesen, da dieses Element in der Entwicklung der kirchlichen Lehre gar nicht bestand. Ein solcher Standpunkt wäre aber keine ernsthafte Auseinandersetzung mit den älteren Verhältnissen in der Kirche. Die Berufung auf gewisse Autoritäten, sei es Kirchenväter oder frühere Päpste (man denke an die besondere Rolle Gregors des Großen), begründete die Bedeutung der Tradition, lange bevor sie konziliar institutionalisiert wurde. Bezüglich der Juden griffen die Päpste bereits lange vor dem Ende des Konzils ein.

Schon unter Paul III. (1534–1549) und Julius III. (1550–1555) kam es 1548 zu einer neuerlichen Verurteilung des Talmuds, und 1553 wurden die zwangsweise eingesammelten Bücher in Rom verbrannt. Dieses Ereignis fand in der jüdischen Berichterstattung große Beachtung und war Anlass zu tiefer Trauer. Der Zeitgenosse Josef ha-Kohen berichtet auch über die Hintergründe: »In jenen Tagen traten nichtswürdige Menschen aus unserer Gemeinschaft auf, begingen heimlich Ungesetzlichkeiten wider die Lehre des Herrn unseres Gottes ... Auch fällten sie vor dem Papste ein nachteiliges Urteil über den Talmud ...« Die Restauration der alten Bestimmungen kündigte sich mit diesem Ereignis an.[179]

Längst spielte bei diesen Entwicklungen Kardinal Gian Pietro Caraffa eine führende Rolle. Er galt als der führende Konservative, der am 23. Mai 1555 zum Papst gewählt wurde und als Paul IV. den Thron bestieg. Der bereits fast Achtzigjährige hatte die Inquisition wiederhergestellt, ihre Rechte sogar erweitert. Seine restaurative Regierung verschaffte ihm auch unter den christlichen Bewohnern Roms einen üblen Ruf, der sich in wilden Hasstiraden nach seinem Tod 1559 Luft machte.[180] Unter diesen Gesamtumständen ist zu beurteilen, dass mit diesem Papst die nunmehr katholische Kirche auch gegenüber den Juden neuerlich einen Kurs einschlug, der von Misstrauen gegen die Juden, wenn nicht Judenfeindschaft geprägt war. Natürlich verhielten sich die Päpste der folgenden 200 Jahre nicht einheitlich gegenüber den Juden – teils wurden Beschränkungen für einige Zeit aufgehoben –, der restaurative Zug blieb aber vorherrschend. Mit Blick auf das 19. Jahrhundert und die berühmt-berüchtigte Affäre Mortara muss man auch konstatieren, dass gerade in diesem Zeitabschnitt die Frage der Judentaufen bzw. der Schutz der Juden vor Taufen in einer für die Juden sehr negativen Weise behandelt wurde. Tendenziell wurde es immer schwieriger, auch Kinder dem Druck zur Taufe zu entziehen. Die Frage entwickelte sich während des 17. Jahrhunderts zu einem zentralen Thema, das im 18. Jahrhundert auch von weltlicher Seite Reaktionen im Sinne des Judenschutzes auslösen musste.

Am Beginn steht also jene berüchtigte Urkunde »Cum nimis absurdum«, die schon allein mit der Wortwahl zu Beginn auf einen Kanon des Vierten Laterankonzils anspielt. Sie stellt also die Brücke zwischen der päpstlich-kirchlichen Judenfeindschaft der Zeit Innozenz' III. und den späteren bis ins frühe 20. Jahrhundert reichenden Entwicklungen her und ist daher von besonderer Bedeutung für die Wahrung der »Tradition«, mit anderen Worten für das Fortleben der »Lehre der Verachtung«. Ihr oft zitierter Beginn sei auch hier als Grundlage einer Analyse angeführt:

»Da es völlig absurd und unzulässig erscheint, dass die von Gott um ihrer Schuld willen zu ewiger Sklaverei verdammten Juden sich unserer christlichen Liebe und Duldsamkeit erfreuen, um uns unsere Gnade in schnöder Undankbarkeit mit Beleidigung zu vergelten und statt sich demütig zu beugen, sich an die Macht herandrängen ...« Mit diesem Satz wird die »Doppelzüngigkeit« der Päpste des 13. Jahrhunderts – Liebe zu den Juden, trotz ihrer Undankbarkeit – aufgehoben. Liebe und Duldsamkeit gegen die Juden ist widersinnig und unzulässig. Daran anschließend drückt der Papst aus, was die Judenfeinde noch weit in der Zukunft mit Empörung beschäftigen sollte: Obwohl den Juden eine dienende Stellung von Gott auferlegt war, erfrechten sie sich, an die Macht zu drängen. Auch an diesen gedanklichen Verbindungen erkennen wir die Funktion eines Brückenschlags in dieser Urkunde. Paul IV. war nicht nur einer Restauration verpflichtet, sondern er führte das überkommene Gedankengut weiter und entwickelte neue Überlegungen, die vielleicht aus konkreten Erfahrungen aus der alltäglichen Politik des Kirchenstaates stammten.

Nun ging es um die im letzten Jahrhundert eingerissenen Missstände: »... angesichts dessen ferner, dass diese uns zur Kenntnis gebrachte Frechheiten ... so weit gehen, dass sich die Juden mitten unter den Christen und sogar in unmittelbarer Nähe der Kirchen ohne jegliches Abzeichen zu zeigen wagen, sich in den vornehmsten Straßen und Plätzen der Städte, Gebiete und Orte, in denen sie weilen, einzumieten wagen und Immobilien erwerben und besitzen und Ammen und andere christliche Mägde in ihren Haushalt einstellen und noch auf verschiedene andere Weise den christlichen Namen schmähen und zu verachten wagen, sehen wir uns genötigt ... die folgenden Anordnungen zu treffen ...« Paul zählte Handlungsweisen und Lebensumstände der Juden auf, die er in nun tatsächlich absurder Weise als Schmähung des Christentums qualifizierte. Sehen wir einmal die Sache mit dem Judenzeichen näher an: Innozenz III. hatte seine Einführung seinerzeit mit der Verhinderung von Geschlechtsverkehr zwischen Christen bzw. Juden und Sarazenen begründet. Man sollte sich auf keinen Irrtum ausreden können. Paul stellte das Tragen bzw. Nichttragen des Judenzeichens in einen völlig anderen Zusammenhang: Durch das öffentliche Auftreten unter Christen, ja sogar in der Nähe von Kirchen ohne das Judenzeichen würden die Juden absichtlich ihre Umgebung verächtlich machen. Man könnte vielleicht unterstellen, dass die Juden mit solchem

Verhalten den längst verstorbenen Innozenz schmähten und damit die ganze Kirche verachteten.

Wie sich die Tradition wandeln und damit zum Popanz moderner Forschung werden kann, zeigt auch der Vorwurf, dass die Juden Immobilien erwarben, noch dazu sehr repräsentative, und auch dies, um den christlichen Namen zu schmähen. Diese ständig wiederkehrende Geschichte, die Juden dürften keine Immobilien erwerben, wurde bereits in der Abälardzeit als tendenziös gefärbter Topos gebraucht, obwohl die Rechtspraxis der Zeit um 1100 ein ganz anderes Bild zeigt. Ursprung dieses Topos waren wahrscheinlich die spätantiken Maßnahmen gegen den Erwerb von Grund und Boden, der sich im Besitz der Kirche befand. Der Geschichte mit den Immobilien liegt jedenfalls keine reale Rechtstradition zugrunde. Die Frage der Ammen und des Hauspersonals in jüdischen Diensten ist klar: Christen in jüdischen Diensten mussten in Pauls Augen einen widersinnigen Zustand darstellen.

Dieses distanzierte Taxieren von Pauls Erklärungen ist keine billige Ironie des modernen Historikers, sondern muss auch die Zeitgenossen in eben dieser Weise berührt haben. Noch vor kurzem hatten Päpste Privilegien für den Neudruck des Talmuds ausgestellt, auch wenn er unter dem Titel »Gemara« publiziert wurde, die nur einen Teil des Talmuds ausmacht. Der Papst selbst hatte als junger Gian Pietro Caraffa in dieser von humanistischer Wissenschaft glühenden Zeit aktiv mitgelebt. Er selbst muss in stillen Stunden seine Formulierungen und Maßnahmen als antiquiert und »absurd« betrachtet haben.

Seine Anordnungen traf er, damit die Juden, von der Frömmigkeit und Milde des apostolischen Stuhles angelockt (und diese Formulierung ist offenbar ernst gemeint!), ihre Irrtümer dennoch erkennen und sich bemühen, zu dem wahren Licht des katholischen Glaubens zu gelangen.

DAS GHETTO AM TIBER

Die auffälligste Maßnahme Pauls war die Vorschrift, dass sich alle in Rom ansässigen Juden nun am niederen Tiberufer anzusiedeln hätten, wo schon bisher der größte Teil der Juden gewohnt hatte. Dieser Befehl gilt als Gründungsakt des römischen Ghettos. Die Juden sollten dorthin am 26. Juli 1555, also nur zwei Wochen nach der Publikation der Urkunde, übersiedeln. Das Gebiet wurde mit einer Mauer versehen, wobei bezüglich dieser Mauer die Frage zu stellen ist, ob sie dem Schutz oder der »Gefangenschaft« der Juden dienen sollte. Damit befinden wir uns im Bereiche der an sich unerfreulichen, weil häufig tendenziös behandelten Frage nach der Ghettoisierung der Juden. In ungerechtfertigter Weise werden in dieser Diskussion gerne die mittelalterlichen Judenstädte gegen die neuzeitlichen Ghettos ausgespielt. Die älteren seien als Aufenthaltsort relativ angenehm gewesen, die neueren Zwangsanstalten. Für die räumlich einheitliche Unterbringung von Angehörigen gleicher Berufe und Religionen in bestimmten Stadtvierteln gab es eine Reihe von Gründen, die auch von den Betroffenen für logisch gehalten wurden. Darunter sind die moralische Beaufsichtigung einer Gruppe im Sinne von »Eigenverwaltung« (man denke an den Schulklopfer in den jüdischen Gemeinden, der die Gläubigen zum Gottesdienst aus ihren Häusern »herausklopfte«), aber auch im Falle der Juden ein Schutz vor Überfällen und Beraubung die wichtigsten Gründe. Andererseits war es natürlich für jene Juden, die in großen Häusern, ja, wie vereinzelt berichtet wird, in Palästen wohnten, unangenehm und diffamierend, nun in das ihnen zugewiesene Wohngebiet übersiedeln zu müssen. Dazu kam, wenn man diesen Zustand über einen längeren Zeitraum betrachtet, dass durch die finanziellen Schwierigkeiten, in denen auch die jüdischen Gemeinden in wachsendem Maße steckten, die Häuser baufällig wurden, die Mittel für die notwendige Hygiene fehlten und damit jener Zustand der Ghettos entstand, der gerade hinsichtlich des römischen von auswärtigen Besuchern im 19. Jahrhundert beklagt wurde. Für die damals modern denkenden Bürger aus Städten, die unter den Voraussetzungen liberaler Wohnraumbewirtschaftung (die auch ihre Tücken hatte) berichteten, konnte das Ghetto nur ein Ort überholter und kritikwürdiger Zustände sein. Für Paul IV. stand im Lichte seiner Äußerungen in der Einleitung seiner Bulle die Separation, die Trennung der Juden von den Christen aus Gründen der Verachtung im Vordergrund.[181]

Es durfte nur mehr eine Synagoge existieren, die anderen sollten zerstört werden, ihre Liegenschaften mussten die Juden an Christen verkaufen. Der Papst ordnete das Tragen des Judenzeichens an und verbot, christliche Diener einzustellen, öffentlich Arbeiten an christlichen Feiertagen durchzuführen und freundschaftlich mit Christen zu verkehren. Der Kleinhandel wurde bis auf das Geschäft mit Lumpen eingeschränkt, die Geldgeschäfte hinsichtlich der Verzinsung ungünstiger gestaltet (insbesondere hinsichtlich der Zinsenverrechnung). Die Geschäftsbücher mussten künftig italienisch geführt werden. Der hebräischen Buchführung misstraute man. Jüdische Ärzte durften nicht mehr bei Christen praktizieren und kein Jude durfte sich mehr »Herr« nennen lassen. Bedenkt man, welche Stellung die Ärzte in den jüdischen Gemeinden eingenommen hatten und dass es lange Zeit selbstverständlich gewesen war, dass sich die Päpste jüdischer Leibärzte bedienten, kann man ermessen, was für einen Bruch diese Einschränkungen mit jenen Verhältnissen bedeuteten, die sich in den letzten hundert Jahren und länger ausgebildet hatten.

Es ist zu bemerken, dass Art und Ton dieser »Judenordnung« im Zeitalter der Disziplinierung der Untertanen, wie man die Zeit des Absolutismus heute gerne und tiefblickend charakterisiert, Schule machte. Betrachtet man die Judenordnungen weltlicher Herrscher seit etwa 1600, stellt man schnell fest, dass dieser rüde Ton im Vormarsch war. Trotzdem überraschte die päpstliche Politik und die Juden setzten alle Hebel in Bewegung, um eine Rücknahme der Anordnungen zu erreichen. Auch in einem zweiten Sinne entsprach die Ausstellung der Urkunde landesfürstlicher Politik: Ohne den geringsten universalen Bezug – sieht man einmal davon ab, was in der Einleitung an universalen Gedanken steht – wurden die Verhältnisse der Juden in Rom geregelt. Die Haltung der Päpste wirkte auf die Gesamtverhältnisse der Juden nur mehr mittelbar ein; d. h. es hing davon ab, wie ein weltlicher Fürst politische und religiöse Anschauungen in seiner persönlichen Judengesetzgebung verband, und man muss konstatieren, dass der christliche Anteil, sei er nun katholisch-päpstlich oder evangelisch, auch in diesem Rahmen eine bedeutsame Rolle spielte.

Zu bemerken ist, dass in den herrscherlichen Privilegien die Frage, ob ein Privilegierter mit Herr anzusprechen sei, eine Rolle spielte. Auf dieses für die persönliche Reputation wichtige Element legten die Empfänger großen Wert.

In die allgemeine Freude über den Tod des verhassten Papstes mischten sich auch jüdische Stimmen. »Da Gott sah, dass die Bosheit des Theatiners (gemeint ist Paul IV., der 1524 zusammen mit Kajetan von

Thiene den Orden der Theatiner gegründet hatte) ohne Grenzen auf Erden war und dass das Dichten und Trachten seines Herzens immer böse, strafte er ihn am 18. August mit dem Tode. Gott ist gerecht.«[182]

VERTREIBUNG AUS DEM KIRCHENSTAAT

Nach einer kurzen Atempause unter Pauls Nachfolger setzte Pius V. (1566–1572) die Restaurationspolitik fort. Die Wahl des ehemaligen Großinquisitors bedeutete einen Triumph für die Anhänger der strengen Reaktion. Er war aus dem Dominkanerorden hervorgegangen und ein strenger Asket, der unter dem päpstlichen Ornat stets die raue Mönchskutte trug.[183] Die Huldigung der jüdischen Gemeinde an seinem Krönungstag nahm er nicht entgegen. Er erließ zwar die Bulle Pauls IV. wiederum, sah aber bald ein, dass ihre Bestimmungen nicht durchwegs anwendbar waren, und musste Erleichterungen vor allem im beruflichen Bereich zulassen. So konnten Juden als Juweliere und Goldarbeiter tätig sein. Die Tendenz zum Verbot dieser handwerklichen Berufe blieb in Europa aber bestehen. So war noch im 18. Jahrhundert den Juden in Österreich der Handel mit Edelsteinen erlaubt, ihre handwerkliche Bearbeitung aber verboten.

Am bekanntesten wurde seine Bulle »Hebraeorum gens« vom 26. Februar 1569, mit der er die Juden aus dem Kirchenstaat mit Ausnahme von Rom und Ancona verwies.[184] Auch ihre Einleitung gewährt genaue Einblicke in die Haltung des restaurativ gesinnten Papsttums. Ausgehend von überlieferten theologischen Grundgedanken steigern sich die Vorwürfe mehr und mehr im Sinne einer Kriminalisierung des jüdischen Verhaltens im Alltag. Dass solche Urteile über Juden diese Tendenz über den kirchlichen Bereich hinaus verstärkten, sollte sich als folgenreich erweisen.

Zunächst ging Pius auf die Erwählung des Volkes Israel ein und dass es sich seiner Erwählung als unwürdig erwiesen habe. Es habe die ihm erwiesene Gnade verachtet und vernachlässigt und daher verdient, verjagt zu werden. »Nachdem es sein Priesteramt verloren hat, die Autorität des Gesetzes aufgehoben wurde, nachdem es aus seinem eigenen Land vertrieben wurde … irrt es seit so vielen Jahrhunderten über den Erdkreis …« Deswegen wenden die Juden alle möglichen Künste an, um nicht zu verhungern. Die Christen sähen dies alles mit Milde an und es sei menschlich, sie zu dulden,»sodass das Leiden des Herrn den Gläubigen immer wieder vor Augen ist, und zugleich das Volk durch das Beispiel ... zur Bekehrung ... weiterhin eingeladen wird.« Neben dem etwas unscharf formulierten Hinweis auf die Zeugenschaft der Juden, der wir ja als einem Standard augustinischer Theologie gegenüber den Juden schon oft begegnet sind, ist hier auch von der Menschlichkeit die Rede, aufgrund derer die Juden geduldet würden. In der Tat taucht dieser Gedanke auch schon im 12. und 13. Jahrhundert auf, wo dies allerdings in einem eigentümlichen Sinn formuliert wurde: Man duldet die Juden bloß aus Menschlichkeit; d. h. der Sinn von Humanitas deckt sich damals und auch bei Pius V. in keiner Weise mit diesem zentralen Begriff unseres Denkens.

Nun meint der Papst, es wäre falsch, die Juden zu vertreiben, denn sie würden in Gegenden auswandern, wo es keine Christen gäbe. Trotzdem sei der Papst verpflichtet, sich etwas einfallen zu lassen, um diese Zustände zu verbessern. Um zu zeigen, wie schlimm besagte Zustände seien, beginnt er diese zu beschreiben. Der Wandel der Verhältnisse in dem bereits erwähnten Sinne von Kriminalisierung des jüdischen Verhaltens wird nun deutlich sichtbar.

»Denn wenn wir so viele Arten des Wuchers nicht erwähnen, durch die die Juden das Vermögen der bedürftigen Christen ganz und gar verzehren, so glauben wir aber, dass es klar genug ist, dass sie Diebe und Räuber bei sich aufnehmen und mit ihnen gemeinsame Sache machen, indem sie versuchen, die von jenen entwendeten und unterschlagenen Sachen, die profanen sowohl als auch diejenigen, die dem göttlichen Kult dienen, damit sie nicht bemerkt werden, entweder eine Zeitlang zu unterschlagen oder anderswo hinzubringen oder überhaupt umzugestalten. Häufig gehen sie unter dem Anschein, in eigener Sache zu kommen, in die Wohnung ehrbarer Frauen und drängen viele von ihnen zu ganz scheußlicher Kuppelei ...« Hier geht es also neben dem Wucher um den bereits von Petrus Venerabilis in seinem Schreiben an König Ludwig VII. von Frankreich erhobenen Vorwurf der Hehlerei, der auch Kirchengeräte betraf. Offenbar schmolz man einige Geräte ein und verfertigte andere Gegenstände wie Schmuck daraus. Dann kam der Papst aber auf einen Punkt zu sprechen, der bisher von den Päpsten kaum berührt worden war, den wir aber aus den Äußerungen Luthers kennen:

»Was aber verderblicher als alles ist: sie haben sich dem Wahrsagen, Zaubereien, magischen Kulten und Hexereien hingegeben, durch die sie viele unvorsichtige Kranke und Schwache den satanischen Gaukeleien zuführen. Sie glauben, die Zukunft vorhersagen, Gestohlenes, Schätze oder verborgene Dinge entdecken und außerdem vieles erkennen zu können, obwohl die Fähigkeit, dies aufzuspüren, keinem Sterblichen gewährt ist.« Durch den engeren Kontakt mit jüdischen Schriften und intensiverer Beschäftigung mit Volksbräuchen war bekannt geworden, dass unter den Juden auch abergläubische Vorstellungen verbreitet waren. Da man diese auch unter Christen bekämpfte – wir befinden uns ja im Zeitalter von regional teilweise hysterischen Hexenverfolgungen –, handelte es sich dabei um ein sensibles Thema. Zudem warf man den Juden vor, dass sie ihre alltäglichen Geschäfte und den damit verbundenen Zugang zu christlichen Haushalten zur Anbahnung verbotener Kontakte sexueller Natur missbrauchten. Auch die Bekämpfung der jahrhundertelang zwar mit Misstrauen betrachteten, aber doch geduldeten Prostitution gehört zu den Merkmalen der Herrschaftsausübung dieser Zeit. Die Gründung von Büßerinnen-Häusern in den Städten nahm deutlich zu. Wir erkennen auch an diesem Beispiel die Entwicklung eines judenfeindlichen Topos, der dann in weiter veränderter Weise in »Mein Kampf« eingeflossen ist, wo zwar nicht jüdisches Kupplertum behauptet wird, aber ihr angeblich übermäßig entwickelten sexueller Appetit kritisiert wird; allerdings im Rahmen rassistischer Vernichtungsabsicht gegenüber den »Ariern«. Bildliche Darstellungen des Mittelalters und besonders des 16. Jahrhunderts zeigen dieses sexuelle Thema ausführlich unter Berücksichtigung aller Perversionen am Beispiel der so genannten »Judensau«. Aber noch ein Element wird im Text der Bulle sichtbar: »Von diesen und anderen schwerwiegenden Gründen angetrieben und bewegt von der Schwere der sich täglich mehrenden Verbrechen, die unseren Städten schaden, bedenken wir außerdem, dass dieses Volk außer bescheidenem Verkehr mit dem Osten niemand in unserem Staat Nutzen gebracht hat.«

Ist dies eine Anspielung auf Spionagetätigkeit im Osmanischen Reich, die dem Papst Nutzen bringt? Vor dem Hintergrund der Motivierung von Judenvertreibungen des 17. Jahrhunderts könnte mit dem Hinweis auf den bescheidenen Verkehr mit dem Osten eine Nachrichtentätigkeit von der Hohen Pforte gemeint sein. Bei diesen Vertreibungen wird manchmal auf eine derartige Spionagetätigkeit zugunsten der christlichen Mächte und vice versa des Osmanischen Reiches Bezug genommen.

Das Fazit aus dieser Einleitung war klar: Die Juden wurden mit Ausnahme von Ancona und Rom aus dem Kirchenstaat vertrieben. Drei Monate nach Veröffentlichung dieser Bulle sollten sie das Gebiet des Kirchenstaates verlassen, und wer dann noch angetroffen wurde, verlor sein Vermögen. Erst unter Sixtus V. (1585–1590) durften die Juden wieder zurückkehren.

JUDENMISSION

Diese Maßnahmen setzten sich unter Gregor XIII. (1572–1585) mit anderen Schwerpunkten fort. Von den Maßnahmen während seines Pontifikats sind vor allem alle jene interessant, die sich mit der Bekehrung der Juden beschäftigen. Obwohl sowohl die Gründung eines Katechumenenheims und die Einrichtung der Zwangspredigten schon wesentlich älter waren, nahmen sie damals jene Form an, wie sie bis zum Ende des Kirchenstaates bestanden.

Zunächst beschäftigte sich der Papst aber mit der Zuständigkeit der Inquisition für die Juden unter der Voraussetzung, dass es eine Reihe von Glaubensinhalten gab, die sich mit den christlichen deckten. Die Motivation für diesen Erlass entspricht den uns bekannten Grundlagen, wurde in manchem Detail noch gehässiger und widersprüchlicher als gewohnt formuliert.[185]

Nachdem Gregor konstatiert hat, dass die Juden der Jesus-Zeit schändlicher als ihre Vorfahren waren und sie aus ihrer Heimat vertrieben wurden, setzt er in grellem Widerspruch dazu fort: »Doch fanden sie (die Juden) nirgends eine größere Milde als in den christlichen Ländern, besonders aber im Schoß der apostolischen Liebe …« Und warum wurden sie mit Milde und Liebe aufgenommen? »… die sich um ihre Bekehrung bemühte, sie daher erbarmend aufnahm und ihr Zusammenwohnen mit den eigenen Söhnen duldete …« Aber schon im ersten Punkt für die Inquisition war wieder davon die Rede, dass der Papst den Juden, um die Verspottung Christi durch »seine bösen Knechte« hintanzuhalten, entgegentreten müsse. Neben allen Böswilligkeiten, die Juden gegen den christlichen Glauben begingen, habe die Inquisition auch einzuschreiten, wenn sie Dämonen anriefen oder Weissagungen durchführten. Natürlich war Proselytenmacherei streng verboten, wie auch eine Beeinflussung eines taufwilligen Juden, um ihn am Übertritt zu hindern. Inhaltlich brachte der Text nichts Neues, war aber durch seine Zusammenfassung aller Regeln von Bedeutung, indem er die Überlegungen für die Zukunft bewahrte.

Auf die Tätigkeit des Ignatius von Loyola (1491–1536) in der Judenmission geht die Neugründung eines eigenen Hauses für die Neuchristen zurück, die dort auch versorgt werden sollten.[186] Daran und an weitere Entwicklungen anknüpfend, gründete Gregor 1577 das »Collegium ecclesiasticum adolescentium neophitorum«. Es war vor allem für Juden, aber auch für türkische Kriegsgefangene, also Muslime, gedacht. Neben ihrer Unterweisung im christlichen Glauben spielte das Erlernen des Hebräischen und Arabischen eine große Rolle, da diese Neuchristen für eine Missionstätigkeit in Rom und anderswo ausgebildet wurden.

Auch die Abhaltung von Zwangspredigten erneuerte der Papst. Seine Bemühungen beschränkten sich nicht nur auf Rom, sondern er versuchte sie im gesamten Bereich der katholischen Kirche durchzusetzen. Er berief sich in seiner Bulle »Sancta Mater Ecclesia« auf die Einrichtung dieser Predigten durch Nikolaus III. (1277–1280) und befahl, überall, wo sich eine genügende Zahl von Juden befände, diese einmal in der Woche an einem bestimmten Ort zur Predigt zusammenzurufen. Die Predigt sollte auf Hebräisch gehalten werden, und die Juden hatten den Prediger für seine Mühe zu bezahlen. Inhaltlich ging es um die richtige Auslegung der sich nach christlichem Verständnis auf Jesus beziehenden Stellen des Alten Testaments. Dabei versäumte es Gregor nicht, darauf hinzuweisen, dass die Auslegungen der Rabbiner trügerisch und durch Lügen und Betrug entstellt seien.

HOFJUDEN UND NEUER MESSIANISMUS

Vor diesem Hintergrund brach nun das 17. Jahrhundert an, das für die weitere Entwicklung nichts Neues brachte, sondern nur bemüht war, den überlieferten Stoff zu ordnen und im zunehmend staatlich werdenden Rahmen anzuwenden. Dabei sollte man im Auge behalten, dass vor allem in den Kreisen der Hofjuden eine zahlenmäßig zwar äußerst beschränkte, aber wirksame Neuorientierung unter den Juden einsetzte. Der soziale Status der wenigen hofjüdischen Familien, die aufgrund ihrer Tätigkeit mit den »Spitzenpolitikern« der Zeit im engsten Kontakt standen und daher entsprechend repräsentieren mussten, erforderte ein mehr oder weniger tiefes Eindringen in die Verhaltensmuster der christlichen Umgebung. Die Bande zum Judentum lockerten sich in diesen Kreisen nicht nur durch die erforderlichen Lebensformen, sondern auch durch eine geistige Katastrophe unter den Juden, die mit dem Namen Sabbatai Zwi (1626–1676) verbunden ist. Dieser hatte eine neue messianische Bewegung ausgelöst, die auch unter europäischen Juden großen Erfolg hatte. Die bedrückenden Umstände, unter denen die Juden hier lebten, förderten diesen Erfolg. Gesandte des neuen Messias erhielten materielle und geistige Unterstützung in großem Rahmen. Als sich Sabbatai Zwi aber nach einigen Jahren zum Islam bekehrte, war dies natürlich für alle, die ihn unterstützt hatten, eine gewaltige Blamage, die auch den Einfluss der mitwirkenden Rabbiner deutlich schmälerte.[187] Obwohl konservativere Hofjuden, die auch über ein beträchtliches Maß an Gelehrsamkeit verfügen konnten – die allerdings meist wenig innovativ war –, gegen diese Angleichung des Lebensstils der Hofjuden an den Adel in moralischen Schriften wetterten, öffnete sich das Tor zu neuen Entwicklungen, sodass schließlich das Papsttum auch bezüglich der Juden einer deutlich veränderten Lage gegenüberstand.

AUFKLÄRUNG IM WIDERSTREIT – KAISERLICHE TOLERANZPATENTE GEGEN PÄPSTLICHES BEHARREN

Einwirkungen der beginnenden Aufklärung sind bezüglich der Rolle der Juden in der päpstlichen Politik nicht direkt und konkret, sondern nur in einer sehr allgemeinen Weise bemerkbar. Benedikt XIV. (1740–1758) bzw. sein Nachfolger Clemens XIII. (1758–1769) erlangten bezüglich der Juden wohlwollende Prominenz durch ihr an Polen gerichtetes Gutachten zur Ritualmordbeschuldigung, von dem schon die Rede war. Dieses von Lorenzo Ganganelli, dem späteren Papst Clemens XIV. (1769–1774), verfasste Gutachten war aber weniger von den prinzipiellen Überlegungen zu einer neuen Stellung der Juden in der Gesellschaft geprägt als von der alten Verpflichtung der Päpste, den Judenschutz auszuüben. Gerade im Punkt des Ritualmordes war ja die päpstliche Tradition eindeutig und erst spätere »zeitgeistige« Einflüsse des 19. Jahrhunderts weichten die Haltung der Päpste auf. Dass man in Einzelfällen an der Möglichkeit festhielt, dass Juden Ritualmorde begingen, zeigt selbst das Gutachten Ganganellis, aber auch die Tatsache, dass Benedikt XIV. die Verehrung des Anderl von Rinn 1754 bestätigt hatte. Auch Benedikts Bulle »Postremo mense superioris anni« aus dem Jahre 1747, die ausführlich zu den Problemen umstrittener Taufen als Reaktion auf mehrere unklare Fälle Stellung nimmt und namentlich die Zwangstaufe an Kindern unter schwere Strafe stellte, ist der Tradition verpflichtet. Da dem Papst aber gerade die Taufe von Juden sehr am Herzen lag, wurde die Beweislast zugunsten der Taufe mit nur einem einzigen notwendigen Zeugen erleichtert.[188]

In dieser Zeit war allerdings ein anderes Phänomen seit langer Zeit deutlich sichtbar: die von den »modern« werdenden Staaten angestrebte Unabhängigkeit von kirchlichen Einflüssen, die sich insofern auch auf die Behandlung der Juden auswirkte, dass der Kaiser und andere weltliche Herrscher in ihren Judenordnungen nach Gutdünken kirchliche Bestimmungen aufnahmen oder nicht. Auch diese Entwicklung war ja nicht unbedingt neu, findet sie sich doch bereits in spätmittelalterlichen Urkunden des 14. Jahrhunderts.

Erst als sich die absolut gedachte Macht des Staates mit den Gedanken der Aufklärung verband und man daher auch die Juden nun für den Staat nützlicher machen wollte, wie das z. B. Josef II. in der Präambel der Toleranzpatente für die Juden ausdrückte, wurden die Spannungen mit den traditionellen Vorstellungen der Päpste, wie sie im Kirchenstaat wirkten, sichtbar. Die Toleranzpolitik Josefs lässt sich als der konkrete Gegenpol zur päpstlichen Haltung bezeichnen, weil es in diesem Punkt Bemerkungen des damaligen Nuntius in Wien, Giuseppe Garampi, in seinen Berichten gab und die Promulgation der Patente eine präzise Gesetzeslage schuf. Einzelne Vorstöße im Sinne von Toleranz, aber nicht unbedingt einer systematischen Toleranzpolitik gab es auch in anderen Herrschaftsgebieten. Trotz des dicken Buches des Freiherrn von Dohm »Über die bürgerliche Verbesserung der Juden« (1781) und der von aufgeklärten Berliner Juden wie Moses Mendelssohn und David Friedländer getragenen *Haskala*-Bewegung entstand in Preußen nie eine durchgreifende Toleranzpolitik. Erst die Hardenbergsche Judengesetzgebung brachte einen Neuansatz, der aber bereits der Emanzipation der Juden, also ihrer Gleichstellung mit anderen Bürgern, nähersteht. Daher sind die Verhältnisse im josefinischen Österreich, die bereits unter Maria Theresia ihren Anfang nahmen, von besonderer Bedeutung.

Schon Maria Theresia war sich in ihrer Judenordnung von 1764, die zwar einen denkbar schlechten, nämlich judenfeindlichen Ruf genießt, darüber klar, dass man einige wenige tolerierte Familien, die eine Ausnahmegenehmigung vom prinzipiellen Aufenthaltsverbot, das in Österreich seit 1670 bestand, besaßen (die so genannte Toleranz), systematisch in das Wirtschaftsleben einbeziehen sollte.[189] Dies allerdings bei Aufrechterhaltung scharf überwachter, restriktiver Bestimmungen, die sich vor allem auf die Zuwanderung bezogen. Es ist interessant, dass die restriktive Zuwanderungspolitik noch Bestandteil der josefinischen Patente für die Juden war: »da unsere Absicht nicht dahingeht, die jüdische Nation in unseren Ländern zu vermehren«. Aber, Josef richtete seine Bestrebungen dahin, alle den Geist niederschlagenden Zwangsgesetze zu beseitigen.[190]

Der Inhalt der Patente ist eine Mischung aus »philosophischer Toleranz«, die Josef selbst als »bürgerliche Toleranz« bezeichnete, und Toleranzpolitik, in denen noch Kompromisse bemerkbar sind, die Josef nach seinem grundlegenden Handschreiben zur neuen Judengesetzgebung von Mai 1781 mit den Behörden der einzelnen Länder schließen musste. Motive für die Toleranzpolitik im Allgemeinen war das Ziel, Abwanderung zu verhindern und Zuwanderung zu fördern bzw. damit den übergeordneten Zweck, die Förderung von Landwirtschaft, Handel, Gewerbe, Industrie und Geldbeschaffung zu verbessern. Josef Karniel hat diese bevölkerungspolitische Komponente der Toleranzpolitik deutlich herausgearbeitet, die hinsichtlich der Protestanten (gegenüber Preußen) und der Orthodoxen (z. B. gegenüber Russland) ausreichend und schlüssig ist.[191] Hinsichtlich der Juden sollte man den Anteil des Einflusses der philosophischen Toleranz höher veranschlagen, da mit Ausnahme von Galizien der zahlenmäßige Anteil der Juden ja nicht allzu sehr ins Gewicht fiel.[192]

Trotz aller Überwachungsmechanismen, die gegenüber den Juden weiterhin angewandt wurden, waren besonders die Schlussbestimmungen der Patente ein Schlag gegen die Lehre der Verachtung. Die Beseitigung von Kleidungsvorschriften war einer dieser Punkte, die in einem Widerspruch zur kirchlichen, aber auch zur rabbinischen Tradition stand. Schon in den siebziger Jahren wurden die klimatischen Veränderungen deutlich, wenn es um uns lächerlich erscheinende Probleme ging, wie die Erlaubnis für Juden, einen Degen zu tragen oder Kaffeehäuser zu besuchen. Josef hatte schon 1777 seiner Mutter gegenüber erklärt, dass er Juden überall dort den Zugang zu beruflicher Tätigkeit eröffnen wollte, wo es nützlich schien. Die religiösen Fragen seien davon nicht betroffen. Der bürgerliche Bereich, den wir heute sprachlich etwas schlampig als den weltlichen bezeichnen würden, war ausschlaggebend für eine Neudefinition der Stellung der Juden in der Gesellschaft. Diese Maßnahmen wurden von Josef und seinen aufklärerisch gesinnten Behördenchefs verwirklicht, ungeachtet der Tatsache, dass es auch unter ihnen einige gab, die den Juden und vor allem den Rabbinern durchaus misstrauten. Diese neue Rangordnung von Motiven, die nolens volens gegen die traditionellen Konzepte der dienenden Stellung der Juden gerichtet war, untergrub die kirchlichen Überzeugungen bezüglich der Juden. Nicht zuletzt schien die Sache gefährlich, da ja einige der Themen, wie der Zugang zu einer größeren Anzahl von Berufen, auch im Kirchenstaat bereits eine gewisse Rolle zu spielen begannen. Der Papst wurde von diesen Entwicklungen daher nicht nur als Verantwortlicher für eine religiös bestimmte Gesellschaftsordnung betroffen, sondern auch als Monarch des Kirchenstaates.

Bezüglich der Haltung, die der Wiener Nuntius Garampi zu diesen Fragen einnahm, ist zu berücksichtigen, dass die Politik Josefs gegenüber den Bischöfen, den Klöstern und insbesondere dem Verhältnis zwischen Staat und Kirche ein wesentlich brennenderes Problem darstellte als die Angelegenheiten der Juden.

Garampi berichtete im Mai 1781, offenbar kurz nach dem Handschreiben des Kaisers, dass neue Gesetze zugunsten der Juden kurz vor der Publikation stünden, und berichtete zusammenfassend über deren Inhalt. Dem Nuntius wurde innerhalb weniger Wochen klar, dass damit eine Entwicklung in Gang gesetzt wurde, die langfristige Auswirkungen haben würde. Sein ruhiger Bericht betraf nicht zuletzt Bildungs- und Berufsfragen der Juden, Probleme, die sich wenig später auch im Kirchenstaat stellten. Obwohl eine Kommission zur Klärung dieser Fragen in Rom eingesetzt wurde, scheiterte sie daran, Lösungen zu finden, da die konkreten Fragen von allgemein ideologischen überlagert wurden. Eine prinzipielle Auseinandersetzung mit den Problemen war nicht zu erwarten. Auch Garampi stellte sich der Situation nur oberflächlich. Besonderen Anstoß nahm er an Josefs Formulierung, dass er alle Gesetzgebung, die eine äußerlich sichtbare Trennung von Christen und Juden beinhaltete, als gewaltsam bezeichnete. Dies, so meine der Nuntius, sei eine Beleidigung nicht nur der Gesetze der Kirche, sondern auch derjenigen aller anderen Reiche und Staaten. Der Konflikt wird sichtbar: Der Zugang der philosophisch-bürgerlichen Toleranz zur Neubewertung jüdischer Existenz zusammen mit Christen (nicht mehr unter Christen) vertrug sich nicht mit der Lehre von der Unterordnung der Juden. Dies verstand nicht einmal Garampi, dem man nicht unterstellen kann, er wäre ein konservativer »Falke« gewesen. So formulierte er: »Man muss sich … sehr viel Gewalt antun, um zu glauben, so vielfältige, in jedem Jahrhundert erlassene Vorschriften seien aufgrund von fanatischen Vorurteilen gegen die Juden entstanden und nicht vielmehr aus wirklicher und eindeutiger Notwendigkeit, um jenen Ungeheuerlichkeiten und Exzessen entgegenzuwirken, die man von ihnen gewöhnt ist. Diese rühren hauptsächlich aus ihren talmudischen Traditionen her, von denen sich die Juden nicht abzuwenden bereit zeigen. Dagegen kommt auch die Regierung nicht an, weder mit Vorteilen, die sie den Juden anbietet, noch mit anderem, behutsamerem Einfluss, den sie jetzt auf ihre Lebensführung ausüben möchte.«[193] Das einzige Heilmittel schien in der Bewahrung der Tradition zu liegen, die ohne historische Analyse als gegeben hingenommen wurde, und letztlich in der Taufe, denn dies war wohl mit dem erwünschten Abwenden von der talmudischen Lehre gemeint. Dieses Misstrauen gegen den Talmud teilte Garampi mit den österreichischen Toleranzpolitikern. Dass der Nuntius in seiner Bewertung der Vorgänge in Österreich sich der traditionellen Sichtweise anschloss, hatte wahrscheinlich eine seiner Grundlagen darin, dass sich Pius VI., seit 1775 Papst, der aufklärerisch-toleranten Welle entgegenstemmte. Anfang 1782 besuchte er Josef II. in Wien, um ihn von seiner Politik gegenüber der Kirche abzuhalten – die Toleranzpolitik hinsichtlich der Juden kam gar nicht zur Sprache. Die Reise war vergeblich. Ambivalent freundlich behandelt, waren seine öffentlichen Auftritte ein Erfolg, in der Sache erreichte er nichts.

PÄPSTLICHES JUDENEDIKT

Über die Juden gab es nicht viel zu verhandeln, zwei Patente hatte Josef schon erlassen, und der Papst hatte unmittelbar nach seiner Wahl seinen diesbezüglichen Standpunkt in einem langen Edikt, dem »Editto sopra gli Ebrei«, niedergelegt.[194] Dieses Edikt war nicht die Erfindung Pius' VI. Schon Benedikt XIV. hatte es 1751 veröffentlicht. Im Lichte der länger anhaltenden Vorbereitungen zur Publikation, die bis ins späte 17. Jahrhundert zurückreichten, wird das gesetzgeberische Eigenleben solcher Großunternehmungen sichtbar. Für den Historiker werden bei so langen Beobachtungszeiträumen die konkreten Voraussetzungen einer Publikation schwer erkennbar. Ob lediglich die Bürokratie sich ihrer selbst versichern will oder der Zeitpunkt der Veröffentlichung bedeutsam ist, kann nicht zufriedenstellend beantwortet werden. Bezüglich Benedikts Publikation spielt sicher eine Rolle, dass die Bearbeitung der älteren Rechtstexte einen Abschluss gefunden hatte, zu bedenken ist aber auch, dass sich der Papst 1751 in einer Brief-Enzyklika an die polnischen Bischöfe zum Verhältnis zwischen Juden und Christen geäußert hatte. Er betonte, dass man im Glaubenseifer gegen die Juden nicht zu weit gehen dürfe, aber auch gerechte Grenzen zu beobachten habe und die Toleranz ihnen gegenüber einschränken müsse. Er nannte die alten Verbote für die Juden, keine christlichen Dienstboten zu haben und keine öffentlichen Ämter mit Befehlsgewalt über Christen auszuüben. Benedikt verlangte die Beachtung der alten Gesetze, riet aber den Polen, keine neuen zu erlassen.

Die Sammlung der Bestimmungen und ihre Veröffentlichung durch Benedikt XIV. war geschehen, es bestand nicht unbedingt ein Grund, 1775 den Text in leicht veränderter Form noch einmal zu publizieren. In der Einleitung des Edikts motivierte Pius VI. seinen Schritt folgendermaßen: »Unter den Gegenständen der seelenhirtlichen Bekümmernisse, welche das Gemüt seiner Heiligkeit, unseres Herrn, im Beginn seines Pontifikats beschäftigt halten, nimmt die Fürsorge die erste Stelle ein, welche darauf hinausgeht, die katholische Religion unbefleckt den Gläubigen zu erhalten. Er hält es daher der Beachtung wert, dass, um von denselben die Gefahr eines Umsturzes fernzuhalten, welcher für sie in Folge übergroßer Vertraulichkeit mit den Juden entstehen könnte, eine genaue Beobachtung der von seinen Vorgängern getroffenen Vorkehrungen unumgänglich notwendig sei …« Das war der Gedanke des Papstes, dass die Juden nämlich noch immer die katholische Religion gefährdeten. Man sollte auch nicht die Tatsache unterschätzen, dass es sich um einen der ersten Regierungsakte des neuen Papstes handelte. Dass Pius die Sache in größeren Zusammenhängen sah, zeigt wohl das Wort Umsturz, den er als drohende Gefahr sah. Die Toleranzpolitiker in Wien hatten in der Spätzeit Maria Theresias ihre Positionen bezogen, und Kaunitz, der ihn bei seinem Wienbesuch nicht gerade unterwürfig behandelte, hatte gegen die Wahl Giovanni Angelo Braschis, der dann als Pius VI. den Thron bestieg, diplomatisch gearbeitet. Möglicherweise ist das Editto ein Signal gegen die gesamte Toleranzpolitik, die man am leichtesten an ihrer verwundbarsten Stelle, der Judenpolitik, treffen konnte.

Für unsere Zwecke einer Geschichte des Verhältnisses zwischen Christen und Juden kommt diese Quelle wie gerufen, denn sie gibt uns in einem letzten Resümee eine relativ systematische Zusammenfassung dessen, worauf es den Päpsten bei der Gesetzgebung bezüglich der Juden in den letzten Jahrhunderten angekommen war. Es handelt sich um die letzte Station, die uns von Benedikt XIII. zur Bulle Pauls IV. geführt hat. Andererseits macht aber gerade diese Kompilation deutlich, worauf sich spätere Äußerungen aus der römischen Zentrale, gleich von wem sie stammen, stützten.

Wie uns Garampis Bemerkungen über den Talmud nahelegen, war das Thema der jüdischen Bücher von besonderer Bedeutung, und nicht weniger als die ersten acht Paragraphen des Edikts beschäftigten sich mit dem Verbot, talmudische und kabbalistische Bücher zu benutzen, zu drucken, sie zu verbreiten und aus ihnen zu unterrichten. Die Juden durften nur überprüfte und genehmigte Bücher verwenden. In den weiteren Bestimmungen ging es um Ein- und Ausfuhr solcher Bücher. Gewiss ein Problem, an den Grenzen des Kirchenstaates gab es nämlich eine Vielzahl von Druckereien, die hebräische Werke veröffentlichten.

Der neunte Absatz beschäftigt sich mit einer bekanntlich erst spät in die päpstliche Gesetzgebung aufgenommenen Angelegenheit: Die Juden durften sich nicht mit Hexereien, Zaubereien, Deutungen, Heilungen durch Psalmverse und anderen abergläubischen Handlungen beschäftigen, sie lehren oder Bücher darüber schreiben. Auch die Wahrsagerei wurde ihnen bei schweren Strafen bis zu lebenslänglicher Galeere untersagt. Diese Bestimmung war nicht unbedingt judenfeindlich, denn mit irrationalen »Lebenshilfen« dieser Art beschäftigten sich die Christen ebenso. Die Kirche beanspruchte eben in diesem Lebensbereich ein Monopol. Letztere Bemerkung ist keine Bosheit, wie der Schluss der Bestimmung nahelegt: Genauso zu bestrafen seien Christen, die diese Künste von Juden lernen wollten, um törichterweise die verborgenen oder zukünftigen Dinge ausfindig zu machen. Jede theologische Äußerung zur Eschatologie ist Zukunftsdeutung, und wie häufig taucht in theologischen Aussagen der Begriff des »Geheimnisses« auf. Das ist nichts anderes als ein »Deutungsmonopol« bezüglich der Ratio nicht zugänglichen und künftigen Problemen und Entwicklungen.

Den christlichen Silberarbeitern wurde verboten, für Juden Amulette anzufertigen – die im Übrigen im »esoterischen« Bereich jüdischen Lebens tatsächlich eine gewisse Rolle spielten. Der Hauptgrund für das Verbot dürfte aber in der Verwendung jüdischer Symbole liegen, die als hieroglyphische Nichtigkeiten und Gegenstände des Aberglaubens charakterisiert wurden.

Die Kennzeichnung der jüdischen Grabstätten mit Grabsteinen war verboten. Hier wird der Abstand zwischen der päpstlichen Gesetzgebung und der Lebenswirklichkeit unter weltlicher Herrschaft deutlich: Jüdische Familienforschung, aber auch die Erforschung der Entwicklung der religiösen Gelehrsamkeit stützt sich ganz wesentlich auf die Analyse und Interpretation von Inschriften auf Grabsteinen. Man stelle sich vor, wir besäßen nicht die Zeugnisse der Grabsteine auf den jüdischen Friedhöfen in Worms, in vielen kleinen jüdischen Siedlungen aus dem 17. und 18. Jahrhundert oder in Prag oder Wien. Nun, es war nicht Aufgabe des Papstes, künftigen Historikern einen Gefallen zu tun; immerhin handelt es sich aber um einen Eingriff in eine zentrale jüdische Gewohnheit, die gegen den wichtigen Wert des »Sich-Erinnerns« gerichtet war. Wieder ein Element der Lehre der Verachtung oder nur eine Maßnahme gegen das bereits im Mittelalter verurteilte Ausgraben jüdischer Leichen?

Der zwölfte Absatz verbot jeglichen Pomp bei jüdischen Begräbnissen, insbesondere das auf talmudische Lehren zurückgehende Singen von Psalmen und das Tragen von Fackeln und offenen Lichtern, das bereits Gregor von Tours bei jüdischen Begräbnissen beobachtet hatte. Dies war nur in der Synagoge und an Orten erlaubt, wo sich keine

Christen aufhielten. Diese Bestimmung diente auch der Sicherheit der Juden. Ihre Hochzeiten und Begräbnisse zogen schaulustige Christen an, die neidvoll die geschmückten Teilnehmer betrachteten und sich zu Raubüberfällen hinreißen ließen. Wir wissen aus rabbinischen Bestimmungen, dass sie derartige Aufzüge möglichst durch Nebengassen dirigierten, um keinen Neid zu erregen.

Und dann kommt der alte Codex Theodosianus zu Wort: Es ist den Juden verboten, außer den in ihrem Ghetto zugestandenen Synagogen noch weitere zu errichten oder die ihnen zugestandene Synagoge zu vergrößern oder zu verzieren.

Im Sinne der Einleitung war es klar, dass der Papst ein besonderes Anliegen darin sah, die Juden von den Katechumenen und ihren Häusern und dann auch von den Neubekehrten fernzuhalten. So wurden schwerste Strafen festgesetzt, wenn ein Jude es wagen sollte, einen Bekehrungswilligen gegenteilig zu beeinflussen, selbst wenn es sich nur um einen Aufschub handelte. Der Versuch, zu einem einheitlichen katholischen Untertanenverband im Kirchenstaat zu gelangen, verstärkte die ohnehin traditionell vorhandene Neigung zu Judentaufen. Ob unter diesen Umständen die erforderliche Freiwilligkeit wirklich gewährleistet war?

Auf die Bestimmung über die Pflicht, das Judenzeichen zu tragen[195], folgen wirtschaftliche Einschränkungen, die teils auch auf mittelalterliches Rechtsgut zurückgehen. Zunächst das Verbot, Fleisch zu verkaufen, das auch für ungesäuertes Brot und Milch bzw. Milchspeisen galt. Die religiöse Deutung eines zunächst wirtschaftlichen Verbots, das von den Zünften verlangt wurde, zeigt sich in der Zusammenstellung von Speisen, die von den Speisegesetzen betroffen waren. Wir wissen, dass der Grundgedanke hinter diesen Verboten dieser war: Es sei für die Christen eine Schande zu essen, was die Juden verschmähten.

Das Verbot des Handels mit heiligen und liturgischen Gegenständen gehört auch zum traditionellen Rechtsbestand. Im Laufe der Zeit fielen auch weltliche Bücher unter dieses Verbot, wenn sie Heiligenbilder enthielten. Handels- und Bankgeschäfte waren untersagt, auch durch Mittelsmänner bzw. Gesellschaften, denen Neubekehrte oder Katechumenen angehörten. Allerdings gestaltete sich die Praxis in diesem Bereich lockerer.

Christen durften nicht in Synagogen eingeladen werden und sie auch nicht aus eigenem Antrieb besuchen. Dieses Verbot ist der Auftakt zu einer Reihe von Einschränkungen der sozialen Kontakte zwischen Christen und Juden. Auch in der Fülle dieser Bestimmungen zeigt sich die verschiedenartige historische Herkunft, teils ging es um die Frage der unerwünschten Befehlsgewalt von Juden über Christen, wie im Verbot, christliche Diener und Mägde zu beschäftigen, teils um Berührungsängste, wie beim Verbot, gemeinsam zu spielen, zu trinken und zu essen. Die Schankwirte waren sogar verpflichtet, solche Kontakte in ihren Wirtshäusern zu verhindern.

Für die Zeit typisch war die Bestimmung, dass Juden in Rom nicht mit der Kutsche fahren durften.

In der Nacht hatten sich die Juden im Ghetto aufzuhalten, Abwesenheit vom Ghetto bedurfte besonderer Genehmigungen. Der Besuch von Handelsmessen war ebenfalls an eine spezielle Erlaubnis gebunden. Juden hatten keinen Zutritt zu geistlichen Einrichtungen, selbst wenn Juden als Lumpensammler gebraucht wurden, war es ihnen verboten, Kirchen und Oratorien zu betreten. Juden sollten auch nicht mit jungen Leuten verkehren, sondern nur mit älteren, die ihnen, den Juden, ein gutes Beispiel geben konnten. Rabbiner und andere Juden sollten kein Gewand tragen, das dem von Geistlichen ähnelte. Auswärtige Juden hatten diese Verordnungen ebenfalls zu beachten, wenn sie sich im Kirchenstaat aufhielten.

Zuletzt folgten noch Bestimmungen über die Judenpredigten und zur Bekanntmachung des Edikts.

Die mit zum Teil drakonischen Strafen gestützten Bestimmungen zeigen die übliche Mischung von »landesfürstlich« und universal. Erstere entsprechen dem, was man damals als gute Polizeiordnung bezeichnete, letztere zeigen noch ein Skelett der Tradition. Die Entwicklungsmöglichkeiten, insbesondere des beruflichen Bereichs, litten an den Problemen mit der christlichen Konkurrenz und an den Polizeibestimmungen. Die Finanzprobleme der jüdischen Gemeinde beschäftigten auch vom Papst eingesetzte Kommissionen, die aber am Gestrüpp der überkommenen Vorschriften, an denen sie festhalten wollten, scheitern mussten. Diese kirchenstaalich internen Fragen sind aber ein eigenes Thema, das über den Rahmen dieses Buches hinausgeht.

Wenn das Editto auch keine Neuerung war, darf man sich nicht darüber wundern, dass es 1775 eine auffällige Publikation darstellte.

Dabei sei gar nicht der Frage nachgegangen, wie sich seit 1732 bzw. 1751 die öffentliche Meinungsbildung entfaltet hatte, auch dies wäre in Rechnung zu stellen. Ebenso bedeutsam ist aber die Feststellung, dass in einer Zeit, in der in fast allen entwickelten Ländern Europas die Frage diskutiert wurde, wie man sozial und religiös unterschiedliche Gruppen vorteilhaft und humanitären Ideen folgend in die Staaten einbinden könnte, das päpstliche Edikt einen reaktionären Eindruck machen musste. In der Mitte des Jahrhunderts waren diese Ideen noch auf philosophische Zirkel mit relativ geringem Echo in der Öffentlichkeit beschränkt. Es war dann die etwa um 1740/50 geborene Generation, die mit diesen Gedanken in die Politik ging. Sogar Friedrich der Große diskutierte lieber über die Aufklärung, als sie politisch umzusetzen. Selbst die als bigott kritisierte Maria Theresia zeigte noch als Sechzigjährige eine respektable Flexibilität, wenn sie derartige Fäden einer neuen Politik aufnahm. Nur so ist die Aufsehen erregende Wirkung des Edikts zu begreifen und auch nicht weiter verwunderlich. Auch bei Betrachtung der direkten Abfolge der Päpste und der Ereignisse ist dies nicht erstaunlich. Clemens XIV., der schon gewürdigte Lorenzo Ganganelli, hatte sich 1773 den aufklärerischen Vorstellungen staatlicher Souveränität gebeugt und den Jesuitenorden aufgelöst. Zu den Paukenschlägen am Beginn von Pius' Regierungszeit gehört auch die gegen die Aufklärung gerichtete Enzyklika »Inscrutabile divinae sapientiae«. Im Edikt von 1775 die Manifestation einer reaktionären Politik zu sehen, ist also sicher keine kühne Unterstellung. Als sich das Edikt unter dem Druck der wirtschaftlichen Verhältnisse als Hemmfaktor für eine erfolgreiche Tätigkeit der Juden erwies, wurde es z. B. für Ancona aufgehoben. Beratungen mit dem Ziel, den Juden mehr beruflichen Spielraum zu gewähren, um sie nicht zu einer Belastung für den Kirchenstaat werden zu lassen, waren von Forderungen nach Emanzipation begleitet und scheiterten daran. Das für die Toleranzpolitik so grundlegende Zusammenspiel zwischen Bestimmungen, die auf eine Verbesserung des Klimas zielten, und solchen, die auf ökonomische und bildungspolitische Ziele gerichtet waren, konnte von der päpstlichen Gesetzgebung nicht übernommen werden. Ganz im Gegenteil: Als der Kirchenstaat mit dem revolutionären Frankreich in Konflikt geriet und die römische Bevölkerung 1793 mit Gewalt gegen französische Einrichtungen und die vermeintlich Frankreich begünstigenden Juden vorging, wurde das Edikt von 1775 in modifizierter Form noch einmal veröffentlicht. Aufgrund der schweren Übergriffe gegen das Ghetto veröffentlichte die Inquisition auch die Brief-Enzyklika für die polnischen Bischöfe von 1751, in der auch auf die Pflicht der Christen verwiesen wurde, die Juden nicht zu misshandeln. Zweck der nochmaligen Veröffentlichung war es, die Ruhe wiederherzustellen, und dazu war es nicht nur notwendig, den Juden ihre Grenzen zu zeigen, um sie an der Verbreitung revolutionärer Gedanken zu hindern, sondern auch den Christen, dass sie die Existenz der Juden im Kirchenstaat nicht gefährden durften.

1798 wurde der bereits schwerkranke Papst von französischen Truppen ins Exil nach Frankreich ausgewiesen, wo er 1799 starb. Das Papsttum schien am Ende. Horst Fuhrmann beschrieb die Situation plastisch: »Damals – beim Tode Pius' VI., über dessen schwerem Schicksal man nicht einen geradezu unverfrorenen Nepotismus und die skandalöse Bereicherung der eigenen Familie übersehen darf – hat es nicht wenige gegeben, die das Papsttum am Ende wähnten.«[196]

ZWISCHEN JUDENEMANZIPATION UND RESTAURATION

In den Jahren 1800 bis 1814 war der Spielraum des Papstes trotz der Geschicklichkeit Pius' VII. gering, für kurze Zeit überhaupt nicht vorhanden. Nach dem Muster der Revolution und später, 1809–1814, unter der napoleonischen Gesetzgebung, genossen die Juden die neuen Freiheiten der Emanzipation. Bezüglich der Geldgeschäfte hatte aber auch Napoleon einschränkende Bestimmungen erlassen. Dazu hatten sich die Juden mit einem tiefen Misstrauen von Seiten der christlichen Bevölkerung herumzuschlagen, das letztlich auf religiösen Grundlagen beruhte. Manche Historiker betonen, dass Konkurrenzneid der christlichen Gewerbetreibenden und Händler einen »sozioökonomischen Antijudaismus« förderten.[197] Sicher spielte die Konkurrenz eine gewisse Rolle, man muss sich aber fragen, warum der Wettbewerb mit christlichen Nachbarn nicht zum Überfall auf ihre Besitzungen führte? Offenbar spielte es eine Rolle, ob der Konkurrent Jude war, und damit verschieben sich bei Erklärungsversuchen wohl die Akzente von der wirtschaftlichen auf die mental-religiöse Ebene. Auch der Konkurrenzneid konnte nur auf der Basis der jahrhundertelang den Christen eingebläuten öffentlichen Erklärungen über die Schlechtigkeit der Juden schlagend werden. Die Vorstellungen von dieser Schlechtigkeit beruhten auf der Interpretation dessen, was von den Synoptikern, Johannes und Paulus angeblich oder tatsächlich gesagt und gemeint worden war. Trotzdem sollte man bei diesem Themenwechsel in den wirtschaftlichen Bereich nicht unbedingt von Antijudaismus sprechen, dessen Begriff vor allem dem vornehmen, theologisch motivierten Antagonismus von Christen und Juden vorbehalten ist. Man sollte es unumwunden aussprechen: Es handelt sich auch bei diesem wirtschaftlichen Konkurrenzneid um Judenfeindschaft, um ein Phänomen, an dem auch religiösmoralische Elemente beteiligt waren. Dass es in dieser Situation zu keinen Verfolgungen kam, war den in Italien stationierten französischen Soldaten zu verdanken. Dies verstärkte nun auch politische Argumente gegen die Juden, die als Nutznießer der französischen Besetzung galten.

Insgesamt war das Zwischenspiel der Emanzipation in Rom zu kurz, um an der Lage der Juden auf mittlere Sicht etwas zu ändern. Erst in der zweiten Hälfte des 19. Jahrhunderts konnten auch die Juden zumindest formal verfassungsrechtlich die Früchte der Emanzipationsbewegung ernten. Ähnliches wie im Kirchenstaat nach 1814 spielte sich auch in den deutschen Fürstentümern ab, die Emanzipation war schon deshalb desavouiert, weil sie französisch war. Aber – und das ist als ein bedeutsamer Faktor zu unterstreichen – von der politischen Betrachtung her konnte man nicht einfach restaurieren, eine unveränderte Wiedereinführung der alten Verhältnisse und Gesetze war vielleicht mit Ausnahme der hohen Diplomatie auf keinem Lebensgebiet möglich. Die Ablehnung der Emanzipation war etwas Oberflächliches und konnte nur für kurze Zeit verdecken, dass der einmal in Gang gesetzte Prozess nicht mehr umkehrbar war. Das mussten im wiedererrichteten Kirchenstaat, der über das stärkste konservative Instrumentarium via kanonischer und sonstiger Tradition verfügte, sogar die »Zelanti«, die Eiferer, die beinahe auf Punkt und Beistrich zum Edikt von 1775/1793 zurückkehren wollten, zur Kenntnis nehmen.

Starke Kräfte gegen eine bloße Restauration waren am Werk. Nicht nur Pius VII. selbst, der als gewiegter Taktiker zwischen den Fronten lavierte, sondern insbesondere sein Staatssekretär Consalvi vertrat persönlich, aber auch in seinem Amt eine Haltung gegenüber den Juden und den sich ergebenden Rechtsproblemen, die man, wenn schon nicht als liberal, so doch als elastisch charakterisieren kann. Natürlich gab es Fragen, wo auch Consalvis Geschicklichkeit vor dem gegebenen Motivationshorizont versagen musste. Wenn die Berufszulassung für Ärzte und Anwälte an einen Eid auf das Neue Testament gebunden war, standen nach der Aussage Consalvis der Erlaubnis, diese Berufe auszuüben, tatsächlich »unüberwindliche Hindernisse« gegenüber. Dass man solche Eide überhaupt aufhob oder für Juden anpasste, überschritt offenbar die denkbaren Möglichkeiten. Dahinter schienen aber doch andere »Gefühle« zu stecken: Vor Gericht gab es seit dem Mittelalter eigene Judeneide. Warum also keine Berufseide für Juden, die sich auf die Tora bezogen? So unüberwindlich wären die Hindernisse doch nicht gewesen, wenn man veränderte Umstände wirklich gewollt hätte.

Consalvi hatte Gegenspieler. Während der Staatssekretär den Heiligen Stuhl beim Wiener Kongress vertrat und erfolgreich für die fast unversehrte Wiederherstellung des Kirchenstaates wirkte, versuchten in Rom zwei Vertreter der konservativen Richtung, Agostino Rivarola und der Prostaatssekretär Bartolomeo Pacca, noch vor der Rückkehr Consalvis im Sinne einer Restauration vollendete Tatsachen zu schaffen. Hinter dieser Gruppe stand als Ideengeber Antonio Sala, damals in der Kirchenhierarchie an unauffälliger Stelle, der erst später in den Zeiten der Pontifikate Leos XII. und Gregors XVI. bis zum Kardinal aufstieg.[198] Sala hatte über die Neueinrichtung des Kirchenstaates über eine bloße Restauration hinaus sehr klare Gedanken, die aber politisch schwer zu realisieren waren.

Bezüglich der Juden und ihrer Stellung im Kirchenstaat beschrieb er einen Standpunkt, der sich in der Zeit der »Resakralisierung« nach 1823 vorübergehend Bahn brechen, aber auch über die Existenz des Kirchenstaates hinaus Bedeutung erlangen sollte. Zu den engeren Gesprächspartnern des alten Kardinals Sala gehörte in den dreißiger Jahren ein Student der Accademia di Nobili Ecclesiastici, Gioacchino Pecci, der sich eine schriftliche Fassung von Salas Reformplan auslieh und davon eine Abschrift verfertigte. Der junge Geistliche war offensichtlich von Salas Vorstellungen angetan.[199] 40 Jahre später bestieg er als Leo XIII. den päpstlichen Thron – und man kann es vorwegnehmen –, wo er, ohne Rücksichten auf den nicht mehr bestehenden Kirchenstaat üben zu müssen, eine für die Juden gefährliche Gesinnung in Wort und Schrift förderte.

Was schrieb also Sala? Die aus der Emanzipation resultierende Freiheit der Juden sei ein dringend zu behebender Missstand. Aber die Unsitte, die Gleichstellung der Juden zu fördern, habe schon früher begonnen. Einflussreiche Herrscher Europas – gemeint war wohl vor allem Josef II. – hätten sich der Juden angenommen und diese hätten ihr Joch abgeworfen und völlige Freiheit, ja sogar Schutz erlangt, ihren Aberglauben auszuüben.[200] Mit der Qualifzierung Aberglauben beginnt die sprachliche Entgleisung, die sich massiv fortsetzt. So »fanden diese unversöhnlichen Feinde des Christentums (!), diese unermüdlichen Verfertiger von Betrug und Täuschung, Beistand von denselben Händen, die sie hätten im Zaume halten, bändigen müssen. Kühn geworden, schreiten sie erhobenen Hauptes einher (eigentlich hätten sie demütig zu dienen und dankbar die päpstliche Sorge anzunehmen) und hängen der dummen Einbildung an, dass die Wiederkehr des Reiches Juda nahe sei, die schon begrabene Synagoge wiederauferstehen und die unfehlbaren Prophezeiungen des Erlösers Lügen strafen könnte.« Das ist eine wohl recht eigenwillige Interpretation der von Lukas berichteten Weissagung über den Untergang des Tempels, wo kein Wort über die pharisäische Einrichtung der Synagoge verloren wird. An dieses allgemeine und historische Lamento schließt Sala aktuelle Beobachtungen, wie z. B., dass Juden in der Toskana sogar Priester zu ihren Festen einladen. Der Judenschutz ist in diesen Ausführungen völlig in den Hintergrund gedrängt, an die Stelle einer ohnehin in ihren Vorbedingungen problematischen Schutz- und Bevormundungspolitik tritt Judenfeindschaft.

In der Zeit Pius' VII. bis zu seinem Tod 1823 setzten sich im Kirchenstaat praktische und politisch mögliche Maßnahmen und Lösungen durch. Manches davon wurde so allgemein begründet, dass man daran vielleicht sogar einen Bedeutungsverlust überkommener Argumente konstatieren kann. In der Begutachtung einer Petition, die eine jüdische Delegation an den Papst und den Staatssekretär gerichtet hatte, finden sich zu den fünf dort erhobenen Bitten interessante Stellungnahmen. Zur Frage, ob die Juden sich wie alle anderen Staatsbürger kleiden dürften, ohne ein Erkennungszeichen tragen zu müssen, hieß es in einem Gutachten, dass schon vor der Revolution nur mehr jene Juden das Unterscheidungszeichen getragen hätten, die sich davon nicht hatten freikaufen können. Dann wurde die Argumentation aber erstaunlich: Man könne das gewähren, denn es stoße sich auch nicht an den Regeln der christlichen Glaubensdisziplin. Da gab es im Umkreis von Consalvi Leute, denen die Kennzeichnungspflicht der Juden, wie sie auf dem IV. Laterankonzil unter Mitwirkung des Heiligen Geistes beschlossen worden war, gleichgültig war. Kein »segno distintivo« seit 1798 bedeutete wohl einen Bruch mit der Tradition.

Die während der Emanzipationszeit erworbenen Immobilien wollten die Juden weiter behalten. Die Bitte war natürlich kein Anschlag auf irgendeinen Konzilskanon oder ein päpstliches Dekret, aber auf eine sehr komplizierte Tradition, die mit dem Topos des heimatlos über die Erde irrenden Juden zu tun hat.[201] Die Stellungnahme war daher sehr gradlinig. »Den Juden dieses Recht abzusprechen, wäre ein Akt der Tyrannei.« Wenn wir diese Bemerkung als angemessen würdigen müssen, sollte man nicht vergessen, dass zu bestimmten Zeiten weltliche und geistliche Fürsten, unter ihnen auch die Päpste, sich nicht gescheut hatten, solche Akte der Tyrannei zu setzen.

Die weiteren Entscheidungen, die während des Pontifikats Pius' VII. bezüglich der Juden getroffen wurden, betrafen alltägliche Fragen des Aufenthalts in Städten des Kirchenstaates und damit verbundene Probleme des Handels außerhalb des jeweiligen Ghettos. Die ökonomischen Notwendigkeiten traten deutlich hervor und führten zu einem Überwiegen »toleranter« Regelungen, die vor allem möglich wurden, weil die Beteiligten einer grundsätzlichen Auseinandersetzung auswichen. Immerhin hatte der Papst zu verstehen gegeben – wenn auch nicht in offizieller Form –, dass er an einer Neuverlautbarung des Edikts von 1775/1793 nicht interessiert war. Doch war es unter den gegebenen Umständen, z. B. bei dem zu erwartenden Widerstand des Heiligen Offiziums, auch nicht durchsetzbar, den Weg der Emanzipation weiterzugehen. Noch war der politische und ökonomische Druck nicht stark genug, um eine grundsätzliche Änderung zu bewirken.

Im Gegenteil, die konservativen Kräfte hatten so sehr Oberwasser gewonnen, dass der Gedanke wiederbelebt wurde, das Unheil käme von den Neuerungen. Diese Richtung brach sich mit dem Pontifikat Leos XII. Bahn. Brechenmacher führt mit Recht aus, dass dieser Weg, der abgesehen von einem kurzen, liberalen Zwischenspiel auch von Pius IX. nicht verlassen wurde, in eine ausweglose Situation führte. Es war eben nicht möglich, in einer politischen Welt, in der das Prinzip der Emanzipation, der Anerkennung der persönlichen Würde des Menschen, der persönlichen Freizügigkeit und der Beteiligung am politischen Leben seinen Siegeszug angetreten hatte, an Zwangsgesetzen, die zum Großteil auf einer »Lehre der Verachtung« beruhten, festzuhalten. Politisch sollte dieses System wenige Jahrzehnte später in sich zusammenfallen, die mentalen Grundlagen solchen Denkens blieben über das Ende des Kirchenstaats hinaus bestehen.

Als 1823 ein neuer Papst zu wählen war, sah es zunächst danach aus, dass einer der wichtigsten Vertreter der konservativen Zelanti, Kardinal Antonio Severoli, den Thron Petri besteigen würde. Da schob aber der österreichische Kanzler, Fürst Metternich, einen Riegel vor, indem er auf das Recht des Kaisers zurückgriff, einen Kandidaten von der Wahl auszuschließen. Metternich, der an einer Koalition zugunsten Consalvis arbeitete, hatte kein Interesse daran, dass der neue Papst aus den Reihen der Zelanti kam. Trotzdem behielten diese die Oberhand in Gestalt ihres Ersatzkandidaten Annibale Della Genga, dem Kardinalvikar von Rom, der in diesem Amt bereits Kostproben seiner Gesinnung gegeben hatte. In dieser Funktion hatte er die Zwangspredigten für die Juden wieder eingeführt.

Leo XII. ordnete seine Politik ganz der Resakralisierung Roms unter. Erstaunlich früh wurde zur propagandistischen Unterstützung eine Zeitschrift neu gegründet, deren Erscheinen 1798 eingestellt worden war: das »Giornale Ecclesiastico di Roma«. Bei Gründung und Gestaltung dieses Blattes spielte der Dominikaner Ferdinando Jabalot eine wichtige Rolle, der uns bald in charakteristischer Weise begegnen wird.

Noch vor der Erhebung Leos XII. war eine Umfrage im Kirchenstaat begonnen worden, die sich mit der Lage der Juden bzw. den auf sie zurückzuführenden Missständen befassen sollte. Die Haltung der Bischöfe war unterschiedlich, sodass der Papst selbst im Heiligen Jahr 1825 eingriff, um die Wiederherstellung der Ghettos in baulicher und organisatorischer Hinsicht durchzuführen. Der Papst war sich wohl darüber klar, dass diese Anordnung auf Widerspruch stoßen würde, und ließ eine propagandistische Kampagne im »Giornale« vorbereiten. In diesen Artikeln sollte vergleichsweise auch die jüngste Judengesetzgebung einiger konservativer weltlicher Herrscher vorgestellt werden, unter ihnen die des russischen Zaren. Die Politik Alexanders I. (gest. 19. Dezember 1825) war seit langer Zeit auf die Bekehrung der Juden ausgerichtet, die 1817 zur Gründung einer »Gesellschaft der Israelitischen

Christen« geführt hatte. 1825, also im Jahr von Leos Entscheidung zugunsten der Ghettos, hatte der Zar die Ansiedlung der Juden auf bestimmte Orte festgelegt, außerhalb derer Juden nicht mehr wohnen durften. In diesen Maßnahmen sah Leo wohl Ähnlichkeiten mit seinen Absichten.[202]

Diese Absichten werden aus einem Artikel Jabalots im »Giornale« ersichtlich, in dem der Autor, gestützt auf Vorbilder aus Frankreich, alle Feindbilder gegen die Juden ausbreitet. Neben vielen uns wohl bekannten theologischen Positionen fasst er dann auch alle neueren Beschuldigungen zusammen, wie sie seit der Mitte des 12. Jahrhunderts entstanden waren: »Im Blut der Christen wuschen sie sich die Hände, Feuer legten sie an die Kirchen, … geweihte Hostien traten sie mit Füßen, … in ihrem Hass auf Christus kreuzigten sie Gläubige, raubten Kinder und schlachteten sie ab, vergewaltigten gottgeweihte Jungfrauen und missbrauchten getaufte auf die brutalste Weise.« Jeder Schritt zur Emanzipation würde den Juden Tür und Tor für die Errichtung einer grausamen Herrschaft öffnen.

Mittel dagegen waren nach Jabalots Meinung nur die Anwendung der alten Gesetze gegenüber den Juden und die Konversion. Leo schwieg zu dem Artikel, das Pamphlet erlebte einen Sonderdruck und wurde in mehreren Auflagen gedruckt. Das wäre wohl kaum ohne Unterstützung des Papstes möglich gewesen. Ja es ist wahrscheinlich, dass Jabalot von Leo beauftragt wurde, diese Schrift zu verfassen. Die von Brechenmacher geführte Diskussion, wie denn Leo zum Inhalt der Schrift gestanden hatte, beantwortet sich von selbst: Hätte dem Papst dieser Text missfallen, der über die in der Tradition begründete Judenfeindschaft hinausging, so hätte er eine weitere Verbreitung nicht zugelassen.[203]

Es ist auch bei der Betrachtung der Maßnahmen Leos XII. zu unterstreichen, dass es nicht um die Frage der persönlichen Judenfeindlichkeit seiner Person geht. Dass im Rahmen einer katholischen Restaurationspolitik liberales Verhalten gegenüber nichtkatholischen Menschen und Ideen nicht zu erwarten ist, versteht sich von selbst. Die Trennungspolitik in der Form, die Juden ins Ghetto zurückzuschicken, richtete sich provokant gegen die Emanzipation und die verstärkten Bemühungen um Konversion passten zu der ohnehin auch unter Juden bestehenden geistigen Strömung, sich taufen zu lassen. Dies spornte jene Kräfte an, die eine christliche Erneuerung Europas anstrebten, das

Judentum aus der abendländischen Gesellschaft »endgültig« zu verdrängen. Die Feinde der alten Ordnung, Aufklärer und jene, die für die Gleichberechtigung der Menschen ungeachtet ihrer religiösen Bindungen eintraten, schienen besiegt, die große Revolution in Frankreich und Napoleon waren die Verlierer. Auf diesem Boden brachen sich Überzeugungen Bahn, die schon wenige Jahre später durch die vermeintlich besiegten Ideen unter Druck gerieten, sich aber für viele Jahrzehnte auch im Schatten des Liberalismus und der entstehenden Verfassungen behaupten konnten.

Jabalots Schrift und die geistig damit im Zusammenhang stehenden Maßnahmen des Papstes waren noch unpräzise; die neuen Angriffe auf die Juden hatten noch nicht ihre Leitthemen gefunden. Noch bestanden sie aus einer unstrukturierten Mischung traditioneller Vorwürfe und feindlicher Reaktionen auf die Ideen der letzten zwei Generationen. Klare Gestalt nimmt aber die Lehre der Verachtung an.

Ob nun Leos Nachfolger, unter denen Pius IX. besonderen Einfluss gewinnen sollte, in ihrer konkreten Politik im Kirchenstaat Misserfolg auf Misserfolg häufen sollten, ist für die Beurteilung der Triebkräfte, die hinter dieser auf Bewahrung ausgerichteten Politik standen, von geringer Bedeutung. Entscheidend ist, dass das negative Bild von den Juden keine Revision erfuhr und damit in der zweiten Hälfte des 19. Jahrhunderts auf der Grundlage einer kontinuierlich sich erhaltenden Judenfeindschaft auch die Kirche des Papstes zur weiteren unerfreulichen Entwicklung beitrug. Dieser Beitrag ging über die Belange des engsten Kreises des Papstes hinaus, wenn sich zunächst auch die weitere Geschichte noch im bestehenden Kirchenstaat abspielen sollte.

DER FALL MORTARA

In dieser zunehmend defensiven Situation des Papstes kam es 1858 in Bologna, das noch zum Kirchenstaat gehörte, zu einem Aufsehen erregenden Ereignis, nämlich der zwangsweisen Wegnahme eines jüdischen Kindes durch die Polizeigewalt.

In Bologna lebten nach der Restauration des Kirchenstaates 1814 etwa 100 Juden mit Ausnahmegenehmigungen. Nach 1849 erneuerte Pius IX. teilweise die restriktiven Bestimmungen über die Juden und setzte auch die Inquisition wieder ein. Der Papst versuchte sogar, die meisten Juden aus Bologna zu entfernen, und nur denen, die sich wohl verhielten, für ein weiteres Jahr den Aufenthalt in der Stadt zu erlauben. Der Sonderlegat des Papstes wies, als ihm der Inquisitor über die päpstlichen Absichten berichtete, das Heilige Offizium auf die zu erwartenden Folgen dieser Behandlung der Juden hin. Er lobte die Geschäftstätigkeit der Juden, hob hervor, dass sie fleißig und in das Wirtschaftsleben Bolognas integriert seien. Auch lehnte er die Neuerrichtung eines Ghettos ab und meinte, dass eine solche Maßnahme die mit Mühe in der Stadt wieder errichtete Ordnung nur stören könnte.

Selbst der Inquisitor schloss sich in manchen Punkten der Meinung des Legaten an und kam auch auf das Thema christlicher Ammen in jüdischen Haushalten zu sprechen. Er hielt es für problematisch zu erwarten, dass Juden christliche Ammen in ihren Häusern anstellten, da diese heimliche Taufen der ihnen anvertrauten Kinder durchführten. Trotzdem brachte es die soziale Not junger Frauen, die in die Städte kamen, mit sich, dass sie jüdischen Familien ihre Dienste anboten und diese manche von ihnen beschäftigten.

Am 23. Juni 1858 erschien am Abend die Polizei im Hause des Salomone Mortara und seiner Frau.[204] Sie war vom Inquisitor beauftragt worden, das sechste Kind der Mortaras, den etwa siebenjährigen Edgar, in Gewahrsam zu nehmen. Der anwesende Polizeioffizier erklärte den Eltern, dass sie Opfer eines Verrats geworden waren und ihr Sohn getauft worden war. Salomone Mortara widersprach dieser Behauptung, und der Kampf um das Kind zog sich bis zum Abend des nächsten Tages hin. Schließlich setzte sich die Polizei durch und brachte Edgar nach Rom in das Katechumenenhaus.

Einige Monate zuvor war dem Inquisitor das Gerücht zu Ohren gekommen, ein Dienstmädchen im Hause Mortara, Anna Morisi, hätte verlauten lassen, dass sie vor Jahren den kleinen Edgar heimlich getauft habe, als er krank gewesen sei und sie um sein Seelenheil gefürchtet habe. Die formale Vorgangsweise mit Benetzen des Kopfes mit Wasser und das Sprechen der Taufformel sei eingehalten worden. Nach Rücksprache mit dem Heiligen Offizium wurde der Inquisitor angewiesen, das Kind mit Hilfe der Polizei ins römische Katechumenenhaus zu verbringen.

Die Eltern nahmen diesen Akt nicht hin und kämpften mit allen ihnen zu Gebote stehenden Mitteln gegen das ihnen zugefügte Leid, indem sie nachzuweisen suchten, dass ihnen Unrecht geschehen sei.

Auch wenn man das bestehende Kirchenrecht beim Wort nahm, das eine einmal gespendete Taufe für irreversibel ansah, gab es Zweifel, ob in diesem Fall tatsächlich alles mit rechten Dingen zugegangen war. Schon die Tatsache, dass außer dem Dienstmädchen keine weiteren Zeugen vorhanden waren, deren Aussage die Behauptung der Anna Morisi bestätigten, hätte ein flexibleres Verhalten der päpstlichen Behörden und des Papstes selbst nahegelegt. Die letzten Bestätigungen der kirchenrechtlichen Voraussetzungen für ein solches Vorgehen waren in der Mitte des 18. Jahrhunderts erlassen worden, wobei damals der Schwerpunkt der Regelungen auf dem Verbot der Taufe jüdischer Kinder ohne Wissen der Eltern lag. Offenbar unter dem Eindruck einer sich damals durchsetzenden menschlicheren Beurteilung des jüdischen Gegenübers hatte sich sogar die den Juden nicht unbedingt wohl gesinnte Maria Theresia entschlossen, ein Patent gegen die Taufe jüdischer Kinder zu publizieren. Die Zulässigkeit der Taufe jüdischer Kinder war aber gegeben, wenn jüdische Eltern ihre Kinder aussetzten oder wenn Lebensgefahr vorhanden war. Auch in diesem letzteren Punkt hätte man zugunsten einer anderen Entscheidung einhaken können, denn wie war denn nachzuweisen, dass der bei der angeblichen Taufe einjährige Edgar tatsächlich in Lebensgefahr geschwebt hatte? Der Schluss von Thomas Brechenmacher, Pius IX. habe nach Maßgabe der Dogmatik korrekt gehandelt, ist bei Berücksichtigung der unklaren Beweislage in diesem Fall ein wenig apodiktisch. Zweifel waren durchaus am Platze, und diese Zweifel eröffneten einer für die Mortaras günstigeren Entscheidung des Falles durchaus einige Möglichkeiten. Brechenmachers Überlegung, dass Pius in einer anderen historischen Situation völlig anders hätte entscheiden können, zeigt diesen Spielraum ganz deutlich.[205] Außerdem berührt er damit natürlich die entscheidende Dimension der Affäre: die politische. Die Intervention aller möglichen in der Öffentlichkeit wirksamen Personen und Institutionen puschten die Sache hoch und stärkten den Widerstandswillen des ohnehin politisch mit dem Rücken zur Wand stehenden Papstes.

Abgesehen von der politischen Situation des Kirchenstaates, der sich im letzten Kampf um seine Existenz befand, stand der vom Papst und

221

seinen Behörden argumentativ bemühten kirchlichen Dogmatik eine seit rund 100 Jahren geistig neu ausgerichtete Welt gegenüber, gegen die allerdings restaurative Kräfte am Werk waren. Die Aufklärung und die mit ihr verbundene Toleranzpolitik hatten ja nicht alle Strömungen hinweggeschwemmt, die an älteren Bindungen festhielten. Die Romantik, deren Repräsentanten die Aufklärer als Philister verunglimpften, führte ja zu einer teilweise in idealistischer Verklärung der Vergangenheit wurzelnden Neubelebung katholischer Überzeugungen. Davon wurden selbst Juden erfasst, die zu Beginn des 19. Jahrhunderts zum katholischen Glauben übertraten und diesen Schritt nicht als Eintrittskarte für eine künftige Karriere auffassten. Trotz dieser bemerkenswerten Entwicklungen konnte das Erstarken »säkularer« Positionen nicht entscheidend zurückgedrängt werden, wenn sich auch gegen eine allzu platte, oberflächliche Beurteilung der Aufklärung berechtigte Kritik entfaltete. Zum späten Nutznießer der politischen Aufklärung wurde aus praktischen Gründen, wie Mitbestimmung bei politischen Entscheidungen und Freiraum im wirtschaftlichen Handeln, das liberale Bürgertum, auch wenn sich seine Repräsentanten nach einer besonders erfolgreichen liberal-wirtschaftlichen Laufbahn von den Herrschern Adelsbriefe geben ließen. Das waren auch die Leute, in deren Händen sich die seit 1848 flutartig zunehmenden Presseprodukte befanden.

Das Echo auf die Ereignisse in Bologna war dementsprechend massiv. Selbst in den Vereinigten Staaten gab es Demonstrationen, in denen der Papst aufgefordert wurde, den Eltern das entführte Kind zurückzugeben. Besonders aktiv war neben der europäischen Presse die französische Regierung, die öffentlich ihr Missfallen ausdrückte. Dies war für den Papst besonders gefährlich, da ja gerade französische Truppen den Bestand des Kirchenstaates schützten. Trotzdem blieben die Bemühungen des französischen Botschafters erfolglos. Nachdem er mit dem Staatssekretär Antonelli diskutiert und seine Bedenken deponiert hatte, begab er sich, ohne die Öffentlichkeit davon zu informieren, zum Papst selbst. Er machte dabei sogar von seinem Recht Gebrauch, ohne vorherige Anmeldung beim Papst zu erscheinen. Diese Maßnahme sollte es dem Papst ermöglichen nachzugeben, ohne sein Gesicht zu verlieren. In seinem Bericht an den französischen Außenminister fasste er das Ergebnis zusammen: »der Papst fühlt sich nicht berechtigt, dem Judentum ein Kind zurückzugeben, das zum Christen geworden ist.« Dabei hatte der Botschafter auch nachdrücklich darauf hingewiesen, dass keinerlei Beweis für eine korrekte Taufe vorliege.

Auch die Mortaras hatten sich an Journalisten gewandt, die den Fall kritisch und emotional aller Welt kundmachten. Als den Eltern sogar gestattet wurde – und das war ein unglaubliches Zugeständnis der päpstlichen Behörden –, ihren Sohn im Katechumenenhaus zu besuchen, lag der Schwerpunkt der Berichterstattung auf der verzweifelten Bitte des Knaben, zu seinen Geschwistern zurückkehren zu dürfen.

Darauf reagierte die Kirche mit ihrer vergleichsweise noch schwächer ausgebildeten Publizistik und brachte ins Spiel, dass Edgar Christ bleiben wolle. Kaum sei er nämlich seiner jüdischen Familie entkommen, sei ein bemerkenswerter Wandel mit ihm vorgegangen. Das Kind habe keinen größeren Wunsch, als Katholik zu sein, und der Papst sei inzwischen zu einer Art Ersatzvater für ihn geworden. Der Papst selbst hatte dem französischen Botschafter auf Nachfrage eine ähnlich lautende Darstellung der Dinge gegeben.

Der Außenminister selbst griff noch einmal über den Botschafter in die Sache ein, indem er in einem Telegramm intensiv die öffentliche Meinung in Frankreich und den Druck, der auch von anderen europäischen Regierungen auf Napoleon III. ausgeübt wurde, darlegte. Der Botschafter, Herzog von Gramont, solle dem Staatssekretär noch einmal mit Nachdruck klarmachen, wie ernst die Angelegenheit sei.

Doch der Staatssekretär Antonelli war nicht das Problem. Dieser Mann von beachtlichen politischen Fähigkeiten – übrigens zwar Kardinal, aber kein geweihter Priester – war längst davon überzeugt, dass man Edgar seinen Eltern zurückgeben müsse. Der Botschafter erhielt nun die Ermächtigung, Antonelli Einsicht in das Telegramm des französischen Außenministers zu geben. Der Staatssekretär sah die Sache ganz ähnlich wie die Franzosen und leitete nur wenige Tage später die Sache an den Papst weiter und empfahl, den Überlegungen des französischen Außenministers zu folgen. Pius hielt aber in theologisch-rechtlichen Fragen von seinem Staatssekretär wahrscheinlich mit Recht nichts und blieb bei seiner Entscheidung.

Ferner fühlte er sich von seiner engsten Umgebung in dieser Frage im Stich gelassen und regierte auf einzelne Personen derart kritisch, dass Gramont seine Schlüsse zog. Er meinte, dass der Papst seine Entscheidungen in einer mystischen Atmosphäre, in der Stille seiner Kapelle treffe und sie für eine Eingebung Gottes halte.

Trotz der Bemühungen anderer Mächte wie Großbritannien und Österreich, der Familie Rothschild und des in England lebenden Philanthropen Moses Montefiori blieb Edgar im Katechumenenhaus. Er wuchs im Seminar in Rom auf, wurde Priester und starb uralt 1940 in einer belgischen Abtei.

Was haben wir von diesem Fall zu halten? Ist er überhaupt jenseits des publizistischen Blickwinkels für unsere Grundfragen wirklich von Bedeutung? Die Antwort fällt ziemlich eindeutig aus: Vor dem Hintergrund der Judenfeindschaft, wie sie sich mit ihren Reflexen auf nationalstaatliche angebliche Notwendigkeiten und wirtschaftliche Probleme nach 1848 zu entwickeln begann, bildeten die Vorgänge um den Fall Mortara keinen relevanten Teil der Entwicklung. Dass das eigensinnige, dogmatisch gestützte Verhalten des Papstes in einer Gesellschaft, die sich in wachsendem Maße politisch-liberalen Werten verpflichtet fühlte, auf Unverständnis stieß, war selbstverständlich. Die Einschätzung Brechenmachers, dass Pius mit seiner Entscheidung starrsinnig auf dem sinkenden Schiff des Kirchenstaates in seiner Identität beharrte, hat einiges für sich. Dass der Fall gar nichts mit kirchlicher Judenfeindschaft zu tun hat, widerspricht der Einfühlung in den historischen Vorlauf der Entwicklung des Dogmas; es ist aber doch zu konzedieren, dass es vom Prinzip her betrachtet nicht darum ging, dass der Knabe Jude war, sondern darum, dass die Taufe nicht zurückzunehmen war. Allerdings ist bei der bereits angesprochenen fehlenden Beweislage die Anwendung des Prinzips natürlich zweifelhaft. Dass der Papst sich in diesem Dilemma gegen die Rückgabe an die jüdischen Eltern aussprach, kann auch tradtionell judenfeindliche Gründe haben.

Nicht übergangen werden darf der Einfluss der in diesen Jahren wachsenden Judenfeindschaft insgesamt. Eine völlig isolierte Betrachtung der Affäre Mortara wäre verfehlt. Die geistige Beteiligung Pius' IX. an der Entwicklung von Feindbildern zeigt sich an seinen mehrfach nachzuweisenden Schuldzuweisungen an die Freimaurer, die er als eine der Bewegungen verurteilte, die der Kirche besonders feindlich gesinnt seien. Und im Zusammenhang der Anklage gegen die Geheimsekten machte er in der Enzyklika »Etsi multa« von 1873 die Synagoge des Satans für die Sammlung der Heerscharen gegen die Kirche Christi verantwortlich.[206] Wir wissen natürlich nicht, ob Pius IX. bereits 1858 in solche Gedanken verstrickt war, der Verdacht, dass seine Behauptung, er hätte bei der Entscheidung über Edgar Mortara Qualen gelitten, lediglich eine Konzession an die öffentliche Meinung war, kann nicht einfach als kirchenfeindliche Erfindung abgetan werden. Die Aufdeckung solcher Zusammenhänge kann nur Aufgabe künftiger Forschungen sein, die im Rahmen dieser Arbeit nicht gelöst werden kann.

NEUE RITUALMORDBESCHULDIGUNGEN UND DIE DAMASKUS-AFFÄRE

Dieser kurze Abschnitt dient mehr der Kennzeichnung des judenfeindlichen Klimas in Europa, als dass er einen Beitrag zu unserem eigentlichen Thema bilden würde. Einerseits war das Papsttum von den Ritualmordbeschuldigungen wenig berührt, andererseits haben wir schon anlässlich unserer Ausführungen zum Mittelalter das Wesentliche zu dieser Beschuldigung gesagt und auch auf Reaktionen aus der Umgebung des Papstes, die für die Haltung des Papstes aussagekräftig sind, hingewiesen. Es gibt aber eine Reihe von verwickelten Zusammenhängen, die es empfehlenswert erscheinen lassen, noch einmal auf die Sache zurückzukommen.[207]

Zunächst einmal zu der berühmten Damaskus-Affäre, mit der die Ritualmordbeschuldigung in den öffentlichen Diskurs zurückkehrte. Wenn man meint, dass die mittelalterlichen Fälle nicht zu dem führten, was wir heute einen Diskurs nennen, dann stellt sich die Frage, wie man sonst die Kreation von Heiligen, Wallfahrtsorten und Propagandabildern in der bildenden Kunst bezeichnen sollte.

Anfang März 1840 verbreitete ein Kapuzinermönch in Damaskus ein schreckliches Gerücht über einen verschwundenen Mitbruder, den apostolischen Missionar Tommaso da Sardegna. Pater Tommaso war ein beliebter Mann, der sich vor allem durch die Pockenimpfung von Tausenden Kindern, ohne Ansehen der Religionszugehörigkeit, verdient gemacht hatte. Man berichtete, dass Tommaso zuletzt in das Haus eines jüdischen Kaufmanns gerufen worden war. Dort hätten ihn mehrere Juden ergriffen, und nach einigem Hin und Her hätten der Kaufmann und sein Bruder den Pater durch Aufschlitzen der Kehle getötet, wobei das Opfer von einem jüdischen Barbier am Barte festgehalten worden sei. Die Juden hätten es vor allem auf das Blut des Getöteten abgesehen, das, in Flaschen gegossen, dem Rabbiner übermittelt worden sei. Vorher hätten sie noch die Leiche in Stücke geschnitten und die Knochen in einer eisernen Mühle zermahlen.

Als Tommaso nicht zurückkehrte, hätten die Kapuziner den französischen Konsul informiert, der die Behörden in Damaskus davon in Kenntnis setzte. Die Behörden waren damals die Beamten des Muhammad Ali, der Herrschers von Ägypten, der einen Teil des Osmanischen Reiches dem Sultan in Istanbul 1805 entrissen hatte und mit französischer Unterstützung einen bemerkenswerten, wenn auch brutal verwalteten »Reformstaat« geschaffen hatte. Gegen diesen Reformstaat hatte sich das Europa der »Heiligen Allianz« verbündet, insbesondere Österreich und Großbritannien; der politische Konflikt um den Fall des Tommaso zeichnet sich selbst bei oberflächlicher Betrachtung der Herrschafts- und diplomatischen Verhältnisse bereits ab. Alles passte für eine große Mediensensation zusammen: ein Kriminalfall mit religiös-esoterischem Hintergrund, den man Sündenböcken zuschieben konnte, dessen Bagatellisierung sich wegen des politisch-diplomatischen Gewichts verbot. Immerhin gelang es den Mächten der Heiligen Allianz, gleichzeitig mit der Behandlung des Falls Muhammad Ali und damit auch die Franzosen aus Syrien zu verdrängen. Wenn der französische Konsul bei Muhammad Alis Polizeibehörden etwas anzeigte, war die Lage eines eventuell Verdächtigen sehr schwierig. Unter diesen Voraussetzungen sind die folgenden Vorgänge zu verstehen.

Man fand den Barbier, der bald gestand, dass eigentlich eine Kaufmannsfamilie hinter der Sache stecke. Nach deren Verhaftung fanden sich auch die Reste von Tommasos Leiche. Offiziell gab man der Überzeugung Ausdruck, dass jüdische Mörder für das Verbrechen verantwortlich waren, und dies drückte sich auch in der Inschrift auf einem Marmorstein aus, in der es hieß, dass Tommaso von Juden ermordet worden sei.

Das waren die Berichte, die in Europa eintrafen und hier verbreitet wurden. Über welche Informationen verfügten der päpstliche Hof und der Papst selbst? Einen genauen Einblick haben wir noch nicht, da das betreffende Aktenmaterial in Rom noch nicht zur Genüge bearbeitet ist. Wir sind daher auf einzelne Beobachtungen angewiesen. Gregor XVI.

(1831–1846) erhielt die Informationen über seinen Staatssekretär Luigi Lambruschini, der sich auf Berichte der toskanischen und sardischen Konsuln in Ägypten und der Propaganda-Kongregation stützte. Die Congregatio de Propaganda Fide war auch für die Mission zuständig, für die auch Tommaso tätig gewesen war. Es ist zu vermuten, dass über diese Stelle Informationen der Kapuziner aus Damaskus hereinkamen, die sich wahrscheinlich mit der Schauergeschichte für die Zeitungen deckten. Aufgrund dieser Berichte schien zunächst klar zu sein, dass der Mord tatsächlich aus religiös-rituellen Gründen stattgefunden habe. Geständnisse hätte es gegeben – aber unter welchen Umständen? Der sardische Generalkonsul berichtet von beispiellosen Foltern, denen die Hauptschuldigen unterzogen worden waren. Das moderne Rechtsempfinden drängt zu der Frage: Wieso vor dem Prozess Schuldige? Und was beweist ein unter einer »beispiellosen« Folter erzwungenes Geständnis? Gregor XVI. verfügte über die Informationen etwa eine Woche vor den Zeitungen. Im Grunde bestanden zwischen der diplomatischen und der für die Öffentlichkeit bestimmten Fassung kaum Unterschiede.

Die in Syrien wirkenden verschiedenen katholischen Gruppen, die gewöhnlich nur wenig kooperierten, fanden in diesem Fall zueinander und berichteten dem Papst gemeinsam über das unglaubliche Verbrechen. Im Schatten dieser Vorgänge brodelte die Gerüchteküche – zahlreiche andere Morde wurden nun ohne weitere Rechenschaft Juden zugeschrieben. Die Katholiken des Ostens stellten die Behauptung auf, wenn viele Untaten der Juden verborgen blieben, sei das auch der Tätigkeit mancher europäischer Konsuln anzulasten, die Juden seien. Daher äußerten die Vertreter der Katholiken in Syrien die dringende Bitte, der Papst möge dafür sorgen, dass zumindest die katholischen Mächte, Österreich ist besonders genannt, einen katholischen Konsul ernennen mögen.

Noch schlimmer war ein Schreiben des griechisch-katholischen Patriarchen von Alexandria, der feststellte, dass die Juden in Befolgung der Gebote ihrer verruchten Religion Christen getötet hätten. Und dann folgte der Hinweis auf ein Buch: Ein jüdischer Konvertit habe es geschrieben, der nun ein orthodoxer christlicher Mönch geworden war. Nun berichtete er über angeblich seit Jahrhunderten von den Juden streng bewahrte Geheimnisse – nämlich die wahre Geschichte des Durstes nach Christenblut. Das Buch erschien erstmals 1803 und wurde 1834 auf Griechisch publiziert. Im Sommer 1840 gelangte eine handschriftliche italienische Übersetzung an den Präfekten der Propaganda-Kongregation, Kardinal Fransoni.

Aus den Enthüllungen ging hervor, dass die Juden aus Hass gegen die Christen Ritualmorde begingen, indem sie mit einem solchen Mord Gott ein Opfer darbrächten. Dann brauchten die Juden das Christenblut für verschiedene Hexereien, und zuletzt sicherten sie sich gegen die Möglichkeit ab, dass Jesus doch der Messias wäre, indem sie sich mit Christenblut besprenkelten. Ausführlich ging der Autor darauf ein, wie sich der Hass der Juden auf die Christen äußerte: Am Heiligen Abend und am Tag vor Epiphanias blieben sie die ganze Nacht wach, spielten Karten und verfluchten Christus, seine Mutter und alle Heiligen. In diesen Lügen fand der oberflächlich kanonistisch gebildete Leser den Beweis, dass die Juden den Christen feindlich gesinnt waren, wie das von Päpsten des 13. Jahrhunderts in manchen Dekretalen behauptet wurde.

Nicht nur Fransoni, sondern auch der Kardinal-Staatsekretär schätzte die Bedeutung des Pamphlets für die propagandistische Bearbeitung der Damaskus-Affäre hoch ein. Unter Verschleierung der Provenienz sollten nun die Berichte, nach denen die Juden Pater Tommaso umgebracht hatten, und der Inhalt der Enthüllungsschrift in Umlauf gebracht werden. Sie sollten von französischen und italienischen Zeitungen gedruckt werden. Als Verteiler fungierte der Bischof von Modena, der die »Nachrichten« außerhalb des Kirchenstaates bekannt machte. Im Vatikan musste man vermeiden, vor allem allgemeine Vorwürfe wegen angeblicher jüdischer Ritualmorde zu verbreiten, da ja klare Äußerungen von Amtsvorgängern seit dem 13. Jahrhundert vorlagen, dass es verboten war, Juden pauschal zu beschuldigen. Das letzte diesbezügliche Gutachten stammte, wie wir bereits gesehen haben, von Benedikt XIV. aus den Jahren 1758/59. Es ist festzuhalten, dass aus dem engsten Umfeld des Papstes Aktivitäten entfaltet wurden, um die angebliche Schuld der Juden öffentlich bekannt zu machen, und dass man sich dabei auch einer äußerst sinistren Schrift über den vorgeblichen Blutkult der Juden bediente. Auch die Rolle des französischen stellvertretenden Konsuls Jean-Baptiste Beaudin scheint von persönlichen, geschäftlichen Motiven geprägt gewesen zu sein.

Die europäischen Zeitungen veränderten unter dem Eindruck neuer

Berichte aus Damaskus ihre Berichterstattung. Das überrascht bei der politischen Interessenlage Österreichs und Englands nicht. Weniger selbstverständlich war es, dass auch die französischen Zeitungen ihre Berichterstattung zu ändern begannen. So wurde nun bekannt, dass die in Damaskus aufgefundenen Knochen, die angeblich von Pater Tommaso herrührten, weder frisch noch menschlicher Herkunft waren. Auch die unglaublichen Foltergeschichten wurden bekannt. Insbesondere die österreichischen Konsuln wurden aktiv, da einige der beschuldigten Juden österreichische Untertanen waren.

Auch Staatssekretär Lambruschini erhielt Besuch vom österreichischen Botschafter beim Heiligen Stuhl. Die österreichische Regierung versuchte so auf die weiteren Untersuchungen, soweit der Papst sich daran beteiligen konnte, einzuwirken. Man berichtete über eine mögliche Version der Geschehnisse, die zumindest ebenso plausibel wie der angebliche Ritualmord der Juden war. Eine Untersuchung in den Klöstern Syriens, des Libanon und Palästinas, um Pater Tommaso zu finden, lehnte der Staatssekretär ab. Stattdessen schickte der toskanische Konsul als weitere Beweise gegen die Juden einige Auszüge aus dem Talmud. Empfänger war wieder Lambruschini.

Im August setzten sich England und Österreich durch und erreichten die Freilassung der in Damaskus festgesetzten Juden, wofür nebst den politischen Konstellationen auch massive Zweifel an den Geschehnissen und dem Verfahren gegen die Juden verantwortlich waren. Als sich Moses Montefiori bemühte, in dieser Angelegenheit eine Audienz bei Gregor XVI. zu bekommen, wartete er drei Wochen vergeblich. In der Umgebung des Papstes war man von der Schuld der Juden überzeugt und versuchte dies auch publizistisch zu verbreiten.

Es ist vor dem Hintergrund der Geschichte des 19. Jahrhunderts und seiner Gesellschaft, die sich als human und rational verstand, schon eigenartig, dass solche dunklen und bedrohlichen Geschichten großen Erfolg hatten. Die Verbreitung geheimnisvoller und verschwörerischer Bekenntnisse von Juden setzte sich fort bis zu den berüchtigten Protokollen der Weisen von Zion. Von den verdrehten und unverstandenen bzw. bösartig entstellten Talmudzitaten war schon mehrfach die Rede. In dieser Atmosphäre wurde die Legende vom Ritualmord immer überzeugender, so dass schließlich sogar Gerichte die Elemente eines Ritualmordes ernst nahmen bzw. begannen, ihre Beweiswürdigungen auf diese Art des Mordes auszurichten. So begründete man einen vermuteten Ritualmord mit dem Fehlen von Blut trotz schwerer Wunden des Opfers.

Wir wollen aus dem Schweigen oder den notgedrungen kritischen Stellungnahmen der Päpste dieser Zeit keine zu weit gehenden Schlüsse ziehen. Doch muss an eine emotionale Aufwallung eines bedeutenden Kirchenpolitikers, nämlich Merry del Vals, aus dem Jahre 1928 erinnert werden, die bei aller Vorsicht tief blicken lässt. In einer Auseinandersetzung über die Änderung der Liturgie des Karfreitagsgebets war er über die Antragsteller und ihre Unterstützer so erbost, dass er es als ungeheuerlich erklärte, dass man die Juden unterstützte, unter denen es Sekten gäbe, die Ritualmorde begingen. Wir werden auf diese interessante Angelegenheit noch einmal zurückkommen.

Die publizistische Bearbeitung der Damaskus-Affäre hielt sich noch in einem verhältnismäßig engen Rahmen; die Leserschaft war noch relativ klein. Als das Ritualmordthema aber in den 1880er Jahren von neuem in den Blickpunkt des Interesses trat, löste dies eine wahre Flut von Publikationen aus. Es ist nicht überraschend, dass dem Vatikan nahestehende Zeitungen, ja auch solche, die unter direkter Kontrolle des Papstes standen, sich an der Verbreitung über die »Wahrheit der Blutbeschuldigung« beteiligten.

Pius IX. hatte schon in den sechziger und siebziger Jahren dazu beigetragen, dass das Thema Ritualmord von der Kirche zustimmend behandelt wurde. 1867 bestätigte er die offizielle Anerkennung der Verehrung eines angeblichen Ritualmordopfers, eines fünfjährigen Knaben, der 1485 ermordet worden war. 1870 erklärte der Papst den zweiten Sonntag nach Ostern zum Tag dieses Märtyrers.[208]

Durchaus befremdlich ist der Umgang des Papstes mit dem französischen theologischen Gelehrten Henri Roger Gougenot des Mousseaux, der sich in einem 1869 erschienenen Buch mit der Damaskus-Affäre und ihren Grundlagen beschäftigte.[209] Das Buch, das wesentlich zur Verbreitung der Legende beitrug, dass die Juden nach Christenblut dürsteten, fand Pius' IX. Zustimmung. Ob der Autor wegen seines Buches später einen hohen päpstlichen Orden verliehen bekam, ist nicht bekannt, es wird aber in einer suggestiven Formulierung von Kertzer zumindest angedeutet. Zur Vorsicht mahnt die Verleihung der Wiener Salvatormedaille an Pfarrer Josef Deckert, von der man lediglich behaupten kann,

dass sie ihm verliehen wurde, obwohl er das Buch »Ein Ritualmord –
aktenmäßig nachgewiesen« geschrieben hatte.[210] Nur in diesem Sinne
kann an Pius IX. in diesem Fall Kritik geübt werden. Den Höhepunkt
an falscher Propaganda leistete sich 1881 die »Civiltà cattolica«, als
dort ein gewisser Pater Oreglia behauptete, die Bulle »Lacrymabilem
Iudeorum« Innozenz' IV. von 1247 würde falsch zitiert, denn sie enthielte
nichts, das jüdische Ritualmorde in Abrede stellte. Die entscheidende
Stelle der Bulle ist hingegen ganz eindeutig eine Absage an diese
Beschuldigung: Trotz der Tatsache, dass es in den heiligen Schriften
heißt, »du sollst nicht morden« und es den Juden verboten ist, während
der Pessach-Feierlichkeiten eine Leiche zu berühren, werden sie fälsch-
licherweise beschuldigt, sich gerade bei diesem Fest das Herz eines
ermordeten Kindes zu teilen. Man kann es nur so ausdrücken: Pater
Oreglia verbreitete die Unwahrheit in einer Zeitschrift, die in hohem
Maße von der päpstlichen Autorität gedeckt war.

Auch die direkt unter der Kontrolle des Papstes stehende Zeitschrift
»Osservatore romano« stellte bei der Berichterstattung über die häufi-
gen Ritualmordprozesse der achtziger und neunziger Jahre des 19. Jahrhunderts tendenziös fest, dass unanfechtbare Zeugenaussagen belegten,
dass die Juden Ritualmorde begingen.

Dreizehntes Kapitel

DER PAPST, DIE PRESSE, DER ANTISEMITISMUS
Papsttum und Juden zu Beginn des 20. Jahrhunderts

Kardinal Merry del Val, Staatssekretär Pius' X. und einflussreicher Repräsentant des Vatikans, vor allem in Bezug auf die »Judenfrage«.

Mit den beiden Geschichten, die ich im letzten Kapitel erzählt habe, und den Presseäußerungen zum Ritualmord kann man natürlich das 19. Jahrhundert nicht erfassen. Wieweit das Ende des Kirchenstaates 1870 für das Verhältnis von Christen und Juden von Bedeutung war, kann man von verschiedenen Standpunkten aus beurteilen. Die Juden waren ab nun keine direkten Untertanen des Papstes mehr. Der Papst war nicht mehr für einen – allerdings kleinen – Teil der Juden Europas als Herrscher zuständig. Damit wurden wieder Kapazitäten für die mit den Juden verbundenen allgemeinen Fragen frei. Mit dem Verlust der Kirchenstaates ging auch jener Jahrhunderte andauernde Zeitabschnitt zu Ende, in dem die Päpste sich nur wenig zu den Juden im Allgemeinen äußerten.

DER PAPST, DIE KATHOLIOSCHE PRESSE UND DIE »JUDENFRAGE«

Der Einfluss des Papstes und seiner Umgebung auf die Gesamtsituation der Juden in der teilweise noch immer christlichen Gesellschaft West- und Mitteleuropas war aber nach wie vor vorhanden. Allerdings änderte sich die Methode, diesen Einfluss geltend zu machen. Der Papst äußerte sich nun zunehmend, wie wir gesehen haben, mittels Publikationen. Die Zeitschriften standen in unterschiedlicher Nähe zum Papst und konnten daher differenziert zur Meinungsbildung eingesetzt werden. Als dem Papst besonders nahestehend, weil oft von ihm persönlich kontrolliert, gelten der »Osservatore romano« und die Jesuitenzeitschrift »Civiltà cattolica«. Diese Entwicklung, die schon 1848 einsetzte und sich intensiv während des Pontifikats Leos XIII. fortsetzte, war für die Verhältnisse im 20. Jahrhundert natürlich bedeutsamer als die letzten, halbherzigen Versuche der Päpste, die traditionelle Ordnung im Kirchenstaat auch gegenüber den Juden aufrechtzuerhalten. Sosehr in der älteren Literatur

Unverständnis über die letzten Monarchen des Kirchenstaates geäußert wurde, ihr verknöcherter Konservatismus Anlass zur Kritik gab, handelte es sich lediglich um ein letztes Fortwursteln. Den Protagonisten der Endphase des Kirchenstaates fehlte die Kraft, die neuen Entwicklungen angemessen wahrzunehmen und auf sie zu reagieren.

Anders verhält es sich mit dem Einfluss der Druckschriften und einer »Neuaufstellung« der katholischen Kirche in der Zeit Leos XIII., die von zwei Elementen geprägt ist, die zusammengehören: Hier ist der wachsende Einfluss des Pfarrklerus hervorzuheben, der wieder aus sozialen Gründen stark mit den kleinbürgerlichen, konservativen Bewegungen zusammenhing, wobei einem österreichischen Historiker das Beispiel der Christlichsozialen Partei und ihrer Unterstützung durch die Wiener Pfarrer naheliegt. Dieses Beispiel ist aber nicht nur aus Gründen der lokalen Betroffenheit interessant, sondern es zeigt mit Blick auf den Papst die Konfliktlinien sehr deutlich. Die Allianz zwischen Pfarrklerus und Christlichsozialen, die inhaltlich wesentlich von Misstrauen gegen die Juden und von Judenfeindschaft geprägt war, hatte auf die Entwicklung der weiteren Verhältnisse katastrophalen Einfluss. Dabei ging es um wirtschaftliche Fragen, damit verbunden aber auch um die Zurückdrängung des Einflusses des liberalen Bürgertums, mit dem zum Teil die in josefinischer, also aufklärerischer Tradition stehenden Bischöfe verbunden waren. Leo XIII. sah, dass die Bischöfe nicht mehr für eine massenhaft wirksame Beeinflussung der Bevölkerung in Glaubensangelegenheiten in Frage kamen, und setzte auf die Pfarrer – und auf die kleinbürgerlich-konservativen Bewegungen.

DER ANTISEMITISMUS IN WIEN UND PAPST LEO XIII.

Hinter diesen Auseinandersetzungen stand das Problem neuer Formen der Finanzierung, die sich in einer bisher unbekannten Ausweitung des Bankwesens äußerte, und die davon abhängige radikale Umgestaltung der sozialen Verhältnisse. Der zunächst radikal gedachte, in der Praxis aber zögerlich erlaubte leichtere Zugang von Juden zu einer Reihe von Berufen bedrohte eine noch im zünftischen Denken befangene Wirtschafts- und Produktionsordnung. Man setzte sich zur Wehr. Der sprichwörtlich gewordene »kleine Mann«, der christlichsozial wählte, war Handwerker, Kleingewerbetreibender oder Kleinkaufmann, katholisch und als Liberalismuskritiker – politisch »antisemitisch«. Ob letztere Überzeugung in Familien- oder sonstigen Traditionen lagen oder aktuelle publizistische Einflüsse dafür verantwortlich waren, war wohl individuell unterschiedlich und mischte sich eben zu dem Zustand, den wir in dieser Zeit berechtigt – und dies wirklich nur am Ende des 19. und zu Beginn des 20. Jahrhunderts – als »Antisemitismus« bezeichnen dürfen, weil er eine klare politische Haltung umschrieb, die den angeblichen Einfluss der Juden zurückdrängen und im Extremfall die Juden selbst vertreiben wollte.

Ein Teil dieser Judenfeindschaft entsprang dem Misstrauen gegen die sich sprunghaft entwickelnde kapitalistische Wirtschaftsorganisation. Dabei konnte die katholische Kirche auf alte geldfeindliche Elemente aus dem Mittelalter zurückgreifen. Natürlich erfolgte diese Übertragung nicht eins zu eins, aber bestimmte Punkte, wie vor allem die Kritik an der Zinsenpolitik, nahm man als alte Tradition wieder auf. Die Stärke der kirchlichen Argumentation beruhte also auf einer sozialen Komponente, die sich der Ängste des Kleinbürgertums annahm und dabei die schwierige Aufgabe hatte, sich von der Kapitalismuskritik der Sozialisten zu unterscheiden. Ferner machten die Erfahrungen der eigenen Argumentation aus dem Mittelalter stark und gaben der judenfeindlichen Kritik den Charakter einer ewigen Wahrheit. Die Parallelität der Lage im 12./13. und im 19. Jahrhundert ist ja tatsächlich bei einer abstrahierenden Betrachtungsweise zu erkennen: wachsender Geldverkehr (im 19. Jahrhundert mit einem Umbruch der Produktionsverhältnisse verbunden) und daraus resultierende Neuordnung der sozialen Standorte.

In diese aufgeladene Situation – die sich dem heutigen Betrachter wohl am besten durch die Lektüre des 1912 uraufgeführten Schnitzler-Dramas »Professor Bernhardi« erschließt – fallen nun die diplomatischen Fechtereien zwischen Wien und Rom, die hinsichtlich der Judenfeindschaft der engsten Kreise um den Papst einige Einsichten erlauben.

Gründer des Christlichsozialen Vereins und schließlich der Partei war der bekannte spätere Bürgermeister von Wien, Dr. Karl Lueger, der seit 1875 im Wiener Gemeinderat saß und 1885 in den Reichsrat gewählt wurde. Seine radikalen Reden gewannen Anhänger im Kleinbürgertum und im Pfarrklerus, nährten aber das Misstrauen etablierter Politiker und der Bischöfe. Leo XIII. und sein Staatssekretär Rampolla setzten auf diese neue politische Gruppe und bewiesen damit Gespür für den Zeitgeist und künftige Entwicklungen. Die katholische Kirche misstraute den »Etablierten«, von denen sie zu wenig unterstützt wurde. Vor allem eine katholische Kirche, die im Gegensatz zu vielen ihrer Bischöfe nicht bereit war, die Verschmelzung von verantwortungsvollem Konservativismus, aufklärerischer Kritik und liberalen Formen der Politik und des Wirtschaftens in sich aufzunehmen. Eine radikale, von Schlagworten geprägte »Rechristianisierung« der Gesellschaft, die sich aus ihren sozialen Spannungen speiste, schien weit bessere Aussichten auf Erfolg zu haben.

Noch bevor die Auseinandersetzung um die Bestätigung Luegers im Bürgermeisteramt 1896 ausbrach, gab es bereits zwischen dem Wiener Nuntius Luigi Galimberti und dem Staatssekertär Rampolla Auseinandersetzungen. Galimberti war ein tendenziell eher liberaler Kirchenfürst, der beste Aussichten gehabt hatte, selbst Staatssekretär zu werden, an seinem liberalen Ruf aber gescheitert war. Abgeschoben auf den Wiener Posten entfaltete er aufgrund seiner starken Persönlichkeit und seinem kurialpolitischen Hintergrund eine bemerkenswert kritische Tätigkeit. Das oben erwähnte päpstliche Misstrauen gegen die »Etablierten« wird deutlich aus einem 1891 vom Kardinalstaatssekretär an Galimberti gerichteten Schreiben, in dem über Vorwürfe gegen den Erzbischof von Wien, Anton Josef Gruscha, berichtet wurde. Er habe drei Priestern, die von den Liberalen gefürchtet wurden, den Eintritt ins Parlament verwehrt; Karl Lueger habe in diesem Zusammenhang öffentlich erklärt, die Katholiken seien bei der Wahl des Erzbischofs hinters Licht geführt worden, da dieser in Wirklichkeit ein Liberaler sei.« Offenbar verfügten Christlichsoziale über einen direkten Draht ins Staatssekretariat. Galimberti sollte nun über Wahrheit und Bedeutung der Vorwürfe Bericht erstatten.

Galimberti versuchte die Kirchenspitze davon abzuhalten, gemeinsame Sache mit den politischen »Antisemiten« zu machen. Er legte die Bedeutung der politischen Begriffe Antisemitismus und Liberalismus klar, erläuterte die schon geschilderte Frontstellung und kritisierte an den Christlichsozialen, dass sie keineswegs die Konversion der Juden förderten. Das Agitieren der neuen Partei sei zum Rassenhass verkommen. Rampollas Bewertung Luegers als Kopf einer katholischen Partei korrigierte er, indem er Lueger als Führer einer antisemitischen Partei bezeichnete. Er verglich ihn mit dem französischen Judenfeind und wütenden »Antidreyfusard« Édouard Drummont, dem gegenüber Papst und Kurie eine gewisse Distanz für angezeigt hielten, hatte Drummont doch auch französische Bischöfe attackiert. Die konkreten Vorwürfe gegen den Erzbischof wies Galimberti eindeutig zurück.

Nachdem die Wiener Christlichsozialen 1895 ihren großen Wahlsieg eingefahren hatten, wandten sich die Erzbischöfe von Prag und Wien in einem Schreiben an den Papst. Es ging um die zunehmende Intensität judenfeindlicher Ausschreitungen. Der Vatikan sollte nach Meinung der Liberalen gegen die lokalen Kirchen einschreiten, die sich vor den »antisemitischen Karren« spannen ließen. Die Motive der beiden Erzbischöfe waren allerdings auch reaktionär: Luegers Politik war Sozialismus und ermunterte Priester, sich gegen ihre Bischöfe zu stellen.

Das Schreiben wurde in Rom geprüft, einige Kurienkardinäle forderten die Christlichsozialen zu einer Stellungnahme auf, einer ihrer Theologen, Franz Schindler, reiste nach Rom und erklärte, dass die Partei nichts gegen den »jüdischen Stamm« als solchen hätte. Schindler wurde von Leo XIII. herzlich empfangen und erhielt ein freundliches Schreiben an Lueger, in dem der Papst seine Sympathie für Luegers Tätigkeit ausdrückte. Andererseits empfahl der Ordensgeneral der Dominikaner, Kardinal Frühwirt, in der Kongregation für außerordentliche Angelegenheiten, man möge den Parteiführern eine ernste Warnung erteilen, sie mögen ihren Ton gegen die Juden mäßigen. Ein verständlicher Aufruf, wenn man bedenkt, dass der bereits erwähnte und mit der Kolpingbewegung verknüpfte Ernst Schneider wiederholt den Vorschlag gemacht hatte, die Regierung solle eine Prämie für jeden gläubigen Christen aussetzen, der einen Juden tötete!

Die Kongregation unter dem Vorsitz von Rampolla gutachtete über den Ton der Christlichsozialen gegenüber den Juden anders: Der Vorwurf habe sich als haltlos herausgestellt.

Die hier kurz geschilderten politischen Verknüpfungen führen zu dem eigentlich dramatischen Problem, dass sich der Papst und seine nächste Umgebung von zeitabhängigen, judenfeindlichen Strömungen vereinnahmen ließen, die bis in die Zeit des II. Vatikanums ihren Einfluss behielten. In diesem Rahmen sind die ungeheuerlichen Äußerungen über angebliche jüdische Ritualmorde zu betrachten und das Schüren von Judenfeindschaft in der papstnahen Presse. Natürlich wird hier taktisch immer wieder ins Feld geführt, dass sich der Papst nie selbst in eindeutiger Weise gegen die Juden gestellt hätte. Doch gerade der »Osservatore« erschien unter derart genauer Kontrolle durch das Staatssekretariat und den Papst selbst, dass dieses Manöver auch für Zeitgenossen leicht durchschaubar war. Ein schönes Beispiel dafür ist das Verhalten Leos XIII. und der katholischen Presse während des berühmtberüchtigten Dreyfus-Prozesses. Dem jüdischen Offizier war Hochverrat vorgeworfen worden. Nach der ersten Verurteilung von Dreyfus 1894 waren auch alle katholischen Blätter in Italien von seiner Schuld überzeugt. Dieser bis dahin beispiellose Fall von Judenfeindschaft nährte sich vor allem aus dem nationalen Misstrauen gegen die Juden, sie seien weder Franzosen noch Deutsche. Eine derartige Behauptung war von Nation zu Nation austauschbar. Die Presseberichte zugunsten konservativer Katholiken in Frankreich waren tatsächlich Spitzen gegen Liberale und Sozialisten. Mit dem Jahr 1898, als die Wahlen in Frankreich geschlagen waren, hörte die Kampagne auf und 1899 äußerte sich der Papst, nun ganz neutraler Weltenrichter, über einen kosmopolitischen Skandal, einen entsetzlichen Streit der Parteien und eine unglückliche Affäre.

Hinter den hier geschilderten politisch bzw. tagespolitisch motivierten Äußerungen wurden in der katholischen Presse die gesellschaftspolitischen Stereotype gepflegt: Die jüdische Frage sei eine Überlebensfrage der christlichen Welt (da dämmert schon der Schicksalskampf mit den Juden herauf) und die Juden beuten die Christen aus und drängten sie mit Verschlagenheit und Skrupellosigkeit zur Seite. Da ist sie wieder, die mittelalterliche Tradition von den Feinden Christi, die weiter und weiter verschärft und vorangetrieben wird, bis sie zum Traditionsbruch in der Ritualmordfrage führt.

In diesem Punkt setzen nun die ernsthaften Bedenken an, Antijudaismus und Antisemitismus als qualitativ verschiedene Dinge voneinander zu unterscheiden. Die katholische Publizistik, gegen die der Papst jederzeit einschreiten konnte, marschierte ohne feinsinnige Unterscheidungen einfach in Richtung Diffamierung. Da ging es nicht mehr um eine Lehre der Verachtung. Jetzt reichte man geistig und kaum mehr geistlich die Hand zu einer Eliminierung der Juden. Wenn die katholische Ordnung wiederhergestellt ist, wird entschieden, ob die Gleichberechtigung der Juden beizubehalten, abzuschaffen oder zu modifizieren ist, hieß es in der Umgebung des Papstes.

Die Hinterlassenschaft der Kirche des 19. Jahrhunderts bezüglich der Haltung zu den Juden war eine Katastrophe, aus der die Kirche selbst geradezu unverständlich langsam erst spät im 20. Jahrhundert herauszufinden begann.

BEGINNENDER WANDEL? DIE BRÜDER LÉMANN UND DIE »AMICI ISRAEL«

Die Initiative der Brüder Joseph und Augustin Lémann, die sie an das Vatikanische Konzil 1870 oder einige Zeit vorher richteten, war ein Konversionsaufruf an die Juden.[211] Die Brüder Lémann selbst waren konvertiert, christliche Geistliche geworden und standen jedenfalls schon 1864 in Kontakt mit Papst Pius IX. und dem Staatssekretär Antonelli, als sie zum ersten Mal einen derartigen Aufruf in Rom vorlegten. Sie waren freundlich aufgenommen worden und erhielten vom Papst sogar ein ermunterndes Breve. 510 Konzilsväter hatten den Aufruf zur Konversion gutgeheißen und nun lag er der so genannten Postulatenkongregation vor, die darüber zu entscheiden hatte, ob der Antrag in die Plenarsitzung des Konzils gelangte. Wir wollen noch einmal festhalten, dass es um eine Konversion der Juden ging und nicht um ein besseres Verhältnis zwischen der Kirche und Juden, die Juden bleiben wollten.

Der Aufruf war sicher ungewöhnlich begründet, nämlich dass die Völker nun in einem Zeitalter der Vereinigung lebten, das 19. Jahrhundert habe die Aufgabe, die Einheit des Menschengeschlechts herbeizuführen und alle trennenden Einrichtungen abzubauen. Die Brüder Lémann betrachteten das Emanzipationsedikt von 1791 als Ende der sozialen Trennung, Papst und Konzil hätten nun das Ende der religiösen Trennung herbeizuführen. Der Papst als Vollender französisch-revolutionärer Brüderlichkeit; ein krauser Gedanke, wie auch Brechenmacher befremdet feststellt. Die Juden hätten sich dabei dem Papst kollektiv zuzuwenden. Voraussetzung dafür war, dass nach 2000-jährigem vergeblichem Warten auf den Messias dieser Glaubensinhalt kein lebendiges Religionsgut mehr darstelle und die Juden sich bereitfinden könnten, Jesus als den Messias anzuerkennen.

Der nun folgende Wunsch, Papst und Konzil sollten die Juden als Brüder mit offenen Armen empfangen, »weil sie immer von Gott geliebt waren um der Väter willen und weil Christus ihnen dem Fleische nach entstammt«, stellt wohl einen begütigenden Gedanken in einer Zeit wilder Beschuldigungen dar. Man darf aber nicht übersehen, die offenen Arme sollten Konvertierten und nicht Juden gelten. Und dass die Juden um der Väter willen von Gott geliebt waren, war traditionelles Gedankengut der Kirche und ein mehrfach wiederholter Topos. Von einem theologischen Akzentwechsel, wie ihn Brechenmacher sieht, kann wohl keine Rede sein.[212] Jedenfalls gelangte die Sache nicht zur Debatte in der Generalkongregation. Und wenn dies auch der Fall gewesen wäre, was hätte denn ein Aufruf zur Konversion schon im christlich-jüdischen Verhältnis verändert? Wie die konversionsfreudigen Brüder einzuschätzen sind, sei dahingestellt. Friedrich Heer rechnet Joseph Lémann zu den »extrem antisemitischen, katholischen, konservativen Publizisten«, wofür er allerdings die Beweise schuldig bleibt.[213]

Anders verhält sich die Sache mit den »Amici Israel«, deren Tätigkeit zu Beginn des 20. Jahrhunderts tatsächlich eine Trendwende im jüdisch-christlichen Verhältnis andeutete, wenn dieser Versuch auch auf eine erschreckende Weise zum Scheitern gebracht wurde. Die Vereinigung gab eine Broschüre »Pax super Israel« heraus, dessen erste Nummer nun tatsächlich ein theologisches Programm enthielt, das von den bisherigen Geleisen abwich. Der entscheidende Punkt dieses Programms war die Feststellung, dass die Kirche einen Irrtum hinsichtlich ihrer Haltung zu den Juden einzugestehen habe und ihre Tradition revidieren müsse. Der zentrale Kritikpunkt war die Auffassung, die Juden seien verstoßen worden; die Juden befänden sich aber unverändert in der Gnade Gottes. Für den Gutachter des Heiligen Offiziums war das eine respektlose Mahnung an die Heilige Kirche. Die Amici gingen sogar weiter und erklärten (zutreffend), die Schriften der Kirchenväter enthielten ungerechtfertigte Verurteilungen der Juden. Kein Wunder, dass das Heilige Offizium die Haltung der Programmschrift ablehnte. Den Vogel schoss allerdings der ehemalige Staatssekretär Merry del Val ab, der in der Sitzung des Offiziums am 7. März 1928 einen Wutanfall bekam. Brechenmacher fasste den Inhalt treffend zusammen: »Er verstand nicht oder wollte nicht verstehen, worum es den Amici ging, führte die gesamte Palette der alten Separationstheologie ins Feld, die Rebellion und den

Verrat der Juden, den Gottesmord, die Verfluchung. Polemisch bis zum Äußersten bezog er all diese Verdikte direkt auf die Gegenwart. Sollte es nicht mehr erlaubt sein, von Ritualmorden jüdischer Sekten zu sprechen, von dem Bündnis der Juden mit der Freimaurerei, von dem Wucher, mit dem sie die Christen in großem Stil ausbeuten?«[214] Bekanntlich hatte er sich zur Frage des Ritualmordes in einem Schreiben an Nathaniel Rothschild zwölf Jahre zuvor ganz anders geäußert. Die Gewichtung der beiden Äußerungen ist von größter Bedeutung, um diesen Widerspruch zu verstehen. Dass sich der Staatsseketär gegenüber einem Mitglied der Familie Rothschild in dieser Weise und auch der Tradition entsprechend äußerte, ist im diplomatischen Kontext zu verstehen. Dass der Sekretär des Heiligen Offiziums in einem internen Votum seine tatsächliche Beurteilung der Dinge darlegt, ist eben auf diese völlig anderen Bedingungen der Meinungsäußerung zurückzuführen. Dabei ist auch daran zu erinnern, dass Merry del Val sich seinerzeit auch gegenüber Rothschild geweigert hatte, seine Bestätigung über den Ritualmord an jenes russische Gericht weiterzuleiten, das gerade einen Ritualmordprozess führte und nur ein persönliches Schreiben des Staatssekretärs akzeptieren wollte. Die weitere Entwicklung nach der Entscheidung des Heiligen Offiziums werden wir nach einer weiteren Betrachtung gleich wieder aufnehmen.

Die Prüfung der Zeitschrift erfolgte im Rahmen einer liturgischen Angelegenheit, deren symbolische Bedeutung von einiger Bedeutung war. Es ging um das bekannte Karfreitagsgebet, das in einer für die Juden herabsetzenden Weise abgehalten wurde und das die Amici Israel in neuer Form gestaltet sehen wollten. Eingereicht wurde ein Antrag, die Karfreitagsbitte für die Juden abzuändern. Erstens sollte der anrüchige Begriff »perfidus«, der für die Juden gebraucht wurde, gestrichen werden; zweitens betrachteten die Amici das ostentative Weglassen der Kniebeuge an dieser Stelle der Bitte gegenüber den Juden für ausgrenzend und diskriminierend. Daher sollte auch das Beugen des Knies eingeführt werden, da diese Unterlassung als eine Verhöhnung der Juden aufgefasst werden konnte.

Der eigentliche Betreiber der Anliegen der Amici war Pater Anton van Asseldonk, der überhaupt ihre Grundideen formuliert hatte. Für einen Historiker interessant ist aber die Tatsache, dass der Präsident der Gesellschaft der Abt von Subiaco war. Zweimal gingen in der Geschichte entscheidende Reformimpulse vom Benediktinerkloster Subiaco aus. Schon an der Reformbewegung, die zum Investiturstreit führte, war Subiaco wesentlich beteiligt, und dann noch einmal in der Zeit um 1400, als eine umfassende Klosterreform zumindest in Mitteleuropa durchgeführt wurde. Auch diesmal sollte Subiaco – längerfristig betrachtet – Recht behalten. Zuständig für die Entscheidung war die Ritenkongregation, die als Gutachter einen anderen Benediktinerabt, nämlich Ildefons Schuster, einsetzte, der sich im Sinne der Amici für die Änderung aussprach. Dann kam es zu dem geschilderten Krach vom 7. März 1928. Pius XI. wich zurück. Er stimmte dem Heiligen Offizium zu und zitierte Schuster sogar vor das Heilige Offizium. Dort hatte der Abt zu erklären, warum er »derart schwerwiegend und offensiv gegen die Kirche« gesprochen habe. Nach Meinung Pius' XI. war das Ersuchen um Abänderung der Karfreitagsliturgie nicht nur zurückzuweisen, sondern zu verurteilen.[215] Noch waren Papst und Kirche nicht aus ihrem Schock von 1870 erwacht und saßen verstockt in ihren römischen Bastionen, ohne zu bemerken, dass sich ihnen ebenso wie den Juden eine Katastrophe ungeahnten Ausmaßes näherte. Pius selbst lernte erst einige Jahre später die Dinge anders einzuschätzen. Im Rahmen dieser schlicht judenfeindlichen Entscheidung, die mit einer Bedrohung derer verbunden war, die das schlechte und bösartige Verhältnis ändern wollten, klingt die angehängte Erklärung im Dekret des Heiligen Offiziums zynisch. Man müsse zum Ausdruck bringen, dass die Heilige Kirche jegliche Form des Antisemitismus stets verurteilte und ihre universale Nächstenliebe immer auch für das Volk Israel galt. In den folgenden Diskussionen wurden die vorgegebenen Richtlinien noch weiter verwässert. Man wollte sogar den Hinweis streichen, dass die Kirche den Antisemitismus verdamme. Diese Diskussion gehört zu den wesentlichsten Quellen, die zur kirchlichen Judenfeindschaft existieren. Hier liegen die Wurzeln des Gundlach-Artikels im Lexikon für Theologie und Kirche, dessen Gedanken sich in der »Unterschlagenen Enzyklika« wiederfinden und aus dem hervorgeht, dass es eine erlaubte, im traditionellen System der Kirche wurzelnde Judenfeindschaft gäbe. Der Verlust der alten Ordnung hatte die Kirche unter Führung eines jähzornigen und nicht unbedingt berechenbaren Papstes für Einflüsse geöffnet, die jenen der siegreichen Kirche im 13. Jahrhundert ähneln. Mehr noch als die Inhalte, die schon schlimm genug sind, macht der Ton dieser Diskussionen und

Erklärungen schaudern. Die Kehrtwendung des elften Pius gegen den Rassenantisemitismus ist natürlich historisch und politisch bedeutsam, muss aber doch zunehmend vor dem Hintergrund dieser erlaubten Judenfeindschaft gesehen werden. Die Vereinigung Amici Israel wurde aufgelöst. Die Erklärung gegen den Antisemitismus, die sich daran anschloss, wurde aus ihrem Kontext gerissen berühmt.

Dem Dekret selbst fügte Pius XI. also persönlich eine Erklärung über den heute »Anisemitismus« genannten Hass bei, womit er den Empfehlungen des judenfeinlichen Flügels im Heiligen Offizium nicht folgte, die eine solche Erklärung gerne unterlassen hätten. Der Verurteilung des Hasses auf das auserwählte Volk geht die übliche von der traditionellen Theologie geprägte Darstellung des Verhältnisses von Juden und Kirche voran: »Die katholische Kirche hat die Juden stets als das Volk betrachtet, das bis zum Erscheinen des Heilands der Hüter der göttlichen Verheißungen gewesen ist; sie hat aber trotz seiner späteren Verblendung, ja gerade wegen dieser …« Die »Amici Israel« hatten gerade gegen diese diffamierenden Formulierungen der Kirchenväter Bedenken angemeldet, und auch in einer positiv gemeinten päpstlichen Erklärung (sie ist handschriftlich von Ratti überliefert) griff der Papst wieder auf eines dieser Stereotype zurück.

Ildefons Schuster hatte keinen Schaden von seiner Übereinstimmung mit den »Amici Israel« und wurde 1929 Kardinal und Erzbischof von Mailand. Van Asseldonk unterwarf sich und wirkte künftig in Palästina. Noch 1959 schrieb er einen hoffnungsvollen Brief bezüglich einer Änderung des christlich-jüdischen Verhältnisses an den neuen Papst Johannes XXIII.[216]

Diese Betrachtungen führen zu der Frage, ob und wie das Papsttum selbst – und damit berührt man auch die persönlichen Verhältnisse Pius' XI. – an diesem beginnenden Wandel Anteil hatte. Leo XIII. galt nach dem Ausweis des Jüdischen Lexikons als Judenfeind, neuere Forschungen haben, wie wir gesehen haben, dieser Einschätzung Facetten hinzugefügt, die dem nicht widersprechen.

Pius X., eine Mischung aus umgänglicher Freundlichkeit und knallharter Dogmatik – Stichwort Antimodernismus – fiel hinsichtlich der Juden nur durch sein Gespräch mit Theodor Herzl im Jahre 1904 auf. Gemäß seinen konservativen Überzeugungen warf er den Juden ihre

Blindheit gegenüber Jesus Christus vor und setzte sich für eine aktive Missionspolitik ein. Nicht zu vergessen ist die Tatsache, dass jener Merry del Val sein Staatssekretär war, der uns ja schon öfter begegnet ist. Zu wenig untersucht ist das Pontifikat Benedikts XV. (1914–1922). Bekannt ist, dass er sich mit allen Mitteln bemühte, den Frieden in Europa und der Welt herzustellen, dabei aber wenig erfolgreich war. Weniger bekannt ist, dass er sich von der harten innerkirchlichen Politik Pius' X. abwandte. Manche Beobachtungen deuten darauf hin, dass er, dessen Karriere in enger Verbindung mit dem Kardinalstaatssekretär Rampolla und daher mit Unterstützung Leos XIII. stattgefunden hatte, gegenüber den Juden eine etwas veränderte Haltung einnahm. Die Ablösung Merry del Vals als Staatsekretär sei hier lediglich vermerkt.

Der meist sehr kritisch eingestellte Kertzer stellte fest, dass bald nach dem Regierungsantritt Benedikts die antisemitische Kampagne der dem Papst nahestehenden Zeitungen, insbesondere der »Civiltà cattolica«, eingestellt wurde. Dies galt für die Zeit seines Pontifikats. Die Friedenspolitik des Papstes führte auch dazu, dass das American Jewish Committee 1916 ein Schreiben an den Papst richtete, in dem es an die Schutzaufgabe des Papstes erinnerte und auf die verheerende Situation der Juden in Russland und Polen hinwies. Es ist selbstverständlich, dass die Verfasser dieses Briefes sich auf den in der Vergangenheit gewährten Schutz beriefen. Man bat den Papst nicht zuletzt deshalb um Hilfe, da auch Katholiken sich an Judenverfolgungen beteiligten.

Das in der Kanzlei des Kardinalstaatssekretärs Gasparri (im Übrigen der Förderer des jungen Pacelli) verfasste Antwortschreiben zeigt eine bemerkenswerte Mischung aus allgemeinen humanitären Gedanken und theologischen Traditionen, die aus dem 13. Jahrhundert stammten. Vielleicht ist es nicht zu verwegen, im Neothomismus, der von Leo XIII. zur theologischen Richtschnur erhoben worden war, einen wesentlichen Einfluss auf dieses Schreiben zu erkennen. Der Papst, so schrieb Gasparri, betrachte alle Menschen als Brüder und lehre sie, sich gegenseitig zu lieben. »Unermüdlich bemüht er sich darum, den Einzelnen wie den Völkern die Prinzipien des Naturrechts zu lehren sowie deren Verletzungen zu verurteilen. Wie allen Menschen gegenüber muss das Naturrecht auch den Kindern Israels gegenüber beobachtet und respektiert werden.«[217] In diesen Sätzen zeigt sich, zu welchen Schlüssen auch eine traditionsbewusste Theologie führen konnte. Man konnte Paulus und

Augustinus mit dem »Rest, der gerettet wird«, und den »Blinden« einmal beiseitelassen und sich auf Innozenz IV. und Thomas von Aquin und ihre Gleichsetzung von göttlichem und Naturrecht berufen. Das war ein Judenschutz aus anderer Wurzel: einer, der auf gleicher Augenhöhe stattfand und den Juden nicht unterstellte, dass sie eigentlich Feinde der Christenheit seien. Die Amerikaner spürten die Sensation und feierten die Erklärung des Papstes als Forderung nach Gleichberechtigung für die Juden. Das waren natürlich kühne und übertriebene Folgerungen, doch im Vergleich mit gar nicht lange zurückliegenden Äußerungen, aber auch solchen, die später gemacht wurden, war der Brief des Kardinalstaatssekretärs doch ein bemerkenswertes Schreiben. Ob dieses Schreiben mit einer etwas naiven Friedensinitiative Benedikts zusammenhängt, in die englische, französische und amerikanische jüdische Verbände eingebunden werden sollten, wäre noch gesondert zu untersuchen.

POLENMISSION EINES KÜNFTIGEN PAPSTES

1918 schickte der Staatssekretär Benedikts XV., Gasparri, den Präfekten der Vatikanischen Biliothek, Achille Ratti, als Visitator und Berichterstatter nach Polen, um die Voraussetzungen für den Wiederaufbau eines katholischen Polens zu prüfen und den dortigen Bischöfen Unterstützung zu gewähren.

Später wurde Ratti Nuntius in Polen, wo er bis 1921 blieb. Dieser jahrelange Aufenthalt in einer der politisch schwierigsten Regionen Europas mit ihrer sich überschneidenden orthodoxen und katholischen Feindschaft gegen die Juden führte die Forschung zu der Frage, ob dieses Klima den künftigen Papst nicht geprägt habe. Die Korrespondenzen des Visitators mit Gasparri scheinen Anlass zu geben, dieser Frage berechtigt nachzugehen.

Bald nach einem wenig informativen Treffen mit den Vorstehern der jüdischen Gemeinde von Sandomierz, mit denen Ratti einige Freundlichkeiten austauschte, kam es zu Judenverfolgungen, an denen nach den Berichten der europäischen und amerikanischen Presse die katholische Kirche mitschuldig war. Hinsichtlich der in Vorbereitung befindlichen Friedensverhandlungen, an denen sich ja der Papst beteiligen wollte, war dies diplomatisch sehr unangenehm. Ratti sollte untersuchen, was tatsächlich geschehen war, und Interesse am Wohlergehen der Juden zeigen.[218] Zunächst reagierte Ratti offenbar im Rahmen seines Grundauftrags und berichtete im Januar über die allgemeine Situation in Polen: Er habe gegenüber den Bischöfen seine Sorge zum Ausdruck gebracht, dass er, obwohl er die Güte und den Glauben des Volkes kennen gelernt habe, fürchten müsse, dass sie in die Fänge übler Kräfte geraten könnten. Wer seien denn diese Feinde der Christenheit, der Kirche und des polnischen Volkes? »Eine der übelsten und stärksten Kräfte, die man hier antrifft, vielleicht die stärkste und übelste überhaupt, sind die Juden.«[219]

Ratti sammelte alle möglichen Berichte zu den Ausschreitungen gegen die Juden, aber auch allgemeine Einschätzungen, die alle nicht besonders günstig für die Juden ausfielen. In den meisten Darstellungen gab man den Juden zumindest eine Mitschuld an den Verfolgungen, witterte Verschwörungen gegen den jungen polnischen Staat und war empört über den Wunsch der Juden, in Polen eine eigene Nation zu bilden. Das wurde als ein einmalig dastehendes Privileg dargestellt, das die Juden sich herauszunehmen versuchten. Tatsache ist, dass damals in allen Ländern Europas nationaljüdische Parteien gegründet wurden. Ratti konnte diese Nachrichten nicht gewichten und ging allen möglichen judenfeindlichen Erklärungen auf den Leim. Er selbst berichtete zu den Vorgängen sehr wenig. Erst, als er Erzbischof von Mailand geworden war, verfertigte sein Assistent Pellegrinetti auf Aufforderung Gasparris einen Schlussbericht, der eine Reihe judenfeindlicher Stereotype enthält und den jüdischen Einfluss in Polen sehr ungünstig darstellt.

Von diesem sich über drei Jahre erstreckenden polnischen Aufenthalt des späteren Papstes ist in der Forschung jüngst viel Aufhebens gemacht worden. Es ist schon plausibel, dass Ratti von seiner Mission einige judenfeindliche Reflexe mitnahm, wichtiger scheint die Feststellung, dass er sich in den komplizierten Verhältnissen von Propaganda und Gegenpropaganda nicht orientieren konnte. Dass diese Jahre Ratti in irgendeiner Weise besonders geprägt hätten, lässt sich aus seinen späteren Handlungen nicht erkennen, es sei denn, dass er Sensibilität dem Thema gegenüber entwickeln musste. Dass er bei aller Ablehnung des Rassenantisemitismus Juden gegenüber misstrauisch war, zeigt wohl am stärksten seine Übereinstimmung mit Merry del Val in der Amici-Israel-Frage.

Vierzehntes Kapitel

DER STELLVERTRETER
Pius XII. und die Schoa

Pius XII.

Ich habe vor vielen Jahren, insbesondere in den achtziger Jahren, im Rahmen der in Österreich, den USA und in Frankreich geführten Diskussion über Mitwisserschaft und Veranwortung gegenüber den Verbrechen des Nationalsozialismus die Überzeugung gewonnen, dass der eigentlich erregende Punkt weniger in der Beurteilung der Motive und der Handlungsweise der damals Betroffenen liegt, sondern in der Empörung über eine »verharmlosende« Haltung in der Bewertung dieser Vorgänge, nachdem die entsetzliche Wahrheit unbezweifelbar bekannt war. Die Auseinandersetzung um das so genannte Schweigen Pius' XII. betrifft daher eher das Beharren der katholischen Kirche auf traditionellen Standpunkten in den fünfziger und frühen sechziger Jahren – Zeichen einer gewissen Unbelehrbarkeit – als eine Verurteilung des Papstes selbst. Bei oberflächlicher Betrachtung entlud sich allerdings dieser in einigen Teilen der Gesellschaft aufgestaute Grimm in der Konstruktion einer institutionellen und sogar einer persönlichen Schuldzuweisung an Pius XII. Diese Feststellung trifft jedenfalls für die Generation zu, die etwa um 1940 und in den folgenden Jahren geboren wurde.

Neben dieser direkten Diskussion über den Problemkomplex Pius und Deutschland, Pius und die Nationalsozialisten, zeichnete John Cornwell ein Gesamtbild der Entwicklung der katholischen Kirche seit der Jugend Eugenio Pacellis, die den späteren Papst in einem historischen Rahmen zeigte, in dem faschistische Ordnungsprinzipien auch der Kirche nicht fremd gewesen sein sollen. Generelle Urteile über Pius XII. sind daher häufig von vorgefassten Meinungen diktiert. Ich möchte gerade im Zusammenhang mit dieser schwierigen Frage nicht der angeblichen objektiven Wissenschaftlichkeit der Historie das Wort reden, die alles aus der Zeit verstehen will, was lobenswert aber unrealistisch ist, möchte aber doch nach dem Studium einiger Darstellungen über Pius XII. den Mangel an Bereitschaft beklagen, der eigenen Meinungsbildung zu misstrauen.

248

DIE DEPORTATION DER NIEDERLÄNDISCHEN JUDEN –
ÖFFENTLICHER PROTEST ODER SCHWEIGEN?

Zunächst ein Beispiel, um die Problemstellung konkret zu markieren: Pius XII. und die Deportation der Juden in den Niederlanden. Die Ereignisse vom Sommer 1942 gelten als ein Beispiel dafür, dass Pius schwieg, um nicht größeres Unheil hervorzurufen. Nachdem Mitte Juli die Deportationen begonnen hatten, protestierten katholische und protestantische Bischöfe gemeinsam gegen die deutschen Behörden in den Niederlanden und machten ihren Protest auch öffentlich kund. Die Deutschen hatten vorher zugesagt, die nichtarischen Christen, d. h. getaufte Juden, zu verschonen. Nach dem öffentlichen Protest wurden auch diese in ein Vernichtungslager abtransportiert.

Im Seligsprechungsprozess für Pius XII. befindet sich eine Aussage von Schwester Pasqualina, die sich ständig in Pacellis Nähe aufhielt. Der Papst habe behauptet, im Besitze einer Nachricht zu sein, dass nach der Veröffentlichung des holländischen Hirtenbriefs 40 000 holländische Juden auf Hitlers Befehl getötet worden waren. Er sei mit einer zwei Seiten umfassenden Verurteilung des Treibens Hitlers zu Schwester Pasqualina in die Küche geeilt (sic!) und habe ihr erklärt, dass er diesen Protest eigentlich im »Osservatore« veröffenlichen lassen wollte. »Aber ich denke jetzt: Wenn der Hirtenbrief der Bischöfe 40 000 Menschenleben gekostet hat, dann kann mein eigener Protest, der noch nachdrücklicher formuliert ist, leicht das Leben von 200 000 Juden kosten. Eine so schwere Verantwortung kann ich nicht auf mich nehmen. Es ist besser, in der Öffentlichkeit zu schweigen und insgeheim alles Erdenkliche zu tun.« Der vollständigen Vernichtung des Dokuments wohnte der Papst in der Küche bei. Man stelle sich den fast körperlosen, durchgeistigten Pacelli bei hochpolitischen Gesprächen mit seiner vierschrötigen, leicht zänkischen Haushälterin in der Küche vor!

Ferner befremdet die genannte Zahl. Im Juli waren etwa 15 000 Juden aus den Niederlanden in die Todeslager transportiert worden. Martin Gilbert, einer der unbestechlichsten Statistiker unter den Historikern der Schoa, beziffert die Gesamtzahl der deportierten Juden aus den Niederlanden mit 20 588. Tatsächlich hatten ja die Nazis als Strafaktion getaufte Juden deportiert, unter denen sich auch die berühmte Edith Stein, Ordensmitglied der Karmeliterinnen, befand. Im weiteren politischen Kontext spielt dabei eine Rolle, dass die Zahl der Deportierten 92 Personen betrug. Zahlenspielereien, die sich auf getötete Menschen beziehen, sind immer zynisch, belegen aber politisch-propagandistische Absichten. Pius selbst oder die, die hinter seiner Seligsprechung standen, wussten genau, dass man mit 92 Betroffenen kaum zugunsten des Papstes argumentieren konnte. Es mussten also viel mehr Opfer sein, wenn diese Zahl dann auch absurd hoch war. 40 000 Tote als Reaktion auf einen Protest waren natürlich ein politisches Argument für die »stille« Linie des vatikanischen Protestes.

PIUS XII. UND DIE JUDENDEPORTATIONEN IN DEN KATHOLISCHEN LÄNDERN KROATIEN UND SLOWAKEI

Wie unterschiedlich die Beurteilung der Tätigkeit des Vatikans ausfallen kann, zeigt sich auch an der Behandlung der Kroatien-Frage. Thomas Brechenmacher stellt ganz richtig zu Ungarn fest, dass die Einflussmöglichkeiten des Papstes in Ungarn durch das direkte Eingreifen der Deutschen begrenzt waren, und konstatiert dies im Anschluss daran auch für Kroatien.

Das Verhältnis Pius – Erzbischof Stepinac von Zagreb – Ante Pavelic gehört aber zu den ganz kritischen Punkten in der Beurteilung der katholischen Kirche in Fragen der Massenvernichtung – Stichwort Jasenovac! Man braucht, um diese Problematik zu erfassen, gar nicht das erschütternde, wenn auch unsympathisch tendenziöse Buch von Vladimir Dedijer, »Jasenovac – das jugoslawische Auschwitz und der Vatikan« gelesen zu haben.[220] Eine kurze Beschäftigung mit dem Thema Pacelli/ Pius und der Balkan lässt schon massive politische Bedenklichkeiten erkennen. Blendet man ein so tiefgreifendes Thema aus der Argumentation um das Verhalten des Papstes aus, hat man entweder einen wichtigen Aspekt übersehen oder man wollte ihn übersehen. Zagreb und der Vatikan ist bis in die Zeit des 1999 verstorbenen kroatischen Präsidenten Tudjman kein marginales Thema.

Die brutale Vernichtungsmaschinerie des Ustascha-Regimes unter Ante Pavelic, die dieser in Jasenovac und anderen Konzentrationslagern errichten ließ, betraf in erster Linie die orthodoxen Serben. Bemerkenswert ist die Tatsache, dass bewaffnete Franziskanermönche sich sowohl an den »wilden« Attacken als auch an der Führung der Lager beteiligten, in denen es zu Massenmorden an Serben und Juden kam. Wieweit der Zagreber Erzbischof die Ustascha gewähren ließ, weil er einer Fehleinschätzung unterlag oder ihm die kroatisch-katholische Offensive ganz recht war, wird wohl noch längere Zeit umstritten bleiben. Für letztere Variante spricht allerdings die Tatsache, das Papst Pius, obwohl er über die Vorgänge im Ustascha-Staat gut informiert war, es an Freundlichkeiten gegenüber dem Regime nicht fehlen ließ.

Betrachtet man das Gesamtproblem, ist zunächst festzuhalten, dass Pius und die mit diesen Angelegenheiten befassten Kardinäle, darunter Montini, der spätere Papst Paul VI., über alle judenfeindlichen und letztlich mörderischen Maßnahmen der Nationalsozialisten früh und sehr zutreffend informiert waren. An sich konnte kein Zweifel darüber bestehen, wo die Schuld lag, und es war auch klar, dass durch diese eindeutige Sachlage das Neutralitätskonzept des Vatikans, das auf Benedikts XV. Haltung im Ersten Weltkrieg zurückging, ins Wanken kam. Pius selbst hatte dies erkannt und noch vor Kriegsausbruch von einer »Koalition der Moralität« gesprochen. Doch seit Kriegsausbruch schien sich in ihm der Gedanke zu verfestigen, er könnte doch als Neutraler irgendwie einen Frieden zustande bringen, der die Kirche dann als über den Völkern stehende mächtige Kraft erscheinen ließe. Die Besuche alliierter westlicher Diplomaten, also vor allem Großbritanniens und der Vereinigten Staaten, waren niemals von durchschlagenden Erfolgen begleitet. Es entstand eine gewisse Verbitterung gegen den Papst, der in seinen nachvollziehbaren Ängsten um die Lage der deutschen Katholiken auf seinem neutralen Standpunkt beharrte und damit die Notwendigkeit eines moralisch gerechtfertigten Handelns in den Hintergrund rückte. Dass Pius dies auch, selbst wenn es die Juden betraf, als moralisches Problem erkannte, wird aus einer nach dem Krieg gemachten Aussage klar, als er ausdrücklich für sich in Anspruch nahm, während des Krieges sich gegen den Antisemitismus geäußert zu haben. Dies gehört in den Bereich der von Pius großzügig und erfolgreich gepflegten Selbstdarstellung, bei der er im Nachhinein durchaus auf Zeitgeistiges reagieren konnte.

Dieses Auseinanderbrechen von humanem Verhalten, das mit naturrechtlichen Richtlinien in Verbindung steht, und traditionellen, theologischen Reflexen wird deutlich an den Ereignissen vom 24. Dezember

1942, als Pius seine ambivalent aufgenommene Radioansprache hielt, in der die Kritik an den Gräueln des nationalsozialistischen Regimes bis zur Unkenntlichkeit in allgemeine Erwägungen zu Krieg und totaler Herrschaft verpackt wurde. Direkt davor besprach er die allgemeine, beklagenswerte Lage mit den Kardinälen. Er wies darauf hin, dass die Kirche trotz aller Trauer nicht verzagen dürfe, denn auch Jesus hätte beim Anblick Jerusalems Tränen vergossen, also beim Anblick der Juden, die seiner Einladung und seiner Gnade mit starrer Verblendung und hartnäckiger Verleugnung entgegentraten, die sie auf dem Wege der Schuld bis hin zum Gottesmord geführt haben.[221] Pius muss dem Gedankeninhalt seiner Radiorede, in der es nach einer eigenen Definition des Papstes um Anspielungen gegen den nazistischen Judenmord ging, recht ferngestanden haben. Anders kann man sich diese judenfeindliche Entgleisung direkt vor der Rede wohl nicht erklären. Zugunsten der Rede muss trotzdem gesagt werden, dass sie einen berühmten Passus enthielt, den wohl viele verstanden:»Dieses Gelöbnis schuldet die Menschheit den Hunderttausenden, die persönlich schuldlos bisweilen nur um ihrer Volkszugehörigkeit oder Abstammung willen dem Tod geweiht oder einer fortschreitenden Verelendung preisgegeben sind.«

Einen Vorwurf könnte man berechtigt erheben: Hätte der Papst zu diesem Zeitpunkt im Dezember 1942 die Nationalsozialisten als Täter und die Juden als hauptsächliche Opfer deutlich bezeichnet, hätte er damit der Öffentlichkeit eine klare Information von großer Bedeutung gegeben. Die von den Zeitgenossen immer wieder dargestellte Situation, es habe schwebende Fragen nach den verschwundenen Juden und Gerüchte gegeben, wäre durch eine eindeutige Aussage des Papstes, die seinem Wissensstand entsprach, geklärt worden. So war es eher eine Insider-Erklärung, die von den Politikern und Diplomaten durchaus verstanden wurde, auch wenn der amerikanische Gesandte beim Vatikan, Harold Tittman, sich etwas naiv die Bedeutung des Satzes von Pius bestätigen ließ. Dem Reichssicherheitshauptamt in Berlin war alles klar: Der Papst habe seinen grundsätzlichen Gegensatz zum Nationalsozialismus bekundet.

Trotz der gedanklichen Ambivalenz, die den Betrachter bei der Beobachtung der Ereignisse dieses Heiligen Abends 1942 beschleichen, kann man nicht leugnen, dass der Papst mit seiner unklaren Politik sich auch Spielräume verschaffte, die zu Hilfeleistungen genutzt werden konnten und auch wurden. Die Dokumentation über das Schicksal von Kriegsgefangenen, Verschollenen und Deportierten verband sich mit konkreten Hilfeleistungen, z. B. der Lieferung von Medikamenten, Kleidung und Lebensmitteln. Hier bewährte sich nicht nur das europaweite Netz der kirchlichen Organisationen, sondern auch die Aufrechterhaltung ihres neutralen Status. Man muss allerdings einräumen, dass die Wirksamkeit dieses Netzwerkes gerade in den Zentren des Judenmordes in Polen und im Ostland nicht durchschlagend war.

Aussichtsreicher schien das Eingreifen in Ländern, an deren Spitze Katholiken standen, ja wie im Falle der Slowakei sogar ein Priester. Der damalige Vizepräsident des World Jewish Congress, Gerhard Riegner, unterstrich diese Tatsachen ausdrücklich in einem Schreiben an den Papst und wies darauf hin, dass es ihm ja möglich sein müsste, in diesen Ländern die Judenverfolgungen zu beenden.

Die Verfolgung in der Slowakei war natürlich nur im Schatten der Vernichtungspolitik in Deutschland erklärbar. Joseph Tisos Politik, die ihre Grundlagen zum Teil aus den Schriften des slowakischen Theologen Stephan Polakovic bezog, beruhte auf der Verbindung von national und religiös bedingten Feindbildern. Für die Slowaken bedeutete dies: antitschechisch, antimagyarisch, antisemitisch.[222] Aufgrund des Riegner-Memorandums setzten diplomatische Bemühungen ein, um die Deportationen aus der Slowakei zu stoppen. Es war ein dorniger Weg, der erst nach einem Jahr einen – begrenzten – Erfolg zeitigte. Selbst im Vatikan führte die Starrheit der Nazikollaborateure zu internen Notizen, in denen Tiso und seine Leute als Verrückte bezeichnet wurden. Doch konnten de Judentransporte wenigstens auf ein Jahr gestoppt werden, ehe sie unter dem Eindruck der Durchsetzung der »Endlösung« in Ungarn 1944 wieder aufgenommen wurden.[223] Pius appellierte direkt durch seinen Geschäftsträger in Bratislava an Tisos priesterliche Würde und Gewissen und stellte ihm sein Handeln, das gegen die Prinzipien von Humanität und Gerechtigkeit verstieß, vor Augen. Auch wies der Papst auf die Gefährdung der Kirche durch ein solches Verhalten hin, da es Klerus und Kirche auf der ganzen Welt diskreditiere. Tiso antwortete ignorant und ohne Einsicht. Bischöfe, die von den Nationalismen ihrer Heimat erfasst wurden, gerieten oft in Konflikt mit den auf die gesamte Menschheit bezogenen Idealen ihrer höchsten Autorität. Auch der Wiener Erzbischof Theodor Innitzer, ein in der Wolle gefärbter Deutschnationaler, der natürlich kein Nazi war, gab eine Empfehlung für den Anschluss Österreichs an Großdeutschland und erlebte einen eisigen Empfang durch Pius XI., nachdem er nach Rom zitiert worden war. Dort, wo die Verhältnisse so lagen, dass ein Eingreifen möglich erschien, wurde die päpstliche Diplomatie tätig und konnte damit das Leiden der Betroffenen mildern. Das slowakische Beispiel zeigt, wie schwierig die Verhältnisse waren, unter denen der Papst agierte. Wenn man die sicher berechtigten Vorwürfe gegen Pius erhebt, er habe die Verbrechen gegen die Juden viel zu verwaschen beim Namen genannt, muss man diese Konstellationen auch in Rechnung stellen.

Um hier noch einen Punkt aus der papstkritischen Literatur heranzuziehen: Autoren wie Friedrich Heer und John Cornwell versuchen ein überwiegend negatives Psychogramm des Papstes zu entwerfen (psychische Armut bei sozialen Kontakten, Verweigerung der Auseinandersetzung mit sich selbst, er brauchte Untergebene, nicht aber Mitarbeiter), das mit eine der Ursachen für das problematische Verhalten des Papstes gewesen sein soll. Wenn man solche Verbindungslinien hervorhebt, sollte man auch ein wenig sensibel für die wesentlich konkreter nachzuweisenden taktisch-politischen Erfordernisse sein, denen der Papst Genüge tun musste.

DIE RÖMISCHEN JUDEN – DEPORTATIONEN UNTER DEN AUGEN DES PAPSTES

Die dramatischsten Ereignisse, mit denen Pius zu tun haben sollte, spielten sich aber im Oktober 1943 ab, als Juden aus Rom selbst nach Auschwitz deportiert wurden. Auch bei diesem zentralen Schlüsselereignis stehen sich Interpretationen von Historikern gegenüber, die sich allesamt auf die »Objektivität« berufen und dass der Ablauf der Ereignisse ohnehin klar sei; bei näherem Hinsehen zeigen sich alle diese Darstellungen selbstverständlich von Vorurteilen abhängig. Und das betrifft sicher auch die folgenden Zeilen.

Unter dem Eindruck der alliierten Landung in Sizilien war es im Sommer 1943 zu einem Umsturz in Italien gekommen: Der bisherige Gouverneur von Libyen, Marschall Pietro Badoglio, bildete eine Übergangsregierung. Die neue Führung setzte zunächst den Krieg fort, führte aber mit den Alliierten Geheimverhandlungen wegen eines Separatfriedens. Am 13. Oktober schlossen sich die Italiener den Verbündeten an und erklärten den Deutschen den Krieg. Zu diesem Zeitpunkt waren Rom und seine Umgebung bereits von der deutschen Wehrmacht besetzt. In Rom galt nach einer Proklamation Feldmarschall Kesselrings das Kriegsrecht. Dadurch rückten sich Deutsche, Römer und der Vatikan gefährlich nahe. Die bisher par distance zum Teil sehr zurückhaltend geführten Auseinandersetzungen nahmen einen für beide Seiten überaus heiklen Charakter an. Die deutschen Diplomaten und einsichtigeren Politiker mussten fürchten, bei einem Vorgehen gegen den Papst einen Aufstand in Rom zu entfesseln, der auch unter dem Eindruck der Nähe der alliierten Streitkräfte dem üblichen deutschen Vorgehen gegen Widerstand Grenzen setzte. Umgekehrt musste der Vatikan unter Umständen sogar mit einem Anschlag auf den Papst rechnen, wenn man gezwungen war, Proteste zu erheben. Die Verknüpfung mit Rom und seiner Bevölkerung war durch die Funktion des Bischofs von Rom einfach gegeben. Die Bedrohung durch die Deutschen war evident: Wachen zogen vor dem Petersplatz auf.

Rom selbst war von der Veränderung der militärischen Gesamtlage durch die Anwesenheit der Deutschen negativ betroffen. Die alliierten Erfolge in Süditalien hatten auf die Verhältnisse in der Hauptstadt noch keinen Einfluss. Im Grunde war allen klar, dass die Deutschen zumindest für kurze Zeit hier nach Gutdünken schalten und walten konnten.

In der jüdischen Gemeinde Roms waren die Ansichten, was nun geschehen werde und sollte, geteilt. Der Vorsitzende der Gemeinde, Ugo Foa, vertrat den Standpunkt, die Juden sollten sich so verhalten, als sei nichts Besonderes geschehen. Der Oberrabbiner, Israel Zolli, hingegen ahnte ein bevorstehendes Blutbad und riet zur Flucht oder zum Untertauchen in Verstecken. Sogar der deutsche Botschaftsrat Albrecht von Kessel hatte in Absprache mit Botschafter Ernst von Weizsäcker der jüdischen Gemeinde entsprechende Warnungen zugehen lassen.

Der Vatikan half nun vielen Juden beim Verlassen Roms und bei der Suche nach Verstecken. Diese Bemühungen verstärkten sich im Zuge der nun dramatisch umschlagenden Ereignisse.

Am 26. September verlangte der SS-Kommandant in Rom, Herbert Kappler, von den Juden Roms eine Zahlung von 50 Kilogramm Gold für Waffenkäufe. Inzwischen war auch schon aus Himmlers Büro der Befehl zur Deportation der Juden eingetroffen. Kappler erpresste nun mit der Deportationsdrohung die römischen Juden. Die Geld- und Goldsammlung nahm einen überraschenden Verlauf. Nicht nur Juden trugen zur Sammlung dieser Summe bei, sondern auch Christen kamen und gaben Ringe und Schmuck ab. Auch der Vatikan erklärte sich bereit zu helfen, wollte aber nach Cornwells Darstellung das Gold nur als Darlehen geben. Schließlich war es nicht notwendig, das Angebot des Vatikans anzunehmen.

Doch die Aktion erwies sich als ein Manöver, um an Edelmetall zu kommen. Möglicherweise handelte es sich um eine der »Raubgold«-Aktionen zur Beschaffung von Werten, für die Schweden Stahl zur Produktion neuer Panzer liefern sollte, die ja dann im Laufe des Jahres 1944 tatsächlich gebaut wurden.

Nachdem sich Kappler über die Tatsache beschwert hatte, er hätte zu wenig Leute, um die Deportation durchzuführen, schickte Eichmann als neuen Kommandanten den erprobten Theodor Dannecker, der von SS-Offizieren und Mannschaft begleitet wurde. Am 16. Oktober begann die SS in aller Frühe ihre Aktion gegen die Juden im alten römischen Ghetto. Man trieb mehr als 1000 zusammen und transportierte sie ins nahe gelegene Collegio Militare.

Kurz darauf wurde der Papst von diesen Vorgängen durch eine junge römische Adelige informiert. Staatssekretär Maglione ließ daraufhin Botschafter von Weizsäcker zu sich bestellen und protestierte.

Um dieses offenbar zentrale Gespräch gibt es Unklarheiten. Cornwell berichtet, dass Weizsäcker und Kessel in anderem Rahmen den Papst und den Vatikan zu einem Protest gedrängt hätten und der Staatssekretär dazu nicht bereit gewesen wäre. Nun liegt aber eine sprachlich recht »geschraubte« Notiz Magliones vor, aus der sich ein anderer Ablauf ergibt. Nach dem Protest und der Appellation an das gute Herz des Botschafters fragte dieser, was denn geschähe, wenn die Razzia weiterlaufe. Darauf der Kardinalstaatssekretär: »Der Heilige Stuhl möchte sich nicht dazu gezwungen sehen, ein Wort der Missbilligung sprechen zu müssen.« Dieses wollte Weizsäcker nach Magliones Darstellung unbedingt verhindern. Die Formulierung des Staatssekretärs war natürlich gewunden, drückte aber für einen Diplomaten die Situation klar aus. Die Deutschen sollten die Aktion stoppen, sonst könnte etwas passieren, das allen unangenehm wäre. Weizsäcker spielte den stärksten Trumpf:»Die Anweisungen kommen von höchster Stelle«, also von Hitler. Maglione versuchte der Sache einen privaten Charakter zu geben. Er habe an das Gewissen des Botschafters appelliert und stelle es dessen Einschätzung anheim, ob er offiziell in Berlin Meldung erstatten wolle. Das klingt nach Rückzug, erhielt aber dann doch eine klare Linie:»musste ich ihm jedoch sagen, dass der Heilige Stuhl nicht in den Zwang versetzt werden darf, zu protestieren. Sollte dies der Fall sein, würde er sich, was die Konsequenzen betrifft, der göttlichen Vorsehung anvertrauen.« Der Vatikan verschob also die endgültige Entscheidung über einen Protest und überließ es dem Botschafter,»etwas für die armen Juden unternehmen zu wollen.« Man war aber realistisch genug zu erkennen, dass diese Maßnahme allein nicht ausreichen konnte. Auf eine nicht ganz geklärte Weise kam der in Rom kommandierende General Rainer Stahel ins Spiel. Brechenmacher sieht die Initiatoren des Kontakts zu Stahel im Vatikan, Cornwell führt die ganze Sache auf einen Rat des Generals zurück. Solche Fragen betreffen keine Nebensächlichkeiten, sondern zielen auf den Kernpunkt der Debatte. Setzte der General tatsächlich einen Brief an sich selbst in Gange, der vorgeblich von dem NS-freundlichen Bischof Alois Hudal stammte? Hudal war der Rektor der deutschen katholischen Kirche in Rom, Santa Maria dell' Anima. Angeblich sei der Brief an den General von Botschaftsrat Kessel und einem Kollegen verfasst worden. Auch wenn die Geschichte beim derzeitigen Stand der Forschung nichts zu unserer Grundfrage beiträgt, ist sie an sich recht interessant.

Hudal schrieb demnach angeblich oder tatsächlich an General Strahe folgenden Brief:»Eben berichtet mir eine hohe vatikanische Stelle aus der unmittelbaren Umgebung des Heiligen Vaters, dass heute Morgen die Verhaftungen von Juden italienischer Staatsangehörigkeit begonnen haben. Im Interesse des bisherigen guten Einvernehmens zwischen Vatikan und dem hohen deutschen Militärkommando, das in erster Linie dem politischen Weitblick und der Großherzigkeit Eurer Exzellenz zu danken ist und einmal in die Geschichte Roms eingehen wird, bitte ich vielmals, eine Order zu geben, dass in Rom und Umgebung diese Verhaftungen sofort eingestellt werden; ich fürchte, dass der Papst sonst öffentlich dagegen Stellung nehmen wird, was der deutschfeindlichen Propaganda als Waffe gegen uns Deutsche dienen muss.«

Das Schreiben ging nach einigen Verzögerungen nach Berlin ins Auswärtige Amt, wo auch ein Brief des Botschafters von Weizsäcker eintraf, der in ähnlichem Sinne verfasst war. Viel Zeit war vergangen, die Zeit für die zur Deportation bestimmten Juden wurde knapp, und der offizielle Protest des Papstes erfolgte nicht. Alle Spekulationen über die Gespräche und Initiativen, die sich zwischen den Diplomaten, Militärs und weltlichen respektive geistlichen Politikern abgespielt haben, verdecken nur die Tatsache, das der Papst nicht protestierte, sondern nur ein krauses System von Drohungen und angedrohten Drohungen zuließ.

Das alles musste schiefgehen. Am Abend des 16. Oktober ließ nach Überprüfung der Unterlagen der SS-Kommandant Dannecker 252 der Gefangenen frei, die nachweisen konnten, sie seien keine Juden oder hätten nichtjüdische Ehepartner. Am 18. Oktober wurden knapp über 1000 Juden in Viehwaggons verladen und nach Auschwitz geschickt. Wo der Zug vorüberkam, berichteten in manchen Fällen sogar die Ortsbischöfe, in welch elendem Zustand sich die Deportierten befanden. 1035 kamen in Auschwitz an, 839 wurden sofort in die Gaskammer geschickt. Von den Häftlingen entgingen nur 14 Männer und eine Frau der Vernichtung. Settimia Spizzichino überlebte sogar Dr. Mengeles Experimente und wurde schlafend und zum Skelett abgemagert in einem Haufen von Leichen im Lager Bergen-Belsen gefunden. 1995 gab sie der BBC ein Interview, in dem sie den Schluss zog, Pius hätte die Juden warnen können. »Wir hätten aus Rom fliehen und uns den Partisanen anschließen können.«

Vergegenwärtigt man sich alle diese kleinen taktischen Manöver in einer Situation, wo es auf ein klares Wort sehr wohl angekommen wäre, überwiegen die Bedenken gegenüber der Politik des Papstes. Die Hilfsmaßnahmen, Juden zu verstecken, ihnen sogar im Vatikan Quartiere anzubieten, liegen auf der anderen Seite der Waage. Auch die Hilfe zur Flucht, die von der Geistlichkeit wohl in päpstlichem Auftrag geleistet wurde, entspricht der Forderung von Settimia Spizzichino.

Es ist auch zu bedenken: Sechs lange Jahre war der Papst von der Aufgabe abgelenkt, den Bau der Kirche zu vollenden, zu dem er selbst 1917 als Chef der Kommission für den Codex iuris canonici mit dem Abschluss dieses Werkes beigetragen hatte. Der Arm des Papstes sollte überallhin reichen. Die Kirche war einheitlich durchzugestalten und hatte für eine von christlichem Geist erfüllte Gesellschaft zu kämpfen.

1954 erreichte Pius XII. mit der Heiligsprechung eines der Päpste seiner Jugend, Pius X., dem Papst des »Antimodernismus« einen wichtigen symbolischen Markstein auf diesem Weg. Warum ist das bedeutsam? Weil es die wahrscheinlich wichtigste Erkenntnis aus dem bisher Diskutierten erlaubt: Die Katastrophe des europäischen Judentums war offenbar so nebensächlich, dass Pius nach 1945 darauf kaum mehr zu sprechen kam. Was seinem Nachfolger fast vom ersten Tag seines Pontifikats an eine zentrale Herzensangelegenheit war, nämlich aufgrund der schrecklichen Erfahrungen das Verhältnis zwischen Christen und Juden neu zu gestalten, glitt an Pius ab. Zwischen 1939 und 1945 hatte er tatsächlich Rücksichten zu nehmen und saß in der Falle zwischen Konflikten, die unvereinbar waren. Doch nach 1945 wäre eine umfassende Wendung der Kirche ein bedeutsamer Akt gewesen. Man darf nicht nur den Papst, sondern muss die Haltung der gesamten Kurie und auch der einflussreichen regionalen Geistlichkeit kritisch betrachten.

Fünfzehntes Kapitel

DIE DOMINANZ DER KONSERVATIVEN UND DIE ERSTEN NEUANSÄTZE

Päpste und Juden von Pius XII. zu Johannes XXIII. und Paul VI.

Johannes XXIII.

Im Rahmen der Vollendung der päpstlichen Herrschaft war es logisch, dass die Konservativen ein entscheidendes Wort mitzureden hatten, zumindest in den Angelegenheiten, die den Papst wenig interessierten. Die verpassten Chancen direkt nach 1945 zeigen sich z. B. an einer Erklärung des Innsbrucker Bischofs Paul Rusch aus dem Jahre 1954 zum Anderl von Rinn, einem Kind, das 1462 angeblich einem jüdischen Ritualmord zum Opfer gefallen war und in der Kirche zu Rinn in Tirol damals noch als Märtyrer verehrt wurde. Wegen dieser Angelegenheit hatte Albert Massiczek, einer der wichtigen Streiter gegen die Judenfeindschaft in Österreich, dem Bischof einen mahnenden Brief geschrieben, in dem Massiczek auch das volkstümliche »Anderl-Spiel« als keineswegs harmlos kritisierte.

Der Bischof antwortete: »Ich habe mit Hilfe des Herren Prälaten von Wilten vor wenigen Wochen mit Mühe erreicht, dass sich diese Leute verpflichtet haben, dieses Spiel fünf Jahre lang nicht mehr aufzuführen. Vorher hatte ich von der Aufführung dieses Spiels überhaupt keine Kenntnis. Was nun die Ritualmorde rein historisch betrifft, so sind die Historiker hierüber verschiedener Ansicht. Eine große Zahl neigt durchaus nicht zu Ihrer Meinung (Heer erläutert zu diesem Satz: der Wiener Historiker und Staatsbibliothekar Dr. Massiczek hatte diese Meinung in seinem Schreiben an den Bischof Dr. Rusch vertreten). Es wird also hier zu berücksichtigen sein, dass es fundierte Meinungen gibt, die anderer Ansicht sind. Im Gesamtzusammenhang der Dinge ist auf alle Fälle zu beachten, dass es immerhin die Juden waren, die unseren Herrn Jesus Christus gekreuzigt haben. Weil sie also zur NS-Zeit zu Unrecht verfolgt wurden, können sie sich jetzt nicht plötzlich so gerieren, als ob sie in der Geschichte überhaupt nie Unrecht getan hätten ...«[224]

Bischof Rusch galt als fortschrittlicher Bischof. Eine im späteren Sinne kompetente Meinung lässt sich in dem Brief nicht erkennen. Die Bemerkung, dass es fundierte Meinungen gibt, die Ritualmorde für erwiesen oder möglich halten, verdeckt nur die Unkenntnis des

Bischofs. Diese wird auch durch die Tatsache offenkundig, dass er das Anderl-Spiel nicht kannte. Es ist nicht ausgeschlossen, dass der judenfeindliche Gehalt dieser »Vergnügungen« erst durch den Nazi-Terror gegen die Juden ins Bewusstsein kritischer Zeitgenossen drang.

NEUE INITIATIVEN FÜR CHRISTLICH-JÜDISCHE ZUSAMMENARBEIT – UND EIN UNBEWEGLICHER PAPST?

Geschah überhaupt etwas *in* der Kirche, das auf einen veränderten Bewusstseinsstand hindeutete? An ihrem Rand formierten sich Gruppen, deren Mitglieder aus den Erfahrungen der mörderischen Menschenverachtung vor allem einen Schluss gezogen hatten: Die Naziverbrechen fanden nicht außerhalb der deutschen oder europäischen Geschichte statt, sondern innerhalb, und daher sei auch diese Geschichte samt der Kirchengeschichte auf den Prüfstand zu stellen.

Im Bombenhagel des Jahres 1941 in London hatten einflussreiche Christen und Juden beschlossen, wenn der Krieg zu Ende sei, einen neuen Ansatz zu wagen. So entstand das »International Council of Christians and Jews«. Unterstützung kam für diesen Rat der Christen und Juden aus Rom nicht. Im Gegenteil: Der Nuntius in Deutschland übermittelte den deutschen Bischöfen ein Schreiben, in dem über den Rat folgendermaßen geurteilt wurde: »Die genannte Bewegung bezweckt zwar, den Antisemitismus zu bekämpfen und unter Beihilfe der Christen die Juden vor ungerechten Verfolgungen zu schützen (noch immer hielt sich in solchen Erklärungen und Anweisungen der Hinweis auf die ungerechten Verfolgungen, so als gäbe es auch gerechte Verfolgungen). Aber sie beschäftigt sich in ihren Kongressen und Zusammenkünften auch mit erzieherischen Fragen und sucht die religiöse Toleranz, ja sogar die vollständige Gleichheit der verschiedenen religiösen Bekenntnisse zu fördern ... Selbst wenn Katholiken von der zuständigen kirchlichen Obrigkeit ermächtigt sind, so können sie an solchen Veranstaltungen der genannten Bewegung nur in der Eigenschaft als Beobachter teilnehmen ... Es empfiehlt sich nicht, dass eine solche Erlaubnis zur Teilnahme an Personen erteilt wird, die im katholischen Leben an bedeutender Stelle stehen ... Es empfiehlt sich ferner nicht, dass die Zusammenkünfte in Räumen katholischer Anstalten stattfinden.«[225] Das war also die Antwort des 262. Papstes, des geweissagten Pastor Angelicus, als der sich Pius in einem Propagandafilm gerierte, auf notwendige Aktivitäten, die sich aus den Erfahrungen der Schoa ergaben: Sollen sie nur machen, aber ohne uns Katholiken. Das zu häufige Schweigen des Papstes vor 1945 kann man verstehen, seine Ignoranz nach dem Ende der Naziherrschaft kann man nur verurteilen. Der Papst kehrte einfach zur Wiederherstellung der Verhältnisse von, nun sagen wir einmal, 1928 zurück. Noch erstaunlicher verhielt er sich 1945, als er ein unfassbar verzopftes Minderheitenvotum des Sacrum Officium bestätigte. Pater Benedetto da Bourg d'Iré hatte sich um die Betreuung und Rettung jüdischer Flüchtlinge in Rom verdient gemacht. Durch Vorträge versuchte er das eng gewordene Verhältnis zu den Juden zu erhalten. Ende 1944 eröffnete die »Inquisition« das Verfahren gegen Pater Benedetto. Er sollte »seinen Vorträgen auch das Neue Testament zugrunde legen, um ... dessen Abweichungen und dessen Überlegenheit über das Alte Testament zu erhellen; sollte dies jedoch – wie vorherzusehen ist, aufgrund der Natur seines Auditoriums nicht möglich sein, sollten ihm diese Vorträge untersagt werden.«[226]

An dieser Stelle muss nun erstmals über einen tiefgehenden Wandel in der gesellschaftspolitischen Bedeutung der katholischen Kirche gesprochen werden. Die gerade geschilderten Maßregeln des Heiligen Offiziums sind natürlich innerhalb des Systems katholische Kirche zu betrachten. Würde sich das Vortragsverbot auf einen Verein beziehen, der ein paar tausend Mitglieder hätte, wäre das ziemlich belanglos. Gegenüber der katholischen Kirche mit ihren weltweit hunderten Millionen Mitgliedern (damals!) ist die Argumentation, sie könne im Rahmen ihrer Tradition, ihrer Spielregeln natürlich verfügen, was sie wolle, wohl richtig, aber von katastrophaler Wirkung. Wegen des historischen Gewichts der religiösen Bedürfnisse und dem beträchtlichen Teil der Gesellschaft, der ihr angehört, kann sich die Tätigkeit nicht auf das Hüten ihrer »Vereinsstatuten« beschränken, sondern ihre Lehre muss sich in einem angemessenen Verhältnis zu den Erfordernissen der Gesellschaft entwickeln. Die meisten Theologen, die solches konsequent verlangten, wurden von ihren Ämtern suspendiert.

Dazu sei auch festgestellt, dass der Nachweis der Überlegenheit des Neuen Testaments über das Alte theologisch recht fragwürdig ist. Wer fordert denn diesen Nachweis? Dazu könnte man nicht einmal Paulus systematisch in Stellung bringen, weil er sich ja hinsichtlich der Bedeutung des jüdischen Gesetzes für die Christus-Anhänger dauernd widerspricht. Und dann stellt sich natürlich die Frage: Was hat denn das Neue Testament im Vergleich zum Gesetz an Weiterentwicklung zu bieten? Außer dass sich Jesus gleichberechtigt neben oder sogar über das Gesetz stellt, ist kein Bruch zu erkennen. Auch die Inhalte der Bergpredigt bieten nichts Neues gegenüber den alten Vorschriften; d. h. dieses Pater Benedetto aufgetragene Verbot schob einer ernsthaften Auseinandersetzung mit Juden und Judentum einfach einen Riegel vor. Zwei Mitglieder im Offizium hatten dieses Verbot vorgeschlagen, vier hatten es anders gesehen: Pius trat der Minderheit bei. Die Kirche begann sich offenbar zu bewegen. Die wirksam bleibende Unbeweglichkeit stand in der Verantwortung Pius' XII.

Doch trotz des wachsamen Auges der Konservativen waren angemessene Reaktionen auf die »furchtbare« erste Hälfte des 20. Jahrhunderts nicht zu verhindern. Eine Reihe von Würdenträgern, wie z. B. der als wesentlicher Initiator für die »Judenerklärung« berühmt gewordene Augustin Bea, »ging in Stellung«. Pius selbst führte noch während seines Pontifikats die Kniebeuge bei der Bitte um die Erleuchtung der Juden ein, an denen allerdings zunächst noch die Eigenschaft »perfidus« hängen blieb. Offenbar bildete sich in der Kirche etwas aus, was wir heute als »Reformstau« bezeichnen würden.

NOSTRA AETATE

Im Sinne der vorhin angeschnittenen gesellschaftspolitischen Verantwortung der Kirche war der wichtigste Punkt der Reformanliegen die Annäherung der Kirche an die brennenden Probleme der Menschen. Seinen Ausdruck fand dieses Anliegen in Johannes XXIII., der trotz seiner Erfahrungen als theologischer Gelehrter und Diplomat – jahrzehntelang hatte er als Nuntius gedient, unterschied sich in seiner kirchlichen Laufbahn nur wenig von seinem Vorgänger – oft einen spontanen Eindruck machte. Es wäre erstmals die Frage zu stellen, ob dieser erfahrene Kirchenfürst nicht als Papst zur Durchsetzung dringender Veränderungen bewusst einen eigenen Stil entwickelte. Das soll nicht heißen, dass der Papst der Welt den großen Liebenden vorspielte, es ist aber kaum zu glauben, dass ein Mann, der eine derartige Karriere hinter sich hatte, alles nur »naiv, aus reinem Herzen« ins Werk setzt. Dazu hatte er zu viele Gegner im innersten Machtbereich zu überlisten.

Sein Thema waren die offenen Fenster der Kirche, die sich auch gegenüber den Juden öffneten und zu dem ergreifenden Schuld- und Bußgebet des Papstes knapp vor seinem Tod führten. Dazwischen schaffte er das Attribut »perfidus« aus der Karfreitagsbitte ab, setzte die Abhaltung eines Konzils durch und erkannte die Bedeutung einer Stellungnahme der katholischen Kirche zu den Juden auf der Basis modifizierter theologischer Ansichten. Mit dieser Erkenntnis des Papstes begann die wichtige Auseinandersetzung mit der traditionellen Lehre der Verachtung und die Vorbereitung von »Nostra aetate«.

Als Anreger für eine neue Erklärung zum Verhältnis zwischen Christen und Juden gilt einerseits der seinerzeitige Gründer der Amici Israel, Anton van Asseldonk, der, wie bereits berichtet, 1959 einen Brief an Johannes XIII. richtete, in dem er die Aufmerksamkeit des Papstes auf diese Frage lenkte. Andererseits spielte der bekannte jüdische Religionsphilosoph Jules Isaac, der uns schon mit seinem treffenden Urteil von der »Lehre der Verachtung« begegnet ist, eine wichtige Rolle.[227] Der mit diesen Fragen aus eigener Anschauung bestens vertraute Wiener Erzbischof Franz Kardinal König bestritt die Bedeutung des Gesprächs mit Isaac und hob eher den Besuch amerikanischer Juden in Rom hervor, die der Papst mit den berühmten Worten begrüßte: »Ich bin Josef, euer Bruder.« Jedenfalls übergab Isaac am 13. Juni 1960 dem Papst eine Denkschrift, in der es um eine Revision der theologischen Grundaussagen über das Judentum geht. Isaac war auf dem Gebiet der Frühzeit des christlich-jüdischen Konflikts ein ausgewiesener Fachmann und konnte sich kompetent zu den historischen Gebundenheiten der Texte der Kirchenväter äußern, die ja die Grundlagen für die Haltung der Kirche gegenüber den Juden bildeten.

Jules Isaac und andere Personen hatten Erfolg, denn Johannes XXIII. übergab die Denkschrift Kardinal Augustin Bea, dem kürzlich ernannten Präsidenten des Sekretariats zur Förderung der Einheit der Christen. Bea wurde im selben Jahr auch die Verantwortung für die Pflege der Beziehungen zu den Juden übertragen. Es entstand im so genannten Einheitsseketariat eine Unterkommission, die sich mit den »Quaestiones de iudeis« befassen sollte. Ihr gehörten als bedeutendste Mitglieder an der amerikanische Pater Baum, Abt Rudolf aus Jerusalem und Msgr. Johannes Österreicher, der selbst geborener Jude war. Es ist bezeichnend, dass Österreicher im Gegensatz zu Pater Baum, der sich in der Erklärung vor allem auf den Antisemitismus beziehen wollte, die theologische Aufgabe in den Mittelpunkt stellte. So formulierte er am Ende der Sitzung des Einheitsrates: »Aus diesem Grunde, also nicht nur um des Wohles der Juden willen, sondern auch, ja vielmehr wegen des geistlichen Fortschritts der Gläubigen und der Bezeugung der vollkommenen Einheit der Kirche, die die Kirche aus den Juden und Heiden war, ist und stets sein wird, erbitten wir Ihre Zustimmung.« Als konvertierter Jude, der 1938 noch zur Flucht in die USA gezwungen worden war, konnte er die Akzentverschiebung vom Leiden der Juden auf die theologische Aufgabe durchführen – jeder andere Theologe hätte sich doch gewisser Kritik ausgesetzt.

Der Vorsitzende, Kardinal Bea, stand auch 15 Jahre nach dem Massenmord an den Juden vor einer fast unlösbaren Aufgabe. Nicht mehr ging es vor dem Hintergrund der Konzilsvorbereitungen nur um eine Auseinandersetzung zwischen Konservativen und Liberalen in der Kirche, sondern auch um den weltpolitischen Konflikt zwischen Israel und den arabischen Ländern. Der Sorgfalt halber sei festgehalten, dass wir uns noch sieben Jahre vor dem berühmten 7-Tage-Krieg befinden und der ägyptische Staatspräsident und Judenfeind Nasser noch im vollen Wind seines Erfolgs in der Suez-Krise segelte. Bei einer neuen Erklärung des Vatikans über die Juden waren massive Probleme zu erwarten. Tatsächlich sickerten Informationen über die geplante Erklärung zum Judentum in die Öffentlichkeit, und die arabischen Staaten befürchteten ein politisches Statement, durch das dem Staat Israel Vorteile erwachsen könnten. Dies sollte ein Problem während des gesamten Konzils bleiben.

Wer sollte bei diesen Verhandlungen die Juden vertreten? Die europäischen Juden befanden sich in einer Situation, die ihnen, abgesehen von den Juden Englands und Frankreichs, gar nicht die Möglichkeit gab, eine so schwierige Aufgabe zu erfüllen; andererseits kam Israel aus politischen Gründen nicht in Frage (auch aus vatikanisch-diplomatischen Gründen). So konnten als jüdische Partner in dem zu eröffnenden Dialog nur amerikanische jüdische Organisationen zur Verfügung stehen. Sie sind bis heute neben Israel als Vertreter jüdischer Angelegenheit in der Welt wohlbekannt: der »World Jewish Congress«, das »American Jewish Committee« und schließlich die »Anti Defamation League«.

Das so genannte »Decretum de Juadeis«, das von einer Unterkommission diskutiert wurde, sollte sich mit dem Vorwurf des Gottesmordes, der Verwerfung des Volkes Israel, der Gültigkeit des Bundes Gottes mit den Juden und schließlich mit dem Antisemitismus beschäftigen. Das Gewicht einer neuen theologischen Sicht hatte Österreicher klargemacht. Zunächst einmal gelangte der Entwurf nicht in die Zentralkommission, welche die Sitzungsinhalte vorbereitete. Kardinalstaatssekretär Amleto Giovanni Cicognani war erbost darüber, dass der »World Jewish Congress« einen israelischen Beamten zu seinem Beobachter und Repräsentanten beim Konzil ernannt hatte. Sein Hinweis auf politische Verwicklungen war nicht unrealistisch, dann legte er aber eine merkwürdige Erklärung nach: Die Juden und alle anderen außerhalb der Kirche wüssten, dass die Kirche sie mit großer Liebe aufnehmen würde, wenn sie sich dem katholischen Glauben zuzuwenden wünschten. Der Staatssekretär gehörte zu jener Gruppe an der Kurie, die eine Erklärung über die Juden für unnötig hielt. Wenn man überhaupt im Dialog mit den Juden einen Sinn sah, musste das Ziel sein, die Überlegenheit des Neuen Testaments zu demonstrieren.

Nach diesem Scheitern arbeitete Bea unverdrossen an seiner Aufgabe weiter und entwarf geradezu eine Theologie gegen den Vorwurf des Gottesmordes und die Verwerfung der Juden. Den wichtigsten Schluss, den er zog, war die Feststellung, dass zwar Juden mitverantwortlich an der Verurteilung Jesu waren, man aber aus dieser individuellen Schuld keine Kollektivschuld aller Juden machen könne. Für den tatsächlichen Fortgang der Dinge entscheidender war die Unterstützung, die Bea von amerikanischen Kardinälen gewann, unter denen der New Yorker Erzbischof Spellman als der vielleicht prominenteste hervorragt. Immerhin waren 250 amerikanische Konzilsväter anwesend, die zusammen mit Franzosen, Niederländern, Schweizern, Deutschen und Österreichern eine recht beachtliche Gruppe bildeten, die für die neue Erklärung gegenüber den Juden eintrat.

Bea schrieb an Johannes XXIII., wies auf die Dringlichkeit der Erklärung über die Juden hin und unterstrich, dass der ökumenische Weltkirchenrat Ende 1961 eine Erklärung gegen den Antisemitismus verabschiedet hatte. Fördernd wirkte vielleicht auch ein Aufruf des Oberrabbiners von Rom an die Konzilsväter, im Sinne Johannes' XXIII. auch zur Judenfrage Stellung zu nehmen. Johannes erteilte nun den Auftrag, sich auf der nächsten Sitzungsperiode mit der Sache zu befassen. Bea war aber trotzdem vorsichtig und versuchte, den zu erwartenden Ränken des Kardinalstaatssekretärs zu begegnen, indem er den Tagesordnungspunkt Juden im Schema über den Ökumenismus zu verstecken suchte. Zu diesem Zweck wurde eine zweite Fassung erarbeitet, die in zwei Punkten über die erste hinausging: Sie enthielt eine klare Verurteilung, die Juden ein gottesmörderisches Volk zu nennen, und wies die Priester an, nichts zu predigen, was Hass und Verachtung gegen die Juden hervorrufen könnte. So weit war die Sache gediehen, als Johannes starb. Paul VI. eröffnete im September die zweite Sitzungsperiode.

Doch die Schwierigkeiten rissen nicht ab. Neben den konservativen Bischöfen, die ohnehin blockierten, kamen Bedenken der Bischöfe aus arabischen Ländern hinzu, die Gegenmaßnahmen ihrer Regierungen fürchteten. Es bestand die Gefahr, dass eine Abstimmung gegen die Erklärung ausfallen könnte. So ging die Sitzungsperiode ohne Entscheidung zu Ende.

Von einiger Bedeutung war der für die Öffentlichkeit völlig überraschende Besuch Papst Pauls VI. in Palästina-Israel zu Jahresbeginn 1964, dessen Planungen vielleicht sogar den Abschluss über die Erklärung zum Judentum gebremst hatten. Der Papst hätte bei seinem Besuch in Jordanien wahrscheinlich Schwierigkeiten erwarten müssen. Durch die Reise des Papstes wurde die Erklärung zum Judentum aufgrund des Interesses der amerikanischen Presse gewissermaßen in die Weltpolitik katapultiert.

Die Situation wurde für Bea zunächst einmal nicht besser. Nasser hatte gegenüber Paul VI. persönlich mit Repressionen gegen katholische Einrichtungen in Ägypten gedroht, falls die Erklärung verabschiedet würde. Außerdem ging die innerkatholische Opposition noch einmal in Stellung, an ihrer Spitze Ottaviani sowie der Erzbischof von Genua, Kardinal Siri, der noch 1978 bei der Wahl Johannes' Paul I. zu den aussichtsreichen Kandidaten zählte.

Das Klima wurde zusätzlich durch ein publizistisches Machwerk der allerschlimmsten Sorte angeheizt. Maurice Pinay schrieb mit anderen Autoren ein Buch »Verschwörung gegen die Kirche«. Die italienische

268

Ausgabe war seit 1962 bekannt. Einer der Ausgangspunkte ist folgender: Der Teufel hat bedingungslose Helfershelfer unter den höchsten kirchlichen Würdenträgern auf seiner Seite. Ihr Ziel ist es, die Kirche zu einem Satelliten der Synagoge des Satans zu machen. Im Lichte dieser Lektüre, die um 1960 geschrieben wurde, enthüllt sich nun frei vom Ringen um historisches Verständnis das Entsetzen darüber, was der Inhalt der Theologie über die Juden ist und in welcher Form er dargeboten wird. Die in den Texten der Kirchenväter niedergelegten, teils rücksichtslosen Angriffe auf die Juden als historisches Phänomen zu verstehen, deren Inhalte daher veränderbar sind, wäre eine begreifliche Verhaltensweise. Es aber als Kern der Tradition zu verehren, heißt der Menschenverachtung eine Gloriole flechten.

Die Autoren der »Verschwörung gegen die Kirche« sind eindeutig. Zu den verdammten Juden, wie der heilige Augustinus sie nennt, erklären sie:»Die einhellige Lehre der großen Kirchenväter, jene einhellige Übereinstimmung der Väter, die die Kirche als Quelle des Glaubens betrachtet, verdammt die ungläubigen Juden und erklärt den Kampf gegen sie als gut und notwendig.« Wie wir gesehen haben, steht das so und noch viel schärfer bei Ambrosius, Hieronymus und Augustinus. Von Chrysostomos, den man im lateinischen Westen kaum kannte, ganz zu schweigen.

15 Jahre nachdem Millionen Juden ermordet wurden, brüsten sich die Autoren, dass die Kirche 19 Jahrhunderte gegen die Juden gekämpft habe und dass man das mit glaubwürdigen Dokumenten nachweisen werde. Sie wollten aufzeigen, dass Christus selbst, die Evangelien und die katholische Kirche zu den Quellen des Antisemitismus zählt. D. h., die Autoren und der (ultra)konservative Kreis der Konzilsväter vertrauten der Resistenz der Tradition, an der nicht einmal der Papst eine Änderung vorzunehmen wagen würde. Es war für derart gepolte Menschen eben undenkbar, dass die vergangenen 19 Jahrhunderte nicht so gleichförmig abgelaufen waren, wie sie sich das vorstellten, und dass im 20. Jahrhundert etwas geschehen war, das ihre gesamte Tradition zur Makulatur veröden ließ.

Heutige Vertreter der Kirche können nicht umhin, in ihren Texten festzustellen, dass die Kirche wohl gegenüber den Juden auch Schuld auf sich geladen, aber auch immer ihre Stimme zu ihrem Schutz erhoben habe. Für sie mag es eine unerwartete Erfahrung sein, auf manche Sätze von Pinays Buch zu stoßen. So hätten die Juden immer behauptet, dass die katholische Kirche den Antisemitismus verurteile. Pinay und seine Mitstreiter korrigieren lapidar:»Das ist nicht wahr.«Sie schildern die Verurteilung der Freunde Israels und vergessen, dass sich Pius XI. zumindest gegen einen Teil der Judenfeindschaft gewandt hat.

Das war das Problem der Falken in der Kirche als auch der Tauben, die eine gewisse Freundlichkeit der Kirche gegenüber den Juden prononciert in den Mittelpunkt stellen wollten: Man fand für beide Standpunkte Beweise, was bei einer Geschichte von etwa 1500 Jahren kein Wunder ist.

Anderes ist aber an Pinays von Verschwörungstheorien durchdrungenem Pamphlet wichtiger: Die Juden hätten schon früh die Kirche infiltriert. Da musste natürlich wieder Anaklet, der Gegenpapst aus der Familie der Pierleoni, herhalten, und daraus konstruierte man eine Gefährdung der Kirche von innen. Die Gegenwart, also die beginnenden sechziger Jahre des 20. Jahrhunderts, hielt man für besonders gefährlich, da sich ja allenthalben Kräfte zeigten, die über eine neue Rolle der Kirche in der Gesellschaft nachdachten. Diese Kräfte sollten nach Vorstellung von Pinay & Co. einer innerkirchlichen Säuberung zum Opfer fallen, indem man sie vor das Heilige Offizium zitierte. Friedrich Heer, der in»Gottes erste Liebe«fast zu ausführlich über diese bizarren Entgleisungen berichtet, dreht den Spieß einfach um und wundert sich mit polemischem Einschlag darüber, dass die Bischöfe, die solches Gedankengut unterstützten, niemals vor ein kirchliches Gericht gestellt wurden. Besser wäre das alte Konzept gegen die Juden: Man möge ihnen mit gutem Zureden ihre Irrtümer vor Augen stellen.

Lassen wir diese Abstrusitäten auf sich beruhen, um bei dieser Gelegenheit noch eine andere Angelegenheit zu streifen, die vielleicht in das Kapitel theologische Anekdoten gehört. Vielleicht geht es dabei weniger um Inhaltliches als um eine völlige Unsensibilität der Sprache gegenüber. Johannes XXIII. hatte ja nicht nur die letzten und vorläufig endgültigen Veränderungen in der Karfreitagsliturgie angeordnet, sondern auch eine Stelle im Weihegebet vom Christkönigsfest streichen lassen, die erst unter Pius XI., nämlich 1925, eingeführt worden war. Indem auf die bekannte Stelle Matthäus 27.25»Sein Blut komme über uns«angespielt wurde, hieß es in dem Gebet:»Möge das Blut, das einst auf sie herabgerufen wurde, als Bad der Erlösung und des Lebens auch über sie fließen.« Noch war die Welle der Ritualmordklagen in Europa kaum verebbt, und in der Kirche selbst saßen noch die Befürworter des Wahrheitsgehaltes dieser Legende und des kolportierten Blutkultes. In diesem Kontext wird dieser Satz des Gebets geradezu schaurig-bizarr.

Zurück zum II. Vatikanum. Das Ringen um eine neue, dem Konzil vorzulegende Fassung führte zunächst zu Abschwächungen der Brisanz des Textes. Vor allem wollten die Konservativen den Vorwurf des Gottesmordes aufrechterhalten und lehnten daher eine gegenteilige Erklärung ab. Ebenso verhielt es sich mit der Stellungnahme zur kollektiven Verstoßung der Juden. Als die arabische Propaganda diese Entwicklung begrüßte, erhob sich in den USA eine aufgeregte Diskussion. Der »Jewish World Congress« wandte sich sogar an den amerikanischen Präsidenten Lyndon B. Johnson, um gegen diese Abschwächungen zu intervenieren.

Am 25. September legte Kardinal Bea die neue Fassung dem Konzil vor. Überwiegend sprachen sich die Konzilsväter für das Dokument aus. Die Opposition von außen erreichte aber ein solches Ausmaß, dass das Staatssekretariat eine neuerliche Prüfung anordnen wollte. Die Gefahr konnte durch einen Brief, den Kardinal Frings, der Erzbischof von Köln, mit 14 anderen Kardinälen an den Papst richtete, abgewendet werden.[228] Entscheidend war vielleicht auch, dass nun Befürworter der Erklärung noch weitergingen und ein Schuldeingeständnis der Kirche verlangten. Ohne irgendeinen traditionellen Schnörkel stellte der Bischof von Straßburg fest:»Wir können nicht leugnen, dass nicht nur in diesem Jahrhundert, sondern auch in den vergangenen den Juden gegenüber Verbrechen von den Söhnen der Kirche begangen wurden.«

Verschieden dargestellt wird die gemeinsame Behandlung des Verhältnisses zu den Juden bzw. zu den nichtchristlichen Religionen. Kardinal König sprach von einer Erweiterung der Erklärung zu den Juden durch eine Stellungnahme zu den Menschheitsreligionen (Erklärung zur Haltung der Kirche gegenüber den nichtchristlichen Religionen). Das Thema »Judenerklärung« sei dadurch zum Kernstück dieses kürzesten, aber bedeutungsvollsten Kirchendokuments geworden.[229] Leicht kritisch, indem er von einem »entschärften Titel« sprach, äußerte sich Friedrich Heer.[230] Nach einer letzten Presseschlacht, in der in einer syrischen Pressemeldung verlautete, die Kirche habe Christus wiederum verkauft, doch diesmal nicht um 30 Silberlinge, sondern um amerikanische Dollars, fand am 28. Oktober 1965 die Schlussabstimmung statt. König bezeichnete ihr Ergebnis im Lichte der Vorgeschichte als ein wahres Wunder: 2221 Bischöfe stimmten mit Ja, 88 mit Nein bei nur drei Stimmenthaltungen.

Wie ist die Erklärung zu beurteilen, die in die Geschichte mit dem Titel »Nostra aetate Nr. 4« eingegangen ist, da sie den vierten Absatz der Gesamterklärung darstellt? Insgesamt besteht die Erklärung aus sieben Absätzen.[231] Im ersten Absatz wird betont, dass die Berufung der Kirche Christi in Israel ihren Anfang genommen hat. Als Beispiel für die auch in diesem Text manchmal verklausulierte Sprache der Theologen: Die Kirche Christi erkenne an, dass »in dem Auszug des erwählten Volkes aus dem Lande der Knechtschaft das Heil der Kirche geheimnisvoll vorgebildet« sei.

Im zweiten geht es um die Feststellung, dass Jesus seiner menschlichen Herkunft nach Jude war und dies auch für die Apostel gilt. Im dritten wird unter Berufung auf den Römerbrief 9 des Paulus gegen die »Verworfenheit« der Juden Stellung genommen. Hinsichtlich der zugrunde liegenden Texte wurde auf jede historische Exegese verzichtet und im Sinne der tradtionellen Theologie Kritisches und Versöhnliches dargestellt.

Für die künftige Entwicklung bis heute von entscheidender Bedeutung ist der vierte Absatz, der gegenseitige Kenntnis und Achtung betont, die vor allem biblische und theologische Studien und brüderlichen Dialog voraussetzen. Dieses Programm verweist darauf, dass der kompetente christlich-jüdische Dialog ein Minderheitenprogramm darstellt. Es ist allerdings zu sagen, dass in späteren Jahren an Priester und Religionslehrer Erläuterungen gingen, wie diese schwierigen Aufgaben erfüllt werden könnten.

Im fünften Absatz kam der so heftig umstrittene Punkt zur Sprache: Für den Tod Jesu können weder alle Juden der damaligen Zeit noch die heute lebenden verantwortlich gemacht werden. Hier kommt noch einmal die Feststellung, dass aus der Heiligen Schrift nicht zu folgern ist, dass die Juden verflucht oder verworfen seien. Daraus folgt der doch entscheidende Hinweis, dass niemand in der Katechese oder in der Predigt etwas lehre, was mit der evangelischen Wahrheit und dem Geiste Christi nicht in Einklang stehe.

Daran schließt sich dann die Klage der Kirche über alle Hassausbrüche, Verfolgungen und Manifestationen des Antisemitismus, die sich gegen die Juden gerichtet haben. Der letzte Absatz hat eigentlich mit der Sache nichts mehr zu tun. Er stellt eher eine sehr versteckte Anspielung darauf dar, dass auch die Juden das Heil erlangen könnten. Christus habe all das Leiden auf sich genommen, damit alle das Heil erlangen. Der Text stellt gewiss einen Fortschritt dar. Gemessen an den Angriffen, an dem verknöcherten Festhalten an theologischen Lehrsätzen greift die katholische Kirche in diesem Fall erstmals auf die Möglichkeit zurück, die eine moderne Bibelkritik erlaubt. Hier werden wichtige Punkte des Neuen Testaments nicht mehr bloß traditionell gedeutet, sondern es fand zweifellos eine Auseinandersetzung mit den Texten statt.

Wichtig war auch die im vorletzten Absatz erfolgte Verbindung mit den Judenverfolgungen der Geschichte, die nun wegen der religiös gebotenen Liebe des Evangeliums beklagt werden. Allerdings ohne auch nur dem Gedanken nahezukommen, dass die Verfolgungen und Manifestationen des Judenhasses irgendetwas mit dem Wirken der Kirche in der abendländischen Gesellschaft zu tun haben könnten. Der wahrhaftig mutige Vorstoß des Straßburger Bischofs Elchinger blieb ohne Widerhall. Das ist wohl der wichtigste »Schönheitsfehler« der Erklärung zum Judentum. In diesem Punkt war Papst Johannes in seinem erschütternden Bußgebet der kurialen und konziliaren Entwicklung Jahrzehnte voraus. Da wir heute das Schuldbekenntnis der Kirche gegenüber den Juden durch Papst Johannes Paul II. im Jahre 2000 noch nicht endgültig beurteilen können, gilt dieses Gebet noch immer als das am tiefsten erfasste Leid an der eigenen Geschichte.

Demgegenüber ist aber zu betonen, dass nicht nur Johannes, sondern auch sein Nachfolger Paul VI. einen außerordentlichen Mut gegenüber den weltpolitischen Konstellationen, d. h. den Drohungen arabischer Staatsmänner und den Furchtszenarien der eigenen dort lebenden Klientel, entwickelten und trotz vieler Irritationen die Bedeutung dieser Erklärung erfassten und sie letztlich durchsetzten. Ein Zögern Pauls in irgendeinem Punkt hätte die Erklärung zu Fall gebracht. Diese Entschlossenheit bewahrte er auch gegen die massiven Einwände der Ultrakonservativen, die anscheinend auch vor einem Schulterschluss mit den antiisraelischen Kräften nicht zurückschreckten.

Zuletzt: Die Einbindung der »Judenerklärung« in den allgemeinen

Kontext der nichtchristlichen Religionen war ein Merkmal der Zeit und keine Missachtung oder Bagatellisierung des Themas. Noch befand man sich in einer politischen und gesellschaftspolitischen Umgebung, die mit ihren Ideen möglichst viele, wenn nicht gar alle Menschen beglücken wollte. Man denke nur an die vielen Mahnmale gegen Krieg und Faschismus, die schon vor den achtziger Jahren entstanden waren, bei denen immer an alle Übel gleichzeitig erinnert wurde. Erst später setzte bei der Kennzeichnung von Unrecht ein konkretes Benennen von Tätern und Betroffenen ein. Auch eine auf Universalität als Prinzip ausgerichtete katholische Kirche entging diesem Wandel nicht, die sich heute klar zu den Juden einstellen muss und dies nicht nur im Rahmen aller anderen Nichtchristen. Diese Entwicklung wurde in den Reden Papst Johannes Pauls II. bald deutlich.

Sechzehntes Kapitel

DER DURCHBRUCH ZU NEUEM

Johannes Paul II.

Johannes Paul II. besucht die Synagoge in Rom.

Möglicherweise stellt die Haltung Johannes Pauls II. zu den Juden einen Schlüsselpunkt seines Pontifikats dar. Diese Haltung wird deutlich an den Veränderungen bei den ihnen gegenüber gesetzten Zeichen und in der Bereitschaft, im Sinne Johannes' XXIII. Schuld auf die Schultern der Kirche zu nehmen. Wie diese Änderungen und der Durchbruch zu einem neuen Verständnis in die gesamte Tätigkeit Johannes Pauls II. einzuordnen sind, kann bei einem so langen Pontifikat, das erst vor wenigen Jahren endete, heute noch nicht abschließend gewürdigt werden. Während wir über frühere Päpste z.t. ergiebiges Quellenmaterial zur Verfügung haben, sind wir bezüglich seiner Regierungszeit nur auf äußerliche Zeichen, die Inhalte öffentlicher Erklärungen und auf die Kommentare von mehr oder weniger gut informierten Zaungästen angewiesen. Immerhin ist auch dieses Material informativ und lässt einen Papst erkennen, der auf diesem Gebiet sehr bestimmt dem von Johannes vorgezeichneten Weg gefolgt ist.

EINE INNERE WANDLUNG

Schon zu Beginn seines Pontifikats entwickelte Johannes Paul II. seine Israel-Theologie, die nicht das Ergebnis eines Dialogs, sondern einer inneren Wandlung des Christentums mit einem veränderten Blick auf seine Anfänge ist. Es scheint nun tatsächlich so zu sein, dass in den Überlegungen, Vorträgen und schriftlichen Äußerungen des Papstes ein interpretatorischer Neuansatz radikalen Ausmaßes vorliegt, der wahrscheinlich erst jetzt allmählich wahrgenommen werden kann.

Die Begegnung mit Juden in seiner Schulklasse, das Miterleben des Judenmordes in Polen, der wohl das Kernstück der europäischen Katastrophe der Juden darstellt, wurden immer wieder als Auslöser des ungewöhnlichen Engagements des Papstes in diesem Bereich herausgestrichen. Das mag wohl sein; zu würdigen bleibt trotzdem der Schritt, dass Johannes Paul II. oftmals mit der »Tradition« brechend oder sie umdeutend konsequent die Umsetzung der Grundgedanken vorantrieb, die hinter »Nostra aetate« standen. Die Aufgabe, die sich nun stellte, war klar. Es war zu definieren, dass man in einer notwendigen Neubesinnung erst ganz am Anfang stehe. Die Bedeutung der biblischen, d. h. jüdischen Wurzeln war neu zu erfahren. Die Neuentdeckung der Heiligen Schrift durch die Reformatoren im 16. Jahrhundert und die katholische Kirche während des Zweiten Vatikanums kann einen Christusglauben jenseits der griechischen Philosophie und der davon abhängigen Scholastik neu konstituieren.

Diese Rückbesinnung spielte in seinen Predigten, Ansprachen und Erklärungen eine wesentliche Rolle. Er wies auf das jahrhundertelange Fehlverhalten der Kirche hin: ein Höhepunkt seines Wirkens war das Schuldbekenntnis der Kirche gegenüber den Juden aus dem Jahr 2000. Dazu kam ein weiterer wesentliche Gedanke: Diese Rückbesinnung sei nicht nur Gegenstand des jüdisch-christlichen Dialogs, sondern des innerchristlichen Gesprächs. Dieser Zugang ist wichtig, denn der Dialog ist immer Angelegenheit geistig flexibler Gruppen an den Rändern einer Glaubensgemeinschaft, ein innerer Dialog betrifft auch die unbeweglichen »Hardliner«, die so im Zentrum sitzen, dass sie keine anders geartete Welt mehr wahrnehmen.

Diese Aufgabe hat Johannes Paul II. mit Sorgfalt als zentrales Anliegen und vor einer entsprechenden Öffentlichkeit wahrgenommen. Begabung und Routine des Papstes in Angelegenheiten der Public relations waren so ausgeprägt, dass es manchmal sogar schwer wurde, Inszenierung von Anliegen zu unterscheiden. Daran mag es auch liegen, dass sich erst jetzt langsam enthüllt, was Johannes Paul für ein Erbe bezüglich der Juden der katholischen Kirche hinterlassen hat.

Bereits 1980 sprach er unter Rückgriff auf eine Erklärung der deutschen Bischofskonferenz darüber, dass mit Jesus die gesamte alttestamentliche Tradition an das Christentum weitergegeben wurde. Unter den Gemeinsamkeiten sind hier vor allem die Einheit von Gottes- und Nächstenliebe und die Feindesliebe zu erwähnen, weil diese ethischen Grundvorschriften nicht christlichen, sondern jüdischen Ursprungs sind, aber nach wie vor für typisch christlich, ja dem Judentum entgegengesetzt gelten. Dies bedeutet neue Akzente in der Lehre, die den Abschied von lieben Gewohnheiten notwendig machen. Das war dem

Papst auch klar, wenn er meinte, dass es an empfindliche Punkte gehe, wenn man Jesus aus seiner Eingliederung in die Geschichte des jüdischen Volkes verstehen wolle.

Trotzdem wurde gerade durch diese Bemühungen eine bewegende neue Einsicht zur Beurteilung des angeblichen Gottesmordes »der Juden« sichtbar. Der Papst war bereit, den Ergebnissen der historisch argumentierenden Bibelwissenschaften volles Gewicht zu geben: dass Jesus kein Tempeldiener, kein Sadduzäer, sondern ein den Pharisäern nahestehender Mann aus Galiläa war, dessen Gesprächspartner eben Pharisäer waren, die z. B. trotz aller Kritik an ihnen in der Passionsgeschichte keine Rolle spielen. Gerade darauf verweist der Papst ausdrücklich und meint damit, dass am Tode Jesu die wichtigste Gruppe im Judentum, die letztlich von wesentlichem Einfluss auf die Entstehung des heutigen Judentums war, nicht beteiligt war. Dies bedeutete eine Erhellung des geistigen Hintergrunds von »Nostra aetate« zum angeblichen Gottesmord der Juden.

Dadurch wandeln sich die Beziehungen zwischen Juden und Christen grundsätzlich. Am 13. April 1986 wies der Papst bei seinem legendären Besuch in der Synagoge in Rom darauf hin, dass die jüdische Religion zum Inneren der christlichen Religion gehöre. Zu keiner anderen Religion bestehen vergleichbare Bezüge. »Ihr seid«, so sprach der Papst die versammelten Juden an, »unsere älteren Brüder.« In diesem Sinne verneinte der Papst in seiner Rede auch die Berechtigung des Drucks, den das Christentum jahrhundertelang auf die Juden ausgeübt hatte, und erklärte damit auch die Judenmission für überholt. Damit wird aber auch jeder Angriff auf die Juden und insbesondere ein theologisch motiverter nun zum Antijudaismus. Hier ist der oft verteidigte, aber problematische Begriff am richtigen Platz. Diese Beispiele mögen genügen, um die durchschlagende Konsequenz dieser Neuansätze zu illustrieren, die letztlich eine Revolution in der Exegese bedeuten können.

Im Jahre 2000 hat der Papst in einem feierlichen Gebet die Verfehlungen der Kirche und der Christen im abgelaufenen Jahrtausend eingestanden und sich im vierten Schuldbekenntnis mit dem Verhältnis zu Israel befasst. Im Lichte der bisher besprochenen erstaunlichen Vorstellungen des Papstes wirkt das Gebet schwach, lässt sich aber mit den anderen Aktivitäten durchaus in Einklang bringen. Sein Inhalt besteht darin, dass der Papst sein Betrüben über jene äußerte, die im Laufe der Geschichte die Söhne und Töchter Gottes (so die Formulierung für Juden) leiden ließen, und seinem Wunsch Ausdruck gibt, dass er sich künftig für eine echte Brüderlichkeit zwischen den Christen und dem Volk des Bundes einsetzen werde. Das damals medial intensiv wahrgenommene Gebet des Papstes war natürlich dem Anlass entsprechend so allgemein, dass es für sich genommen ein wenig enttäuschend wirkte. Vor dem Hintergrund der früheren konkreten theologischen Richt- und Leitlinien war es eine in den Kontext des gesamten Gebets passende Zielvorstellung künftiger Arbeit.

Das Pontifikat Johannes Pauls II. bedeutet einen grundsätzlichen Wandel, der genau zu der Zeit vollzogen wurde, als die Schoa neuerlich zum weltweiten Thema, ja die Stellungnahme zum Judenmord zu einem moralischen Kriterium an sich wurde. Ist die vom Papst geförderte, auf ein tieferes und konkreteres Verständnis des Alten Testaments zielende Exegese lediglich ein Kind des Zeitgeistes? Ganz auszuschließen ist das nicht. Aber auch in diesem Falle ändert sich nichts daran, dass diese Entwicklung wesentlich den Geist und den Sinn von »Nostra aetate« klarer gemacht hat.

Ebenfalls ein Ausdruck dieser neuen Einstellung zur Vergangenheit ist die Tatsache, dass der Vatikan seit 1993 diplomatische Beziehungen zu Israel unterhält und damit auch die Angst um die Betreuung der und die Sicherung des Zugangs zu den Heiligen Stätten eine andere Rolle als früher spielt.

BENEDIKT XVI. – EINE FORTSETZUNG DES NEUANSATZES?

Der Nachfolger von Johannes Paul II. hat ein charakteristisches und daher herausforderndes Erbe übernommen. Wie Benedikt XVI. damit umgehen wird, wie er zur weiteren Entfaltung des sich langsam wandelnden Verhältnisses zwischen Christen und Juden beitragen wird, kann noch nicht beantwortet werden.

Mit dem Besuch der Kölner Synagoge setzte er ein Zeichen im Sinne einer bewussten Nachfolge von Johannes Paul II. und dessen Synagogenbesuch in Rom. Dass Benedikt auf diesem Gebiet dem von seinem

Vorgänger gewiesenen Weg folgt, ist keine Überraschung, denn Johannes Paul II. hat, wie wir gesehen haben, die von Johannes XXIII. gewünschte und gelebte Wende mit Leben erfüllt und daher eine Richtung gewiesen. Wie entschlossen Benedikt eine neue Sicht gegenüber den »älteren Brüdern« vertritt oder vertreten wird, ist ungewiss. Indizien liegen allerdings vor, dass er den zum Teil aus der Bibelwissenschaft gefolgerten Neuansätzen seines Vorgängers nur zögerlich Folge leisten mag. Seine exegetische Methode ist nicht die historisch-kritische, und gerade aus deren konsequenter Anwendung ergaben sich ja die erstaunlich neuen Aspekte in Erfüllung von »Nostra aetate«.

Bei seinem Besuch der Synagoge in Köln kurz nach Antritt seines Pontifikats sprach er ein Grußwort. Am Beginn steht die programmatische Erklärung, dass er beabsichtige, den Weg zur Verbesserung der Beziehungen und der Freundschaft mit dem jüdischen Volk, auf dem Papst Johannes Paul II. entscheidende Schritte getan habe, weiterzuführen.

Dann kam der Papst, dem Ruf des genius loci folgend, auf das Alter der jüdischen Gemeinde in Köln zu sprechen, betonte die zeitweilig bestehende gute Nachbarschaft zwischen Christen und Juden, gedachte aber auch der Vertreibung von 1424 und kam auf die Schoa zu sprechen. Er erklärte den Judenmord auf eine Weise, die man boshaft als eine »kanonisierte« Version bezeichnen könnte: »Im 20. Jahrhundert hat dann in der dunkelsten Zeit deutscher und europäischer Geschichte eine wahnwitzige neuheidnische Rassenideologie zu dem staatlich geplanten und systematisch ins Werk gesetzten Versuch der Auslöschung des europäischen Judentums geführt …« Kein Wort zur historischen Problematisierung der Zusammenhänge. Es sind die »neuheidnischen« Verbrecher, die an allem die Schuld haben. Johannes Paul II. war in diesem Punkt schon ein bisschen weiter, wenn auch von ihm eine klare Einschätzung der Rolle der Kirche in dieser Hinsicht fehlt.

»Nostra aetate« war zur Zeit der Grußbotschaft 40 Jahre alt, und so kam Benedikt auf das vierte Kapitel der Erklärung zu sprechen. Er betonte die Gemeinsamkeiten von Christen und Juden hinsichtlich der Bedeutung von Moses und der Propheten und in spiritueller Hinsicht der Psalmen und bot eine etwas einseitige Bemerkung zu Paulus im Zusammenhang mit der Frage, wie es mit der Gnade und Berufung stehe, die Gott den Juden gewährt habe. Benedikt zitierte eine der positiven Aussagen des streitbaren Briefschreibers, denen sich mühelos gegenteilige Behauptungen zur Seite stellen ließen. Ob bei dieser Quellenlage ein konsequentes Weiterwirken einer sozusagen positiven Paulustradition gewährleistet werden kann?

Aus der theologischen Sicht der Dinge leitet Benedikt die Aufgabe der Kirche ab, sich künftig an der Weitergabe von Wissen über diese »schrecklichen Ereignisse« zu beteiligen, zumal es erneut Zeichen für Antisemitismus und Fremdenfeindlichkleit in unserer Gesellschaft gäbe. Aus dieser Tätigkeit sollten gemeinsame Bemühungen entspringen, eine gerechtere und friedvollere Welt zu schaffen.

Das Grußwort war sicher mehr als eine bloße Pflichtübung, lässt aber keine wirklichen Schlüsse zu, wie er diese Frage im Rahmen der gesamten Probleme der Kirche sieht. Das Bekenntnis zu dem Weg, den sein Vorgänger eingeschlagen hat, war knapp nach dessen Tod selbstverständlich. Weitere Prognosen sind nicht leicht zu stellen.

Einiges lässt sich aber schon sagen, wie Benedikt das Judentum in die christliche Sicht der vergangenen zwei Jahrtausende einordnet. Dies hat mit dem gelehrten Theologen Ratzinger zu tun, der Grundlegendes seiner Vorstellungen im Buch »Jesus von Nazareth« niedergelegt hat.[232] In diesem Buch war natürlich angesichts des Themas kein Platz für eine Auseinandersetzung mit der Geschichte des christlich-jüdischen Verhältnisses. Ausgedehnten Raum nimmt allerdings die Deutung des Wirkens Jesu im Lichte seines Spannungsverhältnisses zum jüdischen Umfeld ein. Bevor wir einige Gedanken des Papstes in diesem Buch näher betrachten, muss man überhaupt einmal ein neues Kapitel im Verhältnis zwischen Päpsten und Juden aufschlagen, das in unserer bisherigen Darstellung noch gar nicht oder nur wenig beachtet wurde.

Es handelt sich dabei um die Frage, der man ebenfalls in einer historischen Analyse nachgehen könnte, wie Päpste von verschiedenen Standpunkten aus die Rolle der Juden in der neutestamentlichen Exegese verstanden. Es gibt eine Reihe von Ansätzen für solche Betrachtungen, auch in diesem Buch ist manches davon angeklungen, ohne dass ausdrücklich auf diesen Aspekt hingewiesen wurde. Erinnert sei nur an Gustav Gundlachs Gutachten über den Antisemitismus in der geplanten Enzyklika von 1938. Als er darauf zu sprechen kam, dass die Kirche niemals ihre Aufgabe vernachlässigt hatte, vor den jüdischen Lehren zu warnen, wenn sie den Glauben bedrohen, zitiert er als Vorbild den heiligen Stephanus, der den eigensinnigen Juden heftige Vorwürfe machte, sich wissentlich dem Anruf der Gnade zu verweigern. Hier gäbe es ein reiches Betätigungsfeld, die Schriftauslegung der Päpste oder ihres direkten Umfelds in ihrer Entwicklung darzustellen. Gerade das Beispiel Gustav Gundlachs zeigt aber deutlich, dass die Sinndeutung zentraler Handlungen und Aussagen Jesu von Papst Benedikt nicht in einer Fortführung solcher Konfrontationen durchdacht werden.

Sein Gegenüber ist der Rabbiner Jacob Neusner, der in einer parallelen jüdischen Sicht des Wirkens Jesu zu anderen Schlüssen kommt, aber weder in ratloses Schweigen noch in Polemiken verfällt, sondern im spezifischen Verhalten Jesu den Grund sieht, dem Gewicht der Lehre Moses den Vorzug zu geben.[233] Zu umgekehrten Urteilen kommt natürlich der Papst, aber ebenso unter Verzicht auf jegliche Polemik, ja sogar mit großem Verständnis für die jüdische Sicht der Dinge. Ein in diesem Sinne und in dieser Weise geführter Austausch von Gedanken – Dialog wäre doch ein wenig zu optimistisch geurteilt – zeigt aber doch ein deutliches Abweichen von der »Lehre der Verachtung«. Natürlich geht es im Buch des Papstes nicht um die jahrhundertelang gepflegten Reizthemen, und da liegt auch ein Punkt, der anzumahnen ist, nämlich dass diese kontroversiellen Fragen neue Stellungnahmen erfordern. Es wäre falsch zu meinen, diese neuen Antworten bedürften des Dialogs mit den Juden. Um zu einer neuen Sicht der Dinge zu gelangen, bedarf es vor allem eines intensiven Nachdenkens in der katholischen Kirche und natürlich auch in anderen christlichen Kirchen. Öffentliche Treffen mit Vertretern des Judentums, insbesondere an Gedenkstätten für die Ermordung der Millionen europäischer Juden, haben ihren eigenen Wert und ihre eigene Bedeutung, sie helfen aber nur im Sinne einer Verbesserung des Klimas, in dem die notwendigen Veränderungen stattfinden können. Der Dialog stößt, wie die Geschichte des jüdisch-christlichen Gesprächs zeigt, häufig auf sachliche und personelle Grenzen – theoretisch grenzenlos sollte aber eine neue Sicht der Probleme innerhalb der Kirche sein, da man trotz des Prinzips der Tradition relativ freier ist als im Dialog, der von vielen Rücksichten und Zwängen belastet ist.

Benedikt XVI. kommt im Rahmen seiner Versuche, Jesus zu deuten, natürlich den nach wie vor bestehenden Unterschieden nahe, bleibt aber teils auf einer sehr abstrakten Ebene des Argumentierens, teils negiert oder erkennt er nicht die Gefährlichkeit mancher Vorstellungen, die im Johannes-Evangelium ausgebreitet werden. Dies hat mit den offenbar besonderen Beziehungen zu tun, die der Papst zu eben diesem Evangelium hat.

So kritisierte die evangelische Theologin Angela Standhartinger mit Recht, dass Benedikt den folgenden Satz des Johannes unkommentiert übernommen hat, der eine Selbstoffenbarung Jesu zum Inhalt hat: »Wenn ihr nicht glaubt, dass ich es bin, werdet ihr in euren Sünden sterben«.[234]

Benedikts Dialog mit Neusner betrifft einige klassische Fragen, die heute in der Diskussion über Judenfeindschaft nur eine marginale Rolle spielen, weil die theologischen Grundlagen inzwischen weitgehend abgelöst von den sich aus ihnen ergebenden Entwicklungen betrachtet werden. Ob die Tora für Christen gültig ist oder nicht, interessiert ja im Grunde nur mehr ein paar Spezialisten, selbst dem praktizierenden, gläubigen Christen ist das eher gleichgültig. Wenn diese Frage einem Christen allerdings lästig ist – und den Eindruck gewinnt man im Gespräch manchmal –, ahnt man auch noch heute, um welch bedeutende Frage es einstmals ging. Benedikt behandelt dieses Problem konservativ und gelangt daher zu Schlüssen – auch in einer zu wenig bedachten Sprache –, die alten Vorurteilen bedenklich nahekommen.

Gestützt auf das 5. Kapitel des Galaterbriefs des Paulus, wo dieser den Gemeinden in Galatien Vorwürfe macht, dass sie offenbar neben den von ihm vermittelten Lehren Jesu auch das alte Gesetz beachten wollten, qualifiziert Benedikt den gesamten Brief als ein Bekenntnis zum Gesetz Christi, das die Freiheit gebracht habe. Dieses Gesetz stehe im Widerspruch zu dem, was die Menschen nur scheinbar befreit, in Wahrheit aber zum Sklaven macht. Mit diesem Urteil und auch mit der Sprache, die bei Paulus teilweise noch härter ist, macht Benedikt Front gegen das Mosaische Gesetz und beurteilt es im Rahmen der »Tradition«. Wenn man bei dieser dem Christentum »Sinn gebenden« Interpretation bleibt und nicht versucht, derartige Äußerungen in ihrem historischen Kontext zu verstehen, wird man zur Lösung der Konflikte und daher zu einem effizienten christlich-jüdischen Gespräch nichts beitragen. Dabei ist gerade der Brief an die Gemeinden in Galatien (schon diese Formulierung zwingt uns eine rationalere Haltung auf als die uns so geläufige Bezeichnung Galaterbrief) eine wirkliche Einladung zu einer Exegese, die einer historischen Methode folgt. Paulus macht zum Teil emotional und geradezu wütend Front gegen das jüdische Gesetz.

Das nimmt Benedikt offenbar zu wenig zur Kenntnis, wenn er eine Stellungnahme Jesu zum Gesetz nach Matthäus zitiert. Kernpunkt der Aussage: »Wer auch nur eines von den kleinsten Geboten aufhebt und die Menschen entsprechend lehrt, der wird im Himmelreich der Kleinste sein.« Matthäus hat mit dieser angeblichen Aussage Jesu Paulus korrigiert. So etwas zur Kenntnis zu nehmen, auch wenn es nur menschlich und historisch zu verstehen ist, würde christliche Selbsteinsicht fördern. Diese Flucht vor der Geschichte bemerkte auch Standhartinger und stellte dazu fest, dass Benedikt die Evangelien eben nicht als Dokumente einer bestimmten historischen Zeit, sondern als Zeugnisse ewiger Wahrheit betrachtet.[235] Mit dieser Feststellung ist aber leider das Ende der Diskussion erreicht, denn man wird den Papst wohl kaum davon überzeugen können, dass eine historische Erklärung eines Textes gegenüber einer typologischen Exegese der bessere Zugang zu den Problemen wäre.

Für das Verhältnis zwischen Juden und Christen bzw. der Rolle, die der Papst dabei spielt, ist die Frage nach der Art der Verbindungen zwischen Altem und Neuem Testament von entscheidender Bedeutung. Wichtig ist einmal die Bestätigung der Gültigkeit der Tora, der Geschichtsbücher und der Propheten für die Christen aber auch der Versuch, die messianischen Stellen der Propheten mit kritischen Augen zu betrachten. Benedikt beschäftigte sich mit diesen Problemen, möglicherweise stellen sie sogar eines seiner zentralen Anliegen dar. Am Beispiel der Familie erörtert der Papst eine letztlich gleichgeartete Ausrichtung jüdischer und christlicher »Theologie« respektive »Sozialideologie« im Bemühen um die Deutung der Familie als zentraler Bezugsrahmen der Gesellschaft. In der Gleichartigkeit der Behandlung der Wertschätzung der Familie sieht er einen der Gründe, warum das »rechte Ineinander von Altem und Neuem Testament« wichtig ist und für »die Kirche konstitutiv« war. Deutlich spricht er gegen die Einschätzung der Tora als »falschen Legalismus«. Geradezu als Irrtum verwirft der Papst die versuchte Beseitigung des Alten Testaments im christlichen Kanon seit Marcion – den jüngsten Vertreter dieser Richtung sieht er in dem evangelischen Theologen Adolf v. Harnack (1851–1930).

Benedikt meint, dass theologische Fragestellungen eigentlich soziale sind, und könnte von diesem Ausgangspunkt aus der katholischen Kirche zu einer neuen gesellschaftspolitischen Bedeutung verhelfen. Auch hinsichtlich der Stellung zum Judentum könnte eine so verstandene Theologie hilfreich sein – es ist nur die Frage, ob dies wirklich so gemeint ist und ob der Papst und seine Nachfolger dann diesen Weg auch konsequent weitergehen werden.

Gewisse Zweifel erheben sich allerdings seit dem 7. Juli 2007 und dem an diesem Tag veröffentlichten Motu proprio »Summorum Pontificum«, das der Trienter Liturgie wieder ein gewisses Ansehen einräumt. Heftige Diskussionen sind bereits entstanden, wie es sich in diesem Rahmen mit dem alten Karfreitagsgebet verhalten soll, dessen judenfeindlicher Charakter ja bereits von den »Amici Israel« erkannt und bekämpft wurde. Benedikt wurde bereits mit der Frage konfrontiert, ob er zum Zustand vor 1960 (Veränderung des Karfreitagsgebets) zurückzukehren gedenke.

Benedikt fand im Februar 2008 einen zweischneidigen Kompromiss, indem er folgende Regelung hinsichtlich der konservativen Liturgie festsetzte: »Lasset uns auch beten für die Juden. Dass unser Gott und Herr ihre Herzen erleuchte, damit sie Jesus Christus erkennen, den Heiland aller Menschen. Lasset und beten. Kniet nieder. Erhebt euch. Allmächtiger, ewiger Gott, der du alle Menschen erlösen und zur Wahrheit führen möchtest, gewähre gnädig, dass ganz Israel das Heil erlangt, wenn die Schar der Völker vollständig in deine Kirche eintritt. Durch Christus unseren Herrn. Amen.« Der Papst lässt so, wie in mehreren anderen Auseinandersetzungen, keinen Zweifel daran, dass nur die christlich-katholische Version von gelebtem Glauben zum Heil führen kann. Die Anerkennung eines eigenen jüdischen Wegs, wie sie in der Fassung von 1962 ausgesprochen ist, dass die Juden nämlich die Treue zu ihrem Bund mit Gott halten sollen, fällt in dieser Fassung sicherlich bewusst unter den Tisch. Vor dem Hintergrund der Interpretation Johannes Pauls II. wirkt diese »neotridentische« Fassung der Fürbitte für die Juden wie ein reaktionärer Rückschlag. Dass er in der Theologie des Römerbriefs steht, werden die Leser dieses Buches nicht gerade als Beruhigung verstehen.

Entschärft wird die Situation nur durch folgende Überlegung: Der Großteil der Katholiken wird diese Form des Gebets nicht anwenden, denn Benedikt untersagte ja nicht, die Fassung von 1962 zu gebrauchen. Es steht zu hoffen, dass nur ein Häuflein unbelehrbarer Reaktionäre von dieser misslichen Handreichung des Papstes Gebrauch macht.

AUSBLICK

Kann man am Ende dieses raschen Ganges durch die Jahrhunderte behaupten, wir hätten ein klares Bild vom Verhältnis, das zwischen Juden und den Päpsten bestand, erhalten? Worin können wir die Substanz dieses Verhältnisses erkennen, und wenn wir sie ausfindig machen, ist sie heute noch von Bedeutung? Auch für den Fall, dass wir eventuell zu dem Schluss kommen, dass mit den letzten Erklärungen Papst Johannes Pauls II. zu den Juden die Kirche in diesem Punkt aus ihrer eigenen Geschichte »ausgetreten« sei, heißt das ja nicht, dass damit diese Geschichte zu Ende gegangen ist, wie das vorschnell nach der Wendezeit 1989 von der Weltgeschichte behauptet wurde.

Wesenhaft für das Christentum ist: Ohne die alten Schriften der Juden gäbe es zwar einen neuen Bund, aber kaum eine Lehre.[236] Die Herrenworte der Synoptiker sind in ihrer Widersprüchlichkeit als Lehre nur bedingt brauchbar und stehen in wesentlichen Fragen mit den Gesetzes- und Prophetenbüchern im Einklang. Nicht einmal die von Christen immer wieder bemühte Behauptung, die christliche Lehre unterscheide sich von der jüdischen durch die Betonung der Nächstenliebe, ist stichhaltig. Erstens kennt auch die Tora die Feindesliebe, und zweitens stellen die Juden jedes Jahr zu Jom Kippur, am Versöhnungstag, den Frieden mit den Menschen und daher mit Gott her. Was die Zielvorstellungen des Christentums betrifft, wie sie in der Offenbarung des Johannes beschrieben werden, stehen auch diese in spätjüdischer Tradition, konkret des Buches Daniel und der dort aufgezeichneten Apokalypse, die zudem im gelehrten Judentum etwas kritisch betrachtet wurde.

Unter diesen Umständen war seit Paulus das Verhältnis zum alten Gesetz zu klären. Aus der kritischen Haltung des Paulus zum Gesetz und dem Setzen neuer Schwerpunkte, die vor allem mit der Messianität Jesu zu tun haben, erklärt sich der beginnende Konflikt, der im Detail von schweren menschlichen und persönlichen Zerwürfnissen begleitet war. Diese Auseinandersetzungen, die in unserem Verständnis lange

Schatten werfen, wurden zunächst für lange Zeit von der nichtjüdischen und nichtchristlichen Umgebung nur am Rande wahrgenommen. Irgendwann in der Lebenszeit des Tacitus wurde den »Römern« klar, dass es neben den Juden auch Christen gab, über deren Identität und Gründer der bedeutende Schriftsteller vom Hörensagen berichtet.

Diese politische Nichtigkeit des Problems erfuhr erst einen Wandel, als das Christentum gewaltigen Zulauf erhielt und zu einer wirksamen Kraft im Römischen Reich wurde und schließlich in eine untrennbare Wechselbeziehung zum Staat als bevorzugte Religion trat. Unter diesen Umständen mussten Entscheidungen über Streitfragen in der christlichen Gemeinschaft getroffen werden – das Interesse des Staates an einheitlichen, politisch verträglichen Lösungen wird deutlich, wenn die Kaiser selbst bestimmten Lösungen zum Durchbruch verhalfen. Dieser Druck hatte Auswirkungen: Das Streit- und Diskussionspotenzial wurde zugunsten hierarchischer Entscheidungsmodelle geschwächt. Ganz im Gegensatz zum Judentum, das seine zunehmend am Rande der Gesellschaft angesiedelte Position nützte, um vergleichsweise wenig beeinflusst von organisatorischen Notwendigkeiten die Diskussion über Prinzipien in den Mittelpunkt zu rücken.

Die Fülle der Macht lag auf Seiten des Christentums – in der Frage, ob sich umstrittene Passagen bei den Propheten auf Jesus beziehen oder nicht, führte der Streit zur gegenseitigen Beschuldigung, die Texte bewusst verderbt oder absichtlich falsch übersetzt zu haben. Auf die Dominanz der Christen ist es zurückzuführen, dass sich auf der Basis des dogmatischen Prinzips der Häresievorwurf gegen den Talmud und die Juden entwickeln konnte. Angelegt ist diese Einschätzung bereits in der Spätantike: Gesetzgebung gegen Juden verband sich häufig mit jener gegen Himmelsverehrer und Ketzer. Justinian verbot schließlich die Verwendung der hebräischen Bibel, selbst beim Gottesdienst.

Aus der theologischen Grundstruktur ergab sich als wichtigste Konstante die Vorstellung von den Juden als hartnäckigen Leugnern und Lästerern Christi, die sich bis zur Lehre, sie seien Gottesmörder, steigerte. An ihrem Schicksal waren sie selbst schuld, nicht einmal die liebende Sorge der Kirche und des Papstes, sie zur Taufe zu führen, hatte durchschlagenden Erfolg. Selbst der Gegenspieler der Päpste, Martin Luther, verbreitete die Überzeugung, dass die Juden einem Strafgericht Gottes ausgesetzt wären.

Trotz der Aufklärung, die gegen eine religiös argumentierende, kollektive Schuld eingestellt war, blieben diese Streitpunkte bis heute bestehen, denn es ist nicht gelungen, den Partner oder Feind zu überzeugen. Bei öffentlichen Begegnungen meidet man diese Themen, im kleineren, inoffiziellen Rahmen versuchen Rabbiner und Geistliche, manchmal mit banalen Witzchen, Scheinharmonie herzustellen, oder man polemisiert trotz aller furchtbaren Erfahrungen akademisch bis grob.

Erstmals erhebt sich an diesem Punkt der Entwicklung die Frage, ob dies für uns heute relevante Fragen sind oder Gegenstand von Erwägungen, die in der Öffentlichkeit ohne Widerhall bleiben? Betrachtet man diese Frage kritisch, ist keine eindeutige Antwort möglich. Stellt man das Problem sachlich zur Diskussion, wird es nur wenige Gesprächspartner geben, die sich ernstlich über den Beweis der Messianität Jesu aus den Propheten Gedanken machen wollen bzw. dies für ein ernsthaftes Thema unter Erwachsenen halten. Polemisiert man hingegen ein wenig distanziert über einen Mangel an Inhalten in den Evangelien oder stellt gar die angebliche Einmaligkeit der Gedanken der Bergpredigt zur Diskussion, wird aus dem einen oder anderen gelangweilten säkularen Europäer ein plötzlich ins Herz getroffener Religiöser, der »linkes« oder gar jüdisches Potenzial wittert, das den ererbten Wertekatalog zersetzend in Frage stellt. Es entsteht eine Empörung, die tief im christlich-kulturellen Bewusstsein verankert ist, sich aber beim Einsetzen einer ernsthaften Diskussion sofort in Desinteresse auflöst (Das sind keine Theorien, sondern mehrfach von mir gemachte Erfahrungen). Diese weit verbreitete Grundhaltung ist natürlich nicht nur das Problem derer, die über eine neue Beziehung zwischen Christen und Juden nachdenken, sondern auch jener Vertreter der Kirche, die den Glauben im Sinne der einmal gefällten dogmatischen Entscheidungen verlangen.

Die Analyse der traditionellen Konfliktstoffe zwischen Juden und Christen scheint nur unter ganz besonderen Umständen die aktuelle Situation erklärend zu beleuchten. Völlig übersehen sollte man diesen Bereich trotzdem nicht. Dennoch scheint es unrealistisch zu meinen, dass es heute in einem Ausmaß, das ins Gewicht fällt, Judenfeinde gibt, die sich aus diesen Erwägungen gegen Juden motivieren. Offenbar kommt einigen Themen mehr Bedeutung zu, die erst später zum polemischen Rüstzeug gegen die Juden wurden. Doch, wenn wir nun das

Thema wechseln, ist es ratsam, das theologische Grundthema nicht außer Acht zu lassen, da es eine zwar ein wenig unklare, aber tief sitzende Vorstellung ist, die auf andere Aspekte Einfluss nimmt. Die (negative) Rolle der Juden im Wirtschaftsleben war und ist noch heute vielleicht das klassische Reizthema judenfeindlicher, europäisch-christlicher Denkmuster. Die Ursprünge dieser Polemik gehören zum ethischen Potenzial der Menschheit überhaupt: Der Raffgier des Menschen steht ein Bewusstsein sozialer Verantwortung und von der Sinnlosigkeit der Anhäufung materieller Mittel im Wissen um den Tod gegenüber. Aus dem prinzipiell bestehenden christlichen Armutsideal ergaben sich Konsequenzen für die Beurteilung ökonomischer Erfolge. Von der negativen Beurteilung war vor allem der Geldverkehr betroffen, die Anhäufung von Grundbesitz wurde milder betrachtet. Das Misstrauen gegen Geld und die Verteufelung des Geldes überlebten sogar die Entstehung der modernen Industrie und des Bankenwesens, in deren Windschatten der »wirtschaftlich motivierte Antisemitismus« ausgeformt wurde. Teilweise bestanden die Grundlagen der Kritik an diesen modernen Formen des Wirtschaftens in einer Adaption spätmittelalterlicher Vorstellungen vom Wucher. Dass sich diese Kritik, die sich zur moralischen Diffamierung steigern konnte, vor allem gegen Juden richtete, lag an ihrer prekären Situation, die sie Angriffen aussetzte. Noch Papst Leo XIII. wies auf den Materialismus der Juden hin.

Aus der kirchlichen Argumentation sind die wirtschaftlichen Betreffe gänzlich verschwunden. Als sozusagen »gesunkenes Kulturgut« leben sie am Stammtisch weiter. Dass Juden reich sind und es sich richten können, ist ein Topos, der bereits im Spätmittelalter auftaucht: Sie häufen große Schätze an und bestechen die Mächtigen. Damals formulierten dies Geistliche und vereinzelt auch Päpste. Und in diesem Zusammenhang stellt sich die Frage nach dem historischen Einfluss, ja wenn man die Sache unter moralischem Aspekt betrachtet, die Frage nach der historischen Schuld.

Wie kommt man auf den Gedanken, dass wir in diesen Zusammenhängen die Frage nach der Schuld stellen können? Die lange Zeit vehemente Weigerung der Kirche, ihre Mitverantwortung an neueren Formen der Judenfeindschaft einzugestehen, die sich zwar größtenteils außerhalb der Kirche herauskristallisierte, aber in ihrem Charakter tief von deren traditionellem Glaubens- und Verhaltensmustern geprägt war, provozierte diese sicher problematische Frage. Betrachtet man die Folgen dieses permanenten Misstrauens gegen die Juden mit den Augen eines überlebenden Juden in der Mitte des 20. Jahrhunderts, ist es zumindest verständlich, dass auch die Schuldfrage zumindest von dieser Seite gestellt wird. Nach dem Grundsatz, dass es besser ist, mit Juden als über Juden zu sprechen, muss man dieses Verlangen nach Erklärung ernst nehmen. Das Abschieben der Folgen traditioneller Judenfeindschaft auf einige »Naziverbrecher« verstellt lediglich den Blick auf die Tatsache, dass sie aus den Grundlagen der europäisch-christlichen Kultur gewachsen sind. In dieser leben wir aber noch heute und wir wissen, dass es eines geringen Anstoßes bedarf, um solche Elemente wieder zu beleben.

Wenn man die Frage nach der historischen Schuld richtig stellt, kann es ja nur um die Beurteilung von vergangenem Verhalten gehen. Wie man sich dazu einstellt, verrät etwas über die aktuelle Haltung. Wir haben in der Einleitung auf die Arbeit jener Kommission hingewiesen, die zwischen 1987 und 1998 feststellte, dass man zwischen dem für die Schoa verantwortlichen Rassenantisemitismus und den »althergebrachten Gefühlen des Misstrauens und der Feindseligkeit, die wir Antijudaismus nennen …«, unterscheiden müsse. Dabei handelt es sich um eine sehr schwierig zu beantwortende Frage, doch verfehlte die Kommission die Verortung der Rolle der Kirche bei der Entstehung der modernen Judenfeindschaft vollkommen. Das Festhalten an der unglückseligen Terminologie von Antijudaismus und modernem Antisemitismus verhindert einfach eine sinnvolle Auseinandersetzung.

Gerade der im 19. Jahrhundert sich massiv entwickelnde Vorwurf gegen die Juden, sie handelten ausschließlich aus materiellen Gründen, was dann von christlich argumentierenden Sozialpolitikern als prinzipielle Feindschaft gegen Christen gedeutet wurde, greift auf die Vorwürfe des 13. und des 16. Jahrhunderts zurück. Ohne die vorhin ausgeführte Lehre der Kirche, dass die Juden permanent in einer Feindschaft gegen die Christen verharren, wäre eine solche Gedankenverbindung in überzeugender Weise nicht möglich.

Die historische Darstellung des Verhältnisses zwischen Päpsten und Juden hat gezeigt, dass in ihr vielleicht ein großer Fehler liegt: Die Analyse konkreter Augenblicke der Vergangenheit öffnet den Blick für die zeitliche Bedingtheit von Entscheidungen und der ihnen zugrunde liegenden Haltungen. Die Würdigung der zeitlichen Bedingtheit unterstellt aber auch die Revidierbarkeit von Entscheidungen unter veränderten Verhältnissen. Der Fehler dieser Betrachtungsweise liegt darin, dass das Traditionsverständnis der katholischen Kirche unhistorisch ist und vor allem am idealtypischen Charakter jeder konziliaren oder dekretalen Vorschrift interessiert ist. Es handelt sich ja gar nicht um menschliche Entscheidungen, sondern um Eingebungen Gottes. Doch zeigt sich auch die Kirche in diesem Punkt als menschliche Einrichtung, denn Päpste haben oftmals Dekrete, Erlasse und Bullen ihrer Vorgänger aufgehoben, abgeschwächt und neu formuliert. Es ist also auch nicht möglich, die Verantwortung für eine schmähliche Behandlung der Juden nur auf das zu einer bestimmten Zeit bestehende Entwicklungsstadium der Tradition zu schieben. Talmudexemplare wurden im 16. Jahrhundert aufgrund päpstlicher Privilegien gedruckt, obwohl Gregor IX. im 13. Jahrhundert prinzipiell anders entschieden hatte.

Von dieser Freiheit von der Tradition haben die Päpste und einzelne Bischöfe Gebrauch gemacht. Angebliche Opfer von Ritualmorden wurden neu gedeutet, die Kulte wurden verändert und Verehrungsstätten angeblich geschändeter Hostien geschlossen. Doch schon bei der Zulassung der Verehrung angeblicher Ritualmordopfer setzten sich geistliche Richter und Päpste durch ihre Bestätigungen über die von Innozenz IV. begründete Tradition gegen die Ritualmorde hinweg.

Auch »Zeitgeistiges« hatte im Gegensatz zu landläufigen Vorstellungen über die unendlich langsam mahlenden Mühlen der Kirche immer wieder Einfluss. Der Schock über die Schoa erfasste auch die Kirche und setzte einen Veränderungsprozess in Gang, der immerhin im Vergleich zum langsamen theologischen Strom zeitgeistig beeinflusst ist, da die theologischen Kriterien in der Bewertung des Judentums zurücktreten bzw. sich verändern. Der Verzicht auf Judenmission ist wohl eines der deutlichsten Zeichen in dieser Richtung. Obwohl diesem Verzicht eine neuere theologische Sicht von den Juden zugrunde liegt, scheint das auslösende Moment für die Veränderung zu sein, dass gewisse Standpunkte im Lichte einer humanen Betrachtungsweise der Vergangenheit nicht mehr haltbar sind.

Trotz ihres Standpunktes, ständig das Ende der Geschichte im Bewusstsein zu haben, unterliegt auch die Kirche der Wirksamkeit von

Zusammenhängen, entwickelt sich teils evolutionär, teils revolutionär, und darin liegt eine Chance. Das furchtsame Festhalten an der Tradition betrifft nur einige Päpste. Die Bedrängnis der Kirche durch die Aufklärung brachte kritische Betrachtungen der Vergangenheit hervor, wie wir es im Ritualmordgutachten von Ganganelli kennen gelernt haben, aber auch einen Pius VI., der an den überkommenen Vorstellungen festhielt. Die erstaunliche Gedankenfreiheit einiger Päpste des 15. Jahrhunderts war der Einsicht zu verdanken, dass ein grundsätzliches Umdenken notwendig ist. Andere wieder versuchten mit allen Mitteln, zur guten alten Gewohnheit zurückzukehren und kritisierten offen ihre Vorgänger.

Gerade unter dem Aspekt einer oftmals nicht ausgesprochenen, aber im Handeln erkennbaren Kritikfähigkeit gegenüber der Tradition waren die Pontifikate Johannes' XXIII. und Johannes Pauls II. von entscheidenden Veränderungen geprägt. Die Kirche hat damit einen neuen Weg eingeschlagen, der auch von dem Bewusstsein geprägt ist, dass die Behandlung der Juden durch die Kirche in den vergangenen Jahrhunderten (beginnt man mit Gregor dem Großen, sind es immerhin deren vierzehn) nicht nur teilweise und am Rande, sondern auch in der Substanz fehlgeleitet war. Diese Erkenntnis, von der viele meinen, sie werde noch immer nicht deutlich genug ausgesprochen, lässt hoffen, dass der begonnene Weg fortgesetzt wird.

LITERATUR

Peter Abailard, Gespräch eines Philosophen, eines Juden und eines Christen. Lateinisch und deutsch, hg. und übertragen von Hans-Wolfgang Krautz, Frankfurt/ Main, Leipzig 1995

Irving Agus, Rabbi Meir of Rothenburg, New York 1970

Julius Aronius, Regesten zur Geschichte der Juden im fränkischen und deutschen Reiche bis zum Jahre 1273, Neudruck Hildesheim, New York 1979

Friedrich Battenberg, Das Europäische Zeitalter der Juden. In zwei Teilbänden, Darmstadt 1990

Bernhard von Clairvaux, Opera, hg. von Jacques Leclercq und Henri-Marie Rochais, Rom 1957–1977

Eveline Brugger, Birgit Wiedl, Regesten zur Geschichte der Juden in Österreich im Mittelalter. Band 1, Innsbruck, Wien, Bozen 2005

Bernhard Blumenkranz, Juifs et chrétiens dans le monde occidental 430–1096, Paris 1960

Thomas Brechenmacher, Das Ende der doppelten Schutzherrschaft, Stuttgart 2004 (Päpste und Papsttum Band 32)

Thomas Brechenmacher, Der Vatikan und die Juden, München 2005

Christoph Cluse, Zum Zusammenhang von Wuchervorwurf und Judenvertreibung im 13. Jahrhundert in: Friedhelm Burgard, Alfred Haverkamp, Gerd Mentgen (Hrsg.), Judenvertreibung in Mittelalter und früher Neuzeit, Hannover 1999

John Cornwell, Pius XII. Der Papst, der geschwiegen hat, München 1999

Willehad Paul Eckert, Hoch- und Spätmittelalter. Katholischer Humanismus, in: Kirche und Synagoge 1 (siehe Kirche und Synagoge)

Saul Friedländer, Pius XII. und das Dritte Reich. Eine Dokumentation, Reinbek/ Hamburg 1965

Horst Fuhrmann, Die Päpste, München 1998

Solomon Grayzel, The Church and the Jews in the XIIIth Century, Bd. 1, Philadelphia 1933, Bd. 2, New York 1989, hg. von Kenneth Stow

Solomon Grayzel, Popes, Jews and Inquisition. From »Sicut« to »Turbato« in: Ders., The Church and the Jews in the XIIIth Century, Bd. 2

Johannes Haller, Das Papsttum. Idee und Wirklichkeit, Bd. 1 der Taschenbuchaugabe, Reinbek/Hamburg 1965

Alfred Haverkamp, Die Judenverfolgungen zur Zeit des Schwarzen Todes im Gesellschaftsgefüge der deutschen Städte, in: Zur Geschichte der Juden im Deutschland des späten Mittelalters und der frühen Neuzeit, hg. von Alfred Haverkamp (Monographien zur Geschichte des Mittelalters 24), Stuttgart 1981

Friedrich Heer, Gottes erste Liebe, München, Esslingen 1967

Hebräische Berichte über die Judenverfolgungen während des Ersten Kreuzzugs, hg. von Eva Haverkamp, MGH Hebräische Texte aus dem mittelalterlichen Deutschland Bd. 1, Hannover 2005

Johannes Heil, Agobard, Amulo, das Kirchengut und die Juden von Lyon, in: Francia. Forschungen zur westeuropäischen Geschichte 25, 1998

Rudolf Hiestand, Juden und Christen in der Kreuzzugspropaganda und bei den Kreuzzugspredigten, in: Juden und Christen zur Zeit der Kreuzzüge, hg. von Alfred Haverkamp, Vorträge und Forschungen 47, Sigmaringen 1999

Raul Hilbert, Die Vernichtung der europäischen Juden, Frankfurt 1982

Josef Karniel, Die Toleranzpolitik Kaiser Josephs II., Gerlingen 1985 (Schriftenreihe des Instituts für Deutsche Geschichte, Univ. Tel Aviv 9)

David I. Kertzer, Die Päpste gegen die Juden. Der Vatikan und die Entstehung des modernen Antisemitismus, München 2004

David I. Kertzer, Die Entführung des Edgardo Mortara. Ein Kind in der Gewalt des Vatikans, München 1998

Kirche und Synagoge. Handbuch zur Geschichte von Christen und Juden, hg. von Karl Heinrich Rengstorf und Siegfried von Kortzfleisch. 2 Bände, 1. Band: Stuttgart 1968, 2. Band: Stuttgart 1970

Franz Kardinal König, Die Judenerklärung des II. Vatikanums und der vatikanischen Sekretariate von 1965 bis 1985 in katholischer Sicht, in: Christen und Juden in Offenbarung und kirchlichen Erklärungen vom Urchristentum bis zur Gegenwart, hg. von Erika Weinzierl, Wien, Salzburg 1988

Jacques Le Goff, Ludwig der Heilige, Stuttgart 2000

Lexikon des Mittelalters, München, Zürich 1977–1998, dort Band V: Artikel »Juden, -tum« (Michael Toch, Hans Georg von Mutius, Steven Bowman), »Judenfeindschaft« (Friedrich Lotter) u. v. a.

Albert Lichtblau, Antisemitismus und soziale Spannungen in Berlin und Wien (1867–1914), Berlin 1994

Hans Liebeschütz, Synagoge und Ecclesia. Religionsgeschichtliche Studien über die Auseinandersetzung mit dem Judentum im Hochmittelalter, Heidelberg 1983

Amnon Linder, The Jews in Roman Imperial Legislation, Detroit, Jerusalem 1987

Klaus Lohrmann, Bemerkungen zum Problem »Juden und Bürger«, in: Juden in der Stadt, hg. von Fritz Mayrhofer und Ferdinand Oyll, Linz 1999, S. 145–160

Klaus Lohrmann, Fürstenschutz als Grundlage jüdischer Existenz im Mittelalter, in: Toleranz im Mittelalter, hg. von Alexander Patschovsky und Harald Zimmermann, Sigmaringen 1998 (Vorträge und Forschungen 45)

Klaus Lohrmann, Judenrecht und Judenpolitik im mittelalterlichen Österreich, Wien, Köln 1990 (Handbuch zur Geschichte der Juden in Österreich, Reihe B, Band 1)

Klaus Lohrmann, Die Rechtsstellung der Juden im Schwabenspiegel, in: Die Legende vom Ritualmord, hg. von Rainer Erb, Berlin 1993

Klaus Lohrmann, Zwischen Finanz und Toleranz, Graz 2000

1000 Jahre österreichisches Judentum (Ausstellungskatalog), hg. von Klaus Lohrmann, Eisenstadt 1982

Friedrich Lotter, Der Brief des Priesters Gerhard an den Erzbischof Friedrich von Mainz. Ein kanonistisches Gutachten aus frühottonischer Zeit (Vorträge und Forschungen, Sonderband 17), Sigmaringen 1975

Friedrich Lotter, Geltungsbereich und Wirksamkeit des Rechts der kaiserlichen Judenprivilegien im Hochmittelalter, in: Aschkenas 1, 1991

Friedrich Lotter, Hostienfrevel und Blutwunderfälschung bei den Judenverfolgungen von 1298 (»Rintfleisch«) und 1336–1338 (»Armleder«) in: Fälschungen im Mittelalter (MGH Schriften 33/5) Hannover 1988

Friedrich Lotter, Innocens Virgo et Martyr. Thomas von Monmouth und die Verbreitung der Ritualmordlegende im Hochmittelalter, in: Die Legende vom Ritualmord, hg. von Rainer Erb, Berlin 1993

Friedrich Lotter, »Tod oder Taufe«. Das Problem der Zwangstaufen während des Ersten Kreuzzugs in: Juden und Christen zur Zeit der Kreuzzüge, hg. von Alfred Haverkamp, Sigmaringen 1999 (Vorträge und Forschungen 47)

Friedrich Lotter, Die Vertreibung der Juden aus Mainz um 1012 und der antijüdische Traktat des Hofgeistlichen Heinrich, in: Judenvertreibungen in Mittelalter und früher Neuzeit, hg. von Friedhelm Burgard, Alfred Haverkamp, Gerd Mentgen, Hannover 1999

Friedrich Lotter, Zu den Anfängen deutsch-jüdischer Symbiose in frühottonischer Zeit, in: Archiv für Kirchengeschichte 55, 1973

Friedrich Lotter, Zur Ausbildung eines kirchlichen Judenrechts bei Burchard von Worms und Ivo von Chartres, in: Antisemitismus und jüdische Geschichte. Studien zu Ehren von Herbert A. Strauss, hg. von Rainer Erb und Michael Schmidt, Berlin 1987

Friedrich Lotter, Die Zwangsbekehrung der Juden von Menorca um 418 im Rahmen der Entwicklung des Judenrechts der Spätantike, in: Historische Zeitschrift 242 1986, S. 291 ff.

Friedrich Lotter, Talmudisches Recht in den Judenprivilegien Heinrichs IV.?, in: Archiv für Kulturgeschichte 71, 1989

Machtfülle des Papstes, hg. von André Vauchez (Die Geschichte des Christentums Bd. 5), Freiburg, Basel, Wien 1994

Christine Magin, »Wie es umb der judenrecht stet«. Der Status der Juden in den spätmittelalterlichen deutschen Rechtsbüchern, Göttingen 1999

Wilhelm Maurer, Die Zeit der Reformation, in: Kirche und Synagoge 2, S. 363 ff.

Hans Georg von Mutius, Rechtsentscheide rheinischer Rabbinen vor dem ersten Kreuzzug, in: Judentum und Umwelt 13/1, 2, 1984/85

Jacob Neusner, Ein Rabbi spricht mit Jesus. Ein jüdisch-christlicher Dialog, München 1997 bzw. Freiburg 2007

Walter Pakter, Medieval Canon Law and the Jews, Ebelsbach 1988

James Parkes, The Conflict of the Church and the Synagogue, Philadelphia 1961

Georges Passelecq, Bernard Suchecky, Die unterschlagene Enzyklika. Der Vatikan und die Judenverfolgung, München, Wien 1997

Alexander Patschovsky, Der »Talmudjude«. Vom mittelalterlichen Ursprung eines neuzeitlichen Themas. Juden in der christlichen Umwelt während des späten Mittelalters (Zeitschrift für historische Forschung, Beiheft 12), Berlin 1992

Alfred Francis Pribram, Urkunden und Akten zur Geschichte der Juden in Wien, 1. Abteilung, Allgemeiner Teil 1526–1847 (1849), 1. Band, Wien 1918 (Quellen und Forschungen zur Geschichte der Juden in Deutsch-Österreich 8)

Joseph Ratzinger – Benedikt XVI., Jesus von Nazareth, Freiburg, Basel, Wien 2007

Karl Heinrich Rengstorf, Das Neue Testament und die nachapostolische Zeit, in: Kirche und Synagoge 1

Jeffrey Richards, Gregor der Große. Sein Leben – seine Zeit, Graz, Wien, Köln 1983

Erwin I. J. Rosenthal, Jüdische Antwort, in: Kirche und Synagoge 1

Miri Rubin, Corpus Christi. The Eucharist in Late Medieval Culture, Cambridge 1991

Heinz Schreckenberg, Die christlichen Adversus-Judaeos-Texte (11.–13. Jh.), Frankfurt u. a. 2. Auflage 1991

Angela Standhartinger, Der Papst und der Rabbi. Anmerkungen zum christlich-jüdischen Dialog im Jesusbuch von Benedikt XVI. in: Das Jesus-Buch des Papstes. Die Antwort der Neutestamentler, hg. von Thomas Söding, Freiburg, Basel, Wien 2007

Shlomo Simonsohn, The Apostolic See and the Jews. In 6 Bänden. 1. Band: Documents 492–1404, Toronto 1988, 2. Band: Documents 1394–1464, Toronto 1989

Winfried Stelzer, Am Beispiel Korneuburg: Der angebliche Hostienfrevel österreichischer Juden von 1305 und seine Quellen, in: Willibald Rosner (Hg.), Österreich im Mittelalter. Bausteine zu einer revidierten Gesamtdarstellung. Die Vorträge des 16. Symposiums des Niederösterr. Instituts für Landeskunde, Puchberg am Schneeberg, 1.–4. Juli 1996, St. Pölten 1999

Kenneth Stow, The »1007 Anonymus« and Papal Sovereignity: Jewish Perceptions of the Papacy and Papal Policy in the High Middle Ages, in: Hebrew College Annual Supplements 4, Cincinatti 1984

Mary Stroll, The Jewish Pope. Ideology and Politics in the Papal Schism of 1130, Leiden, New York 1987

Michael Toch, »Dunkle Jahrhunderte«. Gab es ein jüdisches Frühmittelalter? Trier 2001 (Kleine Schriften des Arye-Maimon-Instituts, Heft 4)

Hermann Vogelstein, Paul Rieger, Geschichte der Juden in Rom. 2 Bände. 1. Band, Berlin 1896; 2. Band von Paul Rieger, Berlin 1895

Erika Weinzierl, Der österreichisch-ungarische Raum. Katholizismus in Österreich, in: Kirche und Synagoge 2

Israel Yuval, Zwei Völker in deinem Leib. Gegenseitige Wahrnehmung von Juden und Christen, Göttingen 2007

ANMERKUNGEN

1 Friedrich Heer, Gottes erste Liebe, S. 516
2 Zur Geschichte dieser Auseinandersetzung vgl. etwa John Cornwell, Pius XII. Der Papst, der geschwiegen hat, München 1999, S. 9
3 Saul Friedländer, Pius XII. und das Dritte Reich. Eine Dokumentation, Reinbek/Hamburg 1965
4 David I. Kertzer, Die Päpste gegen die Juden. Der Vatikan und die Entstehung des modernen Antisemitismus. München 2004 (zitiert wird nach der Taschenbuch-Ausgabe). Zum Folgenden, S. 7 ff. Scharf ins Gericht mit dieser Arbeit geht nur teilweise berechtigt Thomas Brechenmacher (siehe unten Anm. 9)
5 Etwa Albert Lichtblau, Antisemitismus und soziale Spannungen in Berlin und Wien (1867–1914), Berlin 1994
6 Vgl. die brutalen Aussagen von Schneider im Beitrag von Erika Weinzierl, Der österreichhisch-ungarische Raum. Katholizismus in Österreich, in: Kirche und Synagoge 2, S. 518
7 Zu erinnern ist daran, dass in den Augen der Juden auch das vorchristliche Rom dem Israel feindlichen Edom entsprach. Zuletzt dazu erschöpfend Israel Yuval, Zwei Völker in deinem Leib. Gegenseitige Wahrnehmung von Juden und Christen, Göttingen 2007, S. 24 ff.
8 Raul Hilbert, Die Vernichtung der europäischen Juden, Frankfurt 1982
9 Thomas Brechenmacher, Der Vatikan und die Juden, München 2005, auf der Basis seiner Habilschrift: ders., Das Ende der doppelten Schutzherrschaft. Der Heilige Stuhl und die Juden am Übergang zur Moderne (1775–1870), Stuttgart 2004
10 Georges Passelecq, Bernard Suchecky, Die unterschlagene Enzyklika. Der Vatikan und die Judenverfolgung, München, Wien 1997, S. 35
11 Passelecq, Suchecky, Die unterschlagene Enzyklika, S. 260 –273.
12 Im Übrigen handelt es sich bei diesem Dekret um ein recht übles judenfeindliches Zeugnis des Heiligen Offiziums, das auch von Brechenmacher, Das Ende der doppelten Schutzherrschaft, S. 463, deutlich kritisiert wurde.
13 Auch dieses Lob entspricht nicht den Tatsachen, denn Päpste gaben manchmal ihre Zustimmung zu Vertreibungen, wie z. B. Innozenz IV. dem Erzbischof von Vienne.
14 Passelecq, Suchecky, Die unterschlagene Enzyklika, S. 33 f.
15 Shlomo Simonsohn, The Apostolic See and the Jews 1, S. 74 Nr. 71
16 Der deutsche Text folgt der Luther-Übersetzung
17 Solomon Grayzel, The Church and the Jews in the XIIIth Century, Bd. 1, Philadelphia 1933, S. 126 Nr. 24
18 Zu diesem wichtigen Brief im Detail: Friedrich Lotter, Talmudisches Recht in den Judenprivilegien Heinrichs IV.?, in: Archiv für Kulturgeschichte 71, 1989, S. 47 ff.
19 Shlomo Simonsohn, The Apostolic See and the Jews 1, S. 35 f. Nr. 37. Es ist von den Juden die Rede, die »per terrarum orbis plagas dispersi vivant«

20 Peter Abailard, Gespräch eines Philosophen, eines Juden und eines Christen. Lateinisch und deutsch, hg. und übertragen von Hans-Wolfgang Krautz, Frankfurt/Main, Leipzig 1995, S. 80. »Unde divina nobis providentia gratia, quae vobis omnino omnem terrae possessionem abstulit, ut nullus videlicet apud vos, sed vos apud omnes peregrinemini, nullis nos legitimis vestris sciatis obnoxios.«

21 Diesen chronologischen Ansatz vertritt mit guten Gründen Hans Liebeschütz, Synagoge und Ecclesia. Religionsgeschichtlice Studien über die Auseinandersetzung mit dem Judentum im Hochmittelalter, Heidelberg 1983

22 Hans Georg von Mutius, Rechtsentscheide rheinischer Rabbinen vor dem ersten Kreuzzug, in: Judentum und Umwelt 13/1, 2, 1984/85, S. 25

23 Brief 363; Bernhard von Clairvaux, Opera, hg. von Jacques Leclercq und Henri-Marie Rochais, Rom 1957–1977, Band 8, S. 316

24 Christoph Cluse, Zum Zusammenhang von Wuchervorwurf und Judenvertreibung im 13. Jahrhundert in: Friedhelm Burgard, Alfred Haverkamp, Gerd Mentgen (Hrsg.), Judenvertreibung in Mittelalter und früher Neuzeit, Hannover 1999, S. 139. Diese Arbeit enthält grundlegende Gedanken, auf die ich in der gegenständlichen Darstellung zurückgegriffen habe.

25 Eine entsprechende Beurteilung der Bedeutung des Konzils und des dominierenden Einflusses des Papstes, in: Machtfülle des Papstes, hg. von André Vauchez (Die Geschichte des Christentums Bd. 5), Freiburg, Basel, Wien 1994, S. 581 ff.

26 Alexander Patschovsky, Der »Talmudjude«. Vom mittelalterlichen Ursprung eines neuzeitlichen Themas. Juden in der christlichen Umwelt während des späten Mittelalters (Zeitschrift für historische Forschung, Beiheft 12), Berlin 1992, S. 15 ff.

27 1000 Jahre österreichisches Judentum, S. 396 ff.

28 Heinz Schreckenberg, Die christlichen Adversus-Judaeas-Texte, S. 69 ff.

29 Zur Rolle Donins in diesen Jahren und zum Pariser Talmud-Prozess Israel Yuval, Zwei Völker in deinem Leib, S. 280 f.

30 Jacques LeGoff, Ludwig der Heilige, Stuttgart 2000, S. 710

31 Jacques LeGoff, Ludwig der Heilige, S. 714

32 Friedrich Lotter, Innocens Virgo et Martyr. Thomas von Monmouth und die Verbreitung der Ritualmordlegende im Hochmittelalter, in: Die Legende vom Ritualmord, hg. von Rainer Erb, S. 25 ff. Zur Entstehung der Ritualmordlüge vgl. zuletzt Israel Yuval, Zwei Völker in deinem Leib, S. 168 ff.

33 Friedrich Lotter, Innocens Virgo et Martyr, S. 56

34 Friedrich Lotter, Innocens Virgo et Martyr, S. 58 ff.

35 Simonsohn, The Apostolic See and the Jews, S. 190 ff. Nrn. 181 und 182

36 Jacques Le Goff hat in seiner Biografie über Ludwig den Heiligen S. 709 Innozenz IV. als noch judenfeindlicher als seinen Vorgänger Gregor IX. bezeichnet. Wie der bedeutende französische Historiker dieses Urteil begründen will, bleibt schleierhaft. Ebenso schleierhaft bleibt aber die Tatsache, dass die Päpste des 19. Jahrhunderts trotz »Lacrymabilis Iudeorum« dem Problem des Ritualmords

gegenüber indifferent blieben, obwohl es sich um einen schauerlichen Atavismus handelte.

37 Vgl. Grayzel, Popes S. 219 Diskussion in Fußnote 2
38 Eckert, Hoch- und Spätmittelalter, S. 269 f.
39 Thomas Brechenmacher, Das Ende der doppelten Schutzherrschaft, S. 60 ff.
40 Zum Folgenden David I. Kertzer, Die Päpste gegen die Juden, S. 290 ff. und Thomas Brechenmacher, Das Ende der doppelten Schutzherrschaft, S. 460 f.
41 Thomas Brechenmacher, Das Ende der doppelten Schutzherrschaft, S. 462 f.
42 Thomas Brechenmacher, Das Ende der doppelten Schutzherrschaft, S. 353
43 Thomas Brechenmacher, Das Ende der doppelten Schutzherrschaft, S. 457
44 Zu einzelnen Gesetzen siehe Amnon Linder, The Jews in Roman Imperial Legislation, Detroit, Jerusalem 1987
45 Friedrich Lotter, Die Zwangsbekehrung der Juden von Menorca um 418 im Rahmen der Entwicklung des Judenrechts der Spätantike, in: Historische Zeitschrift 242, 1986, S. 291–326.
46 Schreckenberg, Adversus Iudeos 1
47 Walter Pakter, Medieval Canon Law and the Jews, Ebelsbach 1988, S. 42: Thus, even before Justinian, the Jews of the Empire had become second-class citizens.
48 Lotter, Die Zwangsbekehrung der Juden von Menorca, S. 293 f.
49 Zitate nach Kirche und Synagoge. Handbuch zur Geschichte von Christen und Juden, hg. von Karl Heinrich Rengstorf und Siegfried von Kortzfleisch. 2 Bände, 1. Band: Stuttgart 1968, S. 94
50 Heer, Gottes erste Liebe, S. 76 und 77.
51 Zu diesem Abschnitt über Leo I. vgl. Karl Heinrich Rengstorf, Das Neue Testament und die nachapostolische Zeit, in: Kirche und Synagoge 1, S. 97 ff. Das Zitat S. 98.
52 Richards, Gregor der Große, S. 33
53 Parkes, The Conflict of the Church and the Synagogue, Philadelphia 1961, S. 210
54 Haller, Das Papsttum. Idee und Wirklichkeit, Bd. 1 der Taschenbuchaugabe 1965, S. 217
55 Parkes, The Conflict of the Church and the Synagogue, S. 219 f.
56 Schreckenberg geht in seiner Darstellung der exegetischen Schriften Gregors vornehm über diese Problematik hinweg, öffnet aber damit den Weg zu einer Beurteilung der Tradition im päpstlichen Verhalten, die das kritische Erfassen der Grundlagen erschwert. Adversus Iudeos 1, S. 425.
57 Schreckenberg, Adversus Iudeos 1, S. 428 f.; Simonsohn, The Apostolic See and the Jews 1, S. 7 f. Nr. 9
58 Schreckenberg, Adversus Iudeos 1, S. 429 f.; Simonsohn, The Apostolic See and the Jews 1, S. 11 f. Nr. 14
59 Schreckenberg, Adversus Iudeos 1, S. 429
60 Aronius, S. 132 Nr. 310
61 Simonsohn, The Apostolic See and the Jews 1, S. 77 Nr. 73. Noch interessanter ist die Erlaubnis des Papstes, dass auch Konvertiten ihrer Verpflichtung zur

Leviratsehe nachkommen durften, obwohl dies dem kirchlichen Eherecht widersprach. Ebd., S. 79 Nr. 76.

62 Schreckenberg, Adversus Iudeos 1, S. 427; Simonsohn, The Apostolic See and the Jews 1, S. 3 Nr. 3

63 Schreckenberg, Adversus Iudeos 1, S. 428 vom Juni 591

64 Battenberg, Das Europäische Zeitalter der Juden 1, S. 112

65 Friedrich Lotter, »Tod oder Taufe«. Das Problem der Zwangstaufen während des Ersten Kreuzzugs, in: Juden und Christen zur Zeit der Kreuzzüge, hg. von Alfred Haverkamp, Sigmaringen 1999 (Vorträge und Forschungen 47), S 116. Dort auch weiter zur folgenden Darstellung.

66 Aronius, S. 93 Nr. 203

67 Simonsohn, The Apostolic See and the Jews, S. 42 Nr. 42

68 James Parkes, The Conflict of the Church and the Synagogue, S. 202.

69 Magin, »Wie es umb der judenrecht stet«, S. 167

70 ebd.

71 Zitiert nach Magin, »Wie es umb der judenrecht stet«, S. 170 f.

72 Die genaue Entwicklung bei Walter Pakter, Medieval Canon Law and the Jews, S. 84 ff. bes. S. 86

73 Bernhard Blumenkranz, Juifs et chrétiens dans le monde occidental 430–1096, Paris 1960, S. 45 ff.

74 Schreckenberg, Adversus Iudeos 1, S. 429

75 Z. B. Guy Bois, Umbruch im Jahr 1000, Stuttgart 1993, S. 25 ff.

76 Michael Toch, »Dunkle Jahrhunderte«. Gab es ein jüdisches Frühmittelalter? Trier 2001, S. 19 ff.

77 Schreckenberg, Adversus Iudeos 1, S. 432 vom Februar 599

78 Schreckenberg, Adversus Iudeos 1, S. 428 vom August 591

79 Schreckenberg, Adversus Iudeos 1 S. 428

80 Simonsohn, The Apostolic See and the Jews I, S. 22 f. Nr. 27

81 Um die folgende Argumentation verständlich zu machen, hier der lateinische Text nach Simonsohn, The Apostolic See and the Jews I, S. 15 Nr. 19: »Sicut Iudaeis non debet esse licentia quiquam in synagogis suis ultra quam permissum est lege praesumere, ita in his quae eis concessa sunt nullum debent praeiudicium sustinere.« Ich stimme der Vorstellung von Kenneth Stow, The 1007 »Anonymus«, S. 9 nicht zu, dass sich »lex« auf das Kirchenrecht bezieht. Den Zusammenhang mit dem Codex Theodosianus stellt Stow zwar her, zieht aber nicht den logischen Schluss daraus, dass sich Gregor auf das römische Recht bezieht.

82 Simonsohn, The Apostolic See and the Jews, S. 51 Nr. 49. In der Fassung Alexanders III. ist uns der Text erstmals überliefert.

83 Johannes Heil, Agobard, Amulo, das Kirchengut und die Juden von Lyon, in: Francia. Forschungen zur westeuropäischen Geschichte 25, 1998, S. 39–76.

84 Aronius, S. 72 Nr. 170 (Abschnitt 7)

85 Johannes Heil, Kompilation oder Konstruktion? Hannover 1998

86 Parkes, The Conflict of the Church and the Synagogue, S. 222

87 Simonsohn, The Apostolic See and the Jews, S. 27 f. Nrn. 30 und 31
88 Simonsohn, The Apostolic See and the Jews, S. 25 Nr. 29
89 Die Darstellung dieser Ereignisse beruht auf den Studien von Friedrich Lotter, Der Brief des Priesters Gerhard an den Erzbischof Friedrich von Mainz. Ein kanonistisches Gutachten aus frühottonischer Zeit, Vorträge und Forschungen (Sonderband 17). Sigmaringen 1975 und ders., Zu den Anfängen deutsch-jüdischer Symbiose in frühottonischer Zeit, in: Archiv für Kirchengeschichte 55, 1973, S. 1–34
90 Der interessante Text von Leos Schreiben, das zu Beginn auch die führende Stellung der römischen Kirche beschreibt, bei Simonsohn, The Apostolic See, S. 32 Nr. 34
91 Auch zu diesem Fall liegt eine Spezialstudie vor, auf die sich die vorliegende Darstellung stützt: Kenneth Stow, The »1007 Anonymus« and Papal Sovereignty: Jewish Perceptions of the Papacy and Papal Policy in the High Middle Ages, in: Hebrew College Annual Supplements 4, Cincinatti 1984, S. 1–65
92 Stow ist in der chronologischen Frage Recht zu geben. Die Einwände Lotters, der am Anfang des 11. Jahrhunderts bereits ein beginnendes Verfolgungsklima erkennt, beziehen sich nicht auf den Anonymus. Friedrich Lotter, Die Vertreibung der Juden aus Mainz um 1012 und der antijüdische Traktat des Hofgeistlichen Heinrich, in: Judenvertreibungen in Mittelalter und früher Neuzeit, Hannover 1999, S. 42 f.
93 Die drei Briefe Alexanders II.: Simonsohn, The Apostolic See, S. 35 ff. Nrn. 36–38. Die berühmte Stelle in Nr. 37
94 Kenneth Stow, The »1007 Anonymus«, S. 17. Friedrich Lotter, Zur Ausbildung eines kirchlichen Judenrechts bei Burchard von Worms und Ivo von Chartres, S 81, im Anhang um 1094 datiert.
95 Aronius, S. 75, Nr. 171
96 Lotter, Zur Ausbildung eines kirchlichen Judenrechts, S. 82
97 Vgl. dazu etwa die Ausführungen bei Rudolf Hiestand, Juden und Christen in der Kreuzzugspropaganda und bei den Kreuzzugspredigten, in: Juden und Christen zur Zeit der Kreuzzüge, hg. von Alfred Haverkamp, Vorträge und Forschungen 47, Sigmaringen 1999, S. 166 ff.
98 Simonsohn, The Apostolic See and the Jews I, S. 42 Nr. 42
99 Hebräische Berichte über die Judenverfolgungen während des Ersten Kreuzzugs, hg. von Eva Haverkamp, MGH Hebräische Texte aus dem mittelalterlichen Deutschland Bd. 1, zur Datierung S. 62 f., die zitierte Textstelle S. 298. Zu den angeblichen Verwechslungen Schlomo b Simsons (Urbano mit Clemens und Clemens' mit dem Teufel) vgl. die doch etwas weit hergeholten Ausführungen von Stow, The »1007 Anonymus«, S. 18
100 So ein Erklärungsversuch von Grayzel, The Church and the Jews 1, S. 92 mit Anm. 1 unter Berufung auf Poole.
101 Mary Stroll, The Jewish Pope. Ideology and Politics in the Papal Schism of 1130, Leiden, New York 1987, S. 156 ff.

102 Aronius, S. 112 f. Nr. 244

103 Machtfülle des Papsttums, hg. von André Vauchez, S. 214

104 Die Bestimmungen sind als Dekretale »Licet universis« bekannt: »Perlatum est autem ad audientiam nostram, quod Iudaei in civitate vestra commorantes ad tantam devenerint superbiam et elationem pervenerunt, quod si quando inter eos et quemlibet clericum, sive inter eos et ipsos causa emerserit, vos ad saecularem judicem trahunt, et coram quocumque judice vobiscum litigant, per simplicem chartam absque testibus vel per unum qualecumque Christianum vel Judaeum contra omnem iustitiam et rationem suam probare intendunt, et adversum se etiam magnorum et probatorum virorum non recipiunt testimonium.« Der Text zitiert nach Walter Pakter, Medieval Canon Law and the Jews, Ebelsbach 1988, S. 174 Anm. 106. Ein kurzer Kommentar mit Vergleichen des Privilegs von König Johann Ohneland aus dem Jahre 1201 ebd.; S. 174 ff. Zu vergleichen ist auch Heinz Schreckenberg, Die christlichen Adversus-Judaeos-Texte (11.–13. Jh.), Frankfurt u. a. 2. Auflage 1991, S. 251 f.

105 Grayzel, The Church and the Jews, S. 296 Nr. I

106 Die Urkunde Friedrichs I.: MGH Friedrich I., 4. Band, S. 43, Nr. 833. Klaus Lohrmann, Fürstenschutz als Grundlage jüdischer Existenz im Mittelalter, in: Toleranz im Mittelalter, S. 78 f.

107 Aronius, S. 132 Nr. 310

108 Simonsohn, The Apostolic See and the Jews 1, S. 54 ff. Nrn. 52 und 53

109 Simonsohn, The Apostolic See and the Jews 1, S. 98 Nr. 93

110 Simonsohn, The Apostolic See and the Jews 1, S. 62 Nr. 59

111 »Widersinnig« ist die Bezeichnung des Zustandes einer Herrschaftsfunktion der Juden im Zusammenhang mit dem Verbot für die Juden, Ämter auszuüben, wo es heißt: »cum sit nimis absurdum, ut Christi blasphemus in christianos vom potestatis exerceat«. Zitiert nach Aronius, S. 176 Nr. 395

112 Bernhard Blumenkranz, Juifs et Chrétiens dans le monde occidental 430–1096, Paris 1960, bietet einen eigenen Abschnitt zum Thema »La concurrence missionaire«, S. 67–212.

113 Klaus Lohrmann, Judenrecht und Judenpolitik im mittelalterlichen Österreich, S. 47 ff.

114 Machtfülle des Papsttums, hg. von André Vauchez, S. 581 ff.; zu den Juden S. 587

115 Jacques Le Goff, Ludwig der Heilige, S. 590 ff.

116 Zu diesen prinzipiellen Fragen von Handel und Geldgeschäft: Machtfülle des Papsttums, hg. von André Vauchez, S. 821–828, mit weiterführender Literatur.

117 Aronius, Nr. 168

118 Pakter, Medieval Canon Law, S. 51

119 Zitiert nach Pakter, Medieval Canon Law, S. 47

120 Pakter, Medieval Canon Law, S. 52

121 Pakter, Medieval Canon Law, S. 58 f.

122 Grayzel, The Church and the Jews 1, S. 292 Nr. 131

123 Simonsohn, The Apostolic See and the Jews, S. 183 f., Nr. 173

124 Der Text in der oben genannten Papsturkunde inseriert.

125 Simonsohn, The Apostolic See and the Jews 2, S. 815 f., Nr. 694
126 Solomon Grayzel, Popes, Jews and Inquisition, S. 7
127 Grayzel, Popes, Jews and Inquisition, S 8
128 Zum gesamten Abschnitt über die Talmuddisputation von Barcelona vgl.
    Erwin I. J. Rosenthal, Jüdische Antwort, in: Kirche und Synagoge 1, S. 338 ff.
129 Grayzel, Popes, Jews and Inquisition, S. 13
130 Zum Aufnahmeverfahren in Worms vgl. Klaus Lohrmann, Bemerkungen zum
    Problem »Juden und Bürger«, S. 157
131 Simonsohn, The Apostolic See and the Jews 1, S. 235 f. Nr. 229 (Damnabile)
    S. 236 f. Nr. 230 (Turbato corde)
132 Lohrmann, Judenrecht und Judenpolitik, S. 97
133 Miri Rubin, Corpus Christi. The Eucharist in Late Medieval Culture, Cam-
    bridge 1991. Zur Entwicklung der Beschuldigung Friedrich Lotter, Hostienfre-
    velvorwurf und Blutwunderfälschung bei den Judenverfolgungen von 1298
    (»Rintfleisch«) und 1336–1338 (»Armleder«), S. 533 ff.
134 Zu diesen Problemen vgl. z. B. die Untersuchung zu der 1305 in Korneuburg in
    Niederösterreich angeblich vorgefallenen Hostienschändung. Eveline Brugger,
    Birgit Wiedl, Regesten zur Geschichte der Juden in Österreich im Mittelalter.
    Band 1, Innsbruck, Wien, Bozen 2005, S. 144 Nr. 135. Winfried Stelzer, Am Bei-
    spiel Korneuburg: Der angebliche Hostienfrevel österreichischer Juden von
    1305 und seine Quellen, in: Willibald Rosner (Hg.), Österreich im Mittelalter.
    Bausteine zu einer revidierten Gesamtdarstellung. Die Vorträge des 16. Sympo-
    siums des Niederösterr. Instituts für Landeskunde, Puchberg am Schneeberg,
    1.–4. Juli 1996, St. Pölten 1999, S. 309–348.
135 Ausführliche Darstellungen zu Einzelfällen und zur Entwicklung Friedrich
    Lotter, Hostienfrevel und Blutwunderfälschung bei den Judenverfolgungen von
    1298 (»Rintfleisch«) und 1336–1338 (»Armleder«), S. 533–583
136 Papst Benedikt XII. informierte Herzog Albrecht II. von Österreich am 29.
    August 1338, dass er den Bischof von Passau mit einer Untersuchung einer
    Judenverfolgung in Pulkau, der angeblich eine Hostienschändung vorangegan-
    gen war, beauftragt hatte. Brugger, Wiedl, Regesten S. 340 Nr. 443. Herzog
    Albrecht hatte den Papst vorher darum gebeten.
137 Miri Rubin, Corpus Christi, S. 108–128 im Kapitel »Teaching the eucharist with
    miracles.« Zu den Juden S. 123–124
138 Klaus Lohrmann, Judenrecht und Judenpolitik im mittelalterlichen Österreich,
    Wien, Köln 1990, S. 298 ff.
139 Simonsohn, The Apostolic See and the Jews 1, S. 249 Nrn. 243 und 244. Siehe
    auch Vogelstein, Rieger, Geschichte der Juden in Rom 1, S. 246; Willehad Paul
    Eckert, Hoch- und Spätmittelalter. Katholischer Humanismus, S. 251
140 Zu diesem Privileg grundsätzlich: Lohrmann, Judenrecht und Judenpolitik,
    S. 54 ff.
141 Lohrmann, Judenrecht und Judenpolitik, S. 95; ders., Fürstenschutz als Grund-
    lage jüdischer Existenz im Mittelalter, S. 91; Christoph Cluse, Wuchervorwurf
    und Judenvertreibung, S. 155 mit Anm. 86 zu Fulcodi.

142 Ausgehend z. B. von Friedrich Lotter, Geltungsbereich und Wirksamkeit des Rechts der kaiserlichen Judenprivilegien im Hochmittelalter, in: Aschkenas 1, 1991, S. 23–64

143 Friedrich Lotter, Talmudisches Judenrecht in den Judenprivilegien Heinrichs IV.? Zu Ausbildung und Entwicklung des Marktschutzrechts im frühen und hohen Mittelalter, in: Archiv für Kulturgeschichte 72, 1990, S. 23–61. Klaus Lohrmann, Die Rechtsstellung der Juden im Schwabenspiegel, in: Die Legende vom Ritualmord, hg. von Rainer Erb, Berlin 1993, S. 74–94.

144 Irving Agus, Rabbi Meir of Rothenburg, New York 1970, S. 125–132. Der Brief des Papstes bei Simonsohn, The Apostolic See and the Jews 1, S. 266 f. Nr. 259

145 Zu all diesen Fragen und dem folgenden Beispiel Lohrmann, Judenrecht und Judenpolitik, S. 149

146 Simonsohn, The Apostolic See and the Jews, S. 313 Nr. 302; S. 316 Nr. 304

147 Simonsohn, The Apostolic See and the Jews, Nrn. 291, 312–314, 321–324

148 Willehad Paul Eckert, Hoch- und Spätmittelalter. Katholischer Humanismus, in: Kirche und Syagoge 1, S. 235

149 Simonsohn, The Apostolic See and the Jews 1, S. 397 f. Nr. 373, S. 398 f. Nr. 374 und S. 399 ff. Nr. 375. Zum Ablauf und den politischen Hintergründen der Verfolgungen während des Schwarzen Todes Alfred Haverkamp, Die Judenverfolgungen zur Zeit des Schwarzen Todes im Gesellschaftsgefüge der deutschen Städte, in: Zur Geschichte der Juden im Deutschland des späten Mittelalters und der frühen Neuzeit, hg. von Alfred Haverkamp (Monographien zur Geschichte des Mittelalters 24) Stuttgart 1981, S. 27–93.

150 Simonsohn, The Apostolic See and the Jews 1, S. 392 f. Nr. 370

151 Simonsohn, The Apostolic See and the Jews 1, S. 412 f. Nr. 386

152 Simonsohn, The Apostolic See and the Jews 1, S. 413 Nr. 387

153 Simonsohn, The Aopstolic See and the Jews, S. 419 f. Nr. 394

154 Simonsohn, The Apostolic See and the Jews 1, S. 423 Nr. 398

155 Simonsohn, The Apostolic See and the Jews, S. 431 f. Nr. 406

156 Zur Verfolgung Lohrmann, Judenrecht und Judenpolitik im mittelalterlichen Österreich, S. 304

157 Horst Fuhrmann, Die Päpste, München 1998, S. 153

158 Simonsohn, The Apostolic See and the Jews 1, S. 507 Nr. 476; S. 509 f. Nr. 478

159 Simonsohn, The Apostolic See and the Jews 1, S. 511 f. Nr. 481; S. 518 ff. Nr. 487

160 Simonsohn, The Apostolic See and the Jews 1, S. 539 ff. Nr. 499

161 Die Übersetzung zum Teil nach Vogelstein, Rieger, Geschichte der Juden in Rom 1, S. 319.

162 Eckert, Hoch- und Spätmittelalter, in: Kirche und Synagoge 1, S. 240 f.

163 Simonsohn, The Apostolic See and the Jews 1, S. 593 ff. Nr. 538

164 Eckert, Hoch- und Spätmittelalter in: Kirche und Synagoge 1, S. 246. Eine leichte Entgleisung in dem sonst hervorragend gearbeiteten Buch.

165 Simonsohn, The Apostolic See and the Jews 2, S. 679 f. Nr. 596

166 Simonsohn, The Apostolic See and the Jews 2, S. 697 f. Nr. 607

167 Simonsohn, The Apostolic See and the Jews 2, S. 709 ff. Nrn. 613 und 614

168 Simonsohn, The Apostolic See and the Jews 2, S. 731 ff. Nr. 630

169 Simonsohn, The Apostolic See and the Jews 2, S. 748 f. Nr. 643

170 Simonsohn, The Apostolic See and the Jews 2, S. 769 f. Nr. 657

171 Battenberg, Das Europäische Zeitalter der Juden 1, S. 157 ff.

172 Willehad Paul Eckert, Hoch- und Spätmittelalter. Katholischer Humanismus, in: Kirche und Synagoge 1, S. 225 und Battenberg, Das Europäische Zeitalter der Juden 1, S. 162. Der lateinische Text der Papsturkunde bei Simonsohn, The Apostolic See and the Jews 2, S 984 f. Nr. 805

173 Vogelstein, Rieger, Geschichte der Juden in Rom, S. 17

174 Brechenmacher, Das Ende der doppelten Schutzherrschaft, S. 154 f.

175 Willehad Paul Eckert, Katholizismus zwischen 1580 und 1848, in: Kirche und Synagoge 2, S. 235. Hier auch der Text der päpstlichen Anordnung von 1668.

176 Wilhelm Maurer, Die Zeit der Reformation, in: Kirche und Synagoge 2, S. 363 ff. besonders S. 375 ff.

177 Vogelstein, Rieger, Geschichte der Juden in Rom 2, S. 37

178 Vogelstein, Rieger, Geschichte der Juden in Rom 2, S. 41 ff.

179 Battenberg, Das Europäische Zeitalter der Juden 1, S. 200 f. Vogelstein, Rieger, Geschichte der Juden in Rom 2, S. 145 ff.

180 Zu diesem Abschnitt, der sich vor allem auf die Urkunde »Cum nimis absurdum« bezieht, Battenberg, Das Europäische Zeitalter der Juden 1, S. 201 f. und Vogelstein, Rieger, Geschichte der Juden in Rom 2, S. 151 ff.

181 Vogelstein, Rieger, Geschichte der Juden in Rom 2, S. 154

182 Vogelstein, Rieger, Geschichte der Juden in Rom 2, S. 158

183 Fuhrmann, Die Päpste, S. 161

184 Willehad Paul Eckert, Hoch- und Spätmittelalter. Katholischer Humanismus, in: Kirche und Synagoge 1, S. 289 f. Hier auch eine Übersetzung des Textes.

185 Willehad Paul Eckert, Katholizismus zwischen 1580 und 1848 in: Kirche und Synagoge 2, S. 222 ff. mit der Übersetzung der Bulle.

186 Willehad Paul Eckert, Katholizismus zwischen 1580 und 1848 in: Kirche und Synagoge 2, S. 225 ff.

187 Zu Sabbatai Zwi: Encyclopaedia Judaica. Second Ed., vol. 18, S. 340 ff. Grundlegendes zu den Hofjuden z. B. bei Sabine Hidl (Hg.), Hofjuden und Landjuden, Berlin–Wien 2004

188 Vogelstein, Rieger, Geschichte der Juden in Rom 2, S. 241 f.

189 Pribram, Urkunden und Akten 1, S. 374 ff. Nr. 179

190 Die Einschränkung im endgültigen Text des Patentes für Wien und Niederösterreich Pribram, Urkunden und Akten 1; die philosophische Bemerkung im so genannten Handschreiben ebd., S. 440 ff. Nr. 205

191 Josef Karniel, Die Toleranzpolitik Kaiser Josephs II., Gerlingen 1985 (Schriftenreihe des Instituts für Deutsche Geschichte, Univ. Tel Aviv 9).

192 Zur Toleranzpolitik ausführlich Klaus Lohrmann, Zwischen Finanz und Toleranz, S. 21 ff.

193 Zitiert nach Brechenmacher, Das Ende der doppelten Schutzherrschaft, S. 106.

Der gesamte vorhergehende Abschnitt beruht auf Brechenmachers Forschungen.

194 Eine deutsche Übersetzung, zum Teil nur zusammenfassend, bei Willehad Paul Eckert, Katholizismus zwischen 1580 und 1848 in: Kirche und Synagoge 2, S. 239 ff.

195 Es wird immer wieder behauptet, dass das Judenzeichen für Männer im Kirchenstaat der Hut war. Es heißt aber, dass das Judenzeichen auf dem Hut angebracht sein musste. Hier im Text:»sind verpflichtet ... das Judenzeichen zu tragen, die Männer auf dem Hut aufgenäht ...« Der Hut selbst war im Mittelalter das Judenzeichen in Deutschland.

196 Horst Fuhrmann, Die Päpste, S. 186

197 So z. B. Brechenmacher, Das Ende der doppelten Schutzherrschaft, S. 291

198 Zu diesen Verhältnissen Brechenmacher, Das Ende der doppelten Schutzherrschaft, S. 71 ff. und 298 ff.

199 Brechenmacher, Das Ende der doppelten Schutzherrschaft, S. 76

200 Zusammengefasst nach Brechenmacher, Das Ende der doppelten Schutzherrschaft, S. 74

201 Lohrmann, Die vermögensrechliche Stellung der Juden im Mittelalter – Hintergründe und Alltag (erscheint in Aschkenas, im Druck)

202 Brechenmacher, Das Ende der doppelten Schutzherrschaft, S. 321. Zu Alexander I. Friedrich Battenberg, Das Europäische Zeitalter der Juden 2, S. 132. In Alexanders Regierungszeit war der Zar noch weit von jenem Schreckensregiment über die Juden entfernt, wie es sich nach 1881 entwickelte.

203 Brechenmacher, Der Vatikan und die Juden, S. 78

204 Die jüngsten Schilderungen dieser Affäre bei Kertzer, Päpste gegen die Juden, S. 159–167. Ausführlicher ders., Die Entführung des Edgardo Mortara. Ein Kind in der Gewalt des Vatikans, München 1998. Kritisch gegen Kertzer Brechenmacher, Das Ende der doppelten Schutzherrschaft, S. 430–435

205 Brechenmacher, Das Ende der doppelten Schutzherrschaft, S. 432, die verschiedenen Überlegungen auf den folgenden Seiten.

206 Zitiert nach Kertzer, Die Päpste gegen die Juden, S. 170. Das in Anmerkung 32 gegebene Internetzitat war mir unzugänglich.

207 Zu den in diesem Kapitel geschilderten Ereignissen vgl. Kertzer, Die Päpste gegen die Juden, S. 115 ff.

208 Kertzer, Die Päpste gegen die Juden

209 Deutsch: Der Jude, das Judentum und die Verjudung der christlichen Völker, München 1921

210 1000 Jahre österreichisches Judentum

211 Brechenmacher, Das Ende der doppelten Schutzherrschaft, S. 449 ff.

212 Brechenmacher, Der Vatikan und die Juden, S. 127

213 Aus den Titeln der jüngst wieder aufgelegten Schriften der Brüder Lémann geht zwar hervor, dass sie sich mit dem Verhältnis Synagoge und Kirche befassten, aber nicht, mit welchen Zielen.

214 Brechenmacher, Der Vatikan und die Juden, S. 157 f.

215 Brechenmacher, Der Vatikan und die Juden, S. 159
216 Zuletzt zu den Ereignissen von 1928 siehe Hubert Wolf, »Pro perfidis Iudeis«. Die »Amici Israel« und ihr Antrag auf eine auf eine Reform der Karfreitagsliturgie für die Juden (1928) – Oder: Bemerkungen zum Thema katholische Kirche und Antisemitismus, in: Historische Zeitschrift 279, 2004.
217 Brechenmacher, Der Vatikan und die Juden, S. 144
218 Kertzer, Die Päpste gegen die Juden, S. 332.
219 Kertzer, Die Päpste gegen die Juden, S. 333.
220 Vladimir Dedijer, Jasenovac – Das jugoslawische Auschwitz und der Vatikan, Freiburg 1988, ist natürlich ein provokativ geschriebenes Buch, das am Staate des Ante Pavelic kein gutes Haar lässt (welches auch schwer zu finden wäre) und Stepinac bzw. den Vatikan frontal angreift.
221 Brechenmacher, Der Vatikan und die Juden, S. 209. Im Originalzitat spricht Pius immer von Jerusalem als Chiffre für die Juden.
222 Pavol Mestan, Anti-Semitism in Slovak Politics (1989–1989), Bratislava 2000, S. 30 ff.
223 Brechenmacher, Der Vatikan und die Juden, S. 215
224 Heer, Gottes erste Liebe, S. 331 f.
225 Brechenmacher, Der Vatikan und die Juden, S. 229
226 Brechenmacher, Der Vatikan und die Juden, S. 231
227 Franz Kardinal König, Die Judenerklärung des II. Vatikanums und der vatikanischen Sekretariate von 1965 bis 1985 in katholischer Sicht in: Christen und Juden in Offenbarung und kirchlichen Erklärungen vom Urchristentum bis zur Gegenwart, hg. von Erika Weinzierl, Wien, Salzburg 1988, S. 115
228 Zu dieser Angelegenheit mit geringen Abweichungen König, Die Judenerklärung, S. 120, und Brechenmacher, Der Vatikan und die Juden, S. 265
229 König, Die Judenerklärung, S. 120
230 Heer, Gottes erste Liebe, S. 513
231 Der vollständige deutsche Text z. B. bei Brechenmacher, Der Vatikan und die Juden, S. 268 f.
232 Joseph Ratzinger – Benedikt XVI., Jesus von Nazareth, Freiburg, Basel, Wien 2007
233 Jacob Neusner, Ein Rabbi spricht mit Jesus. Ein jüdisch-christlicher Dialog, München 1997 bzw. Freiburg 2007.
234 Angela Standhartinger, Der Papst und der Rabbi. Anmerkungen zum christlich-jüdischen Dialog im Jesusbuch von Benedikt XVI., in: Das Jesus-Buch des Papstes. Die Antwort der Neutestamentler, hg. von Thomas Söding, Freiburg, Basel, Wien 2007, S. 155.
235 Standhartinger, Der Papst und der Rabbi, S. 154
236 Ob man die Bergpredigt, wie es viele Theologen, auch ansatzweise Benedikt XVI., tun, als zweite Tora betrachten kann, ist wohl vernünftig kaum zu entscheiden.

REGISTER

BILDNACHWEIS

130: akg-images; 149: Stadtarchiv Worms; 260: KNA-Bild; 275: dpa-Bildarchiv.